西北政法大学自编系列教材

行政管理学

XING ZHENG GUAN LI XUE

（第三版）

主　编○谢　斌

撰稿人○(以撰写章节先后为序)

　　　　谢　斌　周　伟　霍雅琴　李　博

　　　　龚会莲　杜国强　汪小宁　吕　静

中国政法大学出版社

2020・北京

图书在版编目（ＣＩＰ）数据

行政管理学/谢斌主编. —3版. —北京:中国政法大学出版社,2020.4
ISBN 978-7-5620-9454-8

Ⅰ.①行…　Ⅱ.①谢…　Ⅲ.①行政管理－管理学　Ⅳ.①D035

中国版本图书馆CIP数据核字(2020)第017320号

出 版 者　　中国政法大学出版社
地　　　址　　北京市海淀区西土城路 25 号
邮寄地址　　北京 100088 信箱 8034 分箱　邮编 100088
网　　　址　　http://www.cuplpress.com（网络实名：中国政法大学出版社）
电　　　话　　010-58908435（第一编辑部）58908334（邮购部）
承　　　印　　保定市中画美凯印刷有限公司
开　　　本　　720mm×960mm　1/16
印　　　张　　25
字　　　数　　435 千字
版　　　次　　2020 年 4 月第 3 版
印　　　次　　2020 年 5 月第 1 次印刷
印　　　数　　1～5000 册
定　　　价　　56.00 元

总　序

　　西北政法大学是一所法学特色鲜明，哲学、经济学、管理学、文学等学科相互支撑、协调发展的多科性大学。学校是西北地区法学教育研究中心和人文社会科学研究的重要基地，被誉为政法人才培养国家队的"五院四系"之一，是陕西省重点建设的高水平大学、一流学科建设高校，是全国政法大学"立格联盟"和西安高校"长安联盟"的成员单位。建校82年来，学校扎根祖国西部，形成了"政治坚定、实事求是、勇于创新、艰苦奋斗"的"老延大"优良传统，铸就了"严谨、求实、文明、公正"的校训，凝练了"法治信仰、中国立场、国际视野、平民情怀"的育人理念，培养了15万余名德才兼备、德法兼修的高素质专门人才。这些人才以"专业扎实、工作踏实、作风朴实、为人诚实"的特点深受用人单位和社会各界好评。

　　教材体系建设是育人育才的关键，高水平教材是培养德才兼备、德法兼修高素质专门人才的重要依托。习近平总书记提出："要抓好教材体系建设，形成适应中国特色社会主义发展要求、立足国际学术前沿、门类齐全的哲学社会科学教材体系。"西北政法大学历来高度重视教材建设，在积极推进"马工程"重点教材统一使用的基础上，鼓励和支持专业学术造诣高、教学经验丰富的教师参与教材编写，加强教材研究，创新教材呈现方式和话语体系，大力推进习近平新时代中国特色社会主义思想进教材、进课堂、进头脑。学校自2017年启动新一轮自编系列教材建设，重点编写系列特色教材、实践（实验、技能）类教材、双语教材，力求做到重点难点突出、理论实践结合、深度广度兼容、原理前沿兼顾，确保教材的科学性、前沿性，增强教材的针对性和实效性。

　　系列教材凝结着全体编写人员和出版社编辑的辛勤付出，欢迎选用，同时期望广大师生和实务界同行提出宝贵建议和意见。我们将及时根据使用和评价情况，丰富内容，优化结构，持续打造西北政法大学高水平特色系列教材，为哲学社会科学教材体系建设做出贡献。

西北政法大学

2019 年 8 月

第三版说明

这部《行政管理学》教材，初版于 2006 年，2014 年修订再版，是西北政法大学省级特色专业教材。党的十八大以来，我国行政改革与政府建设的理念、战略和实践都有了新的重大发展。将我国行政改革与政府建设的成果引入《行政管理学》教材，对于提高教材水平和教学质量具有重大意义，因此，我们又修订了这部《行政管理学》教材。

《行政管理学》的这次修订，主要着力点是：第一，以习近平新时代中国特色社会主义思想为指导，贯彻十八、十九大精神，着力体现新时代精神，融入了十八以来行政改革与政府建设的新理念和新的实践成果。第二，虔诚吸取了公共管理，特别是行政管理学界新近产生的前沿、优秀研究成果。第三，调整了部分章节的结构，增补了应有而先前两版没有的内容，更改了欠妥的提法与表述，弥补阐释了不够周全和深入的内容，进一步提高了本教材质量。

在本书的这次修订中，参阅了不少新近出版和发表的相关文献，其中的新见解对本书作者颇有启发，并援引了其中的一些理论观点，为表敬意，已把这些文献敬录于本教材的参考文献之中。在本教材第三版的修订、出版过程中，得到了西北政法大学教务处、中国政法大学出版社的大力支持，对此，我们表示由衷的谢忱！

《行政管理学》第三版是集体劳作的成果。主编拟定修订方案，承担全书统稿任务。参与修订撰稿的人员及具体分工如下（以撰写章节先后为序）：

谢　斌：绪论、第四章、第十三章、第十八章；

周　伟：第一章、第十二章；

霍雅琴：第二章、第三章、第七章；

李　博：第五章、第九章、第十七章；

龚会莲：第六章、第十五章；

杜国强：第八章、第十一章；

汪小宁：第十章；

吕　静：第十四章、第十六章。

参与本书修订工作的人员，虽然均为多年从事行政管理学教学与研究工作的教师，但由于学识水平有限，使本教材难免会有疏漏和不当、不周之处，敬请读者批评指正。

谢　斌

2020 年 1 月 20 日

于西北政法大学

目 录

随着经济的发展、科技的进步和社会的丰富与复杂化，行政权力不断扩张，介入到社会过程的各个环节、社会生活的各个方面，产生了学界称为"行政国家"的现象。"行政国家"的产生使行政管理学有了独立的研究对象，于是在20世纪之初的美国，行政管理学从政治学的母体中脱胎出来，成为一个独立的学科，并迅速在全球扩展开来，发展起来。那么，什么是行政管理学？它的对象是什么？范围有多大？形成的学科体系是什么样？它是怎样发展起来的？又有哪些功能作用？这就是本绪论所要阐释的内容。

第一节　行政管理学概述

同一概念，可以用不同的语词来表达，于是，行政管理学就有行政学、公共行政学和公共管理学的中文称谓以及 Administration、Administrater、Public Administration 的英文称谓。这些不同的语词，其实没有本质上的区别，所指称的都是行政管理学概念。对于行政管理学的内涵，学界有不同的界说，但只是文句表述上的不同而不是实质上的大相径庭。本教材对行政管理学的定义是：关于政府管理公共事务的性质与价值、结构与功能以及过程与规律的科学。

一、行政管理学的研究对象

学科的性质和内容是由学科对象决定的，因此，阐释行政管理学科，要从它的研究对象说起。对于行政管理学对象，即行政管理，本教材在行政管理学的定义中作了浓缩性的概括，对此可以从如下三个方面来分解、阐释。

（一）行政管理是政府对公共事务的管理

政府对公共事务的管理伴随着国家的产生而产生，并将一直存在到共产主义的实现，而同国家一起自行消亡。因为在国家产生到国家消亡的历史长河中，人类生存与发展所需的社会资源总量总是处于短缺状态，而各阶级争夺资源的矛盾是不可调和的，这可能使它们在争夺资源的对抗斗争中同整个社会同归于尽，所以需要有表面凌驾于它们之上的国家，聚集社会公共资源，进行第二次权威性强制分配，以满足社会存续和发展的要求。围绕对社会公共资源的第二次权威性分配，国家划分出三种功能：制定分配方案的决策立法功能、执行这个方案即决策和法律的管理公共事务的行政功能，以及维护这种分配的司法审判功能；与之相适应，也就有了议会"立法"、政府（行政）和司法三大国家机构。

政府履行行政功能的具体表现是政府对公共事务的管理，那么政府管理的公共事务是什么事务呢？政府管理的公共事务不同于私人事务：其一，它所追求的目的是公共或公众利益的最大化；其二，它要靠众人的共同努力来完成，但并不一定是全体公众平均努力才完成的；其三，它所产生的公共收益归公众所拥有，但并非所有公众都能得到平均的收益；它导致的成本由一定的公众来承担，但并非由所有公众平均承担；其四，它是公开和透明的。公共事务是由国家公共事务和社会公共事务构成的，政府的内部事务属于国家公共事务，因为政府本身就是国家的重要组成部分。

无论国家公共事务，还是社会公共事务，政府都必须依据公意及其体现公意的法绊，运用政府公权力进行的干预和管控。因为，失去政府的这种管理，会导致两种结果：一是丧失公平。参与完成公共事务的人都有自利性，如其不能自律，其中处于主导或有利地位的人就会因此而多占公共收益，谋取私利，以致产生腐败；也有人会"搭便车"，以少付出而得到更多收益，从而产生两种形式的不公平。二是造成低效率。因为第一种不公平，会挫伤人们付出的积极性，第二种不公平不仅会使一些人自己"搭便车"而少付出，同时也有消极影响他人付出的放大效应。大家付出少了，效率降低也就势所必然了。可见，政府对公共事务进行管理是必然的，也正是因为这种必然，形成行政管理学的研究对象：政府对公共事务的管理。

（二）政府管理公共事务实践的基本结构

如果说"行政管理是政府对公共事务的管理"的命题，旨在说明行政管理学研究对象的根本性，即政府作为公共机构，依据公意、使用公权、管理公务、谋求公益最大化的公共性，那么"政府管理公共事务的实践结构"则回答了行政管理学研究对象的结构问题，说明了政府是基于什么样的结构来管理公共事务和实现其公共性的。

把政府管理公共事务的实践放在静态下考察，就可清楚地看到它的基本结构，也即横向结构。这个结构包括：①管理的主体：执政党领导或执掌下的中央和地方政府。②管理的客体：涉及社会成员共同需求、体现社会公共利益的包括国家、政府和社会的所有公共事务。③管理的手段：行政权力和公共政策，政府是凭借行政权力工具，通过制定和实施公共政策的基本方式来管理公共事务的。④管理的规范：主要是重在他律的行政法律、法规规范和重在自律的行政伦理规范。这些规范是政府有序、有效管理公共事务的可靠保证。

这些要素本身不是孤立的，也不是静止的，我们只是出于表述结构与要素的确定性的需要，才人为将其放在独立自存和静止的状态下考察的。其实，它们在政府管理公共事务的实践中是彼此有机联系在一起的，是处在相互作用的互动状态之中的。正是这种彼此的联系与互动，使它们构成了充满生命活力的政府管理公共事务的实践活动，并表现为一个动态运行的发展过程。

（三）政府管理公共事务实践的动态过程

"政府管理公共事务实践的基本结构"，考察了政府管理公共事务实践在空间上的横断层面，而"政府管理公共事务实践的动态过程"，则是政府管理公共事务实践结构在时间维度上的动态过程的展开。我们只有在时空的统一维度、动静的相互结合上，考察政府管理公共事务的实践，才能比较全面地了解行政管理学的研究对象。

行政管理的逻辑过程，是由依序进行中的一个个周期构成的，每个周期又是由三个大的基本环节构成的：①行政决策。这是政府基于公共事务管理的客观需要，在充分调查研究的基础之上，形成充分反映民意和表现公共利益的公共政策的过程。行政决策是行政管理的前提，决定着行政管理的方向、内容和成败，因此是行政管理过程的基础性环节。②行政执行。行政执行是行政决策的继续，它始于决策环节形成的公共政策，终于公共政策的实现，是把政府管理公共事务的目标变为现实的过程，因此是行政管理过程的关键性环节。③行政（绩效）评估。行政（绩效）评估一方面是行政执行的继续，它要反过来思考被执行的公共政策，评定政策执行的效果、效率和效益，并分析其中的原因；另一方面，它要通过对评估结果的运用，对下一周期的决策进行前瞻性的预估，提出建议。因此，这是把前后两个周期联结起来的中介性环节，也正是这样的环节，才使得政府管理公共事务的过程持续运行。

上述内容只是政府行政管理在逻辑思维中的抽象和浓缩，其中舍弃掉了海量的同质内容。实际运行的行政管理，即行政管理学的对象，是非常丰富、异常复杂的，所以研究和再现它的行政管理学的学科体系也非常复杂。

二、行政管理学的学科体系及其基本特点

（一）行政管理学的学科体系

政府的行政管理，是一个多层面的复杂领域，因此，研究它的行政管理学也必然是一个多层面构成的学科体系。

本教材基于一般的认知角度，认为行政管理学的学科体系可分为行政哲学、行政管理学概论和分支行政学三个基本层面：

1. 行政哲学。行政哲学是各种行政理论及其发展历史的概括和总结，它研究各种行政现象即行政领域最基本的问题，揭示政府行政最一般的本质、价值和寓于行政过程之中的一般规律，为人们认识和从事行政管理提供方法论。

2. 行政管理学概论。行政管理学概论，是通观行政管理各领域而形成的关于行政管理的基础性学科，是对各个行政领域认识成果的有机整合，是联结行政哲学与分支行政学的逻辑中介。

3. 分支行政学。分支行政学，是研究政府行政的某方面、某层次、某个部分、某环节的分支学科。这种分支学科，大体可分为三类：一是分布于管理空间中的分支，如行政组织论、行政权力论、行政职能论、行政决策论、行政价值论、行政绩效评估论、行政民主论和行政监督论等；二是展现于管理时间中的分支，如中、外行政管理制度史，中、外行政管理思想史等；三是交叉、边缘分支，如行政管理心理学、行政管理伦理学等。分支行政学的出现和发展，是行政管理走向精深的必由之路。本教材属于行政管理学概论，是对行政管理的各个领域和方面进行的概括性阐释，其逻辑体系将在后续各章节阐释中具体地再现出来，所以不在此赘述。

（二）行政管理学基于研究对象的基本特点

行政管理学的特点是由其研究对象决定的，是政府行政管理的特点在行政管理学体系中的逻辑再现。这些特点主要有如下几个方面：

1. 政治性与公共性。国家权力是政治的核心，而政府是国家的重要机器，掌握着国家行政权力，要管理国家公共事务，履行国家政治职能，因而具有政治性。同时它要管理大量的社会公共事务，履行社会职能，谋求社会公共利益，因而还有表征它本质特征的公共性。

2. 综合性与独立性。政府管理公共事务要综合运用政治、经济、法律等社

会资源，因而具有综合性，所以反映在行政管理学的研究中，就要综合使用政治学、法学、管理学、社会学、经济学、统计学等学科的理论工具，因而行政管理学也必然具有综合性。行政管理学虽有综合性，但也有独立的研究对象和学科范式，即保持着独立自存的性质，因而不可能同化于其他学科。如果丧失了这种独立性，行政管理学也就不复存在了。

3. 系统性和发展性。政府的行政管理，是社会环境之中有特定结构与功能的有机系统，所以反映在它的行政管理学，也必然是由若干层面学科构成的行政管理学学科体系。体系即系统，因此有学科体系就有学科系统，当然也就有其系统性了。行政管理系统不是静止的，它随着环境的变化而变化、发展而发展。行政管理发展了，行政管理学也要随之发展，更新内容。这就是所谓的发展性。发展性是行政管理学得以存续的内在根据，丢失了这种发展性，行政管理学就会僵化、僵死、被淘汰。

4. 规范性与法治性。古往今来的行政管理，都是依据一定的规范来的，都具有规范性。没有规范性的管理，必然是任性随意的管理，当然也就是混乱无序和无效的管理。不同的是，古代的规范是"王法"，现代的规范是体现公共意志的法律法规，因此，古代行政管理有规范性但没有法治性；而现代行政管理有规范性，这种规范性就表现为法治性。现代行政管理具有法治性，所以现代行政管理学就必须把它的研究对象放在体现公共意志的法律框架和轨道中研究，这就是行政管理学的法治性。

（三）行政管理学区别于相邻学科的特点

行政管理学同其相邻学科既有密切联系，又有根本区别，弄清楚这些区别，有助于深入把握行政管理学的特征。

1. 行政管理学与管理学的区别。行政管理学属于管理学门类，二者有彼此相通的共性；所以，行政管理学可以运用管理学的理论与方法以发展自己；管理学也可吸纳行政管理学的思想成果以丰富自己。但二者的学科性质的确有别：现代管理学主要研究如何管理和改进企业的经营状况，是研究一般管理规律的，而行政管理学专门研究行政现象和行政管理规律。

2. 行政管理学与政治学的区别。行政管理学脱胎于政治学，与政治学有着千丝万缕的联系。但经过百余年的演变、发展，二者的领域差别变得更加鲜明：政治学着重研究国家政治生活中的重大问题，包括国家结构、阶级、政党、政府、民主等范畴，是一门基础性理论学科。行政管理学则主要研究政府体制和政府行为等行政现象，研究如何制定正确的政府目标和有效地达成这些目标，政治学是更具有理论性的学科，而行政管理学则是更具有实用性的学科。

3. 行政管理学与行政法学的区别。行政管理学与行政法学都以国家行政管理为研究对象，两者有着密切的联系：一方面，行政管理要依法管理，要受行政法律、法规的约束；另一方面，行政法规的制定和实施则要从行政管理的实际出发，要遵循行政运行的规律。行政管理学与行政法学虽然有紧密的联系，但研究的侧重点截然不同：行政法学的研究重在公共行政管理法律规范的科学建构和有效运行；而行政管理学重在研究推行和执行政务的原理、原则和技术方法。

4. 行政管理学与社会学的区别。行政管理学与社会学同属社会科学，二者有密切的相互促进和相互支持的关系。一方面，行政管理学的研究，要将行政现象置于广大的社会环境中来考察，要借助社会学的理论、原则和方法；另一方面，社会学的理论也需要借助行政管理学的研究成果来充实自己社会管理方面的内容。二者虽联系密切，但区别也很明显，社会学以整个社会生活为研究对象，而行政管理学只研究政府对公共事务的管理。

行政管理学与相邻学科有区别，有联系。讨论其区别很有意义，有助于比较全面深入地认识和把握行政管理的特点。但讨论、认识、加强同相邻学科的联系更有意义，因为通过彼此间的联系、互动，行政管理学在支持相邻学科的过程中，也可以借鉴、吸纳相邻学科的新近成果来丰富自己、发展自己。

三、行政管理学的研究方法

行政管理学的研究方法，是人们对行政现象展开研究的基本原则、分析角度和路径、手段的结合，是以马克思主义的哲学方法论为基础的。也就是说，研究行政管理，不论采取何种方法，都要从实际出发，坚持实事求是的唯物主义原则；都要有全局观和发展观，坚持具体问题具体分析的辩证法原则；都要有马克思主义的群众观，坚持以人民为中心的历史唯物主义思想。行政管理学的研究方法是多样的，常用的基本方法，主要有如下几种。

（一）系统分析法

系统分析法，是社会科学惯常采用的研究方法，它注重系统的整体协调、系统的环境适应以及系统整体功能的优化。系统分析方法主要包括整体分析、环境分析、结构分析、功能分析以及系统与环境、结构与功能的关系分析等。在行政管理学研究中的系统分析法，简单地说，就是用系统思维分析行政现象和行政过程的方法。运用这种方法，研究行政管理过程，有助于人们理解行政管理的结构与功能、政府与外部社会的相互关系，从而助力于行政改革和服务型政府的建设。

（二）比较研究法

比较研究的方法，是现代各类学科广泛采用的一种方法，其内容是区分异同、权衡优劣、取长补短。比较研究的方法，是很有价值的研究方法，因为有比较才有鉴别，有鉴别才有借鉴，有借鉴才能促进发展。在行政管理学的研究中，采用比较方法，对不同时期、不同国家、不同地区的行政管理运作的实践，采用的方式、手段，以及在此基础形成的不同行政管理的思想与理论，进行梳理对比，发现其弊而避之，发现所长而借鉴。这对我们提高行政反思的思维能力，深刻掌握行政管理学的真谛，促进行政管理和管理思想的发展，都有重要的积极意义。

（三）案例分析法

案例分析方法，也叫个案分析方法或典型分析方法，是对有代表性的事物（现象）深入地进行周密而仔细的分析研究，从而获得总体认识的一种科学分析方法。

在行政管理学研究中的典型案例分析，具有身临其境、联系实际、简单明了和针对性强的优点，有助于加深对行政管理一般原理的理解，提升分析和解决问题的能力，但容易就事论事，犯以偏概全的逻辑错误，这是我们运用案例分析方法时需要特别注意的问题。

（四）定量研究法

随着现代科学技术在行政管理实践中的运用，定量分析方法成为行政管理学研究的常用方法。行政管理学中使用定量研究方法，在广泛收集有关行政现象和行政行为数据的基础上，运用现代数学方法和定量分析技术，对行政现象和行政行为加以量化分析，有利于获得精确的认识。但如果运用不当，加入人为的主观因素，研究结论就会失真，这是运用这种方法时必须注意的问题。

（五）跨学科研究法

行政管理学的研究对象与其他学科的研究对象有交叉、重合的领域，对这些交叉、重合领域的研究，单靠行政管理学科显得力不从心，于是就需要进行跨学科的综合性研究，采用跨学科的研究方法。跨学科研究方法，是综合使用相关学科的理论工具对交叉、重合领域进行综合研究的方法。采用跨学科研究方法，对深化与行政管理交叉、重合领域的认识，丰富和发展行政管理学的内容具有重要意义，应当加倍重视。

第二节 行政管理学的形成与发展

一、行政管理学的产生

（一）行政管理学产生的思想渊源

行政管理学具有悠久的历史，可以追溯到人类起源的早期阶段。早在古代社会，行政研究就成为一个重要的课题，古代思想家们根据当时社会的条件从不同角度研究了社会的行政现象。中国古代就有丰富的行政研究文献。从春秋战国时代孔子的《论语》、商鞅的《商君书》、韩非子的《五蠹篇》、管仲的《管子·牧民》、孙子的《孙子兵法》，到西汉桓宽编著的《盐铁论》、唐代吴兢的《贞观政要》、宋代司马光的《资治通鉴》，以及明末清初王夫之的《续通鉴论》等，都蕴含着十分丰富的管理思想和行政经验，如韩非子的"事在四方，要在中央，圣人执要，四方来效"；商鞅的"治世不一道，便国不法古""法必明，令必行"等，都十分精辟地阐述了治国安邦之道，是行政研究的宝贵遗产。

古代西方思想家对行政现象也有不少的论述和研究。古代希腊、罗马以及中古欧洲的英、法等王国，在组织管理形式方面呈现出多种形式，行政管理制度及其思想更是多样化。从古代希腊柏拉图的《理想国》、亚里士多德的《政治学》、古罗马谢雪卢的《共和国》，到文艺复兴时期意大利政治家马基雅弗利的《君主论》和法国政治家让·布丹的《共和六论》等，都是政治学说和行政理论的历史性著作。例如，在谈到古代希腊的城邦时，亚里士多德就强调城邦的重要职能包括：负责市场管理、监护城区公私财产、维护并修理损坏的建筑和街道、解决民间纠纷、征收并保存公共财务收益、办理民间契约和法庭判决的注册事务、执行判决、负责域防等。只有发挥好这些功能，城邦生活才能健康发展。

但是，无论中国古代行政管理的思想和经验多么丰富，西方思想家、政治家的理论探讨多么深邃，都没有使行政学成为一门独立的学科，而且他们往往把行政研究夹杂在政治研究与伦理研究之中。行政管理学的产生是时代的需要、历史的召唤，是工业发展、社会发展和理论发展的必然结果。

（二）行政管理学产生的社会基础

1. 社会经济基础。在奴隶社会和封建社会，生产力水平低下，各种关系较为简单，国家事务也不复杂，行政管理不可能成为一门独立的学科。到了资本主义国家发展的初期，国家普遍奉行的是消极主义和放任主义政策，政府职能十分有限，只起着"守夜人"的作用，消极地保护个人财产，维护社会秩序，保卫国家免受侵略，因此仍缺乏行政管理学产生的条件。然而，当自由资本主义发展到19世纪中叶以后，第二次科学技术革命开始，生产技术方面发生了巨大的变革和进步，重工业取代轻工业，并在国民经济中占据主导地位，资本积累以前所未有的速度向前推进。到19世纪末20世纪初，自由资本主义向垄断资本主义过渡，由生产和资本集中所引起的垄断统治逐渐形成。美国是典型的垄断资本主义国家。据统计，1859年到1914年，美国加工工业的产值增加了18倍；1913年，美国在整个世界工业生产中已占38%，跃居世界第一。社会生产力的迅速发展和经济结构的变化，不仅使政府管理社会经济的任务越来越繁重，而且也带来了一系列的社会矛盾，例如政府机构和人员迅猛增加，行政经费开支急速膨胀，而工作效率低下。据统计，1866年到1914年间，美国联邦政府行政经费支出从约4100万美元增至1.7亿美元，即增加了3倍，公务员也从1871年的约5.4万人增加到1914年的48.3万人。为了缓和并解决各种社会矛盾，维护社会稳定和经济的发展，政府开始转变过去那种消极、被动的状态，进而积极、主动地干预社会经济生活和其他社会事务活动。同时，政府的行政管理职能日益扩大，管理手段日益复杂，原有的行政管理方法已经不能适应时代的要求，迫切需要一套科学理论来指导国家行政管理活动，以使政府能更好地履行其职能和完成其使命，于是，现代行政学应运而生。

2. 实践经验基础。19世纪末，以美国为代表的资本主义发达国家，其工业的迅速发展带来了一系列矛盾和问题，其中包括：资本积累的惊人增长与管理方式陈旧不相适应；生产技术的进步和企业规模的扩大与传统的经验管理发生了尖锐冲突；工人的"有意磨洋工"[1]使劳动生产率低下；劳资之间的对立情绪和"不融洽关系"[2]严重地影响着生产和利润的增长；缺乏严格的责任制度以及专门化的管理知识和管理人才，使专业化协作生产陷入混乱。为了消除"怠工"现象，提高生产效率，需要建立适应社会化大生产迅速发展的管理制度和管理方法，这时，弗雷德里克·泰罗的科学管理理论应运而生。泰罗认为，问题的关键是管理部门应该为每一项工作制定出完善而又公正的工作标准，即所谓的标准作业法。采用这种方法，可以使工作效率大大提高。泰罗所倡导的

---

[1]　[美] F. W. 泰罗：《科学管理原理》，胡隆祖等译，中国社会科学出版社1984年版，第4页。
[2]　[美] F. W. 泰罗：《科学管理原理》，胡隆祖等译，中国社会科学出版社1984年版，第4页。

科学管理理论最终引起了一场影响美国乃至西欧工商企业管理的科学管理运动，同时也为政府的行政改革提供了线索和方法。正是在科学管理理论的影响下，一些行政学家开始重视通过科学来寻求提高政府行政效率的方法。例如，威廉·亨·莱芬韦尔将科学管理的原则用于机关办公室的管理；莫里斯·卢埃林·库克将科学管理运用到教育和市政机构；而伦纳德·D. 怀特用科学管理理论来研究政府行政。美国政府也运用科学管理原理和方法进行政府的行政管理，实行精减人员、调整机构政策，促进了政府工作的改革，提高了工作效率。此外，19 世纪初普鲁士创立的任官制度和 19 世纪 50 年代英国建立的文官制度也为行政学的形成和发展提供了有益的素材。

3. 思想理论基础。西方近代史上的政治学、君主制时代德奥两国的官房学以及资产阶级革命以后形成的行政法学，是现代西方行政学的理论渊源。尤其是政治学，它是行政学的直接理论基础，它的发展是行政学产生和发展的一个重要因素。17 到 18 世纪，在资产阶级革命中涌现出了一批杰出的政治学家，他们的著作和学说成为政治学和行政学的不朽著述。如英国政治学思想家洛克在《政府论》中所主张的分权和实行法治原则的思想、法国启蒙思想家孟德斯鸠在《论法的精神》中进一步发展的三权分立理论、法国启蒙思想家卢梭在《社会契约论》中阐述的社会契约思想。这些思想的确立把政治学理论推进到一个新的发展阶段，为资产阶级国家政权体制的建立奠定了理论基础。经过资产阶级革命或民族民主革命建立起来的资本主义国家，普遍采用立法权、行政权、司法权三权分立并互相制约的政治制度。行政机关成为独立的体系，行使其管理国家政务的权力，在这种情况下，行政活动的效率和合理化成为紧迫问题，行政研究开始发展。"行政学"一词最早由德国学者劳伦斯·逢·施塔因于 1865 年在其著作《行政学》一书中提出，但他却把行政研究与法学研究合为了一体。所以，施塔因所谓的行政学主要是指行政法。到 19 世纪下半叶，美国经济飞速发展，国际势力范围迅速扩大。面对现实运动的要求，政府机构显得不相适应，不能应付。这时，一批政治学家着眼于经济和效率，从政治学的角度研究政府的行政管理职能。伍德罗·威尔逊脱颖而出，最先提出将行政学发展为一门独立学科的想法。他于 1887 年在《政治学季刊》上发表了《行政学研究》一文，提出现实的发展要求行政研究具有自己的资金、队伍、出版物和社会地位。行政管理学就是这样在政治学等相关学科理论的促进下形成并发展起来的。

二、行政管理学在西方的发展历程

自威尔逊提出建立行政学的主张后，行政管理学经历了若干发展阶段，迄今已经成为一门较为成熟的学科。关于行政学发展阶段的划分方法，许多行政学者由于受不同理论的影响，侧重点有所不同，但主要都是参照西方经济管理思想和企业管理思想的演变过程进行划分的。诚然，西方行政管理思想的发展同西方经济管理思想和企业管理思想的演变在很大程度上具有联系，甚至从某种意义上说还存在着相互交融的密切关系，但它们毕竟具有不同的研究对象，作为以政府的政务管理活动为研究对象的行政学，其发展历程自然应该有其自身的特点，所以我们认为西方行政学的形成和发展大致经历了以下五个阶段：

（一）行政管理学形成研究时期（19 世纪末 ~ 20 世纪初）

这一时期是指 1887 年威尔逊发表《行政学研究》一文到科学管理理论兴起之前。在这一阶段，建立了行政学基本的理论基础，形成了初步的学科体系。主要代表人物是 T. W. 威尔逊和 F. J. 古德诺。他们对行政管理学的最大贡献在于突出和强调了公共行政活动及其研究在所有国家现象中的特殊意义，并为此提出了一系列的理论观点和某些范畴。

伍德罗·威尔逊（1856 ~ 1924）曾任美国普林斯顿大学教授和校长，后任美国新泽西州州长和美国第 28 任总统。他于 1887 年在美国哥伦比亚大学的《政治学季刊》上发表了行政学的开山之作《行政学研究》，标志着行政学的产生。威尔逊也因此被公认为行政学的创始人、鼻祖。

在《行政学研究》一文中，威尔逊首先批判了当时美国的民主政治体制所表现出来的清淡、迟缓、彼此牵制和行为无力等现象，主张重新认识权力和授权，认为如果对权力控制和使用得当，那么集中的权力则能够更好地为国民造福，这种权力愈大愈好。其次，他认为，传统的论证主要集中在政治过程方面，而对如何实施法律则注意不够，事实上，执行一部宪法与制定一部宪法相比较，正在变得越来越困难。所以，应当把研究的重点放到行动的政府方面，即放到行政管理方面。为了效率，应当适当牺牲民主，为此，就应当建立一门新的学科，通过它，使民主宪政制度臻于完善，这门学科就是行政学。在论文中，威尔逊认为国家的权力主要掌握在决定政治的议会和执行政治的行政部门手中，这就在实质上否定了三权分立的学说。在谈到政治与行政的关系时，威尔逊认为，一方面，行政不同于政治，"行政管理是置身于'政治'所特有的范围之外的，行政管理问题并不属于政治问题；另一方面，'行政管理'是国家在个别和细致事项方面的活动，因此，政治是政治家的特殊活动范围，而行政管理则是技术性职员的事情。"[1]此外，威尔逊还论及了创新精神、行政责任、文职官员的培养等问题。

古德诺（1859~1939），曾任美国哥伦比亚大学教授和霍普金斯大学校长，以及美国政治学会的第一任主席和塔夫脱总统的"经济与效率委员会"顾问。古德诺在1900年发表的《政治与行政：对政府的研究》一书，全面系统地论述了政治与行政两分法理论。他明确指出，在所有的政府体制中，都存在着两种主要的或基本的政府功能，即国家意志的表达和国家意志的执行。他将这两种功能分别称之为"政治"与"行政"；[2]并对政治与行政的协调关系以及如何实现这种协调提出了自己的独到见解，指出："分权原则的极端形式不能作为任何具体政治组织的基础，因为这一原则要求存在分立的政府机构，每个机构只限于行使一种被分开了的政府功能。然而，实际政治的需要却要求国家意志的表达与执行之间协调一致。"[3]这种协调的基础便是政治必须对行政取得某种形式的控制。这种控制有时是通过法定制度达到的，比如，英国内阁必须对议会负责；而有时这种控制则是由法外途径实现的，比如，在那些把分别主要承担这两种功能的机构在法律上分开的政府中，像美国，这种控制就是由政党来完成的。古德诺进一步认为，行政学不研究政治问题，那是政治学的任务，也不使用民主或程序的标准，而是研究政府的行政效率、使用方法或技术的标准。为了提高行政效率，最好将政党的因素和政治权宜等政治因素排斥在行政之外，而将政府文职官员区分为政务官和常务官，并规定常务官在政治上中立。《政治与行政》对后来的行政学研究产生了深远的影响。

（二）科学管理行政研究时期（20世纪初~20世纪30年代）

这一时期以美国人F. W. 泰罗1911年的《科学管理原理》一文为标志，到30年代行为科学兴起之前。其代表人物有泰罗、法约尔、韦伯等。

泰罗（1856~1915），曾任美国机械工程学会主席，主要从事科学研究和发明创造，获得过各种专利约达100多种。由于泰罗一生倡导科学管理及其卓越的研究贡献，故被誉为"科学管理之父"。科学管理理论的核心问题和所追求的首要目标是提高效率，为了提高效率，泰罗提出了一套工厂企业科学管理原理。

---

[1] ［美］T. W. 威尔逊："行政学研究"，载《国外政治学》1998年第1期。
[2] ［美］F. J. 古德诺：《政治与行政》，王元、杨百朋译，华夏出版社1987年版，第12~14页。
[3] ［美］F. J. 古德诺：《政治与行政》，王元、杨百朋译，华夏出版社1987年版，第12~14页。

其中包括劳动操作程序、方式和规范；劳动者挑选、培训、奖罚；管理者责、权、利的规定等。[1] 泰罗的科学管理开创了现代管理的新时代。

法约尔（1841～1925），在法国担任多年公司经理，一生致力于管理过程研究，其理论属于"一般管理"理论，具有普遍指导意义。他的主要理论集中体现在 1916 年出版的《工业管理和一般管理》一书中。他首先提出了管理是经营的一部分（经营包括技术、商业、财政、安全、会计、管理等活动），并继而提出管理有五大职能（计划、组织、指挥、协调、控制）。其次他提出了著名的管理 14 项原则，即分工、权力、责任、纪律、统一领导、个人利益服从整体利益、报酬、集中、等级制、秩序、公平、人员稳定、首创精神、集体精神等。法约尔还认为，组织的效率取决于组织的内在因素。在他看来，一个组织选人和发挥人的所长是非常重要的，组织同时要给人以培训和教育，这一思想对后来的人际关系及行为科学的发展有一定的影响。

马克斯·韦伯（1864～1920），曾任维也纳大学和慕尼黑大学教授，出任过魏玛宪法起草委员会顾问。韦伯在行政学领域最重要的贡献是提出了官僚集权组织理论，被称为"组织理论之父"。韦伯在《社会组织与经济组织》一书中认为，无论是大企业，还是政府、军队、政党、教会等都需要建立合理的管理组织；而最理想、最有效的组织形式是官僚集权组织。这种官僚集权组织是以合理合法的权力为基础，通过法律确定职位的权力。他认为，在大型行政管理工作中，官僚形式是不可避免的，"官僚制"是效率最高的组织形式，它是一种高度理性化的组织机构的"理想类型"，其基本特征有：合理的分工、层级节制的权力体系、依照规程办事的运作机制、形式正规的决策文书、组织管理的非人格化、适应工作需要的专业培训机制、合理合法的人事行政制度等。韦伯将行政组织和行政管理问题放到比较广泛的社会、经济、政治环境中去考察，从一定意义上可以说是生态行政学的先声。

这一时期，还有一些杰出的行政学家受泰罗等人所倡导的科学管理理论及思想的熏陶和影响，他们根据企业管理的一些理论提出了行政管理的原则、原理。例如，根据科学管理理论的整体系统性原则，开始重视行政管理过程的考察，从而建立起了行政管理学说的基本框架和基本体系；根据科学管理理论有关建立合适的组织原则，注重组织结构的研究，提出了行政管理中的组织原则；根据科学管理理论中的核心原则——效率原则，着力寻求提高政府工作效率和

---

[1] ［美］F. W. 泰罗：《科学管理原理》，胡隆祖等译，中国社会科学出版社 1984 年版，第 5 页。

节省政府开支的途径与办法等。其中最为突出的有：古立克（Luther Gulick）、厄威克（Lyndall Urwick），他们二人合编的，于 1937 年出版的《管理科学论文集》一书中，提出的管理七职能，基本上概括了他们那个时代有关管理的各个方面；怀特（Leonard. D. Whit）于 1926 年出版的《行政学导论》一书，使用了传统的理论研究方法，比较全面地概括和介绍了新兴行政学所面临的各种问题，使行政科学成为系统化、理论化的知识体系，将行政学的研究重点转向了行政管理内部，转向技术性细节，丰富了行政学研究的内容；魏洛比（William · F. Willoughby）于 1927 年发表的《行政学原理》一书认为，财政、预算和物资是行政管理的主要研究范畴之一，从而拓宽了行政管理学的研究范围。

（三）行为科学行政研究时期（20 世纪 30 年代~20 世纪 60 年代）

这一时期以乔治·埃尔顿·梅奥（George · Elton · Mayo）于 1933 年发表的《工业文明中的人类问题》为标志，到 60 年代系统管理学派崛起之前。这一时期是行为科学——人际关系管理理论盛行的时期，它使用反传统的研究方法，开拓了以人的行为和人际关系为中心的新的研究领域，所以有人称之为"新社会科学"。这一时期的代表人物有：梅奥、切斯特·巴纳德（Chesterl · I. Barnard）、赫伯特 · A. 西蒙（Herbert · A. Simon）、德怀特·沃尔多（Dwight Waldo）等。

梅奥（1880~1949）是人际关系——行为科学学派的代表人物，他通过 1927 年到 1932 年的霍桑实验，提出了"社会人假设"，弥补了科学管理学派"经济人假设"的不足。他认为人并不是唯利是图的经济动物，他们除了有物质需要之外，还有社会需要和心理需要。在正式组织得不到的社会需要，可以在非正式组织里得到满足。非正式组织是客观存在的，它可以弥补正式组织对组织成员漠视和缺乏尊重的不足。所以梅奥强调要重视人的心理及行为的研究。从梅奥以后，行为科学——人际关系学说得到了迅速发展，形成了一系列新的理论观点，例如人类需要层次论、激励——保健因素理论、期望机率模式理论、公平理论、强化理论、X – Y 理论、超 X – Y 理论、团体动力学、非正式组织理论、领导方式的双因素模式、组织变革理论、适应循环学说等。

巴纳德（1886~1961）根据长期的管理实践经验，从机关人员的心理及行为方面独立进行研究，获得了丰硕的成果，成为著名的组织社会学家。提出了社会人理论、非正式组织理论和组织均衡论。巴纳德认为，组织的本质是"有意识地协调两个或两个以上的人的活动或力量的一个系统。"[1]它不但以人、财、物为内容，还是一种人和人之间的互动关系。作为一个系统，不论哪一级别的组织，都包括三种基本的要素，即协作的意愿、共同的目标和信息交流。对于非正式组织，巴纳德认为它可以保持组织成员之间的联络和沟通，保持组织的凝聚力，保持组织内个人尊重、自尊与独立选择的感情需要。巴纳德的组织均衡论认为，组织通过向个人提供刺激，经使个人作出回报，从而使组织和个人之间维持一种均衡，组织的管理就在于维持这样一种均衡。

西蒙（1916~2001）是较早开始使用行为主义的观点和方法研究行政现象的。西蒙的行政学说自成体系，大致可以分为三大部分：行政管理研究方法理论，决策理论，对行政组织及决策技术的实际研究。其中前两部分影响较大，他的决策理论迄今为止仍是决策领域的主要流派之一。1944年，西蒙在美国"公共行政评论"上发表了题为《决策与行政组织》的长篇论文，初步提出了他的行为主义的行政观，在此基础上，又于1947年出版了他的成名著作《行政行为——行政组织中决策程序之研究》。严厉地抨击了传统行政学理论，批评古立克和厄威克提出的行政原则是"行政谚语"，是缺乏科学根据的。西蒙认为，应该将价值与事实分开，提出了有限理性的观点，他认为从人的认知行为上来讲，人的理性不可能是无限的，只能是有限的。因此，决策只能是有限理性决策，决策也只能是"满意原则"，而不是"最优原则"。[2]

沃尔多（Waldo）被称为是公共行政学家、哲学家、史学家，于1948年发表了《行政国家》一书，他着重研究民主价值、行政哲学和公共行政的发展问题。此书对30年代以来的传统行政学进行了全面的批判，并探讨了谁来统治、政府如何进行组织、权力的划分、集权与分权以及政策制定的标准等问题。同时，沃尔多和西蒙都对政治与行政二分法提出了挑战，他们是对20世纪美国公共行政学颇具影响的人物。

此外，这一时期还有许多行政学者在努力对行政学进行着新的探索或研究，其中较有影响的是：赫茨伯格、福莱特、马奇等，他们分别提出了双因素理论、动态行政理论和组织理论等，对行政学的发展作出了贡献。

---

[1]　[美] C. I. 巴纳德：《管理人员的职能》（中译本），孙耀君等译，中国社会科学出版社1997年版，第60页。

[2]　[美] H. A. 西蒙：《管理行为》（中译本），杨砾等译，北京经济学院出版社1988年版，第53页。

（四）系统论——权变观行政研究时期（20世纪60年代~20世纪70年代末）

第二次世界大战之后，随着高新技术的发展和新技术革命的展开，生产社会化的程度进一步提高，社会的组织，特别是行政规模也不断扩张。管理过程日趋复杂，迫切需要新兴的行政学理论来指导新形势下的管理活动。同时一些心理学家、社会学家、哲学家、经济学家、数学家等也对管理学产生了兴趣，纷纷加入管理学的研究队伍中，使行政学研究呈现出空前的繁荣，各种学派林立，美国管理学家哈罗德·孔茨称这种现象为"管理理论的丛林"。

系统行政理论的渊源可以追溯到系统论的先驱者亨德森。亨德森认为有机体以维持平衡为目的，具有自我调节的机能。如果由于环境的变化使系统出现不平衡，会立即发生反应，这样有机体才能存在下去，这就是一个开放系统的基本特征。系统理论的发展使得许多学者强调在行政学的研究中应用系统的方法，因为它是形成、表述和理解管理思想最有效的手段。根据系统的思想，人们把组织看成是一个由许多子系统形成的系统，它与环境系统进行各种要素的交换。作为一个有效的管理者，既要使组织内部的各个子系统互相协调，同时又要使组织系统适应环境，获得有效的生存和发展。

管理科学行政理论指的是以现代自然科学和技术科学的最新成果（如现代数学、信息科学、控制理论、耗散结构理论、电子计算机等）为手段，运用数学模型对管理中的各种问题进行定量分析，并据此作出决策的管理理论。其最突出的特征是将管理问题数理化、模型化，来表达、描绘、刻画行政计划、组织、控制以及决策的程序。并借助计算机，求出模型的最优解。其主要代表人物有 W. J. 包莫尔、E. H. 鲍曼等。

权变行政理论是20世纪70年代形成于西方的一种管理理论，它强调管理的艺术性特征，认为不可能有放之四海而皆准的管理理论，行政管理应当根据环境的变化进行调整，环境不同，所采用的管理方法、管理手段也就不同。

经验行政理论顾名思义是强调行政经验的作用，其主要代表人物是美国的管理学家彼德·德鲁克、戴尔等人。他们认为组织的科学管理应当从组织管理的实际出发，以成功的管理经验为研究对象，通过对这些管理经验的分析总结，掌握管理的诀窍。

生态行政理论是20世纪60年代在西方行政学界兴起的一门以生态学的方法研究行政现象、行政行为与行政环境之间相互关系的行政学分支学科，它要求对行政系统作整体的观察与精密的分析，作宏观研究和微观研究，从而正确地揭示行政这一主体生长和发展的规律，以从整体上把握行政过程与行政运行规律。主要代表人物有约翰·高斯、弗雷德.W.雷格斯等。

　　新公共行政理论是1968年由沃尔多、乔治·弗雷德里克森、詹姆斯·艾尔顿等人发起的，新公共行政学力图摒弃传统行政的权威主义和以效率为中心的取向，而试图建立以公平为中心的民主行政。他们认为，以往的公共行政忽视了同政府的社会目标有关的价值问题，在执行立法和提出计划时，常常以牺牲社会的公平来强调效率和节约，与其说它照顾了一般利益，不如说它照顾了特殊利益。新公共行政理论认为应当研究与动荡不安时代、与公众的日常生活和与公共行政管理者实践相关的议题，将道德价值概念注入到行政过程，将社会公平注入到传统的经济与效率目标中，强调政府服务的公平、公民的参与、组织的发展、民主的工作环境等。

　　（五）新制度经济学——公共选择理论行政研究时期（20世纪70年代末以后）

　　20世纪70年代发生的石油危机，强烈地冲击了西方发达国家，当时西方社会面临着一系列问题和挑战。首先，是社会的转型，使得原有与工业社会相适应的一套管理思路、管理方式变得不合时宜；其次，是社会面临的一些问题，尤其是经济问题，例如通货膨胀、政府开支上升、财政危机、福利制度陷入困境等，使得政府信任危机严重，使改革的呼声日益高涨；最后，马克斯·韦伯设计的官僚体制的弊病越来越体现出来，如在这种等级体系中孕育着的不平等和不公正等因素、权力过分集中在最高层等，使学者和社会团体都强烈地批评政府，要求"重塑政府""改革政府""再造公共部门"，这些都迫使各国政府采取对应之策，于是掀起了一场新公共管理运动。这场运动从1979年开始，首先发生在欧洲，尤其是北欧一些国家，后来波及了澳大利亚、新西兰和拉丁美洲的一些国家，而在美国主要是政府再造运动。这一改革的特征在于用管理取代行政，主张市场至上，将市场机制引入政府管理；主张企业家政府，以缩小公共行政的规模；主张将一些公共部门私有化，或公共部门与私营部门合作，认为只有这样才能打破政府部门的垄断，解决公共部门效率低下问题；主张权力下放，加强底层官员的决策权和自主权，提高效率和服务质量；主张引入竞争机制，打破官僚主义，使顾客至上等。总之，这一改革表明了它的市场、企业式的管理取向，以达到这样一些目标：提高公共部门资源配置的效率，缩小政府规模，减少政府开支，提高服务质量，使公众更容易地获得服务，增强行政行为的透明度，使不透明的行使公共权力的行为最小化，增强政府实施各种计划和项目的有效性，完善公共机构的责任机制。

　　新公共管理的理论支撑是经济学中的公共选择理论和新制度经济学，它们对西方公共行政产生了极为重要的影响。以布坎南为首的公共选择学派，从经济学的视角考察政治现象和政府行政问题。其分析出发点认为，人是理性的自利主义者，他的行为动机是自利的，行动上又是理性的，以获得自身利益最大化。布坎南通过分析政治决策和政府行为，得出了一些新的见解。如"政府失败论"认为，如果说市场机制并非完美无缺，那么针对市场缺陷的政府干预也不一定能解决所有问题；委托代理理论则认为公众与政府官员之间是委托人和代理人的关系，因而主张应当以契约形式制约代理人的行为，以防止代理人谋求自身利益而伤害委托人的利益，其关注的是代理人的选择和对代理人的激励。公共选择理论强调选择的自由、相互交易和合作的自由，国家的作用就是通过规划的制定与实施来保证人们的这种自由。如果要改变政治活动的效率，其途径只能是改变游戏规则。新制度经济学以制度的构成、制度的起源、制度的变迁与制度的创新等理论构成，它为分析政府和行政问题提供了一种颇有价值的分析框架。新制度经济学中的一些理论概念，如制度变迁与路径依赖、诱致性制度变迁与强制性制度变迁、制度需求、制度供给、制度均衡与制度非均衡已经广泛地被运用到了行政问题的分析中。

企业家政府行政理论是 20 世纪 90 年代，伴随着西方经济危机的加深，发达国家政府又掀起的新一轮行政改革而出现的，它是对美国政府行政改革产生很大影响的行政学说，这个是由戴维·奥斯本和特德·盖布勒在《改革政府》一书中提出的，它勾勒出了一幅新的政府形象。提出了改革政府的十项原则：即政府应当起催化剂的作用，是掌舵者而不是划桨者；民众自治的国家中，政府应当通过各种形式引入竞争机制，改善行政管理；政府只需简单地界定他们的基本目标和任务，再根据这一目标和任务制定必要的规章和制度，然后就放手让其雇员去履行各自的责任；政府应当按效果而不是按投入拨款，对政府各部门表现的评估和资助是以其政策效果为依据，而非依据项目的多少，即重产出而非投入；政府应当具备顾客意识，政府的顾客就是政府公共组织的服务对象——公民；企业家政府是有事业心的政府，是有收益而不浪费的政府，它不应当仅仅靠预算度日，它应当学会用种种形式集资赚钱，为回报而投资；政府应当有预见能力，即重预防而不是重治疗，使用少量钱预防，而不是花大量钱去治疗；企业家政府应当是分权的政府，重参与协作而非层级节制。企业家政府理论还提出了"合作式组织"的形式，即围绕某一具体项目，组成跨组织间的合作式攻关小组完成任务；政府应当以市场为导向，通过市场力量进行改革。奥斯本的企业家政府帮助我们用一种全新的眼光看待事物、看待政府、看待政府的改革。

三、行政管理学在我国的运演与发展

我国古代有着丰富的行政管理思想和经验，特别是在长期的封建社会中，形成了一套严密的封建行政管理体系和行政管理思想。例如：中央集权的大一统国家行政组织体制；封建雇佣官僚制度；等级尊卑主从制度；监察制度；官吏选拔制度等。同时也形成了一些成文法典，如《周礼》《秦律》《唐六典》《元典章》《明清会典》等，为中国封建社会的发展奠定了基础。但现代意义上的行政管理学却是从西方国家引进和借鉴的。20世纪30年代，我国学者几乎是在行政学形成的同时开始了翻译和引进工作。如美国人写的《行海要术》《行政纲目》和日本人写的《行政学总论》《行政法撮要》等书的翻译出版工作在当时就已经开始。同时，一些学者也陆续发表文章和研究专著。著名学者梁启超曾于1896年在《论译书》中就提倡"我国公卿要学习行政学"。伟大的革命先行者孙中山先生还提出并实践了五权宪法（立法、司法、行政、考试、监察）的思想、中央与地方均权的思想、选拔优秀人才的思想。1934年，当时的国民政府还成立了"行政效率研究会"，并发行了《行政效率》半月刊。从30年代起，我国学者撰著的行政学著作陆续问世，如罗隆基发表的《我们要什么样的政治制度》《专家政治》等论文，35年出版的台湾学者张金鉴的《行政学之理论与实践》，被认为是我国最早最系统的行政学专著。1936年江康黎出版了《行政学原理》，这在当时都被列为大学丛书。

革命战争年代，中国共产党在根据地建立了行政管理机构，进行了有效的管理活动，积累了极为丰富和宝贵的行政管理理论素材。新中国成立后，中国共产党和中国人民政府适应新环境新任务的需要，调整了行政管理体制，贯彻精减、统一、效能、节约和反对官僚主义等原则，并在一些大学开设了行政管理方面的课程。但由于"左"的思想影响，1952年我国高校院系调整时，行政管理学专业及课程被撤销了。这在相当程度上影响了我国政府管理科学化的进程。

1980年12月中国政治学会成立，酝酿要恢复和发展行政管理学，一些研究者也开始公开著文呼吁和讨论有关行政管理学的问题。1982～1984年我国的行政改革过程中也暴露出缺乏系统的科学的行政管理理论做指导的，这对恢复和发展行政管理学创造了充分条件。1984年8月，由国务院办公厅和劳动人事部联合发起召开了全国性的行政管理研讨会，论证了开展行政学研究的必要性，

一些大学开始设置行政管理专业或开设行政管理学课程。1985 年由夏书章主编的《行政管理学》出版，同时还引进和翻译出版了一批台湾和西方学者的行政管理学专著。1987 年成立了"全国行政学教学研究会"，1988 年 10 月 13 日中国行政管理学会成立，并发行了会刊《中国行政管理》，这标志着行政管理学作为一门独立学科已获得了公认并确定下来，以后又有《中国人事行政》《公共行政与人力资源管理》《公共行政》等创刊，使行政学研究迅速发展起来。接着行政学硕士点、博士点相继建立，2000 年又在全国七所大学开始了首批 MPA（行政管理硕士）的招生。同时我国行政学界与国际行政学界的交流与合作越来越频繁。1996 年 10 月，国际行政科学学会在北京召开了第三届大会；2000 年 7 月，国际行政学界另一重要组织——国际行政院校联合会在北京召开了国际年会；近些年来，每年在我国都会举行多次国际研讨会，研讨政府管理的有关问题，如 2002 年的"首届中美公共管理国际学术研讨会——公共管理与治道变革"、2003 年的"政府应急管理国际论坛"、2004 年的中法行政改革研讨会、2005 年的政府管理创新国际研讨会和公共管理国际会议以及 2006 年 5 月召开的服务型政府国际研讨会等。同时我国也派代表走出去，参加国际研讨会。通过这些交流活动，使中国改革开放的成果和经验得到了宣传和介绍，加深了国外对我国行政改革情况的了解，促进了国际学术交流，使我国行政科学跨上另一新台阶，走向了世界。

2008 年，从党的十七届二中全会通过《关于深化行政管理体制改革的意见》之后，特别是十八大、十九大以来，由于行政改革被纳入全面深化改革的大战略，我国行政管理学也随之有了大的变化与发展，显现出了一些新的特点：其一，行政管理学的研究方向更明确，以研究促服务，为党的统一领导服务，为中国特色社会主义服务，为实现、维护、发展好人民根本利益服务。其二，行政管理学研究的思路更开阔，把行政管理学研究同党和国家机构的改革联系起来，显现出了研究的系统性和整体性特点。其三，研究的重点更突出，以新时代中国特色社会主义思想为指导，突显了对行政改革和服务型、创新型人民满意政府的研究，助力于行政改革和政府建设的伟大实践。其四，研究的内容更深入。基于服务于改革与政府建设的需要，对于行政主体、政府职能、行政权力、民主行政、法治行政、行政绩效、行政创新、阳光行政等方面的研究，都有了新的拓展和提升。

第三节　行政管理学的基本功能

行政管理学产生不过百余年，是一门非常年轻的科学，但它很快遍及全球，迅速发展起来，备受人们关注，的确具有旺盛的生命活力。何以如此？因为它有多方面的功能价值，适应人们认识行政、参与行政、改革行政，建设所需政府的需求。行政管理学界的同仁们，所以潜心研究，努力为行政管理学体系增添新的内容，其根本目的，集中起来说，就是推持、增进和实现行政管理学的功能，为人们认识和了解政府行政、为政府有序有效管理公共事务、为培育行政和行政管理学人才提供服务。增进和实现行政管理的功能，是行政管理学研究的逻辑起点和价值归宿，也是它得以存续发展的内在根据，在行政管理学研究中占有特别重要的地位，因此，本绪论把行政管理学的基本功能单独列为一节，进行专门论述。每个学科都具有自己的实际作用，而这种作用就是学科的功能。行政管理学和其他学科一样，都有"解释""指导""育人"三方面的作用。这三方面的功能作用，就是本节所要讨论的基本内容。

一、行政解释功能

按行政管理学发生作用的逻辑顺序，它的功能首先应是行政理论上的行政解释功能。行政解释功能，是行政管理学对行政管理现象、行政管理事务"是什么""怎么样""有何用"做出令人信服的理论解释的功能。任何行政管理学说，都必须具有这种理论解释功能，这是行政管理学说得以自存、发展的一个重要的内在根据。如同医生不能解释病理而不成其为医生一样，行政管理学如果不能对相关的行政管理现象、行政管理事务做出自己的理论解释，那它就不成其为行政管理学说；如果它对行政管理现象和行政管理事务的解释没人信服，那它就没有存在的必然性，就难逃脱昙花一现的命运。

行政管理学具有理论解释功能的原因在于：①行政管理学都从不同角度，反映了客观存在的行政管理现象和行政管理事务的本质、特点和变化的规律，这是行政管理学具有理论解释功能的内在根据。行政管理学只有反映了行政管理现象和行政管理事务的本质与规律，才能反过来解释和说明行政管理现象与行政管理事务。②行政管理学反映了一定人们了解的行政管理现象和行政管理事务的所需要求，如果人们没有这种了解的需求，它的解释即便正确也无人接受，没有市场。这是行政管理学说实现这一功能的基本条件。③行政管理学的理论解释，在逻辑上是相容、自洽的，理论、观点、论据之间没有自相矛盾之处，并且适应人们的理解力，行政管理的理论解释才是有效的和可信的。

不论那家的行政管理学，都有理论解释功能，但解释功能的效能大小是不同的，即解释的正确性、准确性、全面性和可信性的程度并不相同。行政管理学解释功能的效能，是由行政管理学理论包含的真理成分、反映的社会要求和逻辑论证的严密程度决定的。一般说来，行政管理学说的真理成分越多、反映的社会需求越广、逻辑性越强，它的解释功能就越大。反之，它的功效就会减少变小。

二、行政外化功能

行政管理学一旦从行政管理的实践中产生，为人们所接受内化，就能反过来直接指导人们的行政实践活动，对政治社会乃至整个社会发生巨大的反作用。这就是行政管理学的外化功能，也可以称之为行政指导功能。

行政管理学的外化指导功能，是以它的解释功能为基础的。它反映了行政现象、行政管理的本质、价值与规律，对政治社会的解释令人信服，所以，能够启动和指引政府公职人员有效管理和民众有序参与行政管理的实践活动，从而把政府行政推进社会政治、经济、文化全面发展的功能充分实现出来。

行政管理学的外化指导功能，是其最为重要的功能，主要表现在三个方面：①外化为政府机构及其公职人员依法履行行政职责，管理好国家和社会公共事务的实践行为。维护和增进公共利益，实现国家的行政管理目标，推进社会健康向前发展。②外化为社会组织和各界民众健康有序的参与公共事务管理的实践活动。现代政府行政是民主行政，对公共事务的管理走向是政府主导的合作治理，而实现行政民主，走向合作治理的一条基本路径就是引导社会组织和各界民众的实践参与，因此实现这方面的功能对于实现民主行政、合作治理具有重要意义。不仅如此，行政管理学说外化为社会组织和民众公共事务管理的实践，还有利于社会对政府的有效监督，这对廉洁奉公、人民满意的服务型政府建设也是颇有意义的。③外化为行政改革实践。社会发展会对政府行政不断提出新的要求，为了适应社会发展的新要求，政府就得进行行政改革。行政改革，涉及人民的根本利益，关系国家治理的前途命运，因此绝不可以盲目进行，而必须有科学的行政改革理论的指导。行政改革的需要，推进行政管理学对行政改革的目标、基础、条件、方式和路径、步骤、措施的研究，从而形成行政管理学体系中的改革理论。而这种改革理论一旦成熟，就能为改革者提出改革的方案，动员改革的力量，创造条件，推进改革进程，提供理论依据和理论支持，从而使行政改革获得成功。

不同行政管理学说的外化功能，在不同的时代和国家，有着不同的性质和形式，因此，具体研究某一种行政管理学说的外化功能，还需结合行政管理学说的具体内容和外化指导对象，对具体的外化指导功能，需要作具体的分析。

三、行政育人功能

行政管理学的行政育人功能，是指行政管理学在自然人、社会人转化为行政人才过程中所起的实际作用。具体说来，这种育人的功能，就是培养具有系统行政理论知识、行政价值观念、行政行为能力和特定行政人格，能够胜任行政实务与研究工作的专门人才的作用。

行政管理学具有的这种功能，是由其自身的理论内容决定的。在行政管理学的体系中，包含着关于行政现象及其本质、行政过程及其规律的内容；包含着关于行政价值观念和公共行政精神的内容；包含着关于行政行为的规范、模式和方式方法的内容。所以，通过传播、教育和实际运用，这些内容就会内化于人的灵魂之中，使其掌握系统的行政理论知识，确立一定的行政价值观念、获得行政管理能力与研究能力，从而成为行政管理与研究工作的专门人才。

从事行政管理和研究的专门人才队伍，随着时间的推移，政府行政管理和行政管理学科的持续发展，要适时的补充和更新，因此，需要充分发挥行政管理学的行政育人功能，不间断地培养高素质的行政管理人才与研究人才，这是政府行政管理和行政管理学可持续不间断发展的基础保证。

行政管理学的行政解释、外化和育人的功能，附着于行政管理学科，是行政管理学科存在与发展的内在根据。因此，提升和充分发挥行政管理学功能，就必须持之以恒地建设行政管理学科。因为，一流的建设，产生一流的学科，一流的学科才有一流的学科功能。

思考题

1. 简述行政管理学的研究对象。

2. 如何理解行政管理的含义？

3. 简述行政管理学的学科特点。

4. 简述行政管理学与其他学科的关系。

5. 简述行政管理学的研究方法。

6. 简述行政管理学产生和发展的过程。

7. 简述行政管理学的思想渊源。

8. 简述行政管理学产生的社会基础。

9. 简述我国行政管理学的运演和发展。

10. 简述行政管理学的基本功能。

参考文献

1. ［美］F. W. 泰罗：《科学管理原理》，胡隆祖等译，中国社会科学出版社 1984 年版。

2. ［美］T. W. 威尔逊："行政学研究"，载《国外政治学》1988 年第 1 期。

3. ［美］F. J. 古德诺：《政治与行政》（中译本），王元、杨百朋等译，华夏出版社 1987 年版。

4. ［美］C. I. 巴纳德：《管理人员的职能》（中译本），孙耀君等译，中国社会科学出版社 1997 年版。

5. ［美］H. A. 西蒙：《管理行为》（中译本），杨砾等译，北京经济学院出版社 1988 年版。

行政环境

"橘生淮南则为橘，生于淮北则为枳。""孟母三迁，择邻而居。"由此可见，无论是自然环境，还是社会环境，对自然界生物的发育成长和人类社会人的全面发展的影响都是客观存在的。行政环境是行政系统赖以存在和发展的外部条件的总和，也是行政管理的前提和基础。行政环境如何影响行政管理，行政管理怎样适应行政环境，如何平衡行政管理和行政环境之间的关系，构建动态平衡的行政管理体系，就成为行政管理研究的理论基础和现实问题。

第一节　行政环境概述

一、行政环境问题的提出

（一）行政环境问题的缘起

行政环境问题是行政生态学理论的重要内容，是将生态学的理论和方法应用于行政管理学研究提出的新课题。生态学是生物学的一个分支学科，形成于19世纪末20世纪初，它研究生命有机体在其发育成长过程中与周围物质环境之间发生的相互关系与相互作用。20世纪50年代后，由于人口急剧增长、食品物品短缺，工业化进程加快、能源资源紧张，环境污染和环境破坏等环境问题日益加深，引起了人们对生态环境问题的普遍关注和高度重视。保护环境、拯救地球的强烈呼声促进了生态学的进一步发展。

行政生态学正是在这一背景下兴起和发展的。最早将行政问题与生态环境问题联系起来进行研究的是美国哈佛大学的约翰·高斯教授。1947年约翰·高斯出版了《政府生态学》一书，指出政府组织与行政行为必须考虑生态环境，提出了行政生态问题。但是，约翰·高斯的理论在当时并未能引起理论界的高度重视。1957 年里格斯发表了《比较公共行政模式》一文及在此基础上于 1961 年出版了《行政生态学》一书，在该书中，他把菲律宾、传统泰国、现代泰国以及现代美国作为分析样本，通过对它们各自的政治、经济与社会结构及文化、历史与公共行政之间的相互影响的分析，系统地阐述了他的行政生态学观点，并设计了行政系统三大模式（农业社会的融合型行政模式、工业社会的衍射型行政模式和过度社会的棱柱型行政模式）。行政生态学成为一门以生态学的方法研究行政现象、行政行为与行政环境之间相互关系的行政分支学科并开始在行政学研究领域产生重要影响。

行政生态学要求对行政学的研究进行整体考虑与系统分析，将宏观研究与微观研究有机融合，从而正确地把握和揭示行政学的发展和运行规律。正如里格斯认为，要真正了解一个国家的公共行政，不应该局限于行政系统内部，而应该从社会这个大系统来考察一国的行政，亦即考察一国的公共行政与该国行政环境的关系。里格斯的论著确立了行政生态学的基本思想，开创了行政管理学研究的新视角和新途径，被认为是行政生态学的代表作。此后，行政环境问题就受到行政学界理论家和实践家越来越广泛的关注。从 20 世纪 80 年代开始，我国行政学界也以高度的热情对行政环境问题进行研究，取得了丰硕的成果。

（二）行政环境的基本含义

环境是指一定地理区域内存在的各种自然状况和社会条件的总和。行政环境是行政系统赖以存在和发展的外部条件的总和，也可以说是直接或间接地作用和影响行政系统的各种客观因素的总和。这些条件或因素包括物质的、有形的、自然界的，也包括精神的、无形的、社会界的。总之，凡是作用于行政系统，并为行政系统反作用所影响的条件和因素，都可属于行政环境的范围。如山川河流、地形地貌、自然资源、人口数量、民族关系、历史传统、文化教育、科学技术以及政治制度、经济制度、社会制度，乃至价值观念、生活方式、道德观念等等，都能对行政系统的运行产生影响，又能被行政系统所改造，因而都属于行政环境的组成部分。行政系统作为社会组织中组织规模最为庞大、影响范围最为广泛的组织，行政环境的各种条件和因素对行政系统有着直接或间接的作用和影响，而且这种作用和影响随着各种环境条件和因素的不断变化而变化，对行政系统的影响作用也不尽相同。因此，我们在考察行政环境时，必须针对行政环境的类型特征与影响机理，正确区分主要与次要、一般与特殊、偶然与必然、直接与间接、整体与局部、长远与暂时的关系。这是提高行政系统对行政环境的适应性，并在一定条件下发挥行政系统选择和改造行政环境能动性的前提。

（三）行政环境的特点

1. 复杂性。行政环境是一个由各种外部条件和因素构成的复杂的开放系统，它对行政管理的影响和作用是广泛而复杂的。在这些广泛的外部条件和因素中，有物质的、精神的；有有形的、无形的；有自然的、社会的；有经济的、政治的；有国际的、国内的。这些因素本身以及这些因素之间构成纵横交织的复杂关系。

2. 动态性。行政环境的所有组成因素或条件都处于不断地变化发展之中，任何一个外部条件或因素的变动都会直接或间接地影响着行政系统各个要素的变化与变革。

3. 综合性。行政环境诸因素之间是一种相互联系、相互制约的关系，任何一个环境因素的变化都会引起其他环境因素的变化，从而引起整个行政环境的变化。因而行政环境对行政系统的影响是整个行政环境综合作用的结果，而不是某一环境因素单独作用的结果。

4. 差异性。行政环境的差异性是指不同国家的行政环境不同，同一国家的行政环境在不同阶段不同，甚至同一国家在同一时期不同区域的行政环境也各不相同以及各个部门的具体行政环境也存在差异。

（四）行政环境的类型

为了更好地理解和把握不同行政环境因素对行政系统和行政管理的影响，深入地研究如何适应、改造和利用行政环境，以提高行政管理的效率和质量，我们可以从不同的视角将行政环境诸因素划分为不同的类型。

1. 从行政环境与行政系统的关系上可分为外部行政环境与内部行政环境。外部行政环境是指处于行政系统界限之外，但与行政系统又存在关联的各种条件和因素。外部行政环境是行政组织及行政管理活动产生和形成的前提，是行政组织进行行政管理活动的基础，也是行政管理活动作用和服务的对象。内部行政环境是指行政系统本身内在的结构和运行条件。包括行政管理体制、行政组织结构、政府机构设置、职责权限划分、规章制度、行政管理方法和技术等。

2. 从行政环境影响范围上可分为宏观行政环境、中观行政环境和微观行政环境。宏观行政环境是指行政管理活动中影响范围最广、规模最大，并且层次最高，以直接或间接的方式制约和影响行政管理活动的总体方向的各种情况和条件。宏观行政环境是行政环境的基础，包括国际和国内的社会和自然环境，如外交政策、经济和社会的发展战略等。中观行政环境是指行政管理系统的组织结构和运行情况，包括行政组织的结构是否合理、职权划分是否明确、组织制度是否健全等。微观行政环境是指一个具体的行政组织所处的工作环境，或指影响个别行政组织的特定环境。包括行政组织内部的人际关系、办公设施、工作作风等。

宏观、中观和微观行政环境的划分具有相对性，同时宏观、中观和微观行政环境之间的关系亦呈动态性，高阶行政环境会向低阶行政环境渗透，低阶行政环境也会向高阶行政环境突破。这种不同行政环境之间的相对性和动态性关系使行政环境和行政系统间的作用机理呈现如下特点：一方面，宏观行政环境对行政系统的影响必然通过渗透到低一层次行政环境中，渐次的具体化和时空化，最终对行政系统产生直接的影响；另一方面，行政系统对行政环境的反作用也是依循层次渐进累积突破，最终实现行政系统对各层级环境系统的影响和改变。

3. 从行政环境的性质上可分为自然环境与社会环境。自然环境是指一个国家的地理位置以及与行政管理发生密切联系和交互作用的一切自然因素的总和，包括地域环境、资源环境和气候环境三大因素。自然环境是人类生存的基础和创造文明的自然前提，是人类社会生活的有机组成部分，对行政系统产生直接或间接的作用和影响。社会环境是指人与人的活动形成的并对行政管理活动产生直接或间接影响的各种社会因素的总和，包括一个国家内部的物质经济环境、政治法律环境和精神文化环境等因素。社会环境是行政管理所处的基本环境，是行政管理存在和发展的社会基础，对行政管理活动具有重大的影响和制约作用。

4. 从行政环境内容上可分为政治环境、经济环境和文化环境。政治环境主要是指作用于行政体制的国家政治法律制度，如国家政权的性质、政权组织形式、政党制度以及法律制度等，行政系统是政治系统的一个部分，是国家意志的执行系统，因而政治系统对行政系统有直接作用。经济环境主要是指作用于行政系统的经济制度和物质技术，即通常所说的生产力和生产关系。物质技术水平的高低、现代化程度及其应用直接影响到行政管理方法和技术的现代化、效率和水平；而经济制度、生产力发展的状况和基本的生产关系对行政系统的产生、性质、机构设置、运作目标和方式等起着重要的甚至决定性的作用。文化环境主要指作用于行政系统的社会意识形态、文化教育、社会习俗和社会心理等，行政系统处于一定的社会文化环境之中，行政管理活动必须与它所处的社会文化环境相协调，文化环境对行政系统有深刻的影响。

5. 从行政环境作用的领域可分为国际环境与国内环境。国际环境是指一国之外的对该国行政管理活动具有影响和制约关系的一切因素的总和，包括国际关系、国际经济、战争与和平等。在全球政治、经济、社会一体化和信息化的背景下，国际环境对一个国家的行政管理有着深刻的影响，它不仅会影响一个国家行政机构的设立，还制约一个国家行政权力的行使。国内环境主要是指一国之内对该国行政系统具有重要影响和制约关系的一切因素的总和，包括国内政治环境、经济环境和社会文化环境。相对于国际环境而言，国内行政环境对行政系统的影响更直接、作用更大。

二、研究行政环境问题的意义

（一）正确认识行政环境是增强行政管理学应用性的重要前提

行政管理学作为一门应用性和实践性较强的社会科学，如何将先进的行政管理理论、理念、技术和方法等应用于行政管理实践过程中，推动行政管理体制以及政府机构改革，以此提高行政管理效率、降低行政管理成本，提升政府公共服务水平，维护社会公平正义是行政管理学研究的主题之一。但行政环境制约行政管理学应用的科学性，行政环境的差异性决定了行政管理理论、理念、技术和方法等在行政实践中应用的差异性，一个国家采用什么样的行政管理模式，必须根据本国的行政环境来决定，而不是照搬别国的行政管理模式，任何超越或滞后行政环境的行政管理学应用都将是不科学的。

（二）正确认识行政环境才能科学地推动行政管理改革

行政环境是行政系统赖以存在和发展的基础，行政系统必须适应并只能在一定的行政环境中运行和发挥作用。行政环境是一个历史的、动态的过程，有它的过去、现在和未来，特别是政治、经济、科学技术和社会文化环境的发展变化对行政管理的影响至深。行政环境改变了，行政系统的存在和管理方式也必须随之改变，行政管理改革的目标就是适应行政环境的现状和发展水平。行政管理改革不仅有近期目标，还有长期目标，必须科学地预测行政环境的发展变化，确定行政管理改革的战略目标。行政管理改革必须适应行政环境，行政管理改革既不能滞后，也不能超前，任何滞后或超越行政环境的改革都是不科学的。

（三）正确地认识行政环境有利于树立系统的公共行政观

系统思想源远流长，但作为一门科学的系统论，人们公认是美籍奥地利人、理论生物学家贝塔朗菲创立的。他在 1932 年发表"抗体系统论"，提出了系统论的思想。1937 年提出了一般系统论原理，奠定了这门学科的理论基础。系统论认为，整体性、关联性、等级结构性、动态平衡性、时序性等是所有系统的基本特征。系统论的主要任务就是以系统为对象，从整体出发来研究系统的整体性和组成系统整体要素的相互关系，从本质上说明其结构、功能、行为和动态，以把握系统整体，达到最优的目标。行政环境作为行政体系的外部系统，其由政治、经济、社会、文化、人口、民族、历史文化传统等社会要素和地理位置、自然条件、自然资源等自然要素构成，构成行政环境各要素之间相互作用、相互依存和相互关联，但行政环境系统的整体性可能大于各要素的性能之和。因此，我们在考虑行政环境对行政系统的影响时，要树立系统的公共行政观，既要考虑各个行政环境要素对行政系统的影响，又要从整体上考虑整个行政环境系统对行政体系的影响。

（四）正确认识行政环境有利于确立开放的公共行政模式

整个社会是由不同的系统组成的，行政组织作为整个社会系统的一个重要组成部分，必须保持行政系统的开放性，与行政环境系统之间进行物质、能量或信息的交换，确立开放的公共行政模式。一方面，是使行政管理与国内行政环境保持动态平衡。所谓行政生态动态平衡，主要是指行政职能的确定、行政机构的设置、行政系统运行的机制和方式等与行政环境相适应，取得改造行政环境的实际成果，而行政环境同时也具备了行政管理得以顺利实施的必要条件。另一方面，是使行政管理与国际行政环境保持动态平衡。在当今国际联系密切、国际交流频繁的条件下，国际环境对一个国家的行政管理有着深刻的影响。我们在立足中国国情前提下，必须认真学习和借鉴世界各国行政管理的先进经验，不断推动我国行政体制的改革与完善。行政管理与行政环境之间物质、能量或信息的交换与平衡，是行政系统存在与发展的必要条件，也是行政管理具有活力和效率的重要前提。

第二节　行政环境与行政管理

一、行政环境与行政管理的基本关系

行政环境与行政管理之间相互作用、相互制约、相辅相成的关系就是二者间基本的辩证关系。这种关系以行政环境为主则表现为行政环境制约行政管理，起到促进或阻碍作用；若以行政管理为主则反映为行政管理对行政环境的改造，

以保持二者之间的动态平衡。

（一）行政环境决定和制约行政管理

行政环境对整个行政活动具有很强的制约作用，良性的行政环境可以为行政活动提供有利的条件；恶性行政环境则会对行政管理起阻碍或抑制作用。行政环境对行政管理的制约作用主要表现为：其一，行政环境是行政系统的生存空间和发展空间。行政环境，尤其是其中的自然环境，直接规定着行政管理的活动区域与基本活动的前提。其二，行政环境在一定程度上规定着行政管理的内容和发展方向。特别是政治环境和经济环境这两类因素所起的作用更为突出。行政环境影响行政体制与机构建设。在不同的行政文化环境下，行政体制与机构建设会有较大的差异，行政文化环境对行政体制与机构的建设起着直接或间接的作用。其四，行政环境影响着行政过程。行政过程一般分为决策制定和决策执行两个阶段，在决策执行阶段，决策者必须充分考虑行政环境对行政管理的约束因素，才能使行政决策方案具有现实性和可行性；在决策执行阶段，行政决策执行的效果在很大程度上取决于行政环境对行政执行活动的支持与参与程度。由此可见，行政环境可以影响、制约、甚至决定行政管理效果。

（二）行政管理对行政环境的利用和改造

行政管理必须适应行政环境，但在适应行政环境的同时，又积极地利用和改造行政环境。行政管理存在和发展的全部价值就在于它在适应行政环境的基础上，积极地促进其所赖以建立的经济基础和国家政权的巩固和发展，在于它对行政环境的利用和能动的改造。行政管理对行政环境的利用和改造，首先是在适应行政环境的基础上进行的。具体地说，政府应根据国内外行政环境的发展变化对政府内部的有关方面进行调整、改变、修订、增加，通过行政法规、政策、指令等多种形式指导和引导整个行政环境的发展。当然，行政管理对行政环境的作用有不同的性质和结果，如果行政管理沿着行政环境发展方向，对行政环境特别是经济、政治、文化等环境的发展起积极的推动作用，相反，如果行政管理沿着与行政环境相反的方向发展，对行政环境的发展起消极作用。

二、行政环境与行政管理的具体关系

（一）社会环境与行政管理的关系

社会环境是指人与人的活动形成的并对行政管理活动产生直接或间接影响的各种社会因素的总和，包括一个国家内部的物质经济环境、政治法律环境和精神文化环境，同时也包括这个国家的人口、民族、历史等因素。社会环境是行政管理所处的基本环境，对行政管理起着重大的影响和制约作用。

1. 物质经济环境。物质经济环境是行政系统外部环境中最基本的方面，是行政系统赖以生存和发展的最深层环境。物质经济环境主要由生产力（包括物质生产和人口生产）和生产关系（包括经济体制）两个方面构成。生产力也叫社会生产力或物质生产力，是指人类探索、利用、影响和改造自然使其适应社会需要的客观物质力量，是人与自然关系的体现。生产力的发展状况决定和制约着整个社会或某一具体行政组织的产生、发展和消亡，决定着社会分化的程度，影响着行政管理的物质条件、办公自动化程度，决定着政府对公共服务项目的物质投入多寡。生产关系主要指一定的生产资料所有制关系、劳动中的人与人之间的关系及分配关系等的总和，是社会上层建筑的经济基础，由社会基本经济结构和具体的经济体制构成。其中生产资料所有制关系不仅规定着社会的交换及消费的内容和形式，而且决定着国家政权的性质，经济体制不但影响行政组织的机构设置，还影响行政组织的职能体系和功能发挥。

2. 政治法律环境。一个国家的政治法律环境包括该国的国家政权制度、政党制度、政治思想、政治文化、公民政治参与、法律制度等，简言之，包括政治和法律两个方面的情况。国家政权制度，包括国体、政体和国家结构形式，是最基本的政治制度。国家政权制度对行政管理的诸多方面都起着重要的作用，它们决定着行政机关的基本性质，规定了行政组织在国家组织中的地位和享有权力的大小，甚至影响着行政组织的机构设置和权责配置。政党制度影响着行政系统的稳定性与完善程度。它不仅影响着行政管理与政党的关系，而且直接影响着行政组织中的人员配置、机构设置、功能发挥、政策稳定性和纠错机制等，是影响行政管理的重要因素。法律环境是行政活动最直接最重要的政治环境因素，其对行政管理的影响，主要通过规定并保障行政系统在国家系统中的地位和权力关系来实现。法律制度的完善高度依赖立法系统和司法系统，前者为各级政府的活动提供法律依据，并成为监督政府活动的重要渠道，后者通过行使审判权和检察权依法对行政组织及其官员的守法情况实行监督。

3. 精神文化环境。广义的文化指人类在社会实践中创造的一切物质财富与精神财富的总和，包括物质文化、社会文化和精神文化。狭义的文化主要指精神文化，其以价值观和行为模式为核心，由一定的世界观、理想、信念、伦理、价值、心理、文化程度等构成，其对行政系统的影响，主要通过行政文化来实现，它是人们关于行政系统的价值观念以及该观念所要求的行政系统的运行模式。任何一个行政系统的结构、过程、程序及行政主体的行为观念，都会直接或间接受到行政文化的影响。世界各国的文化环境因其历史发展的不同特点而各不相同，但对行政管理具有相同的导向、约束和衍射等功能。①精神文化环境具有价值导向作用。精神文化环境对行政人员的信念、信仰和价值观有着深远的影响，并通过行政人员的实践活动间接表现出来。这是因为在实践过程中，行政人员通过对客观事物的感知和理解，形成了行政意识，逐步发展为行政文化。不同的文化环境可以对实践做出不同的指导，积极或消极地影响着实践行为。而且行政文化环境也直接影响着行政目标的确立，并能够使行政组织中的全体成员在共同的价值观的引导下，向着组织共同的目标前进。②精神文化环境具有约束作用。精神文化环境对公共行政管理的约束作用主要体现在，行政组织所具有的文化环境可以使公务员把组织共同的价值观内化为个人的价值观，从而通过这种理念上的控制来直接规范、约束个人的行政行为。精神文化环境不但可以使行政组织确定一种符合公共价值观的不成文的行为标准来约束公务员的行政行为，还可以通过对公务员影响和熏陶，使之能自觉地约束个人的行为，从而使得个人的思想和行为符合组织的共同利益。因此，良好的行政文化环境是高效行政、廉洁行政、利民行政的前提，对行政行为有着决定性的作用。③精神文化环境具有衍射作用。精神文化环境不但可以作用于政府管理组织的内部，还可以通过衍射，影响其他的行政组织。这是因为，行政机关是社会生活中最活跃的国家职能部门，它能与社会进行最广泛的接触。通过行政人员与外界的交往，如行政执行等行政活动，可以把该行政组织内良好的文化环境、行政作风衍射到其他部门乃至整个社会。从这点上看，一个组织的文化环境，还关系到整个社会的精神文明建设，它对形成良好的社会风气，促进其他部门和企业文化的发展发挥着积极的作用。

4. 人口、民族、历史等环境。①人口因素是社会环境中的一个重要因素，包括人口数量、人口结构、人口分布等几方面的情况。它与社会的各个领域存在着互相依赖、互相制约的密切关系。人口迅猛增长会引起许多问题，特别是经济不发达国家的人口过度增长，会影响整个国家的经济发展、社会安定和人民生活水平的提高，人口老龄化亦会给社会、政治、经济带来一系列影响和问题，影响行政系统的功能发挥，因此要求政府科学制定人口政策，使人口的增长与社会、经济的发展相适应，与环境、资源相协调，对社会生产、消费、分配、投资、社会保障及福利、城乡规划等作出相应的调整，统筹兼顾人口与经济、资源、环境的关系，实现全面协调，可持续发展。②民族是历史上形成的有共同语言、共同地域、共同经济生活以及表现于共同民族文化特点上的共同心理素质的稳定的共同体。世界上有单一民族国家和多民族国家，后者居多。在多民族国家中，民族环境对国家行政系统的发展有重要的影响。在一个国家内，若各民族实力相当，没有一个具有绝对优势地位的民族，行政体制则需要分权，相反，若有一个民族占绝对优势，则集权、分权均可，不过在少数民族聚居地区，大多数国家都建立了比一般地方政府权力更多的民族区域自治政府。另外，由于民族众多，容易存在民族矛盾与纠纷进而产生民族问题，而对民族问题的解决是否妥当，就直接关系到政府的凝聚力和国家的稳定状态。因此，必须重视民族因素，正确处理民族矛盾，尤其应谨慎处理民族语言、风俗习惯、宗教信仰等敏感问题，充分考虑各时期内民族心理素质的特点和表现，考虑各民族地区的特点和发展趋向，这是实现行政管理科学化，维护行政系统良性发展所不可忽视的。③历史作为社会环境的一种因素，对行政管理也起着一定的作用。各国行政管理是随着国家历史发展而发展的。由于各国历史发展有不同的特点，形成了不同的传统，所以会给各国的行政体制、观念、方式带来不同的影响。例如，英国封建体制不仅时间长，而且较为完善，君主政治深入民心，因此，建立资产阶级政权后，仍保留了许多封建君主制的传统，形成君主立宪制的体制。政府应当重视这种影响，在不断地运用科学民主的管理思想和方法的同时，要注意继承和发扬历史保留下来的优秀遗产，抛弃历史遗留下来的腐朽没落的糟粕，还要大胆改革、勇于创新。

（二）自然环境与行政管理的关系

自然环境是指环绕和影响行政活动主体的一切自然因素的总和，包括地域环境、资源环境和气候环境三大因素。自然环境是人类生存的基础和创造文明的自然前提，是人类社会生活的有机组成部分。

1. 自然环境给社会物质资料生产和人类的生活提供必不可少的条件。自然环境是人类生存的摇篮，人类是自然环境中的一个构成因素。人类从起源开始，就一刻也离不开他们生产和生活的自然环境。最初的人类同自然形成的关系是一种简单依赖关系。随着人类的进步，才逐步增强了改造自然的能力。所以，经济的发展，社会的进步，不仅依赖于科技的进步，还取决于环境资源的支撑能力。自然环境的差异，会造成各地区、各国家、各民族的物质生产方式和文化类型的差异。因此，我们应遵循自然界的客观规律，因地制宜，从长计议，努力为人类生存与发展，以及为国家行政管理提供优良的自然环境，以造福子孙后代。

2. 自然环境是各种自然因素所组成的整体，是一个相互联系、相互作用的有机系统。现代生态科学研究认为，自然环境包括三个组成部分：一是人体一刻也不能脱离的物质——阳光、磁场、电磁波、射线等；二是人类生存的物质基础——土地、空气、水、山、川、湖、海、风、雨、尘等；三是生态系统——微生物、植物、动物等。三个部分构成一个相互影响、相互作用、相互制约、协调发展的统一整体。如果各因素之间保持正常的能量交换和物质循环，系统中的生物及其相关因素就能正常存在和发展；否则，生态系统失衡，就会形成恶劣的自然环境。每个国家的政府都应对生态环境有科学的认识，适应自然条件的要求，解决自然环境自身系统和社会经济发展的矛盾。

3. 人类具有改造自然和征服自然的能力。自然环境的优劣，固然可以影响一个国家、一个民族的经济发展和人民的生活水平，但这种影响只是相对的和有条件的，而人类也具有改变自然环境的能力。尤其是在当今世界科学技术高度发展，社会管理日益发达的情况下，一个国家或一个民族征服自然、控制自然、利用自然以至最终战胜自然的能力大大增强，它不仅能够使本国或本民族的社会经济达到高速发展，并且使洪水、海啸、台风、火山、地震等灾害给人类造成的损失逐步降低到最低程度。所以，行政管理必须把改善自然环境作为一项重要任务，在尊重自然生态规律的基础上，充分利用现代科学研究成果，积极开发和利用自然资源，为社会发展和人类生存创造更好的环境。

（三）国际环境与行政管理的关系

国际环境是指一个国家同世界各国、各地区之间的政治、经济、文化、自然地理等方面的关系，以及其他国与国之间的相互联系。当今世界，任何一国的政府管理都不可能不受国际环境的影响。

1. 国家间的密切往来，影响国家行政系统的职能机构设置。由于国际分工和国际交换以及国际经济环境的深化发展，当今世界国与国之间的交往日益频繁，各国在经济、政治、文化等领域中，既彼此合作、依赖，又相互竞争、排斥，这种关系必然会影响到各国政府的职能、政策，相互之间既要接轨，又要防范，从而影响各国政府行政系统的机构设置及其权重定位，现代国家大都把外交部、国防部置于非常重要的位置，由此也说明了国际环境的重要性。

2. 国际社会的共同问题以及国际组织的出现，使各国政府设置了相应的职能部门及机构。随着科技的发展和国际往来深度和广度的增加，国际社会出现了许多共同问题，比如生态环境污染、国际贩毒、国际反恐、国际金融、外层空间开发以及关税保护等，各国政府都因此而设置相应的处理这些问题的机构，以便共同处理共同面临的问题。另外，为处理这些共同关心的问题的协商对话、解决纠纷或发展友好合作关系，从而在各主权国家之间依据条约、协议而建立起来的国际组织的出现，各国政府也都产生了相应的职能机构，并且各国行政系统在行使行政权力时，若有涉及条约或协议之内容，必然受到国际组织的制约。

第三节 我国现阶段的行政环境

一、我国现阶段的政治法律环境

（一）国体与政体

国体是指国家的性质，即国家的阶级本质，它是由社会各阶级、阶层在国家中的地位所反映出来的国家的根本属性。包括两个方面：一是各阶级、各阶层在国家中所处的统治与被统治地位；二是各阶级、阶层在统治集团内部所处的领导与被领导地位。我国宪法第一条规定："中华人民共和国是工人阶级领导的、以工农联盟为基础的人民民主专政的社会主义国家"。政体是拥有国家主权的统治阶级实现其意志的宏观架构，也就是说，统治阶级采取什么形式组织自己的政权，即统治阶级采取何种组织形式反对敌人、保护自己的政权机关、实现自己的统治，也叫国家的根本政治制度。我国宪法第二条规定："中华人民共和国的一切权力属于人民"。"人民行使国家权力的机关是全国人民代表大会和地方各级人民代表大会"。就是说，中华人民共和国的政体是人民代表大会制度。国体与政体的关系是内容与形式的关系，国体决定政体，政体反映国体，适当健全的政体对维护统治阶级的统治具有重要的作用，政体又具有相对独立性。我国人民民主专政的国体决定了人民代表大会制度的政体，人民代表大会制度的政体反映了人民民主专政的国家性质。

我国是工人阶级领导的、以工农联盟为基础的人民民主专政的社会主义国家，国家一切权力属于人民。我国的社会主义民主是维护人民根本利益的最广泛、最真实、最管用的民主。发展社会主义民主政治就是要体现人民意志、保障人民权益、激发人民创造活力，用制度体系保证人民当家作主。今后我国要不断改进党的领导方式和执政方式，保证党领导人民有效治理国家；不断扩大公民有序政治参与，保障人民基本政治权利的实现；不断增强各级领导干部民主意识，当好人民公仆和建设好人民满意的政府。人民代表大会制度是坚持党的领导、人民当家作主、依法治国有机统一的根本政治制度，我们必须长期坚持、不断完善。保证人民通过人民代表大会充分行使国家权力，充分发挥人大代表的作用，扩大普通群众在人大代表中的比例，完善人大专门委员会设置，优化人大常委会委员和专门委员会人员组成结构。

（二）政党政治

政党政治通常指一个国家通过政党行使国家政权的形式。广义的政党政治包括各国政党为实现其政纲和主张而展开的一切政治活动和斗争。主要表现在三个方面：一是政党以各种方式参与政治活动，就国内外重大政治问题发表意见，对国家政治生活施加影响。二是政党争取成为执政党，然后通过领导和掌握国家政权来贯彻实现党的政纲和政策，使自己所代表的阶级或阶层、集团的意志变为国家意志。这是政党政治的核心。三是政党处理和协调与国家以及与其他政党、社会团体和群众之间的关系。我国的政党政治是中国共产党领导的多党合作制度。中国共产党和其他民主党派是执政党和参政党的关系，表现为共产党对参政的各民主党派的领导与合作共事、相互监督的新型政党关系和政党制度。

中国特色社会主义进入新时代，必须坚定不移全面从严治党，不断提高党的执政能力和执政水平，始终保持党同人民群众的血肉联系。新时代加强党的政治建设，必须把党的政治建设摆在首位。党的政治建设是党的根本性建设，决定党的建设方向和效果。党的政治建设的首要任务是要保证全党服从中央，坚持党中央权威和集中统一领导；加强党性锻炼，不断提高党员政治觉悟和政治能力，把对党忠诚、为党分忧、为党尽职、为民造福作为根本政治担当，永葆共产党人政治本色。把思想建设作为党的基础性建设，用新时代中国特色社会主义思想武装全党。要把坚定理想信念作为党的思想建设的首要任务，教育全党牢记党的宗旨，自觉做共产主义远大理想和中国特色社会主义共同理想的坚定信仰者和忠实实践者。建设高素质、专业化的党员干部队伍。坚持党管干部、德才兼备原则；坚持正确用人导向，选优派强领导班子；完善干部考核评价，激励约束机制。加强基层党组织建设。党的基层组织是确保党的路线方针政策和决策部署贯彻落实的基础，要以提升组织力为重点，突出政治功能，把基层党组织建设成为宣传党的主张、贯彻党的决定、领导基层治理、团结动员群众、推动改革发展的坚强战斗堡垒。健全党的监督体系。要加强对权力运行的制约和监督，让人民监督权力，让权力在阳光下运行，把权力关进制度的笼子；构建全覆盖，内外结合的监督体系，增强监督合力。全面增强党的执政本领。增强党的学习本领、政治领导本领、改革创新本领、科学发展本领、依法执政本领、狠抓落实本领和驾驭风险本领，全面提高党的执政能力和水平。

（三）政治法律制度

中国特色社会主义政治法律制度更加完善，民主和法治水平显著提高，国家治理体系和治理能力现代化水平明显提高。民主法治建设迈出更大步伐。制度是一个国家治国理政的根本，推进国家治理体系和治理能力现代化，必须加强我国政治法律制度建设，提高民主和法治化水平。近年来我国积极发展社会主义民主政治，全面推进依法治国，党的领导、人民当家作主、依法治国有机统一的制度建设全面加强。全面从严治党，加强党内法规制度建设，党的领导体制机制不断完善，党内民主更加广泛，党风政风明显好转；不断优化与完善人民代表大会制度，人民代表大会制度的功能和作用得以充分发挥，全面推进协商民主制度，社会主义协商民主全面展开，有效化解了社会诸多领域的矛盾和冲突，社会主义民主不断发展；坚持全面推进依法治国，全面依法治国是中国特色社会主义的本质要求和重要保障，也是推进国家治理体系和治理能力现代化的关键环节。党的十八大报告提出建设法治国家、法治政府、法治社会和科学立法、严格执法、公正司法、全民守法。科学立法、严格执法、公正司法、全民守法深入推进，法治国家、法治政府、法治社会建设相互促进，中国特色社会主义法治体系日益完善，全社会法治观念明显增强。

尽管我国政治法律制度不断完善，民主和法治化水平不断提高，国家治理体系和治理能力现代化水平明显提升。但国家政治法律制度建设，国家治理体系和治理能力现代化将是一个不断完善的长期过程，我国政治法律制度还存在不完善之处，国家治理体系和治理能力现代化水平还需不断提升。未来我国必须不断推进和深化政治体制改革，不断优化和完善政治制度建设；全面推进依法治国，提高依法治国思想认识，深化社会依法治国实践，加强社会主义法治文化建设，坚持法治国家、法治政府、法治社会一体建设，坚持依法治国和以德治国相结合，依法治国和依规治党有机统一，深化司法体制改革，提高全民族法治素养和道德素质。

二、我国现阶段的物质经济环境

（一）社会生产力得到了较快发展，但生产力发展还不平衡

十八大以来的五年，面对世界经济复苏乏力、我国经济发展进入新常态等一系列深刻变化，我国坚持稳中求进工作总基调，坚定不移贯彻新发展理念，坚决端正发展观念、转变发展方式，迎难而上，开拓进取，经济建设取得重大成就，社会生产力得到长足发展，发展质量和效益不断提升。经济保持中高速

增长，在世界主要国家中名列前茅，国内生产总值从 54 万亿元增长到 80 万亿元，稳居世界第二，对世界经济增长贡献率超过 30%。供给侧结构性改革深入推进，经济结构不断优化，数字经济等新兴产业蓬勃发展，高铁、公路、桥梁、港口、机场等基础设施建设快速推进。农业现代化稳步推进，粮食生产能力达到 12000 亿斤。城镇化率年均提高 1.2 个百分点，8000 多万农业转移人口成为城镇居民。区域发展协调性增强，"一带一路"建设、京津冀协同发展、长江经济带发展成效显著。创新驱动发展战略大力实施，创新型国家建设成果丰硕，大飞机等重大科技成果相继问世。开放型经济新体制逐步健全，对外贸易、对外投资、外汇储备稳居世界前列。

我国生产力得到了较快发展，但生产力发展还不充分、不平衡。中国特色社会主义进入新时代，我国社会主要矛盾已经转化为人民日益增长的美好生活需要和不平衡不充分的发展之间的矛盾。发展不平衡不充分的一些突出问题尚未解决，人均 GDP 仍落后于西方发达国家，难以满足群众全面发展的需要；个人收入差距、城乡收入差距、地区收入差距明显，城乡区域发展和收入分配差距依然较大；发展质量和效益还不高，创新能力不够强，实体经济水平有待提高；民生领域还有不少短板，脱贫攻坚任务艰巨，在群众就业、教育、医疗、居住、养老等方面面临不少难题。

（二）经济结构逐步合理，但仍需不断优化

近年来，我国大力推进经济体制改革和深化供给侧结构性改革，坚持科学发展观和贯彻创新、协调、绿色、开放、共享的发展理念，坚持和完善我国社会主义基本经济制度，毫不动摇地巩固和发展公有经济，毫不动摇地鼓励、支持、引导非公有制经济发展，调整和完善了所有制结构，推动新型工业化、信息化、城镇化、农业现代化同步发展，形成了以公有制为主体、多种经济成分共同发展的格局。

尽管我国产业结构逐步优化，各产业取得了长足发展，但还存在诸多问题。在产业结构方面，虽然各产业规模都有很大程度的扩张，经济总量增长主要由第一产业、第二产业增长转变为由第二、第三产业带动，工业化和城镇化取得了明显成效，但农业的发展与整个国民经济的发展以及第二、第三产业的发展不相协调，居于弱势产业的地位；农业基础地位仍然薄弱、绿色现代农业尚未建立，工业创新能力不强、核心技术和先进制造业落后于世界主要发达国家，服务业发展参差不齐、服务业标准仍需提高。今后我国必须把发展经济的着力点放在实体经济上，把提高供给体系质量作为主攻方向，显著增强我国经济质量优势；加快建设制造强国，加快发展先进制造业，推动互联网、大数据、人工智能和实体经济深度融合；支持传统产业优化升级，加快发展现代服务业，瞄准国际标准；坚持去产能、去库存、去杠杆、降成本、补短板，优化存量资源配置，扩大优质增量供给，实现供需动态平衡。

（三）社会主义市场经济体制已经建立，但仍需不断完善

发展社会主义市场经济和建立社会主义市场经济体制是一项长期而艰巨复杂的社会系统工程，将贯穿于建设有中国特色社会主义的全过程。经过四十年的努力，我国已建立了具有中国特色的社会主义市场经济。市场经济法律制度不断健全，统一、开放、竞争、公平、择优的市场秩序形成；企业所有制改革取得明显成效，产权清晰、权责明确、政企分开、管理科学的现代新型企业制度建立，企业已成为市场经济活动的主体；市场在资源配置中的决定性作用发挥，生产要素自由流动和市场价格体系形成；国家宏观调控体系和市场监管体系不断完善，市场风险降低；在分配关系方面，收入分配领域改革逐步深入，完善了以按劳分配为主体、多种分配方式并存的分配结构和分配方式。

尽管社会主义市场经济体制已经建立，但仍需加快完善。必须以完善产权制度和要素市场化配置为重点，实现产权有效激励、要素自由流动、价格反应灵活、竞争公平有序、企业优胜劣汰；要完善各类国有资产管理体制，改革国有资本授权经营体制，加快国有经济布局优化、结构调整、促进国有资产保值增值，推动国有资本做强做优做大，有效防止国有资产流失；深化国有企业改革，发展混合所有制经济；全面实施市场准入负面清单制度，支持民营企业发展，激发各类市场主体活力；深化放管服改革，下放行政审批权力，放宽服务业准入限制，完善市场监管体制；创新和完善宏观调控，发挥国家发展规划的战略导向作用；加快建立现代财政制度，深化税收制度改革，健全地方税收体系；深化金融体制改革，增强金融服务实体经济能力，健全金融监管体系，守住不发生系统性金融风险的底线。

三、我国现阶段的精神文化环境

（一）马克思列宁主义、毛泽东思想、邓小平理论、三个代表、科学发展观及社会主义核心价值观的重要思想在我国社会主义文化阵地上确立了指导地位

围绕时代发展主题，我国坚持不懈地发展和完善中国特色社会主义思想文化，坚持以马克思列宁主义、毛泽东思想、邓小平理论、三个代表、科学发展观及社会主义核心价值观为指导，坚持解放思想、实事求是、与时俱进、求真务实，坚持辩证唯物主义和历史唯物主义，紧密结合时代发展条件和实践需求，不断进行理论探索与创新，不断取得重大理论创新成果。马克思列宁主义在意识形态领域的指导地位更加鲜明，毛泽东思想、邓小平理论、三个代表、科学发展观已成为我国治国理政的重要思想，中国特色社会主义和中国梦深入人心，社会主义核心价值观广泛弘扬，形成中国特色社会主义思想文化。中国特色社会主义思想文化是对马克思列宁主义、毛泽东思想、邓小平理论、"三个代表"重要思想、科学发展观的继承和发展，是马克思主义中国化的最新成果，是党和人民实践经验和集体智慧的结晶，是中国特色社会主义理论体系的重要组成部分，是全党全国人民为实现中华民族伟大复兴而奋斗的行动指南，必须长期坚持并不断发展，这是我国行政管理最基本的文化环境。

（二）传统文化虽然受到现代文化巨大冲击，但仍对当今行政管理产生重大影响

中国特色社会主义文化，源自于中华民族五千多年文明历史所孕育的中华优秀传统文化。我国现阶段面临的文化环境明显地具有社会转型时期的文化特点，传统文化与现代文化在交织、冲突和融合中并存。我国是一个具有悠久历史和文化传统的国家，传统文化，特别是儒家文化对国民的行为和社会发展有着根深蒂固的影响。我国的传统文化本身就不是单一的，而是以儒家文化为主、其他思想并存的多元体系。随着社会主义革命和建设事业的不断发展，特别是改革开放事业的日益深入，传统文化受到现代文化的巨大冲击。随着新的经济制度和模式的出现，现代的新思想、新文化、新观念、新知识日新月异，形成了今天更加多元的思想文化体系。在这个体系中，传统文化精华部分和现代文化健康向上的一面占着主导地位，诸如吃苦耐劳、礼仪道德、爱国主义等传统美德和务实主义、开拓精神、平等竞争、崇尚科学和文明等新思维。这些都对我国的"两个文明"建设起着积极的作用。但与此同时，一些陈旧的政治传统文化，如封建的大一统思想、宗法思想、官本位思想、中庸思想、平均主义以及历史上形成的保守思想和懒惰性等，在国家政治和经济生活中产生的消极作用仍然存在。

（三）教育事业虽然取得了巨大成就，但是同我国经济与社会发展的迫切需要相比仍存在着较大差距

改革开放以来，我国的教育事业取得了较快发展和重大成就，教育固定资产投资逐年增加，九年义务教育已在全国普及，幼儿义务教育和高中义务教育在部分地区正在有计划、分阶段地实施，高等教育、职业技术教育、形式多样

的成人教育和民族教育得到了很大发展，初步形成了多层次、多形式、学科门类齐全的国民教育体系。教育事业全面发展，中西部和农村教育明显加强。国民整体文化素质有了很大提高，国际教育和交流也获得了广泛发展。2010～2017年的毕业生人数按照2%～5%的同比增长率逐年增长，近7年间累计毕业生人数达到5706万人。受过高等教育的人数占比逐年增长，并且随着素质教育理念和实践的发展，国民综合素质也有提高。但教育事业同我国经济与社会发展的迫切需要相比仍存在着较大差距，整体水平同发达国家相比差距还很大，大力发展科学文化事业依然是我国的当务之急。

建设教育强国是中华民族伟大复兴的基础工程，未来我国必须把教育事业放在优先位置，加快教育现代化，办好人民满意的教育。全面推进素质教育和教育公平，实现城乡教育一体化发展，高度重视农村义务教育，办好学前教育、特殊教育和网络教育，普及高中阶段教育，努力让每个孩子都能享有公平而有质量的教育；完善职业教育和培训体系，深化产教融合和校企合作；深化高等教育改革，加快一流大学和一流学科建设，实现高等教育内涵式发展；办好继续教育，加快建设学习型社会，大力提高国民素质。

四、我国现阶段所面临的国际环境

（一）和平与发展仍是当今时代的主题和现代国际环境的基本趋势

进入21世纪，世界正处于大发展大变革大调整时期，和平与发展仍然是时代主题。维护世界和平，促进共同发展，构建人类命运共同体，是世界各国人民的共同愿望，也是不可阻挡的历史潮流。世界各国相互联系和依存日益加深，给世界和平带来了机遇和有利条件。新的世界大战在可预见的时期内打不起来，争取较长时期的和平国际环境和良好的周边环境是可以实现的。同时，世界面临的不稳定性、不确定性突出，地区热点问题此起彼伏，霸权主义和强权政治有新的表现，恐怖主义、网络安全、重大传染性疾病、气候变化等非传统安全威胁持续蔓延，人类面临许多共同挑战。

（二）世界多极化与经济全球化同步发展，各国政治与经济矛盾日益增加

世界多极化是指一定时期内对国际关系有重要影响的国家和国家集团等基本政治力量相互作用而朝着多极格局发展的一种趋势，是对主要政治力量在全球实力分布状态的反映。经济全球化是指世界经济活动超越国界，通过对外贸易、资本流动、技术转移、提供服务、相互依存、相互联系而形成的全球范围的有机经济整体的过程。世界多极化与经济全球化同步发展，全球治理体系和

国际秩序变革加速推进，各国政治、经济相互联系日益密切。伴随着世界多极化与经济全球化的共同发展，许多国家都在调整目标，力图为自己确立有利态势，政治冲突与贸易摩擦不断。

（三）知识经济时代，知识创新、技术创新和高新技术产业竞争日趋激烈

知识经济是建立在知识和信息生产、分配、使用基础上的经济。其核心是知识生产，本质是创造性的脑力劳动。知识经济迅速兴起，以知识创新、技术创新和高新技术产业为核心的综合国力竞争日趋激烈。世界各国围绕知识创新、核心技术重大创新和高新技术产业创新不断增加投入，展开激烈竞争，核心技术重大创新能力将成为综合国力的重要体现。

思考题

1. 简述行政环境的缘起。
2. 什么是行政环境？
3. 行政环境具有哪些特点？
4. 为什么要研究行政环境？
5. 行政环境的主要内容包括哪些？
6. 行政管理和行政环境之间是怎样的关系？
7. 行政管理如何适应行政环境？
8. 现阶段我国国内行政环境的基本特点。
9. 现阶段国际行政环境的基本特点。
10. 在当前国际与国内行政环境下，我国行政管理如何进行改革与完善？

参考文献

1. 夏书章：《行政管理学》，高等教育出版社 2013 年版。
2. 张国庆：《公共行政学》，北京大学出版社 2009 年版。
3. 李四林、曾伟：《地方政府管理学》，北京大学出版社 2012 年版。
4. 丁煌：《西方行政学说史》，武汉大学出版社 2017 年版。
5. 李明强、贺艳芳：《地方政府治理新论》，武汉大学出版社 2011 年版。
6. 彭珊：《中国行政管理学理论研究》，中国社会科学出版社 2014 年版。

政府职能

政府职能是对政府活动内容的总体概括，反映了政府管理活动的实质与方向，在很大程度上决定了政府的规模、结构、组织形态和管理方式。因此，科学地认识和分析政府职能是行政管理学研究的重要内容之一。

第一节　政府职能概述

一、政府职能的基本内涵

职能，指人、事物、机构应有的职责和功能。政府职能通常也称为行政职能。[1]从狭义政府角度来看，政府职能是指政府作为国家行政机关依法对社会实施公共管理所承担的具体职责和应发挥的作用。就国家管理而言，政府是国家机器的主要组成部分，是国家职能的具体执行与体现。其核心价值涉及政府"应该做什么""不应该做什么"的问题。该定义主要包括以下几层含义[2]：

1. 政府职能的实施者是行政组织系统及其工作人员。行政组织系统表现为从中央到地方的国家行政机关（我国在中央为国务院及其部委，在地方为地方政府及其组成部门），工作人员表现为行政首长和政府普通公务员。另外，一些事业单位、群众自治组织等公共组织在国家法律授权的基础上，也可在授权范围内承担一定的政府职能。

2. 政府职能的内容涉及行政机关对国家事务、社会公共事务进行管理的全部活动，如外交、国防、公安、财政、金融、工业、农业、教育、科技、文化等。

---

〔1〕　李四林等：《地方政府管理学》，北京大学出版社 2010 年版，第 89 页。
〔2〕　郑志龙主编：《行政管理学》，高等教育出版社 2011 年版，第 98 页。

3. 依法行政是国家行政机关履行政府职能时的基本准则。依法行政的本质是有效制约和合理运用行政权力，它要求国家行政机关及其工作人员管理国家和社会事务时必须以法律为依据，遵守法定程序。

4. 政府职能是国家职能的组成部分和重要体现。国家职能一般分为行政职能、立法职能和司法职能。行政职能既受到立法职能、司法职能的制约，同时也影响立法职能、司法职能的实现程度。政府是国家权力体系的构成部分，是执行行政管理权力和履行公共管理职责的机关，政府职能体现着国家意志，反映了政府所代表的国家的性质和活动的基本方向。

二、政府职能的特点

（一）阶级性与公共性

政府是行使国家权力的机关，其构成和活动体现着国家的意志和目的，国家的性质决定着政府的性质。政府必然维护的是在国家中占统治地位阶级的利益，为占统治地位的阶级所赖以存在与发展的经济基础服务，具有一定的阶级性。从阶级属性看，历史上相继出现了奴隶制国家、封建制国家、资本主义国家和社会主义国家，随之出现了四种不同性质的政府。不同性质的政府在职能的性质、管理方式与方法方面都有本质的区别。

虽然政府职能具有鲜明的阶级性，但无论何种性质的政府，都必须以服务社会公共利益为宗旨，承担起维护公共利益、管理社会公共事务的职能。因为政府管理的对象是公共事务，也就是和每个公民利益密切相关的事务，没有对社会公共事务的管理，社会就不能维持正常的秩序，国家机器也就不能正常运转，阶级统治也将崩溃。因此，政府职能又表现为一种社会公共管理职能，带有很强的公共性。

（二）执行性与强制性

在现代国家的架构中，将国家的行政机关与立法机关、司法机关区别开来。行政机关是执行表现国家意志的宪法和法律的机关，主要功能在于执行国家的政策法规。即使现代政府具备了很多立法职能，也主要是执行性立法。因此，执行性是政府职能的基本特点。同时，行政机关是以国家司法机关为后盾，代表国家行使行政权力，依法管理社会公共事务，它要求全社会共同遵守法律、法规和规章，因而必须具有明显的权威性。由此表现出较强的强制性。

（三）多样性与系统性

从内容上看，政府职能涉及政治、经济、文化教育、社会服务等社会领域，具体包括国防军事、公安司法、民政外交、国民经济、文化教育、社会保障、环境保护等方方面面；从层次上分析，行政职能有高、中、低层次之别，处于不同层次的行政机关，其行使职能的范围、内容和方法不尽相同；从运行过程上看，又包括计划、组织、人事、指挥、协调、控制等环节与步骤。政府职能的多样性是由行政管理内容、层次上的多样性决定的。尽管政府职能结构极为复杂多样，但其各要素之间相互联系、相互渗透、相互支持共同构成了一个有机的政府职能体系。

（四）共同性与动态性

为了适应国家、社会发展的需要，任何一个国家的政府职能都具有诸多共同的职能，即政治职能、经济职能、文化职能、社会服务职能以及决策、组织、控制等功能。这些功能都产生于行政管理自身运动的内在机制和过程之中，它贯穿于整个行政管理活动的始终。即使是不同时期、不同制度的国家政府职能也都有其共同点。

在不同的历史时代和不同的社会环境下，政府职能的内容、重点、方式、作用等都有所变化，具有动态性。主要表现如下：其一，国家性质发生变化，必然引起行政职能的相应变化；其二，社会形势任务发生变化，行政职能的主次地位也应发生相应转移；其三，随着社会环境和各种体制的改变，行政职能的某些具体功能会发生根本性变革；其四，随着科学技术的发展，人类社会生活日益丰富多彩，行政职能也会增加新的内容、方法和手段。

三、政府职能的类型

（一）政府的基本职能

政府的基本职能是从政府在国家社会生活中的整体作用范围和活动领域来划分的，可概括为政治职能、经济职能、文化职能和社会服务职能。

1. 政治职能。政治职能是指政府承担的维护和实行阶级统治、保卫国家和社会安全的职能，是政府最基本、最古老的职能之一。它的核心功能是巩固国家政权，集中体现了政府的阶级性质。

一般而言，政治职能主要包括专政职能和民主职能。一方面，政府为了维护国家安全和安定团结的政治局面，政府必须保卫国家领土完整和主权独立，抵御外来侵略，有效打击敌对势力和反社会分子；另一方面，政府要不断完善各项民主制度，建立健全民主程序，实现和保障公民的民主权利。

2. 经济职能。经济职能是各国政府行政管理最基本的职能，指政府在国家经济行政管理中的职责与功能，目的在于巩固经济基础，发展经济，促进经济繁荣。

3. 文化职能。文化职能是政府对国家教育、科学、文化、卫生、体育等事业的建设与管理职能。由于教育和科学技术在社会经济发展中的地位和作用越来越突出，各国政府都将制定和实施教育及科技发展战略作为为经济发展提供智力支持的重要举措，通过制定有关教科文卫事业发展的政策和法规、兴办各类学校等方式普及教育，指导和监督教科文卫事业的发展。

4. 社会管理职能。社会职能是指政府的社会服务和社会保障职能，即除了经济和文化职能以外的，政府对社会生活领域公共事务的管理，其目的在于保障社会稳定和维持社会正常秩序。一般而言，政府社会职能所涉及的内容主要有：建立和健全社会福利和社会保障体系、创办各种社会服务事业建设和管理各项公共服务设施、保护和合理利用自然资源，加强生态环境的保护等。

（二）政府的运行职能

行政管理的基本职能必须通过各管理环节才能实现。因此，从管理过程看，行政职能又包括一系列运行职能。主要可概括为如下职能[1]：

1. 决策职能。行政决策特指国家行政机关工作人员在处理国家行政事务时，为了达到预定的目标，根据一定的情况和条件，运用科学的理论和方法，系统地分析主客观条件，在掌握大量有关信息的基础上，对所要解决的问题或处理的事务做出决定的过程。

决策职能的发挥程度直接关系到行政管理的整体效能。为了实现行政决策的科学化、民主化，必须建立健全民主决策、民主监督的程序和制度，重视行政信息、行政咨询系统的作用，加强行政决策体制的建设。

2. 组织职能。管理学认为，组织职能一方面，是指为了实施计划而建立起来的一种结构，该种结构在很大程度上决定着计划能否得以实现；另一方面，是指为了实现计划目标所进行的组织过程。任何管理目标和任务都要通过一定的组织机构和具体的组织指挥活动才能完成，所以组织职能是一项重要的运行职能。组织职能主要包括以下几项：其一，将计划目标进行分解，并落实到具体机构当中；其二，对机构进行设置、划分职权，做好人员的配置和编制管理；

---

[1] 夏书章主编：《行政管理学》，中山大学出版社1998年版，第55～56页。

其三，调配好人、财、物资源；其四，对具体行政工作进行指挥督导。

行政组织科学化的基本指导原则有：其一，适应行政目标原则。行政组织必须与行政职能相适应，并根据行政目标调整。其二，完整统一原则。行政组织是行使国家行政权力的主体，各级各类行政组织构成一个完整的统一体。其三，分权管理原则。行政组织是一个庞大复杂的权力体系，必须实行分权管理。其四，管理幅度与层次适度原则。管理幅度和层次要根据组织的管理对象和内容确定合理结构。其五，职、权、责一致的原则。行政组织是一个权责体系，在行政过程中职务、权力、责任三者互为条件，有效的行政组织须明确规定各个机构和成员的职责范围，授予相应的行政权力，规定其责任，并建立严格的监督、考核、奖罚、升降等制度。其六，经济效能原则。行政组织以国家财政经费为其活动资金，以少量的行政经费支出获得最大社会效益是行政组织的目标之一。其七，调动人的积极性的原则。公务人员是行政组织中的主角和要素，应充分发挥行政组织中人的能动性，协调人际关系，激励人的积极性，创造和谐融洽的工作环境。[1]

3. 协调职能。行政协调是使相关国家行政机关及其公务人员的行政活动互相一致，密切配合的一种重要手段。目的是协调行动，充分发挥行政组织的职能，提高行政效率，有利于更好地实现行政目标。这是行政管理过程中十分关键的一项职能。主要包括：其一，行政机关与外部环境之间的协调。这里一般通过转变政府职能，建立或撤销政府机构，政府职能分化，公民参与和磋商等方式进行；其二，政府横向部门之间和层级部门之间的协调。主要方法是建立部门横向协调组织，明确职权划分，明确划分财权与事权。层级之间的协调主要通过授权、权力委任、行政督导等；其三，行政组织与个人之间的协调。

通过行政协调沟通、理顺方方面面的关系，避免、排除许多不必要的矛盾和冲突，减少资源浪费，从而建立起分工合作、相互促进、和谐融洽的良好氛围，实现共同目标。

4. 控制职能。行政控制是指行政领导者和工作人员为了检查行政执行的进程，纠正实施过程中的偏差，确保实际工作与工作计划相一致而采取的措施，它贯穿于行政管理的各个方面和全过程。做好控制工作必须具备两个基本前提：一是要有计划和标准；二是要有健全的组织机构和得力的控制手段。为了更好地发挥控制职能，必须进一步建立健全监督控制的组织系统，采取配套的、有

---

〔1〕 陈瑞莲：《行政案例分析》，中山大学出版社2001年版，第53页。

效的控制手段保证政府管理工作顺利地进行。

控制职能的两个原则：其一，例外原则。它指的是领导者为避免陷入事务堆当中，应尽可能把权限委让给下级管理者或助理管理人员，自己只保留例外事项的决定权和控制权；其二，关键性原则。它是指领导者必须把主要注意力集中于在绩效评估时起关键性作用的那些问题上。

四、政府职能的作用

（一）政府职能是确定政府组织目标和任务的重要标准[1]

政府职能反映着政府管理活动的基本方向和实质内容，规定着政府对国家和社会事务究竟管多少、管多大范围和多大程度，指明政府管理活动中基本的、主要的工作。任何政府活动的内容、目标和任务都要在政府职能范围内，根据政府职能来确定。如果政府机关规定了超出政府职能以外的目标和任务，那就要管理许多不该管的事，结果是管不了，也管不好。因此，我们必须正确研究确定政府职能，并以此为前提和依据确定各个时期政府管理的目标和任务。

（二）政府职能是设立行政组织的根本依据

行政组织与政府职能的关系可从以下两方面进行理解。一方面，政府职能的发挥必须通过一定的组织。行政组织是行政职能的必要载体，离开了这一载体，行政职能是无法实现的。另一方面，行政组织的设置必须依据行政职能。因为，行政职能的状况决定着行政组织的设置、规模、层次、数量以及运行方式等。

（三）政府职能是科学组织行政管理过程的重要依据

现代行政管理要求过程的科学化和程序化，行政管理过程的各个环节的确立不是由人的主观意志决定，必须依据行政管理职能。政府管理运行职能是行政活动过程自身内在规律的概括和反映，每项运行职能都是行政管理活动的一个重要环节，各项运行职能之间相互制约，反映着各行政管理环节的先后顺序及其有机联系。按照行政运行职能来实现管理系统的运转，才能实现管理的程序化。

（四）政府职能的实现情况是检验行政绩效的重要标尺

政府职能是否能得到充分发挥和完全实现，既受到国家本质和政治制度的制约，又受到行政权限划分、组织机构设置、人员素质、活动原则、经费收支等方面的影响，尤其受到行政决策是否科学的制约。因此，政府职能实施的情况，是检验政府绩效的一个重要标尺，也是政府管理结果的表现。

---

[1]　郑志龙：《行政管理学》，高等教育出版社 2011 年版，第 102 页。

第二节　政府职能相关理论

政府职能理论是政府正确履行职能的基础与先导，可以追溯到古代社会，但在近代以前并未形成系统的理论体系。系统的政府职能理论伴随着资本主义国家市民社会的兴起而产生，是在近代西方学者不断认识和探索政府职能的基础上形成和发展起来的，对我们有着重要的启示和借鉴意义。

一、重商主义的政府职能理论

归纳起来，重商主义思想包括以下三点基本内容：其一，重商主义者认为货币、金银等贵重金属是社会财富的主要形态。财富即货币，货币的多寡应被视为衡量一国富裕程度的标准；其二，财富的源泉除了开采金银矿外就是对外贸易。只有遵循多卖少买、多收入少支出的原则，积极开展对外贸易流通，才能使财富增加、国家富强；其三，重商主义极力主张政府对国家经济尤其是对外贸易领域实行干预，制订保护工商业的政策，以保证整个国民经济活动符合扩大出口和货币输入的要求。

重商主义者的思想中已经初步地涉及政府职能的内容，认为政府应当对社会经济活动施加必要影响以增进国家财富。重商主义包含着一种早期的国家干预主义政府职能理论，尽管并未对其进行过系统地阐述，但却反映了资产阶级试图通过政治力量促进自然经济解体和资本原始积累的愿望。

二、自由主义的政府职能理论[1]

自由主义的政府职能论是西方国家处于自由竞争时代普遍崇尚的主张，其理论渊源来自于洛克的自由主义政府观。300 年以前，洛克在其《政府论》中提出，政府的主要任务是保护个人的自由和财产，"政府除了保护财产之外没有其他目的"。之后，亚当·斯密于 1776 年在他发表的《国富论》中，第一次从经济的角度界定了政府的职责。他在市场是完美的、没有缺陷的，竞争是完全的，经济人也是理性的前提下，构筑了一幅经济人由价格机制引导，经济自发有序运行的完美图景。斯密认为，在这样一种经济秩序中，政府没有必要操心和插手经济生活，政府这样做不仅多余而且十分危险。政府的职能只限于在市

---

[1]　薛冰等：《行政学原理》，清华大学出版社 2005 年版，第 28～29 页。

场不起作用的地方，以不损害公民利益的方式行使极为有限的必要的管理权。斯密把政府的主要职能归为三项：保护国家安全，使其不受外来侵犯；保护社会上的个人安全，使其不受他人的侵害和压迫；建设和维护某些私人无力办或不愿办的公共事业和公共设施。亚当·斯密认为，除了这些最低限度的职能外，政府的适当角色就是尽可能地远离经济生活。斯密的思想在当时得到普遍认可，美国第三任总统杰斐逊的名言"最少管事的政府是最好的政府"是这一思想的典型写照。

该理论的提出，一是顺应了资产阶级发展经济的要求，为其提供了理论上的支持。二是导致了政府从经济领域中的全面撤退，为市场经济的发育扫清了障碍。

三、凯恩斯主义政府职能理论[1]

从 19 世纪中叶起，市场自身的缺陷逐步暴露出来，频频出现的危机最终酿成 20 世纪初爆发于西方世界的经济危机。经济危机打破了亚当·斯密关于市场万能的神话，人们不得不承认市场调节的严重缺陷和政府干预经济和社会事务的必要性。

1936 年，凯恩斯在他的《就业、利息和货币通论》一书中提出，要全面增强国家的作用，政府不应该仅仅是社会秩序的消极保护者，而且还应该是社会秩序和经济生活的积极干预者，特别是要熟练地、有效地利用政府的财政职能影响经济的发展。政府职能由此从消极保护转向积极干预，美国总统罗斯福实施的"新政"、欧洲世界 20 世纪 30 年代后普遍推行的福利计划都是凯恩斯干预主义理论在实践中操作的结果。第二次世界大战期间，几乎所有西方发达国家的政府都对经济实行了不同程度的干预，尤其是 20 世纪 50 年代以后，许多国家推行国有化、经济计划化以及政府管制等制度，政府干预经济和社会的措施此起彼伏，政府的职能始终保持着极度扩张的趋势。

四、新自由主义政府职能理论[2]

有选择地干预"市场失败"的政府职能理论，以科斯的产权理论和布坎南的公共选择理论为主要代表。科斯在他的产权理论中提出，只要产权明确界定，

〔1〕　薛冰等：《行政学原理》，清华大学出版社 2005 年版，第 29 页。
〔2〕　薛冰等：《行政学原理》，清华大学出版社 2005 年版，第 30～31 页。

自愿的交易总能产生最优的结果。据此，科斯认为在产权明确界定的领域，市场能够使资源得到最优配置，而无须政府去插手。政府的职能在于一方面去维护明晰的产权，另一方面则是去干预产权不易界定或市场自身界定不清的经济领域，以尽可能地减少交易费用。公共选择理论则认为，"市场失败"并不是政府干预的根据，因为政府干预和市场经济一样也有局限性和缺陷，存在着"政府失败"。政府失败包括行政效率低下、费用高昂、机构自我膨胀、财政赤字有增无减、官僚主义和政府"寻租"等等。因此，如果以政府的失败去干预市场的失败，只能是雪上加霜。但是，政府对市场的失败又不能袖手旁观，它还是要干预市场。不过政府对市场的干预只能限制在市场长久失败之处，信息制约、搭便车者以及欺诈性行为就属于需要政府来解决的根本性失败。对市场暂时的、偶然的失败，会在市场运行中加以自行矫正，无须政府介入。著名行政学家沃尔夫的结论是要利用政府去弥补市场缺陷，同时利用市场去克服政府失败。

有选择地干预"市场失效"的理论是在西方政府职能持续扩张导致20世纪60年代后出现经济"滞胀"的情况下对政府职能的最新认识，它是当代西方行政改革的主导性理论之一。

五、有效政府职能理论

20世纪80年代新自由主义所主张的政府职能私有化、自由化只是达到减少政府财政赤字的目的，公共服务质量并未由此而提高，企业的社会责任也被忽视了。加之20世纪90年代西方经济的持续衰退，一些新自由主义经济学派的学者开始转向，新凯恩斯主义提出了政府必须对经济进行"适度"干预，加强社会责任，即有效政府职能理论。正如萨缪尔森所说："每个有效率并且讲人道的社会都会要求混合经济的两面——市场和政府都同时存在。如果没有市场或者没有政府，现代经济运作就会孤掌难鸣。"[1]因此，在新凯恩斯主义政府职能理论看来，正确的政府与市场的关系不是互相替代，而是相互补充，问题的核心不在于要不要政府干预，而是如何增强政府职能的有效性，并提出了提高政府有效性的两阶段途径模式：第一阶段，应将政府具有的能力集中于它能够胜任的职能上；第二阶段，应通过振兴公共机构来增强政府的能力。在这一理论的指导下，英国、美国、日本等发达国家纷纷致力于政府职能的改革，尤其是通

---

〔1〕 〔美〕萨缪尔森、诺德豪斯：《经济学》，萧琛主译，人民邮电出版社2008年版，第80页。

过市场化和社会化来建设有效政府。

第三节　政府职能转变

一、政府职能转变的含义

政府职能是发展变化的，不同社会形态国家的政府，同一社会形态下不同国家的政府，同一国家不同历史阶段的政府，其职能的重点、内容、范围和行使职能的方式可能是不同的。即使在同一国家、同一时期，其政府职能两个方面的比重也不是一成不变的，常常交替倾斜，互为消长。政府职能的发展变化是由其承担职能的条件变化决定的，其中经济条件的变化起着决定性的作用。随着经济条件的变化，社会的阶级结构、主要矛盾等等都会随之变化，这就要求政府职能相应地进行变化，这是政府职能发展变化的一条重要客观规律。所谓的政府职能转变主要是指政府职责和功能为适应客观条件的变化而发生的转换、变化和发展。

二、中国政府职能转变

（一）转变的必然性

1. 政府职能转变是经济体制改革的必然要求。20 世纪 80 年代中期以来，随着我国经济体制改革的深入，尤其是党的十四大确立了建立社会主义市场经济体制的改革目标后，我国的经济体制开始发生根本性转变。经济基础的这一重大变化必然要求包括行政体制在内的上层建筑进行适应性调整；变革计划经济体制下高度集权的政府经济管理体制，调整和转变政府行政职能的政府体制改革被推向改革的前台。"如果不在政府职能转变这方面取得实质性的进展，改革难以深化，社会主义市场经济体制难以建立"。[1]

2. 政府职能的转变是实现职能体系合理配置的根本途径。我国原有的行政职能体系，是参照苏联高度集中统一的计划经济模式建立起来的。这种以高度集中统一为特色的职能体系，政治统治职能太强，社会管理职能太弱；在经济职能中，微观管理功能太强，宏观管理功能太弱。而且，政企、政事不分，职

---

〔1〕　江泽民："加快改革开放和现代化建设步伐夺取有中国特色社会主义事业的更大胜利——在中国共产党第十四次全国代表大会上的报告"，载《求实》1992 年第 11 期。

能内容庞杂，运行紊乱，管了许多不该管、管不好也管不了的事。此外，内部职能分解过细，职能交叉重复，往往导致相互扯皮、相互推诿等现象和弊端。因此，只有切实转变职能，理顺关系，才可能实现政府职能体系的合理配置。

3. 政府职能的转变是机构改革的重要前提和基础。只有分清职能和明确职能，才有可能据此对原有机构进行科学的调整和改革。过去常把机构改革仅看成机构的撤销、合并、调整等，似乎数量减少了，机构改革的目的就达到了，因而往往追求"精简机构""缩减编制"的表层目标，忽视了以转变职能为基础的原则。由于只裁并机构，不转变职能，过不了多久，行使原来职能的机构又以老名目或新名义恢复，这是导致机构周而复始，甚至出现机构恶性膨胀的重要原因之一。

（二）政府职能转变的基本内容

党的十一届三中全会以来，我国政府的职能重心、职能方式和职能关系发生了根本性变化。主要表现在以下方面：

1. 职能重心的转变。政府职能重心从重政治统治职能轻社会管理职能以及重阶级斗争轻经济建设转向以经济建设为中心。这意味着政府职能重心转向为市场运行、为经济发展提供政策环境、制度环境、基础设施环境方面，加强社会职能、强化服务职能，履行好公共管理与公共服务职责。正如党的十四大报告中指出的"政府的职能，主要是统筹规划，掌握政策信息，引导组织协调，提供服务和检查监督"。这也是我国政府职能转变的目标。

2. 职能方式的转变。与政府职能重心的转移相适应，政府职能方式、方法上也发生了转变，这就是从旧体制下的直接管理、微观管理转向间接管理、宏观调控，政企分开、政事分开，将企业的自主经营权还给企业；从运用行政手段为主转向以经济手段、法律手段为主，并辅之以行政手段。

3. 职能关系的转变。政府职能重心和职能方式转变要通过调节职能关系的途径来实现，这是实现政府职能转变的关键环节。职能关系是指不同的管理职能该由谁来行使，以及管理主体的职责权限的划分问题。我国在中央与地方、政府与企业以及政府内部各职能部门的关系等方面进行了必要的调整和转变。表现在：

（1）理顺中央与地方、上级与下级的关系。长期以来，我国权力格局的特征是各种管理权限主要集中在中央、上级，形成头重脚轻的职能构架。一方面，地方与下级没有自主权，其积极性难以发挥；另一方面，中央集宏观与微观管理于一身，不仅陷入繁重的微观事务中，削弱了宏观调控的职能，而且也容易因信息失真、不及时带来决策失误。理顺中央和地方、上级和下级职能关系的原则是既要维护中央的权威，保持政令统一，又要充分调动地方的积极性，使其能够因地制宜的自主解决问题。此外，在政府与社会的权力关系中，要把属于社会的权力还给社会，国家和政府对社会集中、全面控制的范围缩小了，"体制外"的空间增大了，才有助于推进公民社会的发展。

（2）理顺政企关系。这是政府职能转变的核心问题，也是难度最大的问题。理顺政企关系的基本原则是企业下放，政企分开。其一，把所有权和经营权分开，即通过承包制、股份制、生产经营责任制等方式，调整所有制形式，使所有权与经营权分离，把生产经营权下放给企业，调动企业的积极性。其二，把政府的国有资产所有者职能和行政管理职能分开，理顺产权关系。其三，实行国有资产分级管理制，最终建立起政府以经济、法律、行政等综合手段控制市场，市场引导企业的宏观调控体制。

（3）理顺政府内部各职能部门的关系，合理配置政府职能。依据政府职能重心转变的要求，对职能进行分解与分析，明确各自的职责与分工，消除职能不清、职能交叉、人浮于事、推诿扯皮的弊端。

（三）新时期对政府职能转变的新要求

改革开放四十年来，我国共经历了1982、1988、1993、1998、2003、2008、2013和2018年共8次大的政府机构改革和行政体制改革。1982年的机构改革设立了国家经济体制改革委员，负责经济体制改革总体方案的设计，主要以精简机构为主，尚未涉及政府职能转变。从1988年开始，政府职能转变成为我国行政改革的核心和重点。1982~2013年间的七次机构改革，以适应经济体制改革需要、推动政府职能转变和理顺部门间职责关系、推动行政管理有序运行为主线，不断取得新的进展。如在政府经济管理职能转变、政府部门特别是宏观经济管理部门的职责分工和协作配合等方面取得了很大的成绩，走出了将机构改革等同于精简机构和人员上的传统认识误区，为我国经济建设和社会发展奠定了坚实的体制保障。但同时，国务院的机构改革也存在一些不足，诸如政府机构改革缺乏与党、人大、政协、群团、事业单位和军队等其他机构改革的协调配合；经济管理职能转变尚未完全到位；社会管理和公共服务职能转变和机构改革滞后；地方机构改革创新难以延续等问题。

在总结历次行政体制改革的经验和教训的基础上，并结合国内外出现的新情况和新问题，党的十九大报告指出，要"转变政府职能，深化简政放权，创新监管方式，增强政府公信力和执行力，建设人民满意的服务型政府"，明确了政府职能转变和放管服改革的总体要求与目标。而如何实现国家治理现代化[1]成为推进我国各项体制机制改革的出发点与归宿，兼顾治理能力和治理方式的政府职能转变则是关键。

根据新的时代要求，2018 年的国家机构改革，通过党的领导地位的加强、调整经济管理职能、完善社会管理和公共服务职能、改进地方政府等，将我国的机构改革提升到新的阶段。为了不断推动政府职能转变走向深化、细化和具体化，应重点掌握好以下原则[2]：

1. 在政府、市场、社会三者的动态均衡中调整好职能边界。历史发展规律已证明，政府职能会伴随着多元主体力量的相对变化而不断进行调整。由此可知，并不存在一个所谓"固定的"或"最好的"三者之间的职能划分边界，而只可能存在某种最适合本国政治、经济、历史、文化背景的权力配置结构。因此，应当结合各国具体情况和历史传统来塑造具有本国特色的、内嵌于国家治理体系之中的"政府——市场——社会"三者的关系结构，最大化地提升国家治理能力，共同应对公共事务中的政府失灵、市场失灵等诸多问题。

2. 将政府职能转变和治理工具的应用创新有机统一起来。作为实现政府职能转变的操作途径和具体手段，治理工具的选择及应用会直接影响政府履职效果，也会直观地反映政府职能转变的方向。理论上看，不同治理工具的效率和效果存在着显著的差异，而选择何种治理工具往往受到多方面因素的影响。以往的政府职能转变改革，更多地关注职责配置以及机构设置本身，对于治理工具应用创新的关注却不够，而后者往往能够对更好地实现既定的治理目标、适应特定的治理环境起到十分显著的作用。因此，在新时期推进政府职能转变的过程中，应当将改革和治理工具的应用创新有机统一起来，更好地推进改革进程、提升治理绩效。

3. 打破自发形成的职责结构模式，推动政府职责体系重塑。长期以来，我国纵向各级政府在职责配置、机构设置上保持着较高的一致性，形成了一种"横平竖直"的结构。这种"方方正正"的结构性特征，恰恰是政府职能转变无法取得突破性进展的根本原因。由此可知，当前我国政府的纵向职责体系

---

[1] 党的十八届三中全会提出：全面深化改革的总目标是完善和发展中国特色社会主义制度，推进国家治理体系和治理能力现代化。

[2] 吕同舟："政府职能转变的理论逻辑与过程逻辑——基于国家治理现代化的思考"，载《国家行政学院学报》2017 年第 5 期。

看似划分明确、井然有序，却是以一种近乎自发的方式形成的，缺乏逻辑基础。

4. 继续深化"放管服"改革，持续推进政府职能转变。以"放管服"改革推动政府职能转变，对推动经济平稳增长、增进社会公平正义、促进创业创新、生产力发展意义重大。由于放管服改革是一个系统而长期的工程，涉及行政审批制度与商事制度等简政放权领域的改革，涉及加强监管、公正监管的监管体制改革，涉及政务服务制度与公共服务体系的改革，是政府部门及其工作人员各方面审批利益的调整。改革越是向前推进，所碰到的阻力也就越大，政府部门要持之以恒地进行自我革命，以极大的勇气把"放管服"改革向纵深推进。

思考题

1. 简述政府职能的基本涵义。

2. 政府职能具有什么特点？

3. 简述政府职能的类型。

4. 简述重商主义政府理论的要点。

5. 简述自由主义政府理论的要点。

6. 简述凯恩斯主义政府职能理论的要点。

7. 简述新自由主义政府理论的要点。

8. 简述有效政府职能理论的要点。

9. 何为政府职能转变？我国政府职能转变的基本内容有哪些？

10. 在国家治理现代化的视阈下，政府职能转变应重点遵循哪些原则？

参考文献

1. 李四林等：《地方政府管理学》，北京大学出版社 2010 年版。

2. 郑志龙主编：《行政管理学》，高等教育出版社 2011 年版。

3. 夏书章主编：《行政管理学》，中山大学出版社 1998 年版。

4. 陈瑞莲：《行政案例分析》，中山大学出版社 2001 年版。

5. 薛冰等：《行政学原理》，清华大学出版社 2005 年版。

6. ［美］萨缪尔森、诺德豪斯：《经济学》，萧琛主译，人民邮电出版社 2008 年版。

<table>
<tr><td>第三章</td></tr>
</table>

行政权力

行政权力是国家行政机关履行职能的基础与手段，一切行政管理活动都离不开行政权力的行使和运用。作为一种权力现象，行政权力既有一般权力的共同特征，又有不同于其他权力的特殊内容和结构功能，并随社会发展经历了一个由简单到复杂，呈现出日益扩张的趋势。行政权力主要通过权力的分配与行使达致行政目标。

第一节　行政权力概述

一、行政权力的涵义

权力是一种广泛存在的社会现象，反映了人们之间的社会关系。在中国古代，"权"基本有两种含义，一是衡量审度之义；二是制约别人的能力。而在西方社会科学中，"权力"一词的基本含义是"能力"，即影响和控制他人的能力。近代政治思想家们又从不同的角度给"权力"一词下了许多定义。概括起来主要有能力论和关系论两种基本观点：能力论认为，"权力"是指一个行为者（个人或机构）影响其他行为者（个人或机构）的态度和行为的能力。马克斯·韦伯、罗素等多数思想家持此观点。关系论则认为，"权力"是一个人或许多人的行为使另一个人或其他许多人的行为发生改变的一种关系。持此种观点的人如罗伯特·达尔。以上两种观点虽着眼点不同，但都从不同的角度揭示了"权力"的特性，其共同点是：都把权力看成是一种力量，依靠这种力量可以造成某种特定的局面或结果，使他人的行为符合自己的目的。

行政权力是公共权力的一种。它具有公共权力的所有特征，但又有别于其他公共权力。确切地说，行政权力是以行政机构为主体，以执行国家意志为目的，以强制性政令为手段，对全社会进行管理的公共权力。行政权力的这一界说，主要包括以下四个方面的内容：

1. 行政权力的主体是国家行政机构及其工作人员。行政权力主体有广义和狭义之分。广义的行政权力主体包括政府组织、非政府组织、政党和各种社会团体。狭义的行政权力主体就是狭义的政府，即国家行政机关。虽然行政权力主体概念的外延较为宽泛，但由于非政府和其他社会组织不具备行政权力的全部功能和特征，管理权力只是与行政权力有相似之处而已，所以，行政权力主体应该是国家机关中专司行政管理职能的行政机关及其工作人员。行政权力的行使必须以国家行政机构为依托，离开了行政机构的行政权力是抽象的和无实际作用的。在各个政治共同体中，行政机构各不相同，美国为总统和行政部门、日本、英国为首相和内阁、法国为总统和总理结合的行政体制、德国、意大利等国为总理和行政部门、瑞士为联邦委员会、我国为总理和国务院。

2. 行政权力的目的是执行国家意志。从本质上讲，国家意志代表着统治阶级的意志。但就形式而言，国家意志代表的是公共意志。[1]行政权力在法理上属于派生性权力，因此，它必须执行赋予其权力的公民或立法机关的意志，并通过执行国家的法律和政策，实现社会的公共利益，这是行政权力的内在要求。[2]

3. 行政权力的主要作用方式是强制性地推行政令。为了有效执行国家意志，最大限度地实现公共利益，使政府做出的各种决策、政令等得到顺利推行，必须以社会中公认的、强大的国家机器作为后盾，这是实现行政权力的最基本方式。行政权力行使的强制性表现为：它是以国家强制力或暴力的威慑作为后盾，其所推行的法律、法规、政策等行政客体必须接受。否则，就可能导致强制执行，违反者或拒不执行者将会受到相应的制裁。同时，行政权力行使的强制性也是确保行政机关执行公务的基本条件。否则，国家行政机关发布的政令和做出的具体决定就难以落实和实现。然而，行政权力行使的强制性也不排除行政权力在行使中存在某些具体的非强制性的行政方式，如行政合同、行政指导等。[3]但即便如此，强制力仍然是日常管理中经常使用、必不可少的一种重要手段。

---

〔1〕　张建新等：《行政管理学》，中国农业大学出版社 2009 年版，第 62 页。

〔2〕　张国庆：《公共行政学》，北京大学出版社 2017 年版，第 75 页。

〔3〕　薛冰等：《行政学原理》，清华大学出版社 2005 年版，第 91 页。

4. 行政权力的客体是全社会。行政权力具有普遍性，不仅对全体公民具有普遍的约束力，而且对不同的社会组织同样具有规范性。因此，行政权力的作用对象是全体公民及全部社会组织。

通过上述分析可以看出，与立法权和司法权相比，行政权力的最重要特征即是操作与执行。关于这一点 T. W. 威尔逊在《行政学研究》一文中指出：行政管理就是"政府的执行、政府的操作"。行政权力也有决策功能，但行政决策从宏观上看属于二次决策，是为了执行或实现目的而做出的手段型决策。

二、行政权力的特征

（一）行政权力的合法性[1]

行政权力是公共权力的一部分，是公共行政的核心价值——正义得以存在的客观前提和价值基础。行政权力与合法性之间存在着高度相关性，行政权力的合法性建立在民众对普遍存在的，且运转有效的公共权力的普遍赞同之上。公共行政的过程就是行政权力的运行过程，只有在行政权力的运行过程中，政府行政才能有效地为社会提供公共物品，实现对社会公共利益的追求。哈贝马斯认为："合法性意味着，对于某种要求做出正确的和公正的存在物而被认可的政治秩序来说，有着一些好的根据，一个合法的秩序应该得到承认。"[2]离开人民的认同与服从而奢谈合法性，无异于天方夜谭，而民众对于权力行使者的信任则是对这种赞同的具体表现。

（二）行政权力的公益性

行政权力是一种公权力，它的存在和行使绝不是为了追求行政权力主体自身的利益。行政权力的目的是要通过执行国家的法律、法规、政策等来有效地实现国家意志，而国家意志在本质上是公共利益的体现。因此，行政权力行使的目的是实现公共利益，而公共利益是社会中个人利益和各个组织、团体利益的一种整合。在现代社会当中，这种公共利益通过国家的法律、法规和政策等表现出来。国家设置行政权力的目的，就是让这种公共利益得以实现。因此，国家行政机关及其公务员在行使行政权力时，必须是以为社会公众提供服务为指导，以实现社会公共利益为宗旨。[3]

---

〔1〕 杨冬艳："论公共行政权力的基本特征"，载《郑州大学学报（哲学社会科学版）》2009 年第 6 期。
〔2〕 ［德］尤尔根·哈贝马斯：《交往与社会进化》，张博树译，重庆出版社 1989 年版，第 184 页。
〔3〕 薛冰等：《行政学原理》，清华大学出版社 2005 年版，第 90 页。

（三）行政权力的一元性

行政权力的一元性表现在以下几个方面：其一，在一个国家内拥有和行使行政权力的组织系统只能是一个，否则，行政权力的强度、轨道和效能都将受到其他主体的干扰影响，最终还会影响到行政权力目标的实现。其二，在一个国家的行政系统内部，只能存在一个权力中心。"政出多门"必然带来行政客体的无所适从。其三，行政权力主体与客体之间的不可逆性亦即行政权力运行的单向性。尽管随着行政民主化的发展，现代社会中的行政相对方已经有机会广泛地参与行政决策以及行政行为的实施，但这种参与仍然主要是起一种建议的作用，这种建议是否被采纳或被接受取决于行政主体的意志，并且即使公众的建议被采纳或被接受，其最终结果仍然被视为行政主体的意志的体现。权力主体的作用与权力客体对主体的反作用是不相等的。也就是说拥有权力的一方和不拥有权力的一方、领导者和被领导者之间是不完全平等的。在通常的情况下，前者具有绝对的优势。[1]

（四）行政权力的自我膨胀性

行政权力的自我膨胀特性表现为两种情况：一种是行政权力的自然增长，属正常状态；另一种是行政权力的恶性膨胀，属异常现象。行政权力的自我膨胀性源于行政权力的自身结构、行政权力的性质以及行政权力客体的状况。行政权力的运动是自上而下的放射结构，且每经过一层中介，其放射都要扩大一定的范围；而由于自主性的逻辑，各级权力的行使者又常常产生扩大权力的本能冲动，这就使行政权力具有一种无限延伸的能力；随着社会的发展，行政权力作用的对象也必然日益增加，行政权力也就随之扩大，这样又自然会带来行政权力结构的变化，从而形成连锁反应。如此三种因素相互作用，行政权力的膨胀也就成为不可避免的事情。[2]

三、行政权力的相关理论

（一）早期分权学说

人们对于行政权力的认识最早起源于古代的分权学说，亚里士多德是该学说的开创者。他在《政治学》一书中将国家权力分为三种机能：议事、执行和审判。议事机能高居执行、审判两机能之上，被赋予最高权力。古罗马的波利

---

〔1〕　张建新等：《行政管理学》，中国农业大学出版社2009年版，第63页。

〔2〕　张建新等：《行政管理学》，中国农业大学出版社2009年版，第64页。

比阿提出了分权与制衡的思想。他认为，权力可以分为执政官权力、元老院权力和人民大会权力，三者之间存在一定的互相牵制关系。在波利比阿的思想基础上，西塞罗进一步主张依靠法律的力量，按照平等和自由的原则，设计了国家各权力机构相互制约的关系模式。

尽管古代的三种权力与近代以来的三权分立内容有许多不同，而且当时执政官的执行权力与现代行政权力也不能相提并论，但是早期分权学说所描述的执行权力仍属于现代行政权力的重要组成部分。

（二）"三权分立"学说

在资产阶级革命的背景下，依托资本主义的国家体制，近代分权学说呼之欲出。首先对分权学说进行系统阐述是洛克，而集分权学说之大成者则是孟德斯鸠。

洛克认为，国家有三种权力，即立法权、行政权和对外权。在这里洛克实际上是把行政权力划分为两部分，对外权很大程度上属于行政权。孟德斯鸠把国家权力明确划分为三种：立法权代表国家一般意志，行政权主要执行国家意志，司法权则主要在于保护民众的利益。三权分立学说是为了满足适应资产阶级反对封建君主绝对专制权力的需要而产生的。随着反封建任务的完成，其自身的不完善性也日益暴露出来。尽管如此，三权分立学说在当时的意义及其对于后世的重大影响仍是不容忽视的。

（三）政治与行政二分法

德国学者斯坦因是最早关于政治与行政分离观点的萌芽者，他从心理学角度，将宪政与行政进行了划分，指出行政要在宪政规定的范围内活动，在一定程度上对政治和行政进行了划分。随后德国学者布隆赤里提出应对政治与行政进行区分，认为政治是重大而带有普遍性的事项，而行政是国家个别和细微方面的事项。政治与行政二分法正式提出者是行政学创始人威尔逊，接着古德诺对此进行了全面阐述。古德诺认为，国家只是政治与行政两种权力。其中"政治与政策或国有意志的表达相关；行政则与这些政策的执行相关"。[1]这种区分是与资本主义民主制度的要求分不开的。二分法与三权分立相对应，它把行政权力作为一个独立的领域来看待，促进了行政科学的诞生。

其后的研究表明，政治与行政二分法对于权力分割过于简单化，在解释复杂多变的权力运行时显得力不从心。因此，它先是遭到管理决策学派的反对，

---

〔1〕 ［美］F. J. 古德诺：《政治与行政》，王元、杨百朋译，华夏出版社 1987 年版，第 10 页。

后来又遭到新公共行政学派的反对。如，古利克认为政、行二分的观点是不现实的、不可能的，并且也是不合需要的。西蒙也认为，从决策与执行的观点来区分政治与行政并不妥当，因为行政也必须做出决策。决策问题应该交给谁，这取决于事实问题和价值问题。他认为简单地将政府分为政治和行政的模式是不适当的。沃尔多认为，政治与行政二分的观点无论作为一种对现实的描述，还是作为一种对行政行为的规定都是不恰当的。新公共行政学也对政治与行政二分理论进行了批判，他们认为政治与行政的分离只是一种无法实现的理论假设，因为任何行政行为都会对政治系统产生相应的影响，并影响到政治系统的政策制定。

（四）五权宪法学说

五权宪法学说是孙中山在三权分立学说的基础上，结合中国情况创立的一种学说。他把国家权力分为立法权、司法权、行政权、监察权和考试权五种。五权中的考试权就是指国家录用公务员时要通过考试选贤任能，监察权也就是对行政官员进行监督。

孙中山五权分立的思想核心是权能分立，即政府发挥其行政职能，然后把权力都交给人民，让人民来执掌权力。其中治权和政权是分开的，治权由政权决定，同时治权又为政权服务。但是，孙中山的五权分立宪法思想是在法国孟德斯鸠三权分立说的基础上形成的，它最大的特色也是参考了三权分立说的权力制约原则，因此，其永远无法摆脱三权分立说的资产阶级性质。按照五权分立的思想把治权和政权区分的构想，容易致使人民空负主权，政府也容易产生专制现象。所以，甚至有后人评价说民国的政体设计，三权分立说已经足够，实行五权分立也只会弄巧成拙而已。[1]

（五）"议行合一"学说

"议行合一"是马克思在总结巴黎公社兼具立法和行政两权并统一行使经验的基础上，提出的立法权的"议"与行政权的"行"紧密结合、统一运行。之后，马克思主义理论学说进一步发展，提出了国家机构应设有分别行使立法权、司法权、行政权的权力配置体制。而行政机构和司法机构是由立法机构决定产生的，成为立法机构的执行机构，要对其负责和报告工作。立法机构掌握着国家最高权力，监督并制约着司法和行政机构的运行，使其本身不受司法权和行政权的制约。这种权力配置体制既体现了社会主义国家一切权力属于人民，同

---

[1]　芦俊杰："小议孙中山先生五权分立的宪法思想"，载《法制与社会》2012 年第 3 期。

时又贯彻了马克思的"议行合一"的原则。[1]

（六）组织权力学说

组织权力说倾向于把权力看成一种结构现象。其明显特征表现在对决策问题的重视，认为行政权力不简单表现为纯粹的执行，决策同样是其重要的基本功能。主要代表有西蒙、A. A. 贝利、诺顿·朗等人。他们认为，组织是由联合体组织的，即由追求某些利益的个人团体组成。每个团体试图把自己的意愿强加于更大的系统，但通常情况下，没有任何单位或团体能完全决定组织应追求什么目标。团体成员竭力寻找与自己利益相似的团体成为联盟；而对那些与自己利益不一致的团体，就会尽力与之磋商，经协商和协议为组织的行为提供指导，并在可接受的条件下对组织的行为进行约束。所以，尽管统治联盟的成员都有权对组织目标进行详细的说明，但他们的地位是不平等的，所以，应当重视决策过程中的决策者的权力地位和作用。[2]

第二节　行政权力的产生与发展

一、行政权力的产生[3]

行政权力起源于原始社会的管理权，与人类社会的组织分工密切相关。在原始社会，由于生产力水平低下，人们为了生存和获取生活资料，不得不共同劳动，平均分配。与这种生产关系相适应的原始社会的基本单位是氏族。氏族组织有自己的首领，负责管理氏族的日常事务和解决一些偶然发生的冲突。氏族首领拥有的这一权威性的职位，便是行政权力的最初萌芽。氏族组织发展的末期，由于生产工具的改进和人的劳动技能的提高，共同劳动逐渐为个体劳动所代替，人们除维持最低生活需要外，劳动的产品还有了剩余，为私有制的产生奠定了基础。

私有制的发展最初是对生活用品、生产工具、牲畜和房屋的私人占有，进而发展到对土地和劳动力的私人占有。于是，人类社会的第一个私有制社会——奴隶社会产生了。为维护和巩固新秩序，奴隶主阶级需要建立一种特殊的组织来代替原来的氏族组织，国家权力便应运而生。国家权力一经出现，那

〔1〕 吴江：《行政管理学》，中国农业出版社 2007 年版，第 50 页。

〔2〕 谢斌主编：《行政管理学》，中国政法大学出版社 2006 年版，第 55 页。

〔3〕 王珉：《现代行政管理学教程》，中国传媒大学出版社 2005 年版，第 70 页。

种由少数人掌握的管理权从本质上发生了改变，在行使单纯的社会职能的同时，也行使政治统治职能。因此，行政权力的产生与国家权力的产生在本质上是同一个过程。

二、行政权力的发展

行政权力从产生到 18 世纪工业革命，其独立性一直不十分明显。在这段时期内，行政权力不仅与其他公共权力、宗教权力、宗法权力、经济权力等相混杂，而且缺乏法律监督。资产阶级革命胜利以后，伴随着工业社会的出现，公共权力的分工越来越明显。最早采纳分权原则的是美国，其公共权力机构按立法、行政、司法而分立，把三权分立的理论原则运用到实践。行政权力缺乏法治的状态也发生了很大变化：行政权力的内部分工日趋完善，政府各部门既有明确的职责又相互配合，具有完备的官僚体系；行政官员的职权、责任和义务都有明确的法律规定。

二战之后，经济管理职能成为国家活动的主要内容。凯恩斯主张利用政府强有力之手来协调社会物质生产的观点，在西方国家产生了广泛的影响。而政府或行政权力一旦介入经济领域，其活动和职能如决堤洪水迅速膨胀渗透于人类生活的每个角落。美国学者罗伯特·丁·林格曾对西方国家政府那种无处不在的作用作过一段生动的描述："早上唤人起床的是收音机，收音机的制造与销售受到许多有关条约的限制，收音机里的音乐是电台播放的，而电台只有在领到政府的执照后才能营业。起床以后他洗脸用的水受到政府的控制，牙膏生产得经政府批准，毛巾需符合政府制定的标准，吃的早饭要受粮食和药物管理局的管理。而后他要在属于政府的街道上驾车行驶，要通过政府垄断的邮政同他人书信往来，要读政府发布的新闻公报等等。"行政权力膨胀或巨型政府、行政国家的出现在某种程度上可以说是社会经济高度发展的必然结果。[1]

行政权力随着经济、政治、科技和文化的发展而不断发展。在 20 世纪后半叶，信息社会以超乎想象的速度进入人们视野。信息时代的到来，使行政权力的发展呈现出与以往迥然不同的趋势。[2]

第一，行政权力结构的扁平化。信息时代权力的扁平化是和组织的网络化相辅相成的。具体到行政体系之中，权力扁平化的主要表现是：行政权力主体

---

〔1〕　王珉：《现代行政管理学教程》，中国传媒大学出版社 2005 年版，第 71～72 页。
〔2〕　秦水若："信息时代行政权力发展的六大趋势"，载《中国行政管理》2005 年第 12 期。

内部各部分之间及其与客体之间的相互依赖性增强，组织结构的网络化日趋明显；权力运行的水平化趋势与日俱增，上下级之间、人与人之间的权力距离日渐缩短；权力中心逐渐下移，尽可能地缩短决策链，以减少决策在时间和空间方面的延迟问题，尽可能地减少管理层次和中间环节以提高施政效率，最大程度地面对权力客体以体现便民原则和人本价值。

第二，行政权力分配的均等化。在公共服务均等化过程中，地区发展将是一个非常重要的领域。对发展中国家而言，权力均等化给解决地区发展不平衡问题、城乡发展不平衡问题、公共利益部门化割据问题、居民收入差距过大问题和社会福利享有不均问题等带来了新的挑战和机遇。特别是对于后发展的国家来说，地方一级能力不足一直是个问题。

第三，行政权力运行的透明化。从本质上讲，行政权力透明化为的是确保公众的权利和利益不受侵害。具体而言，行政权力透明化至少有三个基本方面：一个方面是作为权力主体的政府信息公开化，即政府有责任和义务公开信息，并以低成本传播信息，包括信息公开的法定内容、程序、方式、时间、空间和条件；另一个方面是作为权力客体的公众，依法享有信息自由权利和表达自由权利，这里包括寻找、接收与传播信息的权利；再一方面是权力载体的电子化，电子技术、信息技术和网络技术在作为权力运行透明化的支持条件的同时，其所带来的电子政府、电子政务和网络传递本身也成为权力运行透明化的基本要件。此外，信息安全本身也应该属于透明化的应有之义。

第四，行政权力约束的法治化。无论是工业时代，还是信息时代，现代法治就其精髓而言首先意味着政府守法，还意味着政府尊重公民权利和自由，更意味着法律面前人人平等。这就要求限制政府的行政权力，用法治原则对行政权力的发生、配置、行使、监督等方面进行全方位的制约，以克服工业时代出现过的行政国家的负面效应。应该说，行政权力法治化不仅是法治社会的重要内容，而且在法治社会起着至关重要的作用。个人自由、人权保障、产权保护、社会公正和社会稳定等法治社会的要件，都离不开行政权力的法治化。

第三节　行政权力的分配与行使

一、行政权力的分配模式与途径

行政权力的分配模式主要有结构性分配和功能性分配两种。结构性分配指行政权力在官僚系统内部按层级进行的纵向垂直性分配。结构性权力的大小应与层级的高低成正比，层级越高，权力也就越大。功能性分配是依据行政权力承担的任务在官僚系统内部按机构的不同功能而进行的横向分配。功能权力的大小与功能程度成正比，功能越重要，权力也就越大。行政权力的功能性分配在具体的行政组织当中，表现为行政机构设置中部门与部门之间的关系。这两种分配模式，使得行政主体的每一层次和每一部门都拥有某种特定的权力。

行政权力分配的主要途径有行政授权、权力下放、地方自治、行政委托等。行政授权指行政组织内部上级机关把某些权力授予下级行政机关或职能机构，使其具备一定的责任和能力，能够在上级的监督下自主地处理行政事务。行政授权活动往往发生在上下级之间，通过上下级主体间的授权与接权，形成一定的权力配置体系。一方面，上级将一定的职权和责任同时交给下级。另一方面，下级在行使权力的同时也担负相应的责任。由于行政事务是大量的和复杂的，行政机关要及时有效地处理这些事务就必须调动行政机关中所有机构和所有人员的力量，尤其是在行政机关职能不断扩张、管理事务不断增加的当今社会。行政授权既可以减少上级行政机关的负担，又可以提高下级的工作能力，充分发挥其专长。

权力下放指上级行政机构因时、因地、因事将某些权力交给下层机构行使，从而达到因地制宜分配行政权力的目的。权力下放后，上级行政主体只做一般原则的指导和检查，不过多干涉下级行政权力的具体行使，下级行政主体对具体的行政执行拥有较大的自由。与行政授权相比，权力下放运用的不是很普遍。

行政委托指将政府职能和政府管理权力委托给非政府机构，后者则在政府的指导和监督下进行对某些事务的管理。行政委托的特点：其一，受委托方是非国家行政机关的组织，其本身不具有行政权；其二，受委托方以委托行政机关的名义行使职能，由委托行政机关承担责任；其三，能够委托行使的行政权是有限的，例如：公安机关行使的限制公民人身自由的权力不得转让。

行政权力的分配并非一成不变，其要随着时间和形势的发展而不断地进行重新调整或再分配。重大权力重新分配的外在表现形式即是行政改革。换句话说，行政改革的实质问题是行政权力的分配。行政权力的再分配一般有两种情况[1]：一种是外源型行政权力再分配，即随着整个社会利益的调整和政治权力的再分配而进行的行政权力的再分配。在这种情况下，行政体系受到巨大的外

---

〔1〕　张国庆：《公共行政学》，北京大学出版社 2007 年版，第 108 页。

部压力，要求行政管理体制进行全面改革，否则，行政权力的固有职能将难以发挥，更无法实现国家行政管理的终极目标。另一种是内源型行政权力的再分配，它是在既定的政治经济体制内，由于行政体系内部的权利主体或对象发生了局部变化，行政权力需要做小幅度调整，在计划、组织、人事和服务的产出等方面发生相应变化，主要表现为机构的改组、撤销、合并和扩大等。

二、行政权力的分配原则

为了保证行政权力的合理分配，在行政权力分配过程中应遵守相应的分配原则。这些原则主要有：

（一）合理合法原则

行政权力分配的合理性与合法性密不可分。合理性要求在行政权力分配过程中，上级行政主体要有合理的目的、合理的标准，不能随心所欲，特别是不能掺杂个人意志，这样才能避免权力的分配不当，避免权力过大或过小。同时，在行政权力分配过程中，要严格依照法律规定的权限和程序进行。只有程序合法，行政权力有明确的法律依据，才能获得行政客体的接受与认可，才能拥有足够的权威性。

（二）权责利一致原则

在行政权力分配过程中，每一层次、每一部门的职权都必须做出明确的规定，并要求职权统一。不可使分配对象有职无权，也不可使分配对象的权力超越其职责，否则会引起行政组织内部的矛盾，导致权力滥用或权力不足等弊端，影响行政管理活动的正常进行。另外，在行政权力分配过程中，还应充分注意到每一层行政主体在尽职尽责后的利益问题，包括行政人员的物质利益和精神利益等。满足了这些要求，行政权力的行使便获得了现实的动力。[1]

（三）内容全面原则

在行政权力分配中，各级行政主体都应获得与其权力层次及功能相一致的全面的职权，例如资金、物资调配、使用权和人员指挥权等，即人权、物权、财权应该齐全。同时，各级行政主体的职位、权力、责任和利益各方面也必须有完整的组合，不能有所偏废。只有在分配时保证内容全面，行政权力才能构成完整和统一的体系。

---

〔1〕 王珉：《现代行政管理学教程》，中国传媒大学出版社 2005 年版，第 74 页。

三、行政权力分配过程中的集权与分权

集权与分权关系的处理在行政权力分配过程中是一个难点，值得关注。它包括两种情形：一是国家行政机关内部中央与地方、上级与下级的权限关系；二是行政主体对于行政客体的权限关系。无论何种情形，在处理集分关系与收放关系时，必须使集权与分权保持一个恰当的度。因为，在政府管理领域内权力过分集中和过于分散都是十分有害的。

从世界范围内行政发展的趋势看，中央集权的权力结构正向更富于弹性的权力结构发展。就我国的情况而言，中央集权的权力结构在中国走向现代化的过程中的确发挥过重要作用，例如，恢复处于崩溃的国民经济，将稀缺资源集中于关键发展领域，保证政令统一和秩序稳定等。但从另一个角度看，中央集权的权力结构也有诸多弊端，例如，导致个人专断和妨碍民主政治、导致机构臃肿和官僚主义、滋生特权和政府的腐败、抑制了人的创造性，导致管理僵化等等。随着社会公共事务的不断增多，行政客体也日益庞大，行政环境更加复杂，上级行政机关无力事事过问，适当分散权力给下级主体或客体是大势所趋。当然，对如何分权，分权的标准、形式和程度等问题应做深入而细微的调查研究，根据特定的历史条件和客观环境的需要进行妥善处理。

四、行政权力的行使

（一）行政权力行使的范围

行政权力是具有普遍性和强制性的权力，使用得当将会极大地促进经济、社会与科技的发展。相反，如果使用不当，将会给国家和公民带来灾难。在现实行政管理活动中，行政权力的行使会出现两种不良现象，一是权力行使不足，表现为行政权力对社会的控制和管理的软弱无力；二是权力行使过度，表现为行政权力对整个国家的经济和社会生活的高度控制。

为了避免行政权力的不当行使，就需对行政权力行使的范围做出恰当的限定。由于社会情形的变幻莫测，要想找到行政权力行使的最佳范围，的确是件非常不容易的事情。但这并不妨碍人们可以对此提出一些原则性的构想。首先，在事关国计民生和社会发展的重大问题上，如果出现不进行行政干预将会出现社会发展停滞、国家无法存在的情况，行政权就应该进行全面的、严格的干预。其次，在可以借助其他手段（经济的、心理的）进行调节与管理的领域，行政权力应该避免采取直接干预方式，而应该进行宏观的、间接的指导，从而起到

扩大行政客体的自主性的作用。最后，对于公民私人生活领域，个人应享有充分的自由，所以，行政权力基本不予干预。当然，个人所享有的充分自由应以守法、不危害社会和他人的正当权益为前提条件。以上原则性构想集中说明了行政权力对社会生活的干预活动是有范围、有条件的。

（二）行政权力行使的程度

行政权力行使的程度指行政主体对行政客体施加影响时行政客体的服从程度，大体上表现为四类，即完全服从、部分服从、基本不服从、暴力或非暴力反抗。[1]行政权力行使的程度是一个综合指标，可以衡量出政府工作效率、政府工作能力、政府决策水平和政府威望等。有效政府必须是既有效率又有能力的政府，它既不取决于政府的规模，也不取决于政府亲自干涉的事务的多少，而是取决于行政权力实现程度的大小。

行政权力的行使程度受到多种因素的影响。首先，行政权力行使的目的与手段的合理性是实现有效政府的首要前提。因为，行政权力行使目的不仅直接影响到行政权力自身的权威性，也会影响到手段的正确与否，而不同的手段所取得的效果是不一样的，但保证行政权力目的与手段的合理与统一是非常必要的。其次，影响行政权力实现程度的另一个因素是行政权力的强度。不同层次、不同功能的权力，其权威的大小是不一样的，因而在行使中所起的作用也是不同的。一般在高层位上的强度较大，一些处于低层位的权力强度相对小一些。个人权力在行使权力过程中的作用也不可忽视，因为个人所具有的经验、知识、专长等不同，权力的行使也会呈现出不同。最后，行政权力的行使受到被管理对象的认知与理解等潜在能力的影响。被管理者物质财富的多少，教育水平和技术能力的高低，都在很大程度上影响其对政府政策与法令的认同与反对。此外，政治环境、社会环境、文化环境和国际环境等都对行政权力的实现起着一定的制约作用。

（三）行政权力的制约

行政权力的基本属性决定了必须对其进行制约，否则容易导致滥用，并对社会产生危害。正如法国思想家孟德斯鸠所说："一切有权力的人都容易滥用权力，这是万古不易的一条经验。有权力的人们使用权力一直到遇有界限的地方才休止。"[2]从权力的性质上看，行政权力一般通过主动、直接、强制的方式影

---

〔1〕 王珉：《现代行政管理学教程》，中国传媒大学出版社 2005 年版，第 76 页。
〔2〕 ［法］孟德斯鸠：《论法的精神》（上册），张雁琛译，商务印书馆 1995 年版，第 154 页。

响公民和组织的权利和义务，来实现其目标和价值。从权力的内容上看，经过不断的扩张，行政权力已经成为一种包括立法、司法和执法三种职能的综合性权力。如果缺乏相应的利益协调和权力制约机制，公职人员在行使行政权力时，就有可能用国家权力来满足私人利益的需要，再加上人情行政、金钱行政等因素的影响，很容易堕落成贪官污吏。

行政权力行使过程中滥用权力出现的原因是多种多样的，有政治、经济、社会心理、文化等方面的原因，但更主要的还在于行政权力自身的原因。因此，必须建立起对行政权力的制约机制。

1. 对官僚体制的制约机制，应在公共权力配制模式上实行多轨制衡制，以抑制行政权力的膨胀和防止全能政府的出现。当代，西方发达国家奉行三权分立的权力制衡原则。该原则对资本主义国家曾经起过，而且现在仍在起着重大的作用。社会主义国家可以利用并创造更完备、更有效的制约方式和方法。例如政党、社会团体、公民、舆论等。改革开放以来，我国行政权力制约体系已初步建立，对深化社会治理和防止滥用行政权力起到积极作用，但仍存在行政监察范围过窄、反腐力量分散等问题。2018 年 2 月，全国 31 个省、自治区、直辖市全面完成了改革试点任务，建立起完整的省、市、县三级监察委员会。2018 年 3 月 23 日，中华人民共和国国家监察委员会在北京成立。通过赋予监察委员会宪法地位，并明确其性质定位和职能职责，实现了对所有行使公权力的公职人员监察全覆盖，有利于提高治国理政水平，加大反腐倡廉力度，更好地维护公民、法人合法权益和国家发展利益。

2. 对行政官员的制约机制，应在行政权力主体内部建立、健全各项制度。行政主体必须有明确的责任和义务并严格地加以履行；政府公务人员一经录用便必须忠诚努力，恪尽职守，严肃执法，严格自律。只有这样才能保证政府公职人员忠于国家和人民，也才能杜绝官僚主义及其他腐败现象。[1]

近年来，因社会结构、价值系统等巨大变迁而产生的价值变迁，使得部分行政人员凭借自身的职务优势，在行使公共权力的过程中，无视行政道德准则和规范，导致公共权力被滥用的失范现象频发。为了更好地实现"两个一百年"[2]的奋斗目标，必须以建设务实、高效、廉洁政府为主导，着力提升政府

---

〔1〕 王珉：《现代行政管理学教程》，中国传媒大学出版社 2005 年版，第 77 页。

〔2〕 第一个一百年，是到中国共产党成立 100 年时（2021 年）全面建成小康社会；第二个一百年，是到新中国成立 100 年时（2049 年）建成富强、民主、文明、和谐的社会主义现代化国家。

的公信力和执行力，积极展开行政伦理实践。首先，加强行政伦理立法，从法律上约束公务员行政行为；其次，发挥社会监督的作用，把公务员的行政行为置于舆论监督与群众监督之网；第三，增强公务员的责任意识，使之在行政过程中慎独、内省和纳言。[1]

思考题

1. 行政权力的基本内容是什么？
2. 行政权力具有哪些特征？
3. 简述行政权力的相关理论。
4. 简述信息时代行政权力的发展趋势。
5. 简述行政权力的分配模式与途径。
6. 行政权力的分配原则主要有哪些？
7. 何为行政权力行使的程度？其影响因素有哪些？
8. 影响行政权力行使程度的主要因素是什么？
9. 为什么要建立行政权力的制约机制？如何实现？
10. 如何建立对行政权力的制约机制？

参考文献

1. 张建新等：《行政管理学》，中国农业大学出版社 2009 年版。
2. 张国庆：《公共行政学》，北京大学出版社 2017 年版。
3. 薛冰等著：《行政学原理》，清华大学出版社 2005 年版。
4. ［德］尤尔根·哈贝马斯：《交往与社会进化》，张博树译，重庆出版社 1989 年版。
5. 薛冰等：《行政学原理》，清华大学出版社 2005 年版。
6. ［美］F. J. 古德诺：《政治与行政》，王元译，华夏出版社 1987 年版。
7. 吴江：《行政管理学》，中国农业出版社 2007 年版。
8. 王珉：《现代行政管理学教程》，中国传媒大学出版社 2005 年版。

---

〔1〕　温郁华："加强公务员行政伦理监督的思考"，载《理论探索》2018 年第 3 期。

第四章 行政体制

行政组织的管理活动，是在行政体制中运行的。行政体制构建的是否合理，运行的是否顺畅，与国家体制是否相合不悖，能否随着国家体制顺应社会发展的客观要求而与时俱进、实现现代化，不仅直接影响着行政运行的效率、行政目标的实现，而且直接关系着国家治理体系和治理能力的水平和现代化的进程，所以，行政体制在行政管理活动中、在国家治理体系和治理能力的现代化建设中都占有特别重要的地位。那么何为行政体制？它有什么特点？又有什么功能？分为哪些类型？包括哪些内容？以及为什么、怎么样改革而使之实现现代化？所有这些，都是本章所要讨论的问题。

第一节　行政体制概述

一、行政体制及构成要素

行政体制也叫行政管理体制，它属于国家政治上层建筑，与国家立法体制和司法体制相对应，是国家政治体制的有机组成部分。如果说通过立法体制在于确立国家意志、通过司法体制在于维护国家意志，那么通过行政体制则在于执行和实现国家意志。可见行政体制在国家政治体制中占有特别重要的地位，发挥着特别重要的作用。

行政体制如此重要，那它究竟是什么？又该如何界说呢？通常采用属加种差的定义方法，体制是属概念，行政体制是种概念，行政则是种差。体制一般是指组织机构的责权配置、所循规范和运转机制的制度化体系，因此，行政体制就应当是由国家对行政机关的设置、行政职责划分、行政权力的配置、行政运行的规范与机制所构成的有机体系。从行政体制概念的内涵可以看出，行政体制主要是由如下要素构成的。

(一) 机构设置

行政机构，即公共行政机关体系。在纵向上，它包括中央行政机关与地方各层级行政机关；在横向上，它包括每个层级的各个平行的行政部门；在每个部门中，包括各个岗位及岗位上的公务人员。

行政机构是行政职能的承担者，行政权力的行使者，行政管理活动的践行者。是行政管理体制中的实体性载体。因此，在行政体制中，行政机构地位至关重要，不可或缺；如果没有行政机构，行政管理活动无从发生，自然行政体制也就无从谈起了。

行政机构体系取决于同社会各层面科学持续发展要求相适应的行政职能体系，所以，只有基于履行行政职能的需要，才能设置相应的行政机构，否则机构的设置就没有客观依据，而无依据设置的机构，是没有存在意义、价值和必然性的。行政机构是履行和实现行政职能的主体，没有相应的行政机构履职，行政职能只能是一纸空文；从这个意义上说，行政机构也同样决定着行政职能。正是基于行政机构与行政职能相互决定的原理，我们在行政机构的设置与改革的实践中，就必须坚定不移地坚持机构与职能内在有机统一的自洽契合原则。

行政机构的设置与改革的这一原则，是机构与职能的内在必然联系即规律的反映，所以，只要不打折扣地坚持了这一原则，就能建构起科学合理的行政机构体系，就能全面有效地履行行政职能，就能如愿达到行政管理的预期目标。

(二) 职能配置

行政职能也叫政府职能，是作为行政主体的国家行政机关，依法管理国家和社会公共事务的功能和作用，是公共行政活动的基本内容，是公共行政本质的集中体现。

以我国为例，行政职能可分为：基本职能，即政府作用于各大领域的职能，包括保障人民民主、维护国家长治久安的政治职能；组织经济建设，促进国家经济的发展，监管社会经济生活的经济职能；组织公共文化建设，满足人民日益增长的文化生活需要的文化职能；以及提供各种社会公共服务的公共服务职能。具体职能，即政府作用于各个领域过程中的运行职能，包括行政决策、组织、协调、控制、监督等职能。层级职能，即中央和地方各层级政府的行政职能。从行政职能的构成看，行政职能是一个纵横相交织、各层级相衔接的异常复杂的三维体系。

在行政体制中，行政职能的配置，取决于社会各层面协调持续发展的客观要求，集中体现了公共行政的本质内容，因此占有特别重要的地位。行政职能的配置，是行政机构设置、行政权力分配和责任划分的依据，决定着公共行政活动的基本方向，因此又起着特别重要的作用。

（三）权责划分

在行政体制中，行政机构中的各个机关、部门、组织，都是行政主体，都有所要承担的相应的职能任务，这是行政主体们的"职"。履行这些职能、完成这些任务，是这些主体的义务；同时如果履行出现严重错误和渎职，还要承担相应的不利后果，这便是行政主体们的"责"；这二者统一起来，就是行政主体的行政职责。行政主体履行行政职责，一定要有相应的工具，这就是行政权力。这种行政权力是用来履行行政职责的，所以叫做行政职权。

在行政体制中，权责的划分，就是在明确政府与党群、立法和司法权责边界的前提下，依法为各个层级、各个部门、各个岗位上的行政主体分配相应的职能、明确相应的责任、配置相应的权力。对行政主体的职能、责任、权力的划分，准确到位、明确清晰，各个行政主体就能基于自己的定位而各居其位、各用其权、各尽其职，就能使整个行政体系得以有序运行、有效运转，从而实现行政体系总目标。

行政权责划分是行政体制的核心，划分的原则和目标，就是行权机构、职责和权力间的彼此匹配和自洽统一。这些年来，我们还没有真正做到行权机构、职责和权力间的彼此匹配和自洽统一，因此，行政体系的运行中必然问题丛生：机构膨胀、政出多门、多头指挥、有权无责、争权推责、相互扯皮、滥权渎职、效率低下、延滞行政目标如愿实现。诸种问题的产生与存在，根本原因就在于我们的权责划分有问题，远未达到机构、职责和权力间的匹配自洽，因此，我们在行政体制的改革与现代化建设中，务必抓住行政权责划分的核心，必须把机构、职责和权力间的匹配和统一原则坚持到底。

（四）行政规范

行政规范，在这里是一个宽泛概念，它包括调整行政组织、职权，行使职权的方式、程序以及对行使行政职权的监督等行政关系和行政行为的行政法律规范；也包括调整行政主客体之间以及主体之间各种关系的、规约国家行政机关及其工作人员在行使国家行政权力、管理公共事务与行政机关内部事务和提供公共服务过程中，应当遵循的行政职业道德规范；还包括规约行政主体的专业技术运用和依序流程行为方面的专业技术规范。

这些行政规范，是公共行政公正、科学和高效运行的基本保证。在这些规范中，法律规范具有强制性和他律性；道德规范虽然不具有法律规范那种工具理性层面的强制性、精确性，但它对行政主体的行为关系有价值理性层面的价值导向性和自我调节的自律性；专业技术规范是对客观行政规律的直接反映，所以它具很强的科学性和专业性。这些规范各有特点、彼此不同，但它们彼此互补，形成行政体制中完整的规范保障体系，保证着公共行政公正、科学和高效运行。

（五）运行机制

行政运行机制，是行政体系中各要素的统合，是各要素之间结构关系和功能形成与实现的运营方式。

在行政体制中，机构是载体，职能是开端，权责是核心，规范是保证。这些要素虽然潜存各自的功能，但在各自独立自存的逻辑状态下，它们是彼此孤立的和静止的，因此是无法形成现实的体制整体功能和作用的。这些要素，只有统合在行政运行机制之中，才会内在地彼此互动起来，形成动态的、相对稳定的结构关系，产生体制的整体功能，并且在持续不断的行政运行中把功能作用实现出来。可见，行政运行机制是启动、实现和维系行政体制由静到动和持续有效运行的枢纽。

行政运行机制，是由行政决策、执行、协调、监控、反馈、动力、制约等机制构成的。这些机制所构成的行政运行机制，虽然相对稳定，但随着时间的推移，行政体制的内外部变化，行政运行机制也会相对滞后，出现老化现象。行政运行机制的滞后，必然影响整个行政体制，自然也会对行政体制中运行的公共行政产生负面影响。因此，随着行政体制的内外变化，必须适时优化行政运行机制，使之与时俱进。与时俱进的行政运行机制，促进行政体制的与时俱进，而在与时俱进的行政体制中，才能有与时俱进的科学持续发展的公共行政。

二、行政体制的基本特点

行政体制有别于其他体制，因此，准确把握行政体制，还必须了解它的基本特点，行政体制主要有如下几个基本特点。

（一）鲜明而强烈的政治性

行政体制寓于国家政治体制，是国家政治体系特别重要的有机组成部分。马克思主义认为，政治是经济的集中表现，其本质在于其集中实现和维护所代表的根本利益；而运行中的公共行政体制，正是在执政党的领导下，通过对国家和社会公共事务的管理，执行党和国家的意志，集中体现为表达、实现、维护和增进人民或公民共同体的根本利益，很显然，公共行政体制中充盈着满满的政治性。

行政体制具有的政治性，之所以强烈而鲜明，是因为它的政治地位和全部运行过程，都同国家、执政党这样的政治核心内在地联系在同一统一体中。其一，行政体制的确立和改革，取决于国家意志，是国家权力机关依据体现人民意志的宪法和法律决定的，所以具有很强的政治合法性。其二，行政体制作为国家政治体制的有机组成部分，必须执行国家意志，充当国家的政治工具，满足国家的政治要求，所以在实现国家政治目的的过程中，充分发挥着其政治功能。其三，行政体制的确立和运行，是在社会政治核心执政党的领导下进行的，贯彻执行党的政治路线和方针、政策，以实现、维护和增进人民或公民共同体的根本利益为目标，所以也有很高的政治权威性和宽厚的社会基础。其四，国家行政体制，以强有力的国家暴力体系为依托，因此它的依法运行势在必行，不可阻挡，所以行政体制的政治性鲜明，而且还很强烈。

政治是行政的灵魂，决定行政运行的方向，因此政治性在行政体制属性中，是固有的、首要的基本属性。正因为如此，以习近平为核心的党中央，但凡论及行政体制和服务型政府建设，总是特别强调其中的政治建设，并且把政治建设摆在了服务型政府建设的首要位置。

（二）普遍而突显的公共性

行政体制属于国家体系，是纯公共部门，它基于公共意志而产生，按照公共意志而运行，不断供给公共产品，提供公共服务，致力于建构和维护公平正义的公共秩序，为最大多数民众谋求公共利益，因此其公共性不言自明。

国家体系中的立法体制，同司法体制和行政体制一样，都属纯公共部门，也有同质的公共性，但它们体现公共性的情形并不相同：立法体制中立法机关的立法活动，是基于民意，以法律的形式来确定和表达国家意志的，而这种国家意志，实质上就是以法律的形式所体现的公共利益分配方案，这是立法体制体现其公共性的基本方式。立法体制体现公共性的方式，有两个明显的特点：其一，立法是通过会议的形式进行的，会议是定期和不定期举行的，并非天天有会，连续不断进行，因此，立法体现公共性的过程并不连续而具有一定的间隔性。[1]其二，通过立法会议确定的源于民意的蕴含公共性的法律，要作用到民众之中，还要有行政与司法等中介环节，所以，其公共性的显现还缺少直接

---

[1] 龚祥瑞:《比较宪法与行政法》，法律出版社 1985 年版，第 66 页。

性和具体性，民众还不能直接真切地感受到。

司法体制隶属于国家体系，也属纯公共部门。司法体制中的诉讼、审判、监督与救济，是司法机关执行法律的具体行为，而其所执行的法律是公共意志的体现，所以，执行法律的司法，也必然体现公共性。执行法律的司法活动，实行着"不告不理"的原则，也就是"告才受理"，[1]这样执行法律的司法，不仅显现出了被动执行的特点，而且也显现出了司法涉及面比较狭窄的特点。这样一来，司法所体现公共性的范围也就不那么宽广了。

行政体制中的公共行政则不然，它不同于立法，它"有经常性，必须连续地活动"[2]；它也不同于司法，不仅是主动的，"不待案情告发，就可以为自己订下'议事日程'"，而且涉及了社会的各个层面和社会过程的各个环节，并具体直接地作用到了各界组织与群众，这样一来，行政体制中的公共行政就不仅在时间上连续不断、无时不有，而且在空间上异常宽广、无处不在，具有广阔的普遍性；同时，行政执行国家意志和法律，要加以分解和细化，要具体落实到各界基层群众之中，所以又有直接、可感、普遍的现实性。正是这种普遍的现实性，使得其所承载的公共性也就表现得更直接、更可感，因而也就更凸显。

公共性是行政体制的本质属性。所有国家的政府行政体制都具有公共性，否则政府行政就不成其为公共行政了。但在不同的国家，行政体制公共性蕴含的核心价值和先进程度是不同的。我国的行政体制，是中国特色社会主义的国家行政体制，它的公共性所体现的核心价值，概括地说，就是以人民为中心，完全彻底地为人民服务。因为，我国的行政体制是在党的领导下基于人民生产、生活和全方位发展的客观要求建构起来的，是依照体现人民意志的宪法和法律来运行的，是以实现、维护和增进人民群众的公共利益为目标和归依的。我国行政体制公共性的内容是科学的和先进的。因为，其一，我国行政体制蕴含的公共性，建构在科学的马克思主义历史唯物主义的理论基础上，融入了马克思主义的群众观和人民中心思想。其二，我国行政体制是在先进的中国共产党的领导下建立和运行的，融入了党全心全意为人民服务的根本宗旨。其三，人民群众作为我国行政体制的社会基础，决定行政体制运行所要实现的是社会最广泛群体的共同利益。

由此可以看出，我国行政体制的公共性本质上就是人民性。我们紧紧抓住

---

〔1〕 龚祥瑞：《比较宪法与行政法》，法律出版社 1985 年版，第 236 页。

〔2〕 龚祥瑞：《比较宪法与行政法》，法律出版社 1985 年版，第 66 页。

这一点，就会在行政体制改革中，始终坚持一切改革都要有利于人民的根本原则；就会在政府的建设中，把为人民服务意识升华为能力建设并作为重中之重；就能保证我们的改革与建设，始终沿着正确的方向稳健前进，避免误入歧途。

（三）科学规范的系统性

从行政体制和国家政治体制系统的从属关系看，行政体制系统是有机组成国家政治体制系统的一个支系统；从行政体制系统在国家政治体制系统中的功能定位看，它是国家政治体制系统中相对独立的一个支系统。这样一来，行政体制这个支系统，就有着两个方面的规定性。

1. 它作为从属于国家政治体制系统的一个支系统，具有政治体制系统区别于其他系统的规定性，这就是"合法强制性"。[1]其强制性是：系统的依法运行，即使遇到大的干扰和阻力，也能强行排除而继续运行下去。系统的这种强制性是合法的，既有法学意义上的合法性，即法理依据，法律对强制运行的认肯；也有政治学意义上的合法性，即人民或公民共同体的广泛认同；法是公民共同体公意的体现，因此法律认肯，也意味着得到了公民共同体的认同。这合法强制性，是系统有序运行的根本保证；没有这种强制，就无法排除来自系统内外的干扰和阻力，系统中就会乱象丛生，陷入混乱的无序状态。

2. 它作为国家政治体制系统中相对独立的一个支系统，同其他的支系统有不同的职能分工，因而也具有各自独特的规定性。在国家政治体制系统中，以立法机构为实体的立法体制支系统在于依据民意立法，以政府机构为实体的行政体制支系统在于执行法律，以司法机构为实体的司法体制支系统在于依法维护立法机构制定的法律与行政机构执行法律的过程。基于这种职能分工，支系统形成了各自特殊的规定性：立法显现"决策"的特性，司法显现"维护"的特性，行政则是有"执行"的规定性。这些支系统的职能分工，一方面成为各个支系统不同规定性形成的依据，使它们相对独立，界限分明；另一方面又成为各支系统间互相衔接的基础，使它们有机联结起来，成为完整统一的政治体制系统。

在逻辑思维中，我们可以把行政体制支系统抽象出来，成为一个独立自存的系统。在这种抽象的意义上，行政体制系统也有所有系统都有的规定性。这就是：①系统构成的整体统一。行政体制作为系统，是由多要素构成的完整统一体。②系统结构的有机性。它作为系统，有特定的结构，结构是由系统要素

---

[1]　王楷模：《现代政治概论》，陕西人民教育出版社1998年版，第27页。

之间、要素与整体之间、整体与外部环境之间的相对稳定的联系构成的，这些联系不是加和堆砌的机械联系，而是彼此不可分割的自洽关系，这种不可分割的自洽性就是系统结构的有机性。③系统功能的非加和性。行政体制系统中各要素有自己的功能，这些功能是其系统整体功能的基础，但不是要素功能之和，同其他系统一样，也有这种非加和性，整体功能大于要素功能之和。④系统结构与功能的相互决定性。一方面，结构决定功能的性质和内容，另一方面，功能决定结构的存在能延续。⑤系统的动态有序性。常态之下，系统内部各要素之间、系统与环境之间，是彼此平衡的和相互适应的，因此系统的运行是有序的。随着时间的推移，内部要素和外部环境的变化，系统内部与内外部之间的平衡就会发生倾斜，产生失衡现象，彼此之间也会随之变得不尽适应，于是系统逐渐进入失序状态；如不适时调整、改革，失序的混乱加剧，系统就有解体的危险，所以行政体制的改革就成为势在必行的选择。通过系统的创新改革，行政体制内、外达到新的平衡和相互适应，于是行政体制系统又进入到有序运行的新常态。有序到失序，再到新的有序状态，行政体制系统所展现的是一个动态有序的过程，所以我们把这个过程的特性称之为动态有序性。

行政体制是作为一个系统而存在的，所以，我们观察研究行政体制、创新改革行政体制，一定要有系统思维，要用系统论的方法。只有形成系统思维，采用系统论方法，才能在认识行政体制的过程中，避免产生导致改革失误的那种见小不见大、见近不见远、见零不见总、见分不见合、见静不见动、见形不见实、见旧不见新、见果不见因的模糊认识；才能形成符合行政体制实际的、内容完整、结构自洽、目标准确、路径顺畅、举措可行、科学规范的改革蓝图；才能调动各方积极因素，创造各种有利条件，推进有序的、有效的改革，从而最终实现行政体制和行政能力的现代化。

（四）相对的独立性

行政体制是由产生它的基础和环境条件决定的，但它一旦产生，就相对地独立于产生它的基础和环境条件了，这就是行政体制的相对独立性。这种相对的独立性主要是从如下三个方面表现出来的。

1. 行政体制与产生它的基础和环境不完全同步。行政体制与产生它的基础和环境发展的不完全同步性，有两方面的情形：

（1）行政体制对于它产生时的基础与环境具有不同程度的前瞻性和领先性。这种情况的出现和逻辑，与行政体制的建构者和改革者主观能动性的发挥密切相关。行政体制的建构者和改革者，胸怀高度敬业和负责的精神，富有科学创新的能力，就能在正确反映行政体制基础与环境发展规律和必然趋势的基础上科学预测未来，为行政体制科学植入基础与环境时下尚无直接要求的新内容，如此这般，行政体制就有了前瞻性和领先性。

（2）行政体制相对于产生它的基础与环境发展的稳定性和滞后性。既定的行政体制与产生它的基础与环境的发展不在同一共振带上，产生行政体制的基础与环境在不停地变化着、发展着，而行政体制却不能亦步亦趋，这样行政体制就会逐渐滞后，产生相对的滞后性。行政体制即使开始滞后，也必须保持相对稳定。因为频繁的体制变动，必然引起公共行政管理的失序和混乱，进而引发政治、经济和社会环境的混乱。但行政体制不能长久滞后，当滞后演变为僵化，达到阻滞社会政治经济发展的程度时，打破四平八稳的格局、变更滞后僵化行政体制的改革就要适时到来了。

2. 行政体制对产生它的基础和环境发生反作用。产生行政体制的基础和环境，既包括政治、经济和社会各层面发展对行政体制提出的客观要求，也包括它们为行政体制的建构、运行和改革输入的各种资源。这种基础和环境对行政体制具有决定作用，是第一位的。但当行政体制在这种基础上和环境中产生之后，它便反过来基于自身的功能，对产生它的基础和环境发生巨大的作用，这就是所谓的反作用。

行政体制对于产生它的基础和环境的反作用，有两种情形：在常态下，行政体制对于产生它的基础与环境有前瞻性、适应性，它便在自身的运行中，通过科学的指导、到位管理、周全的服务供给，对社会政治、经济和文化等各个层面的发展发挥正向、积极的促进作用。反之，便会发生消极的负面阻滞作用。行政体制的反作用是巨大的，但较之基础和环境的决定作用，行政体制的这种反作用是第二位的，是有限的，是相对的。

3. 历史的继承性。任何一种行政体制，都不是凭空产生的，而是在继承先前行政体制的基础上创新发展而来的，所以都有历史的继承性。这种历史的继承，也有两种情形：一是在根本性质相异、对立的行政体制之间，后继者是通过政治革命产生的，它所继承的绝不是先行者的根本性质和功能价值，只是批判地继承先行者的某种或某些可供改造利用的合理因素；二是在同质行政体制之间，后继者是通过改良或改革产生的，它对先行者的继承，主要是继承先行者的根本性质和功能价值，继承的目的是通过改革创新，把共有的根本性质突显得更加鲜明，把共有功能价值发挥的更加充分。

行政体制的这种历史继承性是客观存在的，不可否定的。如果形而上学地否定了这一点，就会割断行政体制的运演历史，就会像费尔巴哈那样，犯一个糊涂老太婆所犯的错误，给婴儿洗澡之后，把盆中的婴孩和脏水一块泼到了门外。我们承认这种历史的继承性，只在于古为今用，先为后用，使行政体制通过合理继承和创新发展，变革得更加符合时代的要求。

第二节　行政体制的基本内容

各国行政体制相异，但可以依据不同标准，分为不同的类型，以所属国家的政治性质为标准，行政体制可分为社会主义和资本主义国家的行政体制；以国家结构形式为标准，行政体制可分为单一体制和复合体制；以行政体制中政府机构的层级为标准，行政体制可分为中央、地方、基层三级体制；以最高行政决策者和最高负责人数为标准，行政体制可分为独任制（首长负责制）和会议制（委员会制）；以行政权力的分布为标准，行政体制可分为集权体制和分权体制。不同类型的行政体制，不论有多么的不同，但都包含着中央政府体制、政府首脑体制、行政权力体制、行政区划体制，也正是这样一些体制构成了行政体制的基本内容。

一、政府首脑体制

政府首脑体制是关于国家的最高行政权力的代表者与其实际承担者之间的权力关系的制度，核心是国家元首与政府首脑之间最高行政权力的配置关系。我国作为国家元首的国家主席同作为政府首脑的国务院总理之间的权力配置关系，完全是由国家的宪法与法律规定的。国外的政府首脑体制，大体有一元制、二元制和多元制等三种类型：

（一）一元制

一元制也叫"单头制"，它是指国家元首职位与政府首脑职位都由一个人担任的制度。美国的总统制是典型的一元制，在美国，国家元首与政府首脑的职权均为总统一人掌握。美国总统既是国家最高行政权力的象征，又是国家最高行政权力的具体操作者。这种体制的优点是职责专一、处事果断，效率较高；在国家处于生死存亡关头，当客观形势要求当机立断、迅速做出反应的时候，其优点表现得更为明显。但也容易产生国家权力的滥用和个人专断的危险。有时也可能会因为个人的弱点或决策失误给国家造成灾难。

（二）二元制

二元制也叫"双头制"，是指国家元首职位与政府首脑职位分别由不同的两个人来担任的制度。君主立宪制国家和议会共和制国家的政府首脑体制都属于二元制。如英国、荷兰、卢森堡、日本这些君主立宪制国家，既保留了世袭的国家元首，又设置了掌握行政实权的政府首脑；在议会共和制的国家中，如德国、印度等国，国家元首一般由通过选举产生的总统担任，政府首脑则由议会产生并对议会负责。在这一体制中，国家元首与政府首脑的权力"一虚一实"，有"以虚掩实"，以利应对不利局面的功用，但毕竟是一山二虎，相互间易产生矛盾。

（三）多元制

多元制也叫"多头制"，它是指国家元首与政府首脑由两个以上的集体来担任的制度。目前，采用"多元"政府首脑体制的国家为数不多，比较典型的代表是圣马力诺和瑞士。圣马力诺每半年由国家最高立法机关即"大会议"，从议员中选出两名执政官，他们权力相当，都是国家元首和政府首脑。瑞士联邦委员会是瑞士最高行政机关，它由联邦议会选出的七名委员组成并集体行使最高国家行政权力。这种体制的优点是有利于避免国家权力的滥用和个人专权，有利于发挥集体智慧，也有利于保持国家政策的连续性和稳定性。但缺点也比较明显，弄得不好，容易使整个集体陷入软弱无力的状态，甚至相互扯皮，产生严重的内耗。

二、中央政府体制

中央政府体制是关于国家最高行政机关的职权划分、组织形式以及活动方式等各项制度的总和。中央政府体制地位重要，它不仅是行政体制的核心，而且直接影响着整个国家机器的运转和民族的前途命运。在国外，中央政府体制主要有内阁制、总统制、委员会制等三种基本形式。

（一）内阁制

内阁制也叫责任内阁制或议会内阁制，它是议会制共和国和许多君主立宪制国家的中央政府体制，以英国最为典型。其基本特征有：

1. 内阁是国家元首委托议会下院占多数席位的政党或政党联盟的领袖负责组成的。在大选中获得下议院二分之一以上席位的党领袖，经国家元首任命，成为政府首脑（一般称为内阁首相或总理），由政府首脑组阁，形成中央政府。这一特点表明，中央政府必须取得议会多数的支持。

2. 内阁代表国家元首行使全部行政权，并向议会下院负责，接受议会的监督。如果议会通过对内阁的不信任案，内阁成员应全体辞职，或提请元首解散议会，重新大选，由选出议会决定内阁的去留。

3. 内阁阁员通常同时兼任议会议员。他们一方面在内阁担任行政领导工作，另一方面又参加议会立法工作。在立法实践中，议会的立法工作，在很大程度上是在内阁的指导下进行的。

4. 内阁是全部国家行政机关的核心，实际权力掌握在作为政府首脑的内阁首相或总理手中。内阁首相或总理，有权决定入阁人选，任命高级官员，委以他们重任。内阁首相或总理，主持内阁会议，制定施政方针，但决策不采取投票表决方式，而以首相或总理的意见为准；内阁成员如不同意首相或总理的决定，首相或总理有权免去他们的职务或接受其辞呈。内阁首相或总理，不仅掌握政府实权成为行政中枢，而且也是国家政治权力中枢。因为，内阁首相或总理是执政党领袖，可以通过议会党团控制议会；作为政府首脑动用行政资源，宣布紧急状态；同时还统帅、指挥着全国武装力量。

内阁制有自己的长处，由于内阁阁员同时兼任议会议员，促成行政机关与立法机关合作，效率比较高；由于内阁权力集中，处在中枢地位，便于实行应急政策，应对紧急情况。但由于内阁特别是首脑的强势，使议会对行政机关的监督显得不够得力，如果内阁失误，就会造成重大的损失。

（二）总统制

总统制是由选民分别选举行政和立法机关，由总统担任国家元首，同时担任政府首脑的体制。实行总统制的国家为数不少，但美国的总统制最为典型。总统制具有如下基本特征：

1. 总统通过选民选举产生，总统既为国家元首又是政府首脑，总统只对选民负责，不对议会或国会负责，议会或国会掌握立法权，它除了可以弹劾总统外，不能对总统投不信任票，同样总统也无权解散议会或国会。

2. 总统掌握国家的实际权力，一切行政大权都集中在总统手中。总统有权任免政府各部部长等高级官员；有"委任立法权"，批准或否决国会通过的法案；有权签署具有法律效力的行政命令；有对外关系上的最高决策权，派遣驻外使节、对外缔结条约；作为三军统帅，拥有最高军事指挥权；以及其他政治权力。

3. 总统组织和领导内阁，内阁不是决策机构，只是总统的集体顾问或办事机构，内阁向总统负责。

总统制也有其长处，主要是由于总统权力集中，独立于议会之外，不对议会负责，议会也不能在任职届满期间使其下台，因此没有因政策失误、政见不同而倒台的风险。由于总统权力集中，运作效率比较高。由于总统由选民选举产生，促使总统能较多顾及民意民愿。但也正是由于总统权力集中，不对议会负责，无法受到有效制约，总统就有任性使权的可能，如遇不靠谱的总统，就会因其政策错误而又强力推行给国家与民众使国家与民众遭受重大损失。

（三）委员会制

委员会制，委员会为国家最高行政机关，其成员由议会选举产生，行政首脑由委员会在其成员中选任，委员会以合议制形式集体行使职权。瑞士是委员会制的典型代表，委员会制有如下基本特点。

1. 国家最高行政权力由通过议会产生的联邦委员会集体执掌。委员会成员之间地位平等、职权相同。联邦委员会主席从联邦委会成员中选出，他虽是国家元首、行政首脑，但一切重要决策都要经过联邦委员会集体讨论，以少数服从多数原则通过。政策形成，以委员会名义分头负责执行。

2. 联邦委员会由联邦议会两院联席会议选举产生，是联邦议会的执行机关。联邦委员会必须服从联邦议会通过的法律和决议，无权否决或退回议会做出的决议和通过的法律，更无权解散联邦议会，联邦议会也不得迫使联邦委员会委员辞职。

3. 联邦委员会委员的出任需要经过政党的推荐，但出任的委员不一定是党的领袖。委员一旦出任则只对联邦委员会负责，其言行原则上不受政党的约束。

委员会制的优点是能集思广益，考虑问题比较周全，可以避免决策失误。同时，权力在委员会内受到制约而至平衡，能够防止个人专断等现象出现。但由于委员会制缺乏实际上的领袖，容易导致行政领导权责不清晰，出现委员之间互相推卸责任，使得委员会决策成本高，执行行动慢，行政效率低。

我国的中央政府体制是国务院体制，它有如下基本特点：①国务院是中央人民政府，是最高国家行政机关，它由每届全国人大第一次会议选举产生，是我国最高权力机关的执行机关，对全国人大及其常委会负责并报告工作。②国务院由总理、副总理和国务委员、各部部长、各委员会主任、审计长、秘书长组成。总理由党中央依法推荐，由国家主席提名，全国人大全体代表选举通过，由国家主席任命。国务院其他成员，由党中央推荐，国务院总理提名，全国人大全体代表选举通过后，由国家主席任命。③国务院实行总理负责制。总理全面领导国务院工作，代表国务院对全国人大及其常委会负责；副总理、国务委员协助总理工作，并与国务院秘书长、各部部长、各委员会主任、中国人民银行行长、审计署审计长一起对总理负责；国务院工作中的重大问题，总理具有最后决策权；总理有权向全国人大及其常委会提出副总理、国务委员、各部部长、各委员会主任、中国人民银行行长、审计署审计长、国务院秘书长的任免人选；国务院发布的决定、命令和行政法规，向全国人大及其常委会提出的议案，任免行政人员，须由总理签署，才具法律效力。

国务院体制是在党的领导下，依据宪法建构起来的。它符合中国实际和国家政治体制的要求，在实践中突显出了中国社会主义的特色和优势。

三、行政权力体制

行政权力体制是关于国家行政机关同其他国家机关、其他政治、社会组织之间，以及行政机构内部各层级、各机关、各部门之间的权力分配关系及其制度的总和。行政权力体制实际上包括两部分内容，这就是外部权力体制和内部权力体制。

（一）外部权力体制

行政权力的外部体制的内容，是行政权力在同其他国家机关权力，以及同其他社会政治组织权力的稳定联系方式。它主要包括如下几种体制。

1. 行政权力分立体制。在西方"三权分立"的政治权力体制中，按照分权制衡的原则，国家权力分为立法、行政和司法三种基本权力，并分别由议会、政府和法院来掌握。三个部门之间，权力地位平等，彼此相互制衡，以防集权专断，权力滥用，滋生腐败。

行政权力分立体制寓于分权制衡的国家权力体系中，其基本内容是行政权力归政府，由政府独占、独使；行政权力与其他权力地位平等，既制约其他国家权力，也受制于其他国家权力。这种权力分立体制，最初表现为阶级分权，而后表现为阶级内部的权力分工，随着"行政国家"的形成，权力地位的平等与彼此制衡的关系被打破，分立的行政权力逐渐取得了强势地位。

这种权力分立与制衡的体制，的确有利于防止权力的扩张、专断、滥用而异化腐败，但权力之间的相互扯皮、掣肘，的确又加大了权力运行的成本，降低了权力运行的效率。

2. "议行合一"体制。"议行合一"体制，是国家的重大决策权力和执行权力统一行使的体制，也就是立法权和行政权相统一行使的体制。这种体制首创于1871年的巴黎公社，公社是同时兼管立法和行政的工作机构，决定重大问题，并直接指挥执行。这是"议行合一"体制的雏形，特点是：不仅立法权、行政权行使统一，而且由同一机构来行使。苏联也采用这一体制，最高权力机关是苏联苏维埃及其常设机关最高苏维埃主席团，最高行政机关是苏联部长会议，二者是领导和被领导的关系。我国现行的行政权力体制，在人民代表大会制度的框架中，也是"议行合一"体制，即全国人民代表大会是最高权力机关，它不仅行使国家的重大决策（立法）权，而且产生行政机关，行政机关要向它负责，并受其监督。

我国人民代表大会制度的框架下的"议行合一"体制，是在中国共产党的领导下，总结国际无产阶级政权的建设经验，结合中国的具体实践创建起来的。它符合我国实际，运行顺畅有效，显现出了鲜明的中国社会主义特色和制度优势。

3. "军政合一"体制。"军政合一"体制，是指国家的军事权力和行政权力合二为一的权力体制。在这种体制中，军政府是国家权力的核心，国家的立法机关徒有虚名，只是橡皮图章，司法机关或受军政府的操纵，根本没有实权，不具独立性。拉美和非洲的一些国家和地区，有这种行政权力体制产生和存续的土壤和条件，因此也就顺理成为拉美国家和非洲一些军人执政国家的行政权力体制了。

4. "党政合一"体制。"党政合一"的行政权力体制，其实也是一种政党政治制度，其主要内容是：国家以法律形式规定执政党处于至高无上的地位，党的总书记或主席是唯一的总统候选人，党中央有权解散议会，有权中止总统的职务，所以这种体制实际上也是一种政党专制政治体制。这种体制主要存在于亚非拉的一些民族主义国家。其中有些国家还把成年人都归入到党的组织，把其他社团作为党的专门组织，以强化党的地位，稳定党政合一的权力体制。

5. "政教合一"体制。"政教合一"体制，是指教权和政权合二为一的行政权力体制，这种体制在现代不具普遍代表意义，它是梵蒂冈的行政权力体制。梵蒂冈的全称是"梵蒂冈城国"。它位于意大利罗马城西北梵蒂冈高地东坡，是一个以教皇为君主的城国。梵蒂冈的政权机构为"罗马教廷"。教廷的最高首脑为教皇，教皇拥有立法、司法和行政三大最高权力。教皇任命的中枢机构主教团，分管教廷各部和各重要教区的事务，直接对教皇负责。

（二）内部权力体制

行政权力内部体制的内容，主要是国家行政机构内部的权力划分和权力关系，主要有集权与分权两种体制。

1. 集权体制。集权行政权力体制的内容和特点是：行政权力均集中于中央政府或上级机关，中央或上级对地方和下级事务有直接干预和指挥管理权力，而地方政府或下级很少有权力，主要是依据上级命令、指令，在中央授权范围内处理公务。这种体制的优点是：由于权力集中，便于目标统一，标准统一、政令统一，指挥灵便，行动迅速，行政效率高；容易统筹兼顾，集中力量办大事。这种体制的不足与缺点是：如果缺乏有效监控，容易导致独断专行；权力上大下小，运行弹性又小，不便下级地方因地制宜，充分发挥积极性、主动性和创造性。

2. 分权体制。分权体制的内容和特点是：中央政府或上级机关将行政权力授予地方政府或下级机关，地方政府或下级机关在法定授权范围内，有完全的自主性和自决权；中央政府或上级机关对地方和下级除负面影响国家整体发展外的决策，多为审核、备案，很少进行决断；中央政府或上级对地方和下级事务，由其自主决定，不去直接干预。这种体制的优点是：分权分工，有利于防止和避免上级专断与独裁；分级治事，分层负责，有利于调动地方的积极性；因地制宜，灵活权变，有利于提高对外界环境的适应能力。这种体制也有不足与缺点，如过度分权，容易导致本位主义和各自为政，影响中央权威；权力分散，也不利于内部协调与整合，不利于集中力量、统筹全局的发展。

集权与分权的关系是辩证统一的关系。任何体制，都既有集权，又有分权，没有集权的分权会导致冲突；没有分权的集权，会导致独裁、专断，体制僵化。在权力既定的情况下，集权与分权关系也是一种反比关系，集权的程度越高，分权的程度就越低，反之，分权程度越高，集权程度则越低。判断一个权力体制是集权体制还是分权体制，主要是看集权的程度高还是分权的程度高，集权程度高是集权体制，分权程度高则是分权体制。集权有利于保持行政系统内部的平衡，分权则有利于维持行政系统同环境保持动态关系。所以，处理二者的关系，不能把中央集权与地方分权绝对化，要基于国情及社会经济、政治发展的变化，本着完整、统一、民主、法制、效率的原则，进行适时、适当调整。集权过度了，向分权方向调整；分权过度了，则要向集权方向调整。

四、行政区域划分体制

行政区划体制亦称行政区域划分体制，是国家为实现有效的行政管理，依据一定的原则，将全国领土划分为若干层次的区划单位，并建立相应的行政机关的一种体制。各国行政区划不同，本目只讨论我国的行政区域划分体制。

（一）行政区域划分与建制的原则

在我国，行政区域的划分建制是按照四项原则进行的，这四项原则是：

1. 政治原则。行政区域划分与建制，在政治上要有利于国家政权的巩固，有利于国家的长治久安。

2. 经济原则。行政区域划分与建制，既要从各地区经济发展的具体实际情况出发，有利于地区经济的发展，又要从整个国家经济发展的全局出发，有利于整个国民经济的发展。

3. 民族平等原则。行政区域划分与建制，要从我国多民族和民族分布的实际状况出发，在不违背国家整体根本利益的前提下，充分考虑各民族的风俗习惯和其他特点，要有利于民族团结和共同繁荣。

4. 精减、统一及效能的原则。行政区域划分与建制，要以有利于进行有效的行政管理为原则，尽量精简机构，减少层次，政令统一，以达到提高行政管理效率的目的。

（二）行政区域划分建制的基本内容

我国现行的行政区域建制包括行政区域类型和划分层级两个方面的内容。

1. 行政区域的类型。我国基于现行的行政区域建制划分出的行政区大体上有三类：

（1）以地域面积、地理条件和历史传统为基本依据而设置的行政区域。例如，由若干村和小集镇构成的乡镇级行政区域；由若干乡、镇构成的县级行政区域；由若干县构成的省级行政区域等。在这种行政区域的建制中，同级行政区域的面积大小、行政单位的多少，都有较大的稳定性。

（2）以非农业人口聚集的数量和社会、经济、文化发展状况为基本依据而设置的市政区域。人口、活动、设施、物资、文化的高度集中是城市的基本特征。我国根据城市人口数量及其他因素，分别设置了直辖市行政区域、地级市行政区域和县级市行政区域。不同层级的市政区域，"以城区常住人口为统计口径，将城市划分为五类七档。城区常住人口50万以下的城市为小城市，其中20万以上50万以下的城市为Ⅰ型小城市，20万以下的城市为Ⅱ型小城市；城区常住人口50万以上100万以下的城市为中等城市；城区常住人口100万以上500万以下的城市为大城市，其中300万以上500万以下的城市为Ⅰ型大城市，100万以上300万以下的城市为Ⅱ型大城市；城区常住人口500万以上1000万以下的城市为特大城市；城区常住人口1000万以上的城市为超大城市。（以上包括本数，以下不包括本数）"[1]

（3）以政治、经济、行政管理上的特殊需要和一些特殊的历史与现实因素为根据而设置的行政区域。例如，民族自治区域、经济特区、开放城市、计划单列城市，以及按照"一国两制"构想所设置的特别行政区，如香港和澳门。特别行政区是中华人民共和国的一个享有高度自治权的地方行政区域，直辖于中央人民政府。除外交和国防事务权限属中央人民政府外，特别行政区享有行政管理权、立法权、高度独立的司法权和终审权。

2. 行政区划层级。根据我国宪法，我国行政区域划分的层级情况是：全国分为省、自治区、直辖市；省、自治区分为自治州、县、自治县、市；县、自治县、市分为乡、民族乡、镇。其中，自治区、自治州、自治县都是民族自治地方。国家必要时设立特别行政区。

目前，中国共有 34 个省级行政单位，包括 4 个直辖市，23 个省，5 个自治区，2 个特别行政区。

（三）行政区域划分建制变更的审批权限

随着我国经济和社会各个方面的变化发展，行政区划也会作相应的变动，包括建置、合并和撤销，但一切变动都必须遵照宪法和法律规定的程序进行。按照我国宪法的规定，我国行政区域划分建制和变更的审批权限是：

1. 省、自治区、直辖市的建置和变更由全国人民代表大会批准，特别行政区的设立及其制度由全国人民代表大会决定。

2. 省、自治区、直辖市的区域划分和变更及自治州、县、市的建置、区域划分和变更，由国务院批准。

3. 乡、民族乡、镇的建置、区域划分和变更，则由省、自治区、直辖市的人民政府决定。

第三节　我国的行政体制现代化

行政体制是政治体系的有机组成部分。在国家治理实践中，如果说政治体系集中体现为国家治理体系，那么行政体制则集中体现为政府治理体系。因此，全面深化改革，完善和发展中国特色社会主义制度，推进国家治理现代化，就不能不全面深化行政体制改革，实现现代化行政体制所承载的政府治理现代化。

---

[1] 《国务院关于调整城市规模划分标准的通知》国发〔2014〕51 号。

行政体制现代化属于现代化的范畴，蕴含着现代化的一般特征，所以，解读行政体制现代化，要从现代化的范畴说起。

一、社会现代化的一般意涵

现代化在最为广泛的意义上，指的是社会现代化，"现代"含有"新"的寓意，可被视为代表新时代的先进社会的文明成果。"化"即变迁、变化，指达到某种目标的过程。所以，二者合为一，就意味创造新时代先进社会文明成果的过程。这是现代化的一般内涵。它分为若干领域，获得新时代某个领域的先进文明成果，就是某个领域的现代化，如工业现代化、农业现代化、国防现代化、科学技术现代化、国家治理体系和治理能力现代化等，这是现代化的外延。

从时间角度看，社会现代化是既有阶段性、又有连续性的历史发展过程。一个大的社会历史阶段或时代的现代化，其实就是该时代的社会主体，面对社会存在的基本矛盾，通过发展的方式，创造用以解决基本矛盾的文明成果，当社会主体创造的文明成果能够并解决了基本矛盾，这时历史时期的现代化过程就完成了，变成历史了，于是也就间断了，这就是所谓的阶段性。一个历史时代的特定的现代化间断了，但历史并未间断，后继而来的是一个新的历史时代。新时代面临新的基本矛盾，要求社会主体以新的发展方式、用新的文明成果去解决新的矛盾，于是新历史时代的现代化进程也就相继开启了，这就是现代化的连续性。社会现代化是一个阶段性和连续性相统一的历史发展过程，所以，社会主体在一个阶段的现代化进程中，务必从这个阶段的实际出发，既不因循守旧，又不盲目冒进，从而稳健推进这个阶段的现代化进程。进入新的历史时代，社会主体则要面对新矛盾，确立新目标，采取新举措，开启新的现代化进程，以此继往开来，推进社会文明的可持续发展。

从空间角度看，在同一历史时段中不同的区块和国度的社会现代化，展现出来的性质是各不相同的。同时段未完成现代化的国家中，有资本主义的，也有社会主义的；社会主义各国的现代化也各不相同，各有特色。中国是社会主义国家，所以中国的社会现代化不同于资本主义国家的现代化。中国的社会主义有自己的特色，所以中国的社会主义的现代化必然独树一帜：其一，中国社会主义现代化建设的宏伟目标是实现国家富强、民族振兴、人民幸福的中华民族的伟大复兴。其二，中国社会主义现代化建设是在中国特色社会主义思想的直接引领下展开的。其三，中国社会主义现代化建设的途径是走中国特色的社会主义道路。其四，推进中国社会主义现代化建设的力量，是由中国共产党的全面领导、人民政府的积极主导和社会各界组织与民众的广泛参与而凝聚起来的伟大中国力量。不同地区与国度的社会现代化各有特质,是我们正确坚持有中国社会主义特色现代化建设方向的一个重要依据。有中国社会主义特色的现代化,既然是现代化,就可以批判地借鉴他国经验,即在科学分析研究的基础上吸取他国现代化建设的合理因素。但必须明确,中国的现代化建设,必须坚定坚持中国社会主义特色,必须拒绝食洋不化,盲目拿来,机械硬套,否则社会主义的现代化建设,就有可能步入歧途、走弯路、受损失。

二、行政体制现代化的根本性质

我国行政体制的现代化,作为政府治理现代化,从本质上说,是革除不适应国家全面持续发展要求的体制弊病的过程,是优化政府机构、职能和权责关系,构建新的制度规范和体制机制的过程,是实现政府治理制度化、规范化、程序化,政府运行科学化、民主化、依法化和高效化的过程。从本质上说,就是更好坚持和发展中国特色社会主义的过程。我国行政体制现代化的本质,主要体现为三大本质属性。

(一)政治性:中国特色社会主义政治的建设过程

我国行政体制的现代化的政治性质,主要在于:

1. 我国行政体制现代化的政治性质,源于国家治理现代化。行政体制是国家治理结构的有机组成部分,它在国家治理现代化的建构中,是国家治理体系中的治权体系;是国家治理实践中实施人民主权、实现人民民主和国家有效治理的执行机制;是实施依法治国战略,把法治国家、法治政府和法治社会契合起来建设的重要实践平台;是实现党的领导、人民民主和依法治国有机联结的重要枢纽;[1]因此,在国家治理现代化建设中占有特别重要的地位,具有特别重要的功能,发挥特别重要的作用。国家治理现代化的过程,原本就是中国社会主义特色政治建设过程,因此寓于其中且特别重要的行政体制现代化,就必然有与其同质的政治性质,呈现出中国社会主义特色政治建设过程的鲜明特色。

2. 行政体制的现代化是中国特色社会主义的现代化,其政治上的本质属性,就是集中表现最广大人民群众的根本利益。人民群众是历史的创造者,是社会的主体和主权者;因此,现代化的行政体制,只有集中代表和实现最广大人民群众的根本利益,才有其存在的价值,它的存在才有合法性基础。行政体制现

---

〔1〕 王浦劬:"论新时期深化行政体制改革的基本特点",载《中国行政管理》2014 年第 2 期。

代化实现政治属性的途径，就是自身的全面改革，优化和发挥现代治权体系功能，建构实现人民民主和国家治理的有效执行机制，只有这样，它才能富有成效地坚持和发展中国特色社会主义，实现和持续增进最广大人民群众的根本利益。

3. 我国行政体制现代化，有来自于中国共产党坚强而正确领导的政治优势。建党以来的历史和现实反复证明："领导我们事业的核心力量是中国共产党"。[1]在以毛泽东同志为核心的第一代中国共产党人的领导下，经过艰苦卓绝的斗争，建立了新中国，中国人民从此站了起来。在以邓小平同志为核心的第二代中国共产党人的领导下，经过大刀阔斧的改革开放，我国经济社会快速发展，实现了从温饱不足到总体小康的历史性跨越，我国经济总量已位居世界第二位，中国人民开始富了起来。在以习近平同志为核心的第三代共产党人的领导下，攻坚克难，全面深化改革，举国砥砺奋进，成就斐然，由大而强。客观的历史和现实告诉我们，中国的政治优势，就在于中国共产党的领导，行政体制现代化建设的优势，自然也在于党的领导。

（二）依从性：行政体制现代化依从和服务于社会的全面持续发展

政府的行政体制，是社会基于其客观需要而产生的，所以必须依从和服务于社会的发展。社会的发展是绝对的、不停息的，而政府行政体制则相对稳定，不易变化，这就决定了行政体制必然会出现不适应甚至阻滞社会持续发展的矛盾状态，而解决矛盾的唯一途径，就是行政改革，进行行政体制的现代化建设。

1. 作为社会政治上层建筑的政府行政体制，首先取决于社会的经济基础，要适应社会生产方式发展的要求，为社会生产的发展排除障碍，扫清道路，提供服务。我国行政体制中还存有痼疾，不能满足社会主义市场经济发展的要求，不能如愿持续满足人民群众根本的经济利益要求，所以必须深化改革，革除弊病，进行适应于社会主义市场经济发展要求的现代化建设。

2. 政府的行政体制作为国家治理体系的有机组成部分，依存并服务于国家治理体系，必须按照国家治理体系现代化的总体要求进行现代化建设。这是因为，从派生关系看，政府行政体系派生于国家治理体系中的权力机构；从功能作用上看，国家治理体系的整体功能大于并左右政府行政体制的功能；从政府行政体制在国家治理实践中的价值看，行政体制在国家治理实践中发挥执行机

---

〔1〕 毛泽东："中华人民共和国第一届全国人民代表大会第一次会议开幕词"，载《人民日报》1954 年 9 月 16 日。

制的作用，没有行政体制的现代化，就没有现代化的行政体制，就没有完整的国家治理体系现代化，原有的行政体制就没有了存在的价值。因此，政府行政体制必须按照国家治理体系现代化的总体要求进行现代化建设。

3. 政府行政体制的有效运作，也依存于社会文化领域输入的支持性资源，因此，政府有责任为社会文化领域的健康发展提供有用的公共产品与有效的公共服务。我国行政体制中由于还存在弊端，而使其提供的产品与服务还不能满足社会文化领域健康发展的要求，因此，革除体制弊端，进行行政体制的现代化建设也就势在必行了。进行行政体制改革，不断提高行政体制现代化的建设水平，从而为社会文化领域的健康发展持续提供有用的产品与有效的服务，不仅可以强化政府行政体制的合法性，而且可以持续获得国家治理现代化建设所需的文化资源，它的意义特别重大。

（三）系统性：行政体制现代化建设是一个异常复杂的系统工程

行政体制的现代化建设，是一个完整而复杂的有机统一的系统工程。它的这种系统性在于：

1. 行政体制的现代化建设，是由政府更新行政观念、转变政府职能、优化政府机构、提高公职人员素质、理顺权责关系、进行制度创新、构建长效行政运行机制等要素组成的有机整体。正因为它是一个有机整体，所以进行行政体制的现代化建设，必须统筹兼顾，协调配套进行。如果人为分割，割断有机联系，分散单独推进，行政体制的现代化建设就是碎片化建设，这不仅收效甚微，甚至还有可能会导致整体建设的失败。

2. 行政体制的现代化建设，是在国家治理体系和治理能力现代化建设的大系统中进行的。从改革开放以后，我国经历过多次行政机构和体制的改革，分别发生在 1982 年、1988 年、1993 年、1998 年、2003 年、2008 年、2013 年，这七轮改革，涉及管理理念、机构改革、架构调整，当然也有职能转变。经过这几次改革，我国政府的行政体制，不管是管理理念、政府结构、政府运转、管理手段方式，与 40 年以前计划经济时候相比，已经不可同日而语了。但由于以往的改革都以行政系统的改革为主，没有太多涉及政府体制系统之外的领域，所以行政体制至今还不完全适应国家治理的现代化要求，不适应社会全面持续发展的要求，这表明行政体制的现代化建设仍然任重而道远。以习近平为核心的党中央，总结以往的经验，在党的十九届三中全会审议通过《中共中央关于深化党和国家机构改革的决定》和《深化党和国家机构改革方案》，改变了以行政体制改革为主的导向，第一次把党和国家机构改革挂起钩来，把政府行政体制的改革和现代化建设，纳入到国家治理体系和治理能力现代化建设的大系统之中，进行统筹兼顾、彼此协调整体建设。显而易见，我国行政体制的改革和现代化建设的工程，是由行政体制内外部两个系统的建设工程构成的，确实是一个完完全全的复杂系统工程。

3. 行政体制改革与现代化建设系统的改革功效的非加和性有了新特点。行政体制系统整体改革与建设的功效以要素的改革功效为基础，没有要素改革的功效就没有整体改革功效，但整体改革与建设的功效一定大于各要素改革功效之和。不仅于此，由于行政体制改革与现代化建设，纳入到国家治理现代化建设的大系统之中，因此国家治理大系统的现代化建设功效，还会加强和放大行政体制改革与现代化建设系统的改革功效，这就是行政体制改革与现代化建设功效的新特点。

总之，政府行政体制的改革与现代化建设，是一个复杂的有机的系统，所以进行行政体制的现代化建设，一定要有复杂的系统的思维，有行政体制内外部改革和现代化建设协同并行的思维。有了这种思维，有了经过科学系统的顶层设计和充分论证可行的系统建设方案，付之稳健有效的施行实践，政府行政体制的改革与现代化建设，就一定能达到预期的目标。

三、行政体制现代化的主要目标

行政体制现代化的目标，是行政体制改革与现代化建设的引擎和行动指南。没有科学可行的目标，行政体制的改革与现代化建设就难以启动，即使盲目启动了也难以持续推进下去，因此确立科学可行的行政体制现代化目标，意义特别重大。确立行政体制现代化建设的目标，要从中国特色社会主义进入新时代的历史方位出发，要以习近平新时代中国特色社会主义思想为指导，要以完善和发展中国特色社会主义制度、推进国家治理体系和治理能力现代化为指针，要以建设中国特色社会主义现代化强国、实现和增进人民群众根本利益为归依，要遵循行政体制建设自身的客观规律。基于这些原则要求，形成了我国行政体制改革与建设的总目标：建设人民满意的服务型政府，实现政府治理的现代化。我国行政管理体制现代化发展的总目标，可以主要地分解为以下几个方面。

（一）实现政府行政民主化

马克思主义人民群众创世论认为，人民群众是社会历史的创造者和推动社会历史发展的决定性力量。所以人民共同体就是社会历史的主人，就是社会一切权力的所有者，就是整个国家的主权者，用我国宪法的语言说，"中华人民共和国的一切权力属于人民"。[1]一切权力属于人民群众,那么政府及其权力就只能来源于人民群众共同体。人民共同体选举、选择了自己认同的政府,委托政府代为行使国家和社会公共事务的治理权,政府便成为拥有国家治权的合法性政府。人民共同体把治权授予政府之后,仍然是主权的所有者,公民仍享有广泛自由、平等的民主权利,仍然能够共同决定国家和社会公共事务。既然政府源于人民的选择和委托,政府的治权来自于人民的主权,那么政府就必须真诚为人民服务而成为服务型政府,其行政决策,必须建立在人民群众广泛民主的基础之上;形成的公共政策,必须充分反映人民群众共同意志和公共利益,并依靠人民群众把公共政策变为现实。这是政府民主行政形成的根据、逻辑和核心意涵。

那么怎样才是实现了政府行政民主化呢?主要取决于:其一,政府形成了自觉民主行政观念,以人民为中心,把为人民服务作为自己一切行为的价值取向。其二,根据人民群众变化发展着的需求,适时调整职能内容,着力创新工作方法,提供更多便民公共服务。其三,自觉有效坚持群众路线,从群众中来,在广泛民主调查的基础上形成反映民意、体现民益的公共政策文本;到群众中去,依靠人民群众把体现民意民益的政策文本的内容变为现实。其四,广泛公开政务信息,在阳光下履职用权,自觉接受民众监督。

(二)实现政府行政法治化

实现政府行政法治化,是实现政府行政民主化的根本途径和可靠保证。基于人民民主的政府行政民主化,实质是"依据人民的公共意志来处理公共事务。然而,人民的公共意志只有转化为法律、制度,才能获得明确性和可操作性,所以依据公共意志处理公共事务,必然通过法治表现出来。"[2]这就是实现政府行政法治化成为实现政府行政民主化根本途径的内在逻辑。政府机构中公职人员和常人一样有自利性。当他们不能自律而约束其自利性的时候,就会在执行人民公意的行政行为过程中,滥用执行权力,造成执行权能行为失范,造成严重的有害后果;而体现人民公共意志的良法,一方面蕴含着"公平、正义取向"和导向公共利益的公共价值理性,对政府及公职人员的行政执行具有积极、正面的导向引导功能;另一方面又具有"明确性、强制性和可操作性"的工具理性功能,可以把政府及其公职人员在执行过程中的执行行为,规范约束在实现

---

[1]《中华人民共和国宪法》(单行本),法律出版社 2014 年版,第 2 条。
[2] 谢斌:"关于行政改革的哲学思考",载《陕西行政学院学报》2014 年第 4 期。

公正和公共利益的法律轨道之中。[1]所以，保证政府准确到位的执行人民公意的行政民主化，就必须实现政府行政法治化。这是实现政府行政法治化成为实现政府行政民主化可靠保证的逻辑机理。

政府行政法治化的实现，取决于三个基本要素：其一，要有健全齐备、结构严密、逻辑自洽、措辞准确清晰，且又能够得到适时修订的行政法律体系，这是实现政府行政法治化的前提。其二，政府公务员队伍要有自觉的依法行政理念，有懂法、依法、执法、守法的自觉意识和实践能力，这是实现政府行政法治化的基础。其三，要有持续实现"有法必依、执法必严、违法必究"原则的长效机制，这是实现政府行政法治化的关键。其四，要有得力的、运行持续有效的、覆盖整个行政体系的、专门的监督检察机构，这是实现政府行政法治化的保障。

（三）实现政府行政科学化

任何事物都是有规律的，规律是事物固有的、内在必然的联系，它不以人的意志为转移，人们不可以更改，不能够对抗，对抗的结果就是受到规律的惩罚，但人们可以认识规律、利用规律，造福于自己。政府行政也是这样，也有它不依人的主观意志为转移的客观规律，正确认识行政规律，按照行政规律办事，就是科学行政。有了持续普遍的科学行政，从而实现政府行政的科学化，政府行政就能全面持续地发挥它应有的功能和作用，推进国家治理体系和治理能力的现代化，推进中国特色社会主义建设事业的发展，实现"两个一百年"的战略目标。这是实现行政科学化的哲学依据，也是实现行政科学化的内在意涵。

政府行政科学化的实现，主要体现在如下几个方面：其一，政府及公职人员要自觉尊重规律、尊重科学和实事求是的思想路线。其二、政府职能的设置和调整与社会的需求及变化发展相统一，保持政府职能与社会发展相适应。其三，政府机构的设置与调整，同政府职能体系及变化相适应；政府机构中的各部门，部门与其职能自洽，职能与职权、职责相称、对应；部门间的职能、职权，既彼此界限清楚，又相互衔接、互补，成为无缝隙体系。其四，行政运行过程，环节简练，衔接紧密；信息传递顺畅，反馈及时迅速；整个运行过程规范有序，富有成效。

---

〔1〕　谢斌："论我国服务型政府建设的理念体系"，载《西北大学学报》2012 年第 2 期。

（四）实现政府行政高效化

现代化政府行政，通过民主行政、法治行政、科学行政，推进国家治理现代化，推进社会全面科学发展，依据人民公意公平提供公共产品和公共服务，从而实现人民共同的根本利益，是现代化政府的"质"。"质"总是与"量"内在地统一为一体，而这个统一体中的"量"，就是行政效率。行政效率的高低决定着政府推进社会发展功能的大小，决定着政府公共产品、公共服务供给的多少、人民公共利益增长的程度，决定着政府公共服务水平的高低，关系着政府在人民群众心目中的形象和满意度，关系着政府的合法性基础。因此，实现政府行政现代化，不仅要实现政府行政的民主化、法治化和科学化，还必须实现政府行政的高效化。这是实现政府行政高效化的行政哲学依据。

实现政府行政高效化，取决于诸多要素，除要有无重叠部门的精简政府机构、无多余环节的顺畅行政流程、廉洁奉公的高素质公务员队伍，以及有长效的激励机制外，作为信息时代的政府，必须有统一的网络平台、统一的数据环境，发挥"互联网＋"的作用，充分、有效利用电子信息、大数据库和云计算等现代科学技术。这是政府最大程度地提高公共行政效能，更加深广地提供便民、惠民服务，多快好省地强劲促进社会全面持续的发展，从而实现政府行政高效化的现代技术支撑。

四、行政体制现代化的基本路径

行政体制的改革，是实现行政体制现代化的基本方式：行政体制有内、外两个方面，因此行政体制的改革就有了外向和内向两条改革路径。行政体制的改革，通常是基于外部环境的要求而引发，其逻辑运行顺序是由外而内的，所以先论述外向改革路径。

（一）外向改革路径

行政体制的外向改革，实际上就是按照政府系统与外部环境间的固有规律，调适与外部环境的关系，从而最大限度地发挥政府对环境的积极正向功能。政府系统与外部环境，涉及政府与政党的关系，政府与人大关系，政府同市场、社会的关系，所以，沿着外向路径的改革内容，也就主要体现在这样几个方面。

1. 党政关系。中国共产党领导是中国特色社会主义最本质的特征，党政军民学、东西南北中，党是领导一切的，因此，政府行政也必然置于党的全面领导之下。基于党政间的这种领导与被领导关系的外向改革，有内在统一的两个方面：一方面，把加强党的领导贯穿到政府行政的各方面和全过程。在思想上，进行马克思主义的思想创新、理论创新，用新时代中国特色社会主义思想指导、引领政府行政。在政治上，为政府行政把方向、谋大局、定政策、促发展。在组织上，确立党的组织对同级行政组织的领导地位；扩展党管干部的原则，把公务员纳入党的组织部门；健全党对重大领域工作的领导体制，把全面深化改革领导小组、党的外事工作领导小组、中央网络安全信息化领导小组、中央财经领导小组改制成为委员会，新增设中央全面依法治国委员会，中央审计委员会，中央教育工作领导小组。另一方面，政府自觉接受党的全面领导，以习近平新时代中国特色社会主义思想为指导，坚持中国特色社会主义方向，增强"四个意识"，坚定"四个自信"，维护以习近平同志为核心的党中央权威和集中统一领导，自觉在政治上、行动上同党中央保持高度一致。有这两个方面的统一，党对政府行政的全面领导就能落到实处，政府行政的政治优势就能充分发挥出来。

2. 政府与人大的关系。在人大和政府的关系中，人大是人民行使国家权力的机关，代表人民立法、做出重大决定、任免行政官员、监督政府工作，政府由人民代表大会选举产生，对人大负责，依法行使行政权力，执行人大制定的法律、做出的决定，并向人大报告工作，接受人大监督。在党的统一领导下，基于人大与政府关系的外向改革，也有两个方面的内容。一方面，依照宪法规定，准确到位地落实人大与政府各自的功能定位，使它们各自的机构、权力、职能和工作机制，内在有机地统为一体，在人大统一行使国家权力的前提下，使它们各居其位，各司其职，提高自己的工作效能。另一方面，基于新时代的要求，创新互相配合、彼此协调、价值取向一致的工作机制，放大它们一加一大于二的工作效能，从而发挥中国特色社会主义政治制度和政治体制的优势，更好地凝聚、确认人民的共同意志，更好地实现人民共同的根本利益，更好地坚持推进中国特色社会主义，实现国家治理体系和治理能力的现代化。

3. 政府与市场的关系。市场经济是政治体制的基础，政府行政体制在政治体制中占有特别重要的地位，因此，处理好政府和市场的关系，使市场在资源配置中起决定性作用就显得特别重要。正确处理政府与市场关系的外向改革，中心是依据市场经济发展的要求而除旧布新，破除有碍于社会主义市场经济发展的行政体制机制，创制适应和促进市场经济发展的新行政体制机制。基于政府与市场的关系现状，要把重点放在"放、管、服"上。所谓放，就是遵循市场经济发展的规律，在科学确定政府与市场各自运行边界的前提下，政府向市场放权，消解政府干预过多的问题，大幅度减少政府对资源的直接配置，使市场机制发挥资源配置的决定性作用。所谓管，就是通过有效的政策供给，对市场经济进行科学的宏观调控，维护宏观经济的稳定发展；健全科学合理的政府对于市场有效监管机制，维护市场公平竞争的秩序。所谓服，就是为市场主体即企业的创制和发展，营造良好环境，创造有利条件，提供便利服务。妥善处理政府和市场的关系，不仅可以充分发挥中国特色社会主义经济体制的优势，促进市场经济的健康持续发展，同时也为行政体制的现代化和国家治理现代化奠定了坚实的经济基础。

4. 政府与社会的关系。政府源于社会，社会是政府赖以存续和发展的前提与基础，所以在政府行政体制的外向改革中，还要处理好政府与社会的关系。主要是：其一，创新预防和化解矛盾的体制机制，维护社会的稳定和秩序，维护公民合法权益，保证社会和谐有序运行。其二，以促进社会公平正义、增进人民福祉为出发点和落脚点[1]，建立以权利公平、机会公平、规则公平为主要内容的社会公平保障体系，实现发展成果更多更公平地惠及全体人民。其三，放权于社会，发挥社会组织、群众团体、事业单位的积极作用，使社会充满发展的活力。其四，构建和创新统筹推进教育、促进就业创业、收入分配、社会保障的体制机制，健全生态资源、生态环境保护的体制机制，保障人民群众的生存、健康、发展等权利和人格尊严。其五，建立健全公共安全和国家安全体系，保障全民公共安全。在处理政府与社会关系的外向改革，把促进社会公平正义、增进人民福祉作为出发点和落脚点，不仅促进社会健康有序发展，人民福祉不断增进，同时也为政府治理现代化、国家治理体系和治理能力的现代化打下坚实的社会基础。

（二）内向改革路径

如果说外向改革在于调整政府的外部关系，那么内向改革则在于增减政府内部的组织机构，调整各层级各部门的职能和权责关系，提高政府工作效能，以适应外部环境变化发展的要求。内向路径的改革主要是：

1. 职能调配。调配政府职能，是内向改革的第一要务，先要从政府同各层面、各领域社会的互动关系切入，发现和梳理出社会对政府有哪些要求，并判断出要求的强烈程度；进而就政府对这些要求满足的现实状况做出研判，政府对社会的要求，哪些能满足、哪些满足不够，哪些根本没法满足，又有哪些"满足"是负面的和多余的；最后在此基础上提出实事求是的调整对策，制定科

---

〔1〕 "中共中央关于全面深化改革若干重大问题的决定"，载《人民日报》2013 年 1 月 16 日。

学可行的调配方案，明确维持哪些职能、强化哪些职能、增加哪些职能、转变消减哪些职能，并付诸实施。内向改革中政府职能调配，同时与出于研究方便而从逻辑上分出来论述的外向改革内容相重合，而正是这种重合把内、外向改革联结为统一的整体。

2. 机构调整。政府机构是实现政府职能的主体，因此，必须根据调配后的职能体系，调整政府的机构系统。根据十三届全国人大一次会议审议通过的《深化党和国家机构改革方案》，政府机构的调整采取了多种方式，主要有：机构合并重组，如审计署与监察部合并为监察审计部，计划生育委员会与卫生部合并重组为人口与卫生部，国家质量监督检验检疫总局、国家工商行政管理总局、国家食品药品监督管理总局三个正部级机构，整合合并后只保留了一个。机构增减，如组建自然资源部、生态环境部，不再保留国土资源部、国家海洋局、国家测绘地理信息局。同党和其他国家机构中的相关部门重组，如组建国家监察委员会，国家监察委员会同中央纪律检查委员会合署办公。国务院减少了8个正部级机构、7个副部级机构。

3. 职权重划。政府职权是政府机构实现职能的工具。政府职能调配了，政府机构调整了，随之就要相应地重新划分职权。在横向上，根据每个部门履行职能的需要，配置相应的权力，划清部门之间的职权界线。纵向上，基于各层级的职能，给各个层级划分相应权力，现在集于中央的权力，要根据地方政府履职的需要下放，并划定层级职权界线。纵向各层级、横向各部门，各司其职，各用其权，边际清楚，不得相互僭越；但不是相互隔绝，必须相互衔接、相互配合；只有这样，政府才能形成合力，全面到位履职，推进社会全面发展。

4. 修订健全规范。随着职能调配、机构调整、职权重划，需要对原来的行政规范体系进行系统的修订健全。主要是：清理，把不适时宜的规范加以废除，清理出去；修订，把有漏洞、有缺陷、不完整的规范修订完整；新立，还根本没有的规范，要新建起来；从而形成新的配套健全的行政规范体系。重新修订健全规范，是因为改革后的职能、机构、职权，需要用新的规范体系固定下来，改革之后的行政体制，需要在新的规范体系规约下运行。只有有了新的配套健全的行政规范体系，改革之后的行政体制才能进入新常态，有序、稳健地运行，也才能实现政府行政的制度化和规范化。

行政体制改革和现代化建设的这两条路径，是相辅相成的，外向改革和内向改革是彼此有机统一的整体。按照系统论，它们的关系实际上是系统结构与功能关系；内向改革在于优化结构，外向改革在于优化功能；功能优化的要求决定结构必须优化，不适应这种要求的结构必被淘汰；结构的优化决定功能优化的实现，离开优化的结构，就没有优化的功能。因此在行政体制改革与现代化建设的过程中，务必把二者有机结合起来。

思考题

1. 什么是行政体制？
2. 简述行政体制的构成要素。
3. 行政体制的基本特点包括哪些？
4. 简述政府首脑体制及其类型。
5. 简述中央政府体制及其类型。
6. 简述行政权力体制及其类型。
7. 简述行政区划体制及其类型。
8. 简述行政体制现代化的根本性质。
9. 简述行政体制现代化的主要目标。
10. 简述行政体制现代化的基本路径。

参考文献

1. 龚祥瑞：《比较宪法与行政法》，法律出版社 1985 年版。

2. 王楷模：《现代政治概论》，陕西人民教育出版社 1998 年版。

3. 毛泽东："中华人民共和国第一届全国人民代表大会第一次会议开幕词"，载《人民日报》1954 年 9 月 16 日。

4. 王浦劬："论新时期深化行政体制改革的基本特点"，载《中国行政管理》2014 年第 2 期。

5. 谢斌："关于行政改革的哲学思考"，载《陕西行政学院学报》2014 年第 4 期。

6. 谢斌："论我国服务型政府建设的理念体系"，载《西北大学学报》2012 年第 2 期。

第
五
章

行政组织

行政组织是行政管理的主体，是行政管理的物质存在形式。日常大量繁重的各种社会公共事务管理都主要通过行政组织这一物质载体来推行和实施。行政组织的结构形态及其运行机制是否科学合理，是决定行政效果优劣与行政效率高低的重要因素。因此行政组织始终是行政管理学最基本的问题之一。本章着重分析介绍行政组织的基本理论、行政组织结构、行政组织设置的原则与行政组织理论的发展演变。

第一节　行政组织概述

行政一词意义广泛，但最基本的理解是威尔逊的说法，行政"就是政府的执行、政府的操作"。[1]行政组织就是拥有行政权力、执行国家意志、担负国家管理职能的组织。行政组织一方面要实施反映国家性质的宪法与法律，另一方面要实现对广泛社会生活的引导与管理。因而，行政组织是社会中最根本的组织，它的活动构建着社会生活的基本秩序，影响着社会生活的方方面面，特别是随着现代国家政府职能的扩张，行政组织对社会的影响越来越大。

一、组织

"组织"一词在中国源于"编织"。《辽史·食货志》上就有："饬国人树桑麻，习组织，"。在西方，组织一词源于"器官"，因为人体内的各个器官组织，是将部分组合为集体，使之自成系统，成为具有特定功能的细胞结构，后来逐渐引申去解释社会现象，这就是我们通常所说的社会组织。现在，在社会科学

---

[1]　丁煌："威尔逊的行政学思想"，载《政治学研究》1998 年第 3 期。

中，"组织"一词指由人组成，为了实现共同的目标，通过权责分配，按照特定的结构形式结合在一起、以分工合作的方式开展活动、以完成特定任务的有机联合体。

无论是原始社会的氏族部落、部落联盟，还是现代的国家军队、政党、工厂、企业、军队、学校等都是人类社会的组织形式。组织是人类社会活动最基本的方式，之所以如此，在于组织主要具有的三种功能：①聚集功能。是指把分散的人力、物力、财力、知识信息等汇聚起来成为一种新的合力。列宁曾说过：要使一百个人发挥一千个人的作用，靠什么？靠组织。当人们把许多孤立的人、财、物等要素组织集合起来形成一个有机体，由于整体效应、分工协作效应，它创造价值的能力会产生质的飞跃，大大超过单个要素价值的总和。②转换功能。转换功能可以理解为组织的生产过程，组织从环境中汲取资源，通过一定的人文或科学技术对这些资源进行加工、转换、组合，形成一种新的产品、能力或服务。不同的社会组织通过不同的技术过程将资源转换为产品。转换功能是组织发挥其社会职能的基础。③释放功能。即组织对社会环境的输出，组织能够将自身的产品、服务或聚合而成的能力作用于对象，实现对外在物质世界、人类社会、人类精神等方面的改变，释放出组织能量，发挥应有的功能和作用。

由于组织的这三种功能，人类可以通过它的汇聚力量去改造自然、改造社会，实现个体力量所不能实现的目标。组织的活动方式已成为人类克服困难、战胜外力、实现共同目标与意愿的基本工具。

二、行政组织

行政组织（Administrative Organization）是社会组织的一种特殊类型，是一种最广泛、最重要的社会组织。其内涵具有狭义与广义之分：广义上的行政组织，是指为实现行政目标而按照一定权责关系结合在一起的具有一定社会管理职能的组织实体，除政府行政组织外，还包括立法机关、司法机关、公共企业、事业单位等具有行政性职能的机构；狭义上的行政组织，是指为实现国家政治统治和社会管理而依据宪法、法律组建的国家行政机关体系，是国家机构的重要组成部分。本书所研究的行政组织是指狭义上的行政组织，专指政府机关。行政组织除具有社会组织的一般涵义外，还有三个方面的特殊涵义：①行政组织是一种国家性质的社会团体，其产生是国家按一定目的依法设立的，其存在、活动与发展是由国家财政予以维持的，其消亡也是由国家撤销的。这些是不同于私人或社会团体之处。②行政组织是以特定的行政目标为其存在目的的。行政组织是为执行一定的行政事务而组织起来的有统属关系和办事程序的一种公务机构，是以执行国家所确定的行政目标为己任的，若其活动背离了国家所确定的行政目标，那么它的存在就失去了合法性的基础。③行政组织拥有行政权力，它在法定的职权范围内，以法定的程序来组织和管理国家与社会事务。政府之外的公共组织，比如民间性的各种慈善机构、公益性组织、社区组织和各种协会等，虽然也承担公共管理和公共服务职能，但是不拥有国家权力、行政权力，除非得到特别授权。

行政组织是社会组织的一个系统，从现代几种主要的国家政府体制来看，行政组织主要指：①总统制国家里的总统及其所属的行政机关。②内阁制国家里的内阁及其所管辖的行政部门。③社会主义国家中，它分别指有关国家的国务院、部长会议、政务院等一类政府机关及其下属的行政部门。它们既包括中央一级的国家行政机关，也包括地方各级政府的行政机关。

社会组织的种类很多，从不同角度、按照不同标准可以将各种各样的组织划分为不同类型。如按照社会的基本领域划分，有政治组织、经济组织、文化组织等；按照获利者的类型划分，有互利组织、赢利组织、公益性组织和服务性组织等。在现代公民社会，政府组织、企业和"第三部门"是最基本的三种组织类型。各类不同性质的组织都具有组织的共性和一般特征，但又因性质、目标的差异，具有区别于其他组织的特点。行政组织与其他社会组织相比，有以下特点：

（一）政治性

行政组织是国家权力机关的执行机关，是政治组织的一部分，是实现统治权力的一种最基本的组织形式。行政组织的活动体现着统治阶级的意志和统治阶级内部各方面的关系，因而，行政组织所从事的活动具有政治目的和政治意义，并不单纯地是社会管理活动。它是统治阶级借以实现其阶级意志的重要工具，因此具有鲜明的政治性。

（二）社会性

行政组织是政治组织中社会性较强的部分，是一种社会性较强的政治组织，它以此与政治组织中的其他部分和其他组织相区别。行政组织是政治组织中主要负责社会公共事务管理的组织，在形式上是以全社会利益代表者的身份进行社会管理活动的，它须尽力获得社会的认可，被社会所接受，体现出自己充分的社会性。社会管理活动并不是赤裸裸的政治统治活动，占统治地位的阶级或集团总是通过曲折的途径将自己的意志渗透到社会管理中去，行政组织在进行社会管理的同时实现着政治统治的目的，使政治统治和社会管理不可分割地联系起来。

（三）权威性与垄断性

行政组织与其他社会组织相比，具有至高无上的地位和权威。行政组织在其权力范围内，依法制定法规命令等，对国家政治、经济、文化等方面实行最广泛的干预和领导。"工业社会依靠政府去履行把整个社会组织起来的任务。……政府是个巨大的加速器，因为它拥有强制的行政权力和从税收而来的雄厚财力。"[1]其权力的覆盖面可达每个组织及个人，任何组织及个人都必须受其约束，违者受强制性的处罚，这一点其他任何社会组织都不具备。同时，行政组织具有垄断性，垄断公共事务的管理，其他组织未经许可和授权，不能从事这种活动。行政组织具有暴力机器支撑的合法权威性，推行统治意志、维护一种特定的公共秩序，若有两个以上的组织从事这种活动，必然会多权威、多中心，导致社会混乱与无序的出现，这将导致一个社会在事实上分裂为几个更小的组织系统，也破坏了国家系统的统一性。因而，行政组织不必像政治组织和经济组织那样必然要面对竞争的环境，而处在一个无须竞争的特殊地位上。因而，施蒂格勒认为："国家拥有一个在纯理论上即使最有势力的公民也不能分享的资源：国家可以通过文明社会法律所允许的唯一方法——税收——获取金钱，还可以在未经同意的情况下决定家庭和厂商的经济决策。"[2]它拥有对其他社会组织的权威性和对公共事务管理的垄断性。

（四）非营利性

行政组织是非营利性的，行政组织的运行所需要的经费来源于国家的税收。社会中，企业组织的运行固然有社会责任与义务的考虑，但其核心目的在于创造社会财富、追求利润的最大化。而行政组织运作本身需要消耗经济剩余，而不直接创造物质财富。行政组织以服务于社会为根本宗旨，它建立社会秩序、优化社会环境，为社会的运转及物质财富的生产创造出不可缺少的前提条件。行政组织若成为进行营利活动的经济组织，那么必然导致公权力的滥用、社会公正的丧失、行政组织的异化与腐败，使行政组织背离其创立的初衷，丧失其

---

〔1〕 ［美］阿尔温·托夫勒：《第三次浪潮》，朱志焱、潘琪、张焱译，生活·读书·新知三联书店1984年版，第121页。

〔2〕 ［美］G. J. 施蒂格勒：《产业组织和政府管制》，潘振民译，上海人民出版社1996年版，第212页。

存在的合法性基础。因而，行政组织的运行经费只能来源于国家财政拨款，而不能通过各种形式的创收来获取经济收入。

（五）法制性

行政组织是依法代表国家行使行政权力的机构，有很强的法制性。这是它不同于其他社会组织的鲜明特点。首先，是行政组织自身建设的法制性。行政组织依据法律而产生或撤销，其机构设置、职能目标、人员编制、权力划分等，都必须符合宪法、法律和行政法规的有关规定，按一定的法律程序进行。其次，是行政组织对社会事务管理的法制性。行政组织依法制定行政管理法规，采取行政措施，并承担法律责任。法制既是行政组织活动的依据，又是行政组织活动的手段之一。

（六）发展性

行政组织总是处在与外界环境的密切联系之中，它总是随着历史的发展而相应地改变组织自身及社会管理行为的特征。例如，人员机构的调整、行政职能的改变、新技术新管理手段的采用等等，都处于一个动态的变化过程中。行政组织如果失去了这种适应性、发展性，就必然要走向封闭和僵化。

三、行政组织的基本要素

行政组织是以一定的组织构成方式对人、财、物和信息进行组合，以发挥有效功能，达到一定行政目标的组织。行政组织是由许多个因素组成的有机整体，考察其构成要素才可进而了解、优化其组织结构。国家行政组织是静态的，也是动态的，是自成体系的，也是适应环境而不断发展变化的。其构成要素有：职能目标、机构设置、人员构成、物资经费、权责体系、法规制度、运行机制等几个方面。

（一）职能目标

行政组织的职能目标反映着行政组织社会行为的方向。对于具体行政机关来讲，职能目标则反映该机关在整个公共行政管理中的地位和作用。清晰的职能目标是行政组织存在的基础，是其行使行政权力的依据。目标一般由总目标与分目标、原则目标与工作目标组成，各行政机关都以职能目标为导向，寻求自己在组织大系统中的位置和发挥相应的作用。

（二）机构设置

行政机构是行政权力的载体，是执行行政管理的具体机关，行政组织的机构设置必须依据其法定程序与行政目标来进行。行政组织必须设置一系列的机构才能称其为组织。机构设置是行政组织的核心，是决定行政效率的关键因素之一。

（三）人员构成

人员是行政组织的主体，人的素质、状况直接影响着行政组织的效能。因此，人员构成是行政组织的一个基本要素。政府必须制定和实施正确的公共人事政策，做到识才、用才，才能形成政府所需的智能互补的人才结构群。

（四）物资经费

财物是行政组织的物质条件，没有这一条件，国家行政组织就不可能实施其行政职能，甚至于其组织本身也无法生存。在一个行政机构中，如何规定和使用财物是其所经常面临的一个重要问题。

（五）权责体系

国家行政组织是一种典型的层级节制的组织结构形式，权力与责任是这种组织结构的基础。为了进行有效的管理，必须合理地划分行政组织的权力和责任，使权力与职责明确地落实到具体的机构与人员身上，做到权责分明、各司其职。

（六）法规制度

国家行政组织是代表公共利益行使公共权力管理社会的特殊组织。依法行政是现代社会的基本要求，行政法制是否完善，是衡量行政组织健全程度的重要标志之一。

（七）运行机制

现代社会单纯依靠首长个人意志与个性实施管理是不可能的，必须建立一套管理运行机制，管理的目标、分工、执行、监督等因素的有机配合形成内在的运行机制，保证组织行为的有效性。科学的运行机制是实施有效管理的重要保证。

四、行政组织的种类

政府复杂的行政管理活动是由具备各种不同功能的行政组织来进行的。现代社会的复杂性决定了行政组织的多样性。下面主要对我国行政组织的种类作以划分：

（一）按行政组织的职能和管辖范围划分

1. 中央政府。中央政府，即国务院，是国家最高行政机关。它管辖全国的政治、经济、文化、社会等事务。它所制定的方针、政策、法规、命令、指示、规定、条例等，各级政府必须贯彻执行。

2. 地方政府。地方政府，是指省政府、自治区政府、直辖市政府。其任务是在中央政府的统一领导下，组织和管理所辖行政区域内的各项行政事务工作。

3. 县（市）政府。县（市）政府包括自治州、县、自治县、市政府等，各自管辖本级的行政事务。

4. 乡（镇）政府。乡（镇）政府管辖一乡或一镇的各项行政事务。

（二）按行政组织工作的性质和作用划分

1. 领导机关。它是指中央政府和地方各级人民政府统辖全局的指挥中枢和决策监督核心。其主要职能是制定组织的总目标和长远规划，颁布大政方针和政策，对辖区内的重大问题进行统一指挥和领导。它在整个行政组织系统中起统率作用。我国中央政府和地方各级政府的中枢机关功能，主要是通过行政首长在民主集中制的基础上行使职权来实现的。

2. 职能机关。它是在领导机关直接领导下，负责组织和管理某一方面行政事务的机关。它是根据政务管理的需要按法定程序批准而设立的，是领导机关的组成部分。我国国务院的职能机关是各部、各委员会和审计机关等，各级政府的职能机关是负责专业行政管理的各厅、局、科等。职能机关对上贯彻执行领导机关的指示和决定，对下行使政府管理职能，领导并指导相应行政部门的工作。

3. 辅助机关。辅助机关是为了中枢机关和职能机关能顺利有效地进行管理活动，在机关内承担辅助性业务工作的机关，即协助行政首长处理日常事务的综合性办事机关。它对各专业职能部门没有直接指挥和监督的权力。辅助机关可分为政务性和事务性、综合性和专业性的辅助机关。我国政府的办公厅（室）是典型的综合性辅助机关，它参与政务、协助领导决策、沟通各方面、管理机关日常事务。各机关的人事、财务等部门，是专业性辅助机关；各级政府的政策调研室是政务性辅助机关；机关事务管理局是事务性辅助机关。辅助机关直接听从行政首长的指挥和要求，它对各专业行政职能部门没有直接指挥和监督的权力，但在授权条件下可以代表行政首长。

4. 咨询参谋机关。咨询参谋机关也是一种辅助性机关。但由于它在现代行政管理中受重视，具有特殊地位，故将其作为行政组织的一种类型。它通常是由有权威的专家学者和富有经验的资深政府官员组成，专门为政府出谋划策和对政策方案提供论证的机关。咨询参谋机关不是执行机构，具有独立的业务地位。其基本职能是研究咨询、参与决策、协调政策、收集资料、培训人才等。现代政府管理面临的各种问题日趋复杂，政府首脑无暇对某些具体问题进行深入的研究，往往委托咨询机关进行研究，提供具有可行性的各种方案以供决策。

现代行政对咨询机构的依赖程度逐渐地加深。

5. 派出机关。派出机关是指一级政府根据政务管理的需要，按法律规定或经上级批准，在其所辖区域内设立代表机关。派出机关不构成一级政府行政机关，其权力是委派机关的延伸。派出机关的主要职能是承上启下地实行管理，即督促检查辖区行政机关贯彻执行行政上级的决议和指示，向上一级行政机关报告辖区内行政机关的情况和意见。我国地区行署即为省级政府机关的派出机关，代表政府对所属各县行使职权。

第二节 行政组织的结构

结构是组织的基本属性之一。组织的性质不但取决于它的组成要素，而且取决于它的结构方式。结构方式不同，即使要素相同，组织的性质也可能存在较大的差异。正由于不同组织有不同的要素和结构方式，因而，不同组织的性质存在很大的差异。

行政组织的结构是指行政组织中各部门及其层次之间所建立的一种关系的模式。它有正式的结构和非正式的结构两种。正式的行政组织结构是有意设立并经过正式批准的常设的行政组织各部门、层级间所形成的关系和体系，用以完成组织的各项任务。它体现了行政组织的各部分活动功能及关系的主要构架。非正式组织结构是未经正式规则设计，发生于组织成员之间的一种活动关系模式。正式组织结构和非正式组织结构相互依存，共同存在于一个组织中。这里主要分析正式组织结构。

行政组织结构包括纵向结构、横向结构与规模结构三个方面，下面分别加以分析。

一、行政组织的纵向结构

行政组织的纵向结构，亦称行政组织的层级结构。各级政府上下级之间，每级政府各组成部门上下之间，构成领导和被领导的主从关系，这种排列组合方式便是行政组织的纵向结构。纵向结构与组织设计的等级原则密切联系。等级原则认为，职责与职权应从组织的最高层向最低层沿直线垂直分布，并为组织建立起一个等级结构，它以上下级关系为重点。行政组织的层级结构是指各级政府上下级之间，职能部门上下级之间的机构、职位、人员的配备与责任权力、工作程序的等级划分。每个层级都有自己的职责与权限，都有自己的管辖范围。其所处层级越高，管辖范围越大，职责与权力也越大。它要求下级必须服从上级，信息沟通通过逐级传递的方式来实现，下级行政目标必须与上级行政目标保持一致。行政组织纵向结构的基本问题是确定各层级间的隶属关系。要确定这一关系，就必须处理好管理层次与管理幅度两个问题。

管理层次是指行政组织系统划分管理等级系列的数额。按层级组建的行政组织被划分为若干层次，形成一个等级分明的金字塔结构，处于塔高层的行政组织通过等级垂直链控制整个行政组织体系。任何国家，无论是联邦制国家还是单一制国家，其政府组织都是这种金字塔形的层级化设计。按不同层次来划分，一般管理层次大致可分为三个层次：领导决策层、中间管理层、执行实施层。领导决策层是决策的核心，保证组织战略目标的实现，对行政组织全面负责。中间管理层负责制定分目标，执行上层决策，协调下层活动，具体指挥开展工作。执行实施层，承担具体社会事务的管理，完成上级决定，落实上级的各项政策。层级化主要的问题是行政层次的数目必须适当。层次过多，会造成信息不畅、程序复杂等问题，既造成人力、物力、财力的浪费，又易产生官僚主义，从而影响整个行政管理活动的运行；行政层次过少则易造成分工不明、责任与权力不清等问题。因而行政层次的设计应本着精简、高效的原则，以取得最佳行政效能为标准。

管理幅度又称行政控制幅度，是指一个层次的行政机构或一位行政领导所能直接、有效控制的下级机构或人员的数目。如国务院管多少个部，部管多少个局，局管多少个处，以及各级首长直接管多少个下级等。

一般而言，管理幅度越宽管理层次就越少，反之亦然。按照管理幅度大小与层次多少的不同，其组织结构有以下三种形式：

1. 高耸型组织结构。这种组织管理幅度小、组织层次多、沟通渠道多。例如，某组织有 30 名非管理人员，其管理幅度为 5 人，那么，就需要有三个管理层次和 9 名管理人员。如图 5 - 1 所示：

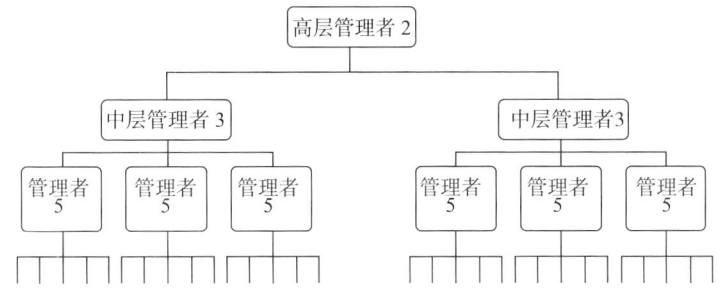

图 5 - 1 高耸型组织结构图

2. 较扁平型组织结构。这种组织管理幅度较大、层次较少、沟通渠道较多。例如，同样 30 人的职工数目，管理幅度为 15 人，编成 2 个组来管理，那么就形成了需 3 名管理人员的两级管理组织。如图 5 - 2 所示：

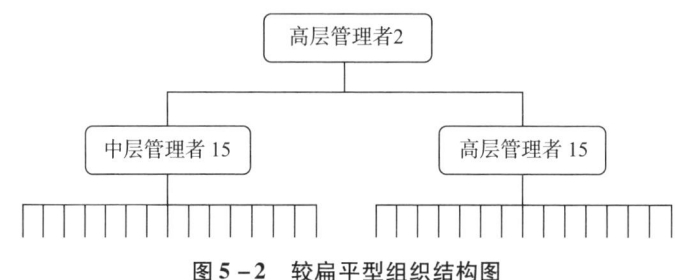

图 5 - 2　较扁平型组织结构图

3. 扁平型的组织结构。这种组织控制管理幅度大，管理层次少，沟通渠道少。同样以 30 人的职工数目为例，不分层管理，直接由一名管理人员控制，则如下图 5 - 3 所示：

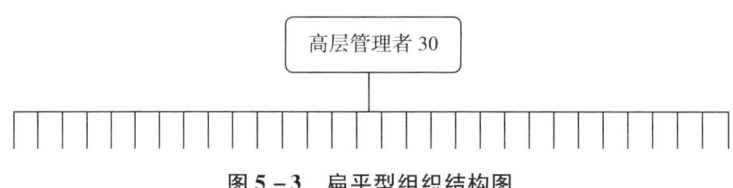

图 5 - 3　扁平型组织结构图

从以上三种结构形式中，可以清楚地看到管理幅度大，层次减少，上下沟通渠道缩短；相反，管理幅度小，则会增加层次，加长联系渠道。科学合理的管理幅度与层次没有统一标准。它取决于管理机构的合理程度以及物质设备和技术水平的先进程度。一般来说，组织成员训练有素，有良好判断力，管理幅度就宽，反之就窄；组织机构合理，物质设备与技术先进，管理幅度就宽，反之则窄；行政层次少，管理幅度就宽，行政层次多，管理幅度就窄。

二、行政组织的横向结构

行政组织的部门横向结构又称行政组织的部门化，是指行政组织的横向分工，是行政组织内同级行政机构之间和机构内部各同级部门之间平衡分工、相互合作与协作的关系模式。国家行政事务包罗万象，十分复杂，而且随着社会的发展，政府行政事务日益复杂，分工越来越细，越来越专业化。因而，行政组织部门化成为一种必然，它是对行政目标职能的分解，同时也是一种分权。行政组织的横向结构，可以按不同的标准划分。

（一）按管理职能和组织目标划分

这种划分是将政府组织在一定时期内负有的职责和功能进行组合分解，组成若干个部门承担各种专业职能。每级政府可划分为综合部门、职能部门和直属部门，如我国国务院办公厅是综合部门；各部委员职能部门，如外交部、农业部等；气象局、统计局为直属部门。这些部门之间地位平等，各自的行政目标、业务范围和权力责任都自成体系。

（二）按区域划分

区域划分是根据政治、经济、文化、环境、历史等不同因素划分行政区域，组成不同层次的行政组织。如全国划分为若干个省、直辖市和自治区；省划分为若干个市、县；市划分为若干区；县划分为若干乡等。

（三）按行政管理的不同环节划分

这种划分是根据行政管理流程的需要，将各个管理环节划分开来，交由各个部门掌握，如决策、执行、信息、监督、辅助等部门。按管理环节划分，使各部门各司其职、职责明确、分工清楚。这种划分方法虽然采用不多，但它的科学性较高。

部门化可以扩大政府组织的管理职能，有利于整体协调，突出行政管理的专业特征，有利于提高行政效率。但是部门林立、机构臃肿，也会造成行政效率低下等问题。

三、规模结构

行政组织规模，是指为履行行政职能的行政组织的大小及其工作人员的多少。每一级政府的行政组织及其工作人员的多少构成该级的政府规模，各级政府的行政组织及其工作人员之总体，又构成行政组织的总体政府规模。衡量政府规模的指标主要有三种，即行政机构和工作人员的多少、政府收入及政府支出占 GDP 的比例。政府组织应精干高效、运转协调。政府的规模没有绝对的大与小，而是要看是否与其所承担的社会职责相适应？是否与经济发展水平相适应？是否与经济发展模式相适应？

以上，分析了行政组织的纵向结构、横向结构和规模结构，三者结合便构成了行政组织的完整结构。在这样一个三维行政组织模式中，横向结构、纵向结构和规模结构三者是互相影响的。规模结构既可以对纵向、横向结构进行总量控制，也可在纵向结构和横向结构相互之间作出调整；而纵向结构和横向结构则相辅相成：管理幅度增加，管理层次相对缩小，反之，管理幅度减少，管理层次则相对增加。现实中行政组织不是静止的而是不断随着行政环境变化发展的。一个行政组织应如何建立、应设立多少部门、多少层次，都应从客观实际出发，要适时因势对行政组织进行必要的调整和改革，使之不断增强适应性，日益科学化、合理化。

四、影响行政组织结构的宏观因素分析

影响行政组织结构的因素很多，但概括起来可分为两个，即宏观因素和微观因素。所谓宏观因素是指在总的方向、结构方面影响、制约行政组织设置的因素，而微观因素则是指对行政组织结构有具体影响的因素。一般而言，宏观因素是主要的、根本的因素，它从总体上规定了行政组织的方向、规模和结构特性；而微观因素则是非根本性的、次要的因素，它只是具体规定了行政组织设置的内部结构。从行政学的角度讲，影响宏观因素的主要有两个：一是政府职能的变化，二是行政管理技术的革新，特别是信息技术的变革。

"职能和机构相依为命，机构为职能而设，职能为机构而生。"[1]按照结构——功能原理，有什么样的组织结构就决定该组织能发挥什么样的功能，反过来，有什么样的组织结构就会有什么样的职能。政府职能调整要求原有的行政组织机构做出相应的变革，从而形成不同的行政组织结构。政府职能的变动表现为职能范围、职能重心、职能方式等方面的调整。政府职能范围的调整，意味着行政组织在规模上，不管是总体规模还是层级规模上均应当随之变动；政府职能方式的变革，如从微观、直接、纵向转向宏观、间接、横向的职能实现方式；政府职能的重心或结构的调整，如减少微观经济管理职能、加强宏观调控职能、增强社会管理和服务职能，则意味着将减少行政组织中的具体经济管理机构，调整或增设综合性经济调控机构、社会管理和服务机构。

从历史的角度看，政府职能由最初的保卫性和统治性职能，逐渐地向管理性和服务性职能转化，政府职能的这种变化使得政府的行政管理与行政组织的结构发生相应的变化。在政府以统治性和保卫性职能为主的早期，政府为了使主权不受侵犯同时形成有利于统治者的社会秩序，一般实行高度的中央集权的管理体制与组织形式，行政组织一般则采取直接的、纵向的组织结构。随着社会的发展，政府所面对的事务范围越来越广，政府的管理性职能和服务性职能在总体职能中所占的比重就越来越大，政府职能的这一转变使过去那样单纯地

---

[1] 金太军等：《政府职能梳理与重构》，广东人民出版社 2002 年版，第 282 页。

采用行政命令的方式进行直接统治式的行政管理行不通了，政府的管理性和服务性职能本身要求进行行政分权，让权于下属，给下属行政管理部门以一定的自主权，同时增加行政管理部门的横向综合、控制能力，扩大综合管理和服务职能。这样就要求行政组织的纵向权力线缩短减弱，而横向权力线拓宽或加强，使行政组织在规模扩大的同时，向扁平化的方向发展。

传统行政组织中占绝对统治地位的是金字塔形、自上而下、层级节制的组织结构形式。这种组织结构比较封闭，职能部门相互孤立，通过等级结构来实现协调，权力结构集中。人类社会进入信息时代，信息技术被广泛应用于行政组织系统，信息共享，人与人通过网络联系起来，大量的横向联系、沟通与协作成为可能，以往金字塔式组织结构中，起着上情下达、下情上呈作用的庞大的中间管理层将逐渐缩减甚至取消，信息技术使网络承担中间管理层的角色，执行层与高层决策可直接沟通，中空化成为行政组织的发展趋势。网络时代下的政府组织，必将对现有金字塔形科层组织结构进行再造，并积极创建新型的扁平化网络化的组织结构，在清晰、简洁的共同目标下紧密联系在一起，多个功能交叉合作的团队型行政组织也会成为行政组织的新形式。

信息技术时代的行政组织管理，以人与计算机的结合为基本的工作平台。大量的工作因为计算机的作业形成工作数字化、自动化、智慧化。对于一些例行性和常规性的组织工作，越来越多地出现无人化操作和管理，不仅给管理人员提出了更高的要求，而且将大幅度缩小政府组织的规模。

第三节　行政组织的原则

行政组织的原则是为行政组织的设置、调整、管理和运行等提供指导的一种基本论述，是使行政组织长期稳定、有序、有效和充满活力的一系列的一般性或共同性的规范。行政组织是一个有一定功能的、错综复杂的社会有机体，它不仅包含目标、人员、权责，而且包含结构层次、部门化等许多问题。因而在行政组织的设计、运行中有许多原则需要遵循。下面就一些不同时期具有代表性的学派、学者提出的行政组织原则和我国国家行政组织的原则加以介绍：

一、各时期不同学派的理论观点

（一）古典组织理论时期的行政组织原则

古典组织理论忽视组织中人的因素，把人看作是机器的附属物，强调的是规则、等级、命令和服从，并且用一种封闭模式的观点来对待组织，忽视了人的因素和环境的作用。其代表性观点列举如下：

1. 卢瑟·古立克和林达尔·厄威克提出了八条行政组织原则：①目标原则。所有组织都必须建立和表现出一个明确的目标。②相符原则。每一职位的权力与责任都应一致。③权限原则。上下级之间、成员之间应建立一种绝对的权限关系和责任关系。④专业化原则。每一个人的工作都应限制为一种单一的性质。⑤控制幅度原则。每一位主管人员直辖下属不得超过 5 ~ 6 人。⑥协调性原则。以协调来保证组织的和谐，促进组织的统一。⑦明确性原则。每种职位和工作规范都应有明确规定。⑧平衡原则。组织结构应当系统考虑，避免畸形或偏激，以利长期稳定发展。

2. 马克思·韦伯的理想行政组织原则有八个方面：①劳动分工原则。明确规定每个人的工作任务及其相应权责，并通过规章制度使之作为正式的合法化的职守。②层级节制原则。按地位高低规定命令与服从关系，除最高领导者外，每个人都有一位上司。③公平合理原则。每一个人都必须经过公开和公平合理的考试进入组织或得到提升。④职业训练原则。必须经常对成员进行有效的职业训练，以增加专业知识或提高技术水平。⑤法制原则。⑥职业化原则。公务人员一旦获得公务资格就同时获得职业保障。⑦固定薪俸。机关成员薪金都按其地位或资历由明确的薪俸制度所规定。⑧奖惩制度。根据成员功绩和工作状态给予奖惩。

（二）行为科学时期行政组织原则

20 世纪中期，人际关系学说开始进入行政组织研究的领域，行为科学理论也应运而生。其主要是从心理学等多学科的视角探讨组织中人的行为和组织的行为对实现组织目标的影响和作用。行为学派提出的组织原则主要是：①人格尊重原则。应当在人们的感情与工作任务之间建立合理的平衡。②运用非正式组织原则。③参与管理原则。通过参与管理，增加成员主体意识，调动人的积极性。④优化人际关系原则。在组织中引导健康、和谐、有益的互动人际关系的形成、发展。⑤培养新型领导能力原则。培养各级管理人员倾听意见、了解下情、吸引群众的技能和魅力。

（三）系统权变时期行政组织原则

20 世纪 60 年代以来，公共行政组织的理论研究又达到了一个新的高度，其中最为重要的特点是系统权变理论观点对于组织理论的影响。系统权变组织理论主要关注行政组织的机构、特性与组织的技术条件和环境因素的变量关系。

因此，其对行政组织的环境和条件特别地重视。系统学派提出的组织原则主要是：①整体性原则。强调组织整体的目标、利益和功效。②有序性原则。规定组织是按一定秩序和等级形成的系统，合理划分等级部门，并相应规定权力和责任。③结构性原则。必须正确选择组织的结构。④动态性原则。注意社会环境与组织自身条件的变化，实现二者之间的动态平衡。⑤相关性原则。任何事物都是互相联系的，因此，组织的一切决策都应作系统设计。⑥开放性原则。组织应尽可能扩大与环境系统的双向交流，以取得不断的发展。⑦最优化原则。应当努力使组织处于最佳状态，首先是最佳决策状态。⑧反馈原则。在组织中设计活动流程回路，建立及时有效的反馈机制。

二、我国国家行政组织的基本原则

我国政府历来重视行政组织的建设，根据我国的具体情况，在实践的基础上形成了如下一些基本原则：

（一）职能目标原则

行政组织是实现政府职能目标的工具，因此，行政组织必须依据政府职能的需要设置、调整或废止。行政组织设计要明确目标，应以职能目标为唯一依据。若没有职能目标，或者只有明确的个人意志目的，而随意地"因人设事"，这样本末倒置，会导致组织建设的混乱。只有根据社会政治、经济、文化发展的需要，合理地划分职能结构、明确行政目标，才能合理有效地建立行政组织。

由于社会政治、经济、文化的发展和科学技术的变化，或者由于政府管理权限的集中、分散、上收下放，或者由于社会新问题的出现等，政府的行政职能目标会发生一定的改变，这时必须要相应地改变、调整行政组织，以适应社会的变化。

（二）完整统一原则

完整统一是指一个国家的各层级、各部门组织是一个完整统一的体系。国家政府行政组织设计应完整，领导指挥要统一。完整统一是现代各国政府的主要特征之一。我国《宪法》第 3 条第 1 款规定："中华人民共和国的国家机构实行民主集中制的原则。"设置国家机关必须"上下贯通""左右协调"。行政组织完整统一有以下几方面的含义：

1. 政府职能要完整。行政组织结构的设计要考虑到国家行政管理事务的所有方面，不能有的事务没人管，也不能有的事务谁都管。

2. 领导指挥要统一。行政管理活动必须形成一个垂直指挥链，由行政首长或上级行政机关统一指挥。

3. 行政目标要完整统一。行政目标必须形成一个完整统一的体系，子目标统一于总目标之下，不能有所偏差，子目标也必须是对总目标的完全分解，不能有所遗漏。

（三）精简原则

精简是国家行政组织的一种数量状态，指以较少的机构、人员和财物投入完成较多的工作任务。我国《宪法》第 27 条第 1 款规定："一切国家机关实行精简的原则"。行政组织实行精简，不仅有助于提高行政效率，而且有助于减少行政开支。精简原则要求行政组织做到以下几个方面：

1. 根据需要、任务设定组织，取消重叠机构。一个组织设置与否，是根据社会的需要而定的，不设置不需要的机构。管理同一类事务的机构要合而为一，撤销重设机构。

2. 简化机构层次。应尽量减少行政管理的分级分层，一级机构能解决的问题，就不由二级或三级机构来解决。

3. 行政人员要精干。要求行政人员必须有较高的素质和能力，不能滥竽充数。要因事择人、定编定员、防止行政机关人浮于事。

4. 办事程序简化。简化办事程序不仅可以提高行政效率，而且可以精简办事人员和机构。

（四）职、权、责一致原则

职、权、责一致即建立行政职务、行政权力与行政责任之间的对应关系，并用科学合理的规章制度加以确认和规定。行政管理活动中职务、权力、责任三者互为条件，而且要相称、平衡。所谓职，就是明确规定一个机构的职能范围或一个工作人员的职务范围；权，即授予与职务相应的权力；责，即对执行职务、行使权力承担责任。如果有权无责，易于权力滥用；如果有责无权，则无法尽责。职、责、权一致是行政组织的一条重要原则。坚持这一原则要求：

1. 按职位体系严格分工，使行政组织内每个职位都有专人负责、各司其职。一般一个下级只接受一个上级的指挥。

2. 要使权责相称。一般来讲权力与责任成正比。

3. 建立严格的监督、奖惩、升降制度。当赏则赏，当罚则罚，不可功过不分，是非不明。

（五）法制原则

法制原则指国家行政机关设置的数量、性质、地位、隶属关系、行政程序、行为规范等，都必须由有关法律予以规定。我国宪法规定："国务院的组织由法律规定""地方各级人民政府组织由法律规定""国务院审定行政机构的编制"。行政组织必须遵循法定的程序，否则便失去其有效性。行政组织的法制原则是行政管理走上法制化的前提条件。

（六）适应发展的原则

行政组织应根据社会历史条件的变化，进行相应的调整或变革。它包括三个方面的涵义：其一，根据政府任务的变化而相应采取适当的组织形式和公务活动方式；其二，根据社会进步和不同历史时期的特点相应调整行政机构和行政手段；其三，以国家和人民的长远利益为根本出发点设计未来。

行政组织是一个复杂的大系统，因而这个系统的任何原则都不是僵死、孤立的存在，而是一个相互联系、互为因果的统一体。因此，强调各项原则的互生性、互动性，是发挥原则的规范、指导作用的重要前提。

第四节　行政组织理论的发展

行政组织理论是人们认识、解释社会生活中行政组织现象的理论学说，是行政管理学的支柱，是行政管理学的重要组成部分。在社会实践需求的推动下，行政组织理论随着行政学、管理学、社会学、经济学、心理学等学科的发展而不断地变化、发展、演进，形成了许多理论学说与学派。

一、行政组织理论的发展演进

（一）古典时期的组织理论

传统组织理论也称为古典学派、程序学派或制度学派。20世纪初至30年代是这一学派的鼎盛时期。传统组织理论研究的重点，在于谋求行政组织结构的合理化、行政管理的效率化、标准化、制度化。传统组织理论的研究主旨，反映了当时美国等西方国家工业的巨大进步对行政管理的要求。

一般认为，这一时期有三个代表人物，美国人泰罗，法国人亨利·法约尔，德国人马克斯·韦伯。

泰罗是科学管理的创始人。他着眼于企业的基层管理，提出了时间动作分析、工作定额制度、标准化管理．以对工人进行培训和刺激性的差别工资为核心的管理理论，开创了一个追求效率的时代。

亨利·法约尔注重管理人员、管理方法的改进，提出了职能分工、统一指挥等 14 项管理原则的管理理论。他的理论主要是以加强组织上层的行政管理为目标。自认为他的理论适用于一切组织，因而他的理论也被称为一般管理理论或行政管理理论。

马克斯·韦伯从理论研究出发，对政府组织进行了大量的观察，试图设计一个普遍适用的理想组织模型，他认为历史上存在三种权威组织，其中官僚科层组织是应用于复杂组织的最有效形式，是已知的对人类进行必要管理最合理的结构方式。马克斯·韦伯的官僚科层组织理论被认为是组织学的也是行政学的最重要的理论之一，他本人被称为"组织理论之父"。

（二）行为科学时期的组织理论

20 世纪 30 年代到 60 年代，行为主义研究方法席卷社会科学中众多学科领域，组织理论研究也受到影响。古典行政组织理论注重组织结构、组织程序以及管理原理的研究，而忽视了人的因素的作用。行为科学注重人的因素，强调社会心理系统因素的作用，为组织理论提供了一个新的研究角度和方法。

从梅奥领导霍桑实验以后，行为科学组织理论迅速地发展，形成了一系列新的理论观点，如赫茨伯格的双因素理论、非正式组织理论、麦格雷戈的 X—Y理论、西蒙的决策过程组织理论、人际关系组织理论等等。这些理论和学说的提出，大大丰富了行为科学，但因其内容庞杂，偏走极端，否定了传统理论的合理性，忽视了组织管理的全面性，因而到 60 年代后，其主导地位逐渐被系统管理理论所取代。

（三）系统论——权变观组织理论研究时期

20 世纪 60 年代，随着科学技术的发展，特别是系统论、控制论、信息论的出现，为行政组织理论研究提供了新的视野和角度。古典行政组织理论过分地强调组织制度、纪律、标准化在管理中的有效性，行为科学组织理论则过分注重人际关系、心理满足、人性激励等因素在组织管理中的作用。由于其各自的理论偏颇，很难普遍适应社会实践的要求，同时，二者都忽视了组织本身与外在环境之间的关系。系统论的出现给组织理论研究学者提供了一种用相互联系的、全面的、综合的观点来看待行政组织的思想方法，因而，迅速形成了系统管理学派。

系统管理理论把组织看作一个各个因素相互联系的社会系统，重视组织与社会环境的相互联系与作用。但它忽视了组织管理的具体性、特定性。因而在20 世纪 70 年代形成了权变观的组织理论，强调应具体情况具体分析，行政组织管理应以时间、地点、条件为转移。

（四）制度学派组织理论与组织经济理论

制度学派组织理论的分析框架是结构功能主义，认为事物的功能决定事物的结构。只要分析组织的功能就可以了解其组织结构，并认为，组织是个能够适应社会环境的有机体，因而要特别对组织环境进行分析，了解环境对组织产生、发展及其变异情况的影响。

组织经济理论以交易费用理论为代表。这一理论首先把"交易"概念与正统经济学中已经被普遍化的"生产"概念进行比较，指出生产活动是人对自然的活动，交易活动是人与人之间的活动。两种活动构成了人类的全部经济活动。这一理论将交易作为基本的分析单位，指出对节省交易费用的理解是组织研究的中心问题。

（五）西方行政组织理论的新发展

20世纪六七十年代之后，受伦理学、管理学、信息科学等学科的影响，行政组织理论的研究重点逐渐由组织制度如何建构、行政权力如何规范行使、行政人员如何组织等问题转移到政府怎样以公共利益和公共责任为导向，实现对社会的有效管理，政府怎样以"服务者"的角色为社会提供公平、民主、经济、高效的服务等问题上来。这一时期的行政组织理论发展以新公共行政学的兴起为标志，主要代表人物有弗雷德里克森、戴维·奥斯本、彼得·圣吉、拉塞尔·林登等人。

二、各个时期行政组织理论的代表理论观点

（一）官僚科层组织理论

它也被称作"官僚模型"。马克斯·韦伯的"官僚"一词并非指文牍主义、效率低下的组织现象，而是指组织结构设计中的某种特定形式或特点。韦伯的官僚组织理论同他的权威结构理论紧密联系。他十分强调权威在维系和支配一个组织中的作用。根据权威的形式，他提出了三种不同的组织形式：一是神秘化的组织形式。其所行使的权威为"超凡魅力"的权威，基于对领导者的人格崇拜。二是传统组织形态。它所行使的权威为"传统权威"。权威的行使依赖先例、惯例、传统、习俗及公认的准则。领导者对组织的管理并非基于其个人特质，而是凭借其所担当的角色和原有的惯例，一般表现为"世袭制"和"封建制"。三是合理化、合法化的组织形式。它所行使的权威为"法定权威"。其权威基于组织的规章制度、法律法令等。组织内无论是领导者还是被领导者，他们的行为都受规章制度的制约，在规章制度内行使自己的职权。

官僚科层组织有以下特点：①管理组织是根据一定的规章制度建立起来的，并依据一定的规定与程序来实现组织目的。②组织是一个井然有序的权责体系，机构内每一位成员都必须服从上司的命令与指挥。③组织结构中有明确的分工，每个职位都有相应的法定权力和职责范围。④组织内工作人员，应根据每一职位的要求，公开考选。⑤明确规定人员的薪俸制度、奖惩制度和升迁制度。

韦伯认为，官僚科层组织具有准确性、稳定性和严格的纪律性、可靠性的特点，是一种较为理想的组织形式。这一理论的创立，为后来西方的公务员制度奠定了理论基础。

（二）非正式组织理论

非正式组织是梅奥等人通过"霍桑实验"而提出来的，后来逐渐发展为一种组织理论。梅奥认为，在企业中除正式组织之外，还有非正式组织。非正式组织是正式组织中的成员在长期工作中，由于共同的价值标准、共同的爱好或情感而自然形成的非正式团体。这种非正式组织虽然没有正规的组织形态，属于一种不稳定的结合方式，但其有自然形成的规范和带头人。在组织管理中，非正式组织可以沟通不便由正式组织中的正式渠道流转的信息，可以促进正式组织内部的团结，并有助于促进行政人员的独立性和自主性。

（三）麦格雷戈的X—Y理论

麦格雷戈根据组织管理理论对人性的不同假设，提出X—Y理论。X理论的人性假设为人性恶，认为人生来好逸恶劳，好赏恶罚，没有进取心，其行为的动机大多为生理性的和安全性的动机，因而主张管理中应用控制、监督等手段。Y理论的人性假设为人性善，认为人是勇于负责的，自我肯定的，其行为动机建立在尊重、自我肯定、自我实现的基础上，因而主张实行参与管理，以创造、发挥组织成员的积极主动性。

（四）切斯特·巴纳德的组织平衡理论

巴纳德是美国公共行政和组织管理方面的著名理论家，也是西方现代组织理论中系统组织理论创始人。管理学界几乎一致认为：巴纳德关于组织理论的探讨，至今几乎没有人能超越，西方管理学界称他是现代管理理论的奠基人。巴纳德独创性地提出了组织的概念，认为组织是一个有意识地对人的活动或力量进行协调的体系。组织作为一个协作系统，不管哪一种的组织系统，都包含着三个基本要素：共同的目标、协作的意愿和信息沟通。首先，一个组织必须有明确的目标，否则协作就无从发生。其次，协作的意愿。协作意愿是指组织成员对组织目标做出贡献的意愿，协助就意味着组织中的个人要在某种程度上交出自己的行为控制权，使个人行为非个人化，没有这种意愿，就不可能将不同组织成员的行为有机地结合起来，协调一致地活动。第三，良好的沟通。组织的共同目标和个人的协作意愿只有通过意见交流联系和统一起来才具有意义和效果。

巴纳德还把组织成员的"贡献"与组织提供的"诱因"二者联系起来，创造性地提出了组织平衡理论。该理论指出，为保证组织的生存，组织应在一定条件下诱导其成员参与组织活动，对组织作出贡献。"贡献"是组织成员工作的结果，"诱因"是组织提供给成员的刺激与满足。因此，巴纳德提出了一个著名的关系式：诱因≥贡献，只有诱因大于等于贡献时，组织才能存续下去。巴纳德认为，对组织成员来说社会与心理刺激是第一位的，经济刺激是重要的，但是第二位的，组织若要发展，必须同时提供特殊的和一般的诱导，即精神的和物质的诱导。

（五）决策过程组织理论

这一理论是由西蒙创立的，他认为组织的整个活动是由其成员层层决策、人人决策的决策行为构成的一个决策过程。组织的成员并非单纯执行任务的工具，而是有感情、有欲望、能够作出理性决策的人。决策并非高层管理者的事，而是存在于组织中的各级人员之中。最高领导为方针作出决策，中层管理人员根据总目标制定本部门的计划，下层执行人员也作着任务分配和一定技术方法选择方面的决策。西蒙不同意传统的理性决策模式，认为决策者在作决策过程中的理性是有限的，因而主张从"满意"来取代理性决策模式追求的最佳决策。西蒙的决策理论在管理学中独树一帜，迄今仍是决策领域的主要流派之一。

（六）弗雷德·里格斯的行政生态理论

20世纪60年代以后，许多行政管理学家和社会学家开始从系统和环境的相互作用关系上分析组织管理问题，并着重分析了社会生态环境对社会组织的影响性质、影响方式和影响过程，由此形成了生态理论。它从更高的层次揭示了组织与管理活动的性质。此学派的代表人物为美国当代著名的行政学家弗雷德·里格斯（Fred Riggs），他在《农业型与工业型行政模式》以及《行政生态学》中将迄今为止人类的行政模式分为融合型的农业型行政模式、棱柱型的过渡型行政模式、衍射型的工业型行政模式三种模式。这三种模式解释了传统社会、过渡社会和现代工业社会中国家行政组织的不同特点。里格斯提出传统农业社会的行政组织表现出"融合型"的特点，即社会行政组织与其他立法、司法组织混同，行政组织内部分化也很低；高度发达的工业社会的行政组织表现出"衍射型"的特点，即行政组织与立法、司法组织分开，行政组织内部分工也很清楚，各司其职；过渡型社会的行政组织表现出"棱柱型"的特点，即在农业社会向工业社会过渡的社会中，其行政组织既有现代的因素——"衍射型"的特点，又有传统的因素——"融合型"的特点，其特点表现为：①异质性，指一个社会在同一时间里，同时存在着不同的制度、行为与观点，而多元社会、多元经济、多元价值导致公共行政的多元性也即异质性特点。②重叠性，指行政机构的重叠现象，即行政机构不一定产生其应当功能，行政行为往往受非行政标准所主宰，而非由行政标准决定，行政任务往往由非行政机构来完成。③形式主义，即"应然"和"实然"相背离，法律规定和实际执行不一样，所说和所做不一致。政府所制定的政策和法令不能付诸实施，形同虚设，徒有虚名，造成行政权威合法性危机，损害行政行为的效率和品质。里格斯的"棱柱模式理论"试图从生态学的角度解释影响社会生活中组织与管理现象的原因，为人们进一步认识和解释现实社会中的问题提供了一个新的思路。

（七）制度学派理论

这一理论的代表人物是西斯尼克（Seiznick）。结构功能主义是它的主要分析框架，认为组织的功能决定组织的结构，只要分析功能就可以了解其结构。

制度学派把组织看成是一个自然的有机的系统，认为它是以一种自然的方式变化成长的。要了解组织，必须要分析组织的有机特性，尤其要分析了解组织的自然发展过程。遵循社会学的传统，制度学派认为观察社会现象不能只看表象，而要看到事物的深入联系及其本质，如：研究政治行为要深入到政治行为的非政治层面；研究经济行为要深入到经济行为的非经济层面；研究组织现象也不能只观察组织的目的、结构等表象，而要深入到群体之间的冲突、成员招聘的策略、所在社区的权力结构及价值观等方面。通过这种分析来揭示那些影响组织运行的背后的起到支配作用的因素。

制度学派的组织理论揭示了组织对环境的依赖性，并指出了组织在运行过程中，会因适应所处的制度环境，而逐渐地发生变异，偏离甚至于违背原有的既定目标，发展出自身的运作逻辑与发展方向。

（八）交易费用理论

在这一理论中，其代表人物康芒斯（J. R. Commons）首先把"交易"概念与正统经济学中已经被普遍化的"生产"概念进行比较，指出生产活动是人对自然的活动，交易活动是人与人之间的活动。两种活动构成了人类的全部经济活动。而制度的运作是由无数次的交易构成的。另一代表人物科斯（R. Coase）

研究的焦点是企业的起源或纵向一体化的原因。威廉森（O. E. Williamson）则发展了科斯的理论，将交易作为基本的分析单位，指出"交易费用"理论研究经济组织是将交易作为分析单位，主张对节省交易费用的理解是组织研究的中心问题。威廉斯认为交易费用理论对组织的研究可以应用在三个分析层面：第一是整体的组织结构层面，探讨运作的各个部分如何相互联系；第二层次的焦点是运作部分，探讨哪些部分在组织内实施，哪些部分在组织之外实施；第三个是人力财产的组织方式分析。目的是根据群体工作的性质，以不同的方式配置内在的管理结构。

尽管交易费用理论有一些缺陷，如：过于强调效率的重要性而忽略了权力的意义；没有将机会主义作为社会的产物进行分析，但它还是对组织理论有很大贡献。它提供了许多组织理论忽略了的变项。交易费用理论提出了以交易作为经济组织的分析单位，在资源配置由市场决定的假设以及资源配置依赖于企业管理协调的假设之间驾起了一座桥梁。

（九）企业家政府组织理论

企业家政府组织理论由美国学者戴维·奥斯本和特德·盖布勒在《改革政府——企业精神如何改革着公营部门》一书中提出。所谓企业家政府理论，是指用企业在经营中所追求的讲效率、重质量、善待消费者和力求完美的服务精神，以及企业中广泛运用的科学管理方法，来改革和创新政府组织的管理运行方式，以提升政府组织的效率与活力。企业家政府理论并不是要把政府作为企业来运作，而是要用"企业家精神"来克服政府组织中低效、浪费、缺少回应性的官僚主义。基于上述思想，奥斯本提出了改革传统政府官僚体制应当遵循的十项原则：①政府应集中精力"掌好舵"而非"划好桨"，用政策吸引竞争者，扮演好自己"掌舵"的角色。②政府要善于授权，鼓励公众参与管理，不必事必躬亲。③引入竞争机制，增强成本意识。④政府组织应摆脱繁文缛节的束缚，只做必要的规章和预算，放手让其成员以他们所能找到最有效的方法实现该组织的使命。⑤政府应讲究效果，设法有效地进行业绩测量：按业绩付酬、按业绩管理、按效果做预算。⑥政府应像企业一样具备"顾客意识"，建立"顾客驱使"的制度。⑦政府应具有一种投资观点，应把利润动机引进公共服务的活动中。⑧政府应着眼于预防为主，应尽一切考虑到未来，以防患于未然。⑨重参与协作的分权模式而非层级节制的集权模式。⑩重市场机制调节而非仅靠行政指令控制。上述十条原则是企业家政府的基本特征，企业家政府理论重新审视当代政府的角色，为人们重塑政府组织提供了重要的启示，因此，该理论一经提出便在西方国家产生了重大的影响。

（十）无缝隙政府组织理论

20 世纪 70 年代末以来，西方各国政府陆续开展了新公共管理运动，以实现政府治理方式的根本变革。美国学者拉塞尔·M. 林登（Russell M. Linden）在《无缝隙政府》一书中提出了"无缝隙"组织模式以实现对传统政府组织进行改革重建。林登认为"'无缝隙组织'是指可以用流动的、灵活的、完整的、透明的、连贯的等词语来形容的组织形态……无缝隙组织以一种整体的而不是各自为政的方式提供服务，并且，无缝隙组织的一切都是'整体的、全盘的'，它是一个完整统一的整体，无论是对职员还是对最终用户而言，它传递的都是持续一致的信息"[1]。无缝隙政府（Seamless Government），指的是政府整合所有的部门、人员和其他资源，以单一的界面，以无缝隙的方式为顾客提供方便、快速、简捷的服务，突破传统"科层制政府"的部门界线和功能分割的局面，所以也称"无界线政府"（Boundaries less Government）。无缝隙政府对于打破各部门之间的界限、实现部门间的无缝隙对接、提升政府的回应性与公共服务效率具有促进作用。"无缝隙政府"理论强调两个基本原则：一是把顾客导向、竞争导向、结果导向作为提高公共服务水平的重点努力方向；二是努力克服层级制的传统行政结构及公共服务机制的不足，摆脱具体部门及职能划分的束缚，紧紧围绕公共服务的过程与结果，形成资源利用更加科学、流动灵活、富有弹性、参与度高的新型行政结构，使政府部门的主要职能由管理向服务转变。

 思考题

1. 什么是行政组织？其一般特点是什么？

2. 行政组织的目标有哪些？

3. 常见的行政组织有哪些类型？

4. 管理幅度与管理层次之间是什么关系？

5. 现代行政组织的结构及其管理表现出哪些发展趋势？

6. 行为学派和系统学派的组织原则各是什么？

7. 简述古典组织理论的代表人物及主要观点。

---

[1] ［美］拉塞尔·M. 林登：《无缝隙政府：公共部门再造指南》，中国人民大学出版社 2002 年版，第 7 页。

8. 简述行为科学组织理论的代表人物及主要观点。

9. 简述企业家政府组织理论的主要观点。

10. 简述西方国家行政组织变革的趋向。

参考文献

1. ［美］阿尔文·托夫勒：《第三次浪潮》，朱志焱、潘琪、张焱译，生活·读书·新知三联书店 1984 年版。

2. 关保英主编：《行政法制史教程》，中国政法大学出版社 2006 年版。

3. 张康之、李传军、张璋：《公共行政学》，经济科学出版社 2002 年版。

4. ［美］G. J. 施蒂格勒：《产业组织和政府管制》，潘振民译，上海人民出版社 1996 年版。

5. 朱国云：《组织理论：历史与流派》，南京大学出版社 1997 年版。

7. 于显洋：《组织社会学》，中国人民大学出版社 2016 年版。

第六章 行政领导

领导是任何组织存续和发展的关键因素之一，行政领导是行政组织运行和发展、实现行政组织目标的关键要素之一。了解行政领导的职责内容、厘清行政领导的责任并区分彼此是理解行政领导内涵的重要环节。根据不同的维度，可以划分不同的行政领导方式，各种领导方式皆具有其相应的适应条件和环境。行政组织中领导者的产生方式有多种，因其领导风格和方式的不同，行政领导者分为不同类型。提高行政领导者的素质，促进行政领导者群体结构的科学化和合理化是优化行政领导、提高行政管理水平的必经之路。

第一节　行政领导概述

一、领导与行政领导的含义

现代汉语中，"领导"一词一般有两层含义：动词意义上的带领、引导和名词意义上的领导者。前者是一种带领和引导的活动过程与行为，后者则是从事带领和引导活动过程与行为的人或集体。具言之，前者指社会组织中承担主管职能的个人或集体在一定原则的指导下，依据特定的行为规范（法律或组织规章制度），行使其职权，运用各种方法和手段，有效地影响组织成员，以共同实现组织目标的行为过程；后者则指在社会组织中承担主管职能、依据特定行为规范、行使职权、有效影响组织成员以共同实现组织目标的个人或集体。

行政领导是领导活动的一种。所谓行政领导，也同样具有两层含义：一是指行使行政领导权力、履行行政领导职责、带领和引导行政工作人员去实现行政目标的活动，属于行政行为的范畴。二是指行使行政领导权力、履行行政领导职责、带领和引导行政工作人员去实现行政目标的个人或集体，属于行政人员的范畴。行政领导活动和行政领导者是相互联系、辩证统一的。

二、行政领导的作用

在国家行政管理过程中，行政领导相对于一般行政工作人员来说，处于主导地位。行政领导的作用发挥程度，直接关系到行政目标和国家职能的实现程度。

1. 行政领导是行政管理活动的指挥者。行政领导通过运用法律赋予自己的领导权责来制定行政计划和目标，并通过引导、鼓励、强制、命令等手段，把行政工作人员的情绪、意向、行为、力量等充分纳入行政活动的轨道，以达到将决策计划和领导意图变成全体人员的统一意志与行动的目的。

2. 行政领导是行政管理活动的协调者。行政管理是一个由许多层次、许多部门、许多人员共同进行的集体活动。众多的层次、部门、人员之间是相互联系、相互影响的。这就要求行政领导从宏观角度协调好行政任务、行政利益的分配，协调好各种人际关系，及时发现矛盾、消除矛盾，以保证行政活动的协调、统一，保证行政组织的稳定性。

3. 行政领导是行政组织文化的建设者。行政组织文化无形地影响着行政管理的过程，对行政管理活动的成败起着至关重要的作用。尽管行政组织文化的形成是一个长期复杂的过程，是所有行政人员共同作用的结果，但从根本上来看，行政组织的主导价值观主要还是行政领导个人价值观的群体化，行政领导更是行政组织文化更新的推动者。

另外，行政领导也是行政管理活动的监督、检查者。

三、行政领导职责

（一）职责与行政领导职责

职责，通常是指职务、职权和责任。而所谓行政领导职责，是指行政领导担任的职务、享有的职权和担负的责任。在行政管理活动中，行政领导必须首先有一定的行政职务，这是行政领导行使职权、履行职责的前提；其次，享有法律规定的相应权力和福利待遇，这是行政领导履行职责、承担责任的必要依据；最后，必须承担一定的工作任务，并对授予他权力、给予他待遇的机构、团体负一定的责任。这三者是相互联系、辩证统一的。

（二）行政领导职责的内容

1. 主持贯彻执行法律、法规以及权力机关、上级行政机关的决定。国家行政机关是国家权力机关的执行机关，执行机关要对权力机关负责并报告工作，在权力机关的监督下进行行政管理活动。因此，行政机关的领导者应负的职责，首先就是贯彻执行国家权力机关制定的宪法、法律、法规、决定。根据行政组织层级结构的特点，行政领导者还要执行上级行政机关的决定。

2. 主持制定本地区、本部门的工作计划。作为行政机关的领导者，要根据国家制定的社会发展总目标和总体规划，从实际出发，发挥创意，主持制定本地区、本部门的工作计划，这是推行管理工作的前提，是行政领导工作的重要组成部分。

3. 负责行政管理决策，决定行政管理工作中的重大问题。行政决策是行政领导工作的中心内容，是行政领导者不可推卸的、别人无法取代的主要职责。行政领导者要以负责的精神和科学的态度，及时、正确地制定决策。

4. 正确地选拔、使用人才。这是行政领导者的一项重要工作和职责。毛泽东说："领导的责任归结起来，主要是出主意、用干部两件事。"[1]领导者要做到知人善任、人尽其才、才尽其用、各得其所。

5. 负责对本部门和下级行政机关的工作实行监督、检查。在实际工作中，由于种种原因，个别行政单位或行政人员可能从本位主义出发，过多考虑自身的利益，违反行政法规，或谋求局部利益而影响整体行政工作。为了制止这种现象发生，保证整体行政管理活动的正常进行，行政领导者必须进行检查、监督，发现问题并及时纠正。

6. 做好协调工作。在行政管理过程中，机关内部难免会发生一些矛盾和冲突，如果不及时加以协调，就会影响行政目标的实现。所以，协调便成为领导者必不可少的职责。行政领导者应该从总体目标出发，掌握原则，用整体观念影响部属、统一思想，进而解决各部门之间的矛盾，使各部门互相配合，为实现共同的目标而努力奋斗。

（三）行政领导责任

1. 法律责任。行政领导首先也是一个普通公民，在法律面前，与其他公民是一律平等的。一般来说，领导的法律意识要比普通老百姓强。但行政领导违法犯罪的现象并不罕见，而且有明显特点。其法律责任可归纳为以下几方面：①行政领导作为普通公民，其行为直接违反民法和刑法规定的，当然要被追究法律责任。②由于行政领导的特殊地位和掌握权力，如果立场不坚定、意志薄

---

[1]《毛泽东选集》（第2卷），人民出版社1991年版，第527页。

弱、缺乏反腐意识、贪图名利或对家属约束不严，很容易腐败犯罪、发生贪污、行贿受贿行为。这种行为往往在社会中会产生极坏的影响，是司法部门应该重点打击的对象之一。③行政领导违反刑法和行政法规关于义务和职责的规定，出现渎职、玩忽职守行为，发生重大责任事故，造成重大损失的，要被追究法律责任。④行政领导在行使职权、履行职责过程中，行政违法或违法行政，构成对他人的侵权或给国家造成重大损失的，要承担相应的法律责任。⑤下级部门和人员的严重犯罪或重大过错行为，造成重大损失的，行政领导要承担法律上的领导责任。

2. 行政责任。行政领导担任一定职务，享有一定权力和待遇，从事行政管理工作，因而要承担行政责任。行政责任相对于法律责任来说是由过错而不是犯罪带来的。它的特点是过错造成的损失不够重大、没有触犯法律。行政领导承担行政责任，有的是由于行政领导本人作为直接负责人，工作失误、故意过错或有错不纠造成的；有的是由于下属人员工作中出现重大失误或责任事故造成的。

行政领导承担行政责任，主要有两个特点：一是责任事故的后果不是特别严重；二是行政领导不是责任事故的直接责任人。行政领导接受行政责任处分或处罚的形式主要有撤销职务、降职使用、行政记过、警告、通报批评、扣发奖金等。

3. 道德责任。它是指行政领导没有犯法但违背职业道德或者是因责任心不强、工作出现失误给国家、集体或他人造成一定损失或伤害，而受到的社会舆论谴责和自我良心谴责。

法律责任、行政责任、道德责任都有其相对独立性。它们既是一种层递关系，即道德责任——行政责任——法律责任，又相互联系、相互渗透，有时也可以并用或交叉使用。

履行行政领导职责是行政领导的实质和核心。行政领导，特别是作为法人代表的行政领导应该始终牢记：责任是第一位的，权力是第二位的。权力是尽责的手段，责任才是行政领导的真正内涵；平时要加强自身的廉政修养、思想道德修养，增强法律意识和服务意识，依法行政、遵纪守法，做反腐倡廉的模范，还要增强责任心、居安思危、防止重大事故发生；对下属亦应加强思想教育、法制教育、纪律教育和职业道德教育。

第二节 行政领导者的产生与类型

一、行政领导者的选拔原则

鉴于行政领导的主要地位及作用，对他们的选拔和任用必须坚持科学的原则，以期把各种人才选拔到最能发挥其才能的岗位上。

（一）德才兼备原则

德才兼备原则是我们党一贯坚持的用人标准和原则，是选拔行政领导者的首要准则。所谓"德"是指行政领导的政治素质和道德品格；所谓"才"是指行政领导者做好工作所必需的知识和技能。坚持这一原则关键是要做到正确处理好"德"与"才"的关系。一般来说，"德"是统帅，是灵魂，"德"为"才"先，"才"是从属于德，受德的制约，为德服务的。有德无才或有才无德的人都不具备党的干部的条件，德和才应该是统一的，二者绝不可偏废。同时，在选拔和任用行政领导者时必须注意，德是主流，才是专长，不能求全责备，防止重才轻德和以德代才的倾向。

（二）注重实绩原则

实绩是实践的结果，是一个领导者能力、品德以及所付出的心血汗水的综合体现。评价一个领导者是否称职，最主要的就是看他为党和人民做了哪些实实在在的贡献，是有功还是有过。只有在实践中做出了显著的业绩，才能得到社会和公众的认可，才能使其掌握的行政权力获得公信力，才能取得民众的支持。否则，即便取得了领导职位，也得不到下属和人民的认可和尊重，最终会被"架空"或"抛弃"。同时，坚持实绩原则，也能够有效地克服干部评价中的主观主义倾向，减少干部选拔工作的盲目性和随意性。

（三）公平竞争原则

公平、公正是一个民主社会永恒的追求，对行政领导的选拔也必须恪守这一原则，只有坚持公平竞争的原则，面向社会公开人才选拔的资格和条件，公开选拔的录取程序和方法，让所有人平等地参与竞争，按照优胜劣汰法则择优录取，才能使真正优秀的人才脱颖而出。坚持这一原则对于我国的行政环境尤为重要，这是克服我国行政领域"近亲繁殖""裙带关系""部门垄断"等等不良现象的一大法宝，只有抛开那些"背景""出身""金钱"等因素，保证选拔过程的公平、公正，才能最终建立一支高素质的行政队伍。

（四）人事相宜原则

对行政领导者的选拔要根据职位或职务对人员素质能力的需要，挑选合适的人去担当，也就是要因事求人。同时也要坚持"用人所长、容人所短"，人各有长短，就像有高山必有深谷一样，"峰谷并存"也是人才的普遍规律。没有不能用的人，只有用不好的人，因而必须把不同类型的人才选拔到适合其能力和特长的岗位上。这也就要求在领导者的选拔过程中，坚持"阶梯晋升"与"破格提拔"相结合。只有不拘一格地选拔人才，才能调动各方面的积极性，进而形成人适其事、事得其人、人尽其才、事尽其功的良好局面。

二、行政领导者的产生方式

行政领导者的产生方式大致有以下几种：

（一）选任制

选任制就是行政领导者由被领导者或被领导者的代表选举产生。这是一种在古希腊、古罗马就曾经实行过的选拔人才的方式，一直沿革到今天，只不过时代不同，方式、方法及其本质也存在一些相应的差别。

在当代，实行选任制应解决好以下几个问题：①要明确选举范围，什么样的行政领导者由选举产生，什么样的领导者不能由选举产生，应该做专门的研究，并且作出法律规定。②不要把某些机关用人时的民意测验与真正法定的选举混为一谈。③凡实行选任的职务，就要做到名副其实，有关候选人的提出数目，对候选人的介绍、讨论和投票，都应保障选举人能够真正地自由表达意志，避免流于形式。④领导者要依据选举结果产生。

（二）委任制

委任制又称为任命制，就是行政领导者由上级机关根据个人或少数人的意志和标准任命产生。委任制是各国普遍使用的，是历史上最悠久的传统选拔方式。目前，在各国实行委任制的实际过程中，有任命权的上级往往要受到许多资格和手续方面的限制，并非随心所欲地行使任命权。

在委任问题上，最值得研究的是有任命权的领导者（包括个体领导者和群体领导者）应该掌握和实际掌握着多大的人事权以及对被任命者真实情况的掌握程度。领导者没有适当的人事权，就难以在岗位上发挥其主导作用。人事权太大，又容易产生任人唯亲、压制民主等种种弊端。有任命权的领导者如果对被任命者的情况掌握不全面或考察失真，就容易犯干部使用不当的错误。为此，要建立相应的保障制度，兴利除弊。

（三）考任制

考任制是指行政领导者由专门的机构根据统一的、客观的标准，通过考试择优产生。考任制本来是我国古代最先发明的选拔官员的一种方式，现已被世界各国所采用。当然，现代的考任制和我国古代的考任制有本质的差别，但是，我国古代的考任制还是有重大借鉴意义的。

在实行考任制时应注意以下几点：①要把考任制中的考试与一般大、中等院校的入学考试区分开，考试范围要适当加大，不仅要考书本知识，还要考核专业知识和实际工作能力。②考试要由法定的机关主持，公开进行。③最后，选拔行政领导者要依据考核的实际结果而定。

（四）聘任制

聘任制是指由群众推荐、组织部门考察、上级领导研究并颁发聘书的一种方式。这种方式通常都对被聘任者有具体的责任目标和聘期。受聘者要定期向聘任者和群众述职汇报工作，并由领导和群众对其进行考评。称职者，可以继续聘任；不称职者，既可以中途解聘，也可以在到期时停聘。当然，受聘者也有权随时辞职。

有些机关单位有时也用聘任制方式，临时聘用一些外部人员担任非常设性的行政领导职务。既可弥补本单位人员的不足，又可以吸收外来人才和先进的管理经验与工作方法。聘任制在现阶段使用的范围越来越广泛。

三、行政领导者的基本类型

行政领导者，从不同的角度划分有不同的类型：

（一）按领导者的身份可分为两类

1. 政治型行政领导者。在我国，政治型行政领导者是指由党委组织部门推荐或人大代表联名提名，经各级人民代表大会选举产生的各级人民政府首脑。由于他们直接拥有制定国家或一个地区大政方针和重要决策的权力，拥有统筹全局和指挥全局的权力，其权力使用的正确与否，直接关系到行政管理的性质和国家的前途、民族的命运，因此，他们是与一个国家的政治紧密联系在一起的。

2. 行政型领导者。在我国，行政型领导者是在行政机关内部、依据法定的任免程序任命的、担任一定领导职务的人员。行政型领导者是在同一级政治型领导者的领导下，在国家大政方针和重大政策的指导下，决定、安排、完成本部门、本单位任务的行政领导者，行政型领导者以执行性领导活动为主。

（二）按领导者的行为方式可分为三类

1. 独裁型的行政领导者。这种类型的领导注重正式组织的结构、组织的规章制度以及组织内正式的沟通程序，以大权独揽的方式对下级进行领导，将决策权高度集中在自己手里，下属完全处于被动地位。此外，还经常有意避免同下级发生比较亲密的个人关系，下级对他通常也敬而远之。这种类型的领导者的优点在于处理事务效率较高，而缺点在于缺乏上下级的感情交流，下级常常是被动地服从命令和指挥，其主动性和创造性不易发挥。

2. 民主参与型的行政领导者。这种类型的行政领导者的主要表现是：行政领导者的决策建立在发动下属人员进行讨论的基础之上，行政领导者在决定方针、政策，制定实施程序，采用方法、手段等问题上都注意与有关人员协商，广泛听取他们的意见，做到集思广益。同时，在行政管理过程中，尽可能地注重和满足下属的正当需求，采取各种措施激励、协调、引导下属人员努力工作，并与下属之间建立起互相尊重、彼此信任的和谐的人际关系。民主参与型的领导方式是与行政管理的民主化趋势相一致的，是一种比较完善的领导方式。

3. 放任型的行政领导者。这种类型的领导者通常不控制决策权，对下属采取完全信任、自由放任的态度，没有领导架子，常与下属进行感情交往，关心下级的需要，并尽可能满足下级的某些要求，同下级保持一种良好的人际关系。这种类型的领导者优点在于"下级满意程度高"，但由于不注重本身的权力运用，往往导致实际无人领导、工作经常处于混乱和无序状态，工作效率比较低。

以上对行政领导者的划分，仅仅是从基本类型概括而言。事实上行政领导者之间各有各的不同，各有各的特点。

（三）按领导者的职权范围和工作性质可分为四类

1. 国家行政领导者。在我国，国家行政领导者是指经全国人民代表大会及其常委会或国家行政机关民主选举或任命，在中央政府及其直属部门从事行政领导活动的人员。国家行政领导者的基本任务是制定国家行政工作的大政方针，协调和促进社会的总体发展，指挥、监督全国行政管理活动，保证国家行政管理总目标的实现。国家行政领导者的活动具有综合性、全局性的特点。

2. 地方行政领导者。在我国，地方行政领导者是指经地方人民代表大会及其常委会或地方各级行政机关民主选举或任命，在某些地方政府机构担任领导职务的行政领导者。地方行政领导者的基本任务是：一方面执行国家行政管理的大政方针和政策，使这些方针、政策在其管辖的区域内得以贯彻执行；另一方面，在国家政策、法律的指导下，根据本地实际情况，对本地区的政治、经济、文化、社会等方面的发展，进行决策、指挥、协调和控制，以保证本辖区的经济和社会生活的协调发展。地方行政领导者的活动具有执行性、创造性的特点。

3. 专业行政领导者。在我国，专业行政领导者是指在一级政府领导下，在政府的各职能部门或直属部门担任业务领导工作的人员。专业行政领导者的基本任务是：负责组织和管理某一行政事务部门的业务工作，使政府关于此业务工作的政策、法令、措施、计划等得到具体的贯彻与落实。专业行政领导者的活动具有专业性、局部性的特点。

4. 学术行政领导者。在我国，学术行政领导者是指以发挥专家智囊作用为主要目标的行政领导者。学术行政领导者的基本任务是：负责组织和管理行政信息和咨询工作，为各级政府的科学决策提供充分可靠的客观依据。

第三节　行政领导者的素质及其群体结构

一、行政领导者的素质

（一）行政领导者素质的含义

素质在《现代汉语词典》上有三种解释：①指事物本来的性质；②指素养；③在心理学上是指人的神经系统和感觉器官上先天的特点。所谓行政领导素质，指的是行政领导从事领导工作应该具备的内在基本条件，是领导者在领导活动中经常起作用的那些最基本的智能、原则和品格的总称。

（二）行政领导者素质的内容

1. 政治方面。不同的历史时期和不同的阶级对行政领导者的政治素质的具体要求不尽相同。概括地说，都要求他们忠于国家，忠于自己为之奋斗的事业。具体到社会主义国家，对行政领导者的政治素质的要求是：有坚定的政治信仰，坚信社会主义、共产主义事业是人类最伟大的事业，并将为之奋斗终生，坚持共产党的领导，拥护和执行党的路线、方针、政策，以党和国家的利益为重。

2. 品德方面。领导者要使人信服，在很大程度上取决于其品德修养。具体来说，领导者应具有的品德如下：①行政领导者要有尊重科学、实事求是的精神；②行政领导者要待人以诚，宽宏大量，即要有谦虚、公正、诚实的态度；③行政领导者要能顾全大局，严于律己；④严格遵守有关法律和纪律，不以权谋私；⑤行政领导者要言而有信，不食言，言必行、行必果。

3. 知识方面。行政领导工作是一项综合性的复杂劳动，也是一种兼有科学性和艺术性双重特点的创造性活动。为此，作为行政领导者，就应该具备胜任工作的知识，既要有自己的专业知识，还要有其他领域的知识，做到"一精百通"。具体来说，行政领导者应具备的知识包括四个方面：①比较系统的社会科学知识，特别是政治学、行政学、法律学、管理学方面的知识；②相当水平的专业知识；③比较丰富的文化生活知识；④信息网络知识。

4. 能力方面。能力就是人们认识世界和改造世界的本领。人的能力是多方面的，对行政领导者来说，最主要的能力是组织、管理行政活动的能力，在通常情况下，衡量一个行政领导者是否称职，主要看他是否具有履行其职责的能力。行政领导者的能力构成主要包括：认识能力、决策能力、组织能力、协调能力、应变能力等。

5. 性格方面。行政领导者应具备积极主动、自强自信、沉着、冷静的性格，还应做到高度的成熟，在工作上能独立自主，独当一面，不依赖上级，能控制自己的情绪。工作受挫时不气馁，不怨天尤人，勇于承担责任，并善于吸取教训；工作顺利时不自满，善于总结经验，取得更大的成功。

6. 作风方面。行政领导的作风是指领导者在领导活动中表现出来的一贯的态度和行为。领导者具有良好的工作作风有利于融洽上下级之间的关系，有利于领导职能的正常发挥，有利于组织目标的顺利实现。具体来说，良好的作风包括以下几个方面：①民主的作风；②平等待人、平易近人的作风；③调查研究的作风；④以身作则、言行一致的作风。

7. 体质方面。行政领导者的身体和精神素质是保证行政领导能以饱满的精神状态和强壮的体格从事领导活动的重要条件。"身体是革命的本钱"，有强壮的身体、工作起来才能有良好的精神状态和风貌。具体地说，应包括以下几个方面：①健康的体质；②良好的精神状态；③注意仪容仪表，保持应有的领导形象。

二、行政领导者的群体结构

（一）行政领导者的群体结构的含义

行政领导者的群体结构，是指在由行政机关的领导成员所组成的群体内部领导成员和其他有关要素的排列组合方式。不同的行政领导群体结构具有不同的群体性质和功能，而行政领导者要实现有效领导，提高领导效能，就必须使其结构科学化、合理化。

（二）行政领导者群体结构的内容

1. 年龄结构。最合理的年龄结构，应该是梯形的结构。行政领导者群体的梯形年龄结构是指由老、中、青干部合理组合，形成不同区段的年龄结构。一般来说，年轻人精力旺盛，思想敏锐，但缺乏经验，考虑问题欠稳妥；中年人知识经验日臻丰富，年富力强，是领导班子的中坚力量；老年人经验丰富，深谋远虑，但体力减弱，精力不济。梯形年龄结构有利于进行新老干部的合作与交替，使领导班子有条不紊地实现新陈代谢，永葆青春活力，又保证领导活动的稳定性和连续性。

2. 专业结构。专业结构是指由具有不同业务知识和专业经验的领导者按其所担负的职责而形成的合理的专业构成。领导干部专业化是现代领导工作的客观要求。领导班子专业化需要引进专家，但更需要将不同的专家组成合理的专业结构，形成优势互补的局面。所以在行政领导者群体中，既要有熟悉行政管理全过程的管理人才，又要有精通本行业、本部门业务的技术人才；既要有具备自然科学知识的人才，又要有具备社会科学知识的人才。

3. 智能结构。智能结构是指各行政领导者所具有的知识、能力以及思维方式的协调组合。每个人都有不同的生活和成长背景，这就决定了不同的智能水平，有的领导者学识渊博，有的领导者聪明睿智，有的则富于创新。如果单靠某一类型的领导者，纵然他们的水平能够发挥到极致，仍有他们想不到或力不从心的事。只有把各种类型的人才合理地搭配起来，才能博采众长，顺利地完成各项领导工作。

4. 气质结构。领导者群体协调的气质结构，是反映具有不同类型气质的领导成员的协调组合。完善的气质结构，有助于优化领导者群体的整体效能，而气质不协调，往往导致领导者群体不团结，使群体力量内耗，整体战斗力削弱。因此，在领导者群体成员选配上，既要考虑到人员构成上的多样性，又要考虑到气质上的兼容性，形成互补、相容的气质结构。当然，群体成员还必须有宽容、合作的态度。

除了上述结构类型之外，我们还必须注意民族结构和性别结构的合理搭配，这是我国的国家性质和社会发展的必然要求。我国是一个多民族的统一国家，因而在行政领导群体中，须有一定比例的少数民族成员，同时须有适当比例的女性以体现男女平等的宪法原则。合理的领导者群体结构会促进内部的团结和协作，扬长避短，有助于行政目标的顺利实现。

第四节　行政领导的方式与艺术

一、行政领导方式

（一）行政领导方式的含义及作用

1. 行政领导方式的含义。行政领导方式是行政领导者履行领导职能的方式和手段，是在行政领导过程中为了完成领导任务，实现目标而采用的各种方式、办法、措施和程序的总称。

2. 行政领导方式的作用。①行政领导方式是实施领导职能的重要手段。行政领导者权力的行使和职责的履行都必须采取相应的领导方式和方法，尤其在日益强调依法行政的今天，合法、科学的领导方式和程序是行政领导者必须具备的素质之一，离开了正确的领导方式，不仅不能使领导职能充分发挥，有时还会适得其反。就像我国政府普遍存在的官僚主义作风，一些行政领导不讲求工作方法和步骤，对待下属和群众全凭自己的情绪恣意妄为，毫不顾及他人的困难和尊严，结果导致了周围人的严重不满，从而使领导职能无从发挥，削弱了领导者的权威。②行政领导方式是实现领导目标的中介和桥梁，并且在很大程度上决定着领导活动的成败。目标的实现必须要靠正确的操作方式，有时候好的出发点反而带来意想不到的恶果，究其原因，主要就在于没有把握好正确的方式。行政领导者担负的主要是公共管理职务，其目标主要是为了公益的维护和实现，因而行政领导方式不仅关系着领导者个人的荣辱升降，更重要的是国家的前途和民族的命运也系于其弹指一挥间，因而行政领导者必须加强专业知识的学习和培训，掌握科学的领导方式，为顺利实现领导目标打下坚实的基础。③行政领导方式是提高领导效能的重要条件和途径。领导效能是指领导活动的有效性程度或领导活动投入与产出之间的比例关系，尽管提高领导效能的途径不一，但最主要的还是靠行政领导方式的改善。科学、合理的领导方式能够调动各方面的积极性，使人、财、物都能得到最大程度的利用和发挥，从而达到事半功倍的效果。反之，则会压抑各方面的主动性和创造性，造成人、财、物的搁置和浪费，降低领导效能。因此，各级领导者必须从改善行政领导方式上来提高领导效能，为和谐社会的优化建构提供先进的政治保障。

（二）行政领导方式的类型

1. 从领导者的行为特征可划分为：

（1）强制方式。一个行政组织要协调一致，高效率地完成组织目标，除了要建立组织、成员必须遵守的规章制度外，行政领导者还要随时发布组织成员必须执行的指示或命令。这种采取发布有权威性、非执行不可的指示、命令的领导方式，就是强制方式。采取强制方式要以行政组织的正式授权为依据，领导者只能在自己的职权范围内对组织成员实行强制，超出这个范围就是滥用职权。强制要以相应的纪律和惩罚作保障，才能使被领导者不致违抗指示、命令。强制方式是任何领导都要采取的一种方式。

（2）说服方式。它是指领导者在工作中通过启发、劝告、诱导、商量、建议等，使被领导者接受并贯彻自己的意图。说服方式的优点在于：通过说服，可以使被领导者从思想上认清工作的意义、目标，达到目标的途径和方法，以及业务、纪律的要求等，从而更自觉地适应工作的需要；通过说服，领导者可以直接清楚地了解被领导者的想法和要求，从而恰当地调整工作的目标和进程，并有的放矢地引导被领导者积极完成工作；通过说服方式，还能沟通上下级的情感。所以，在大多数情况下，领导者应尽量采取说服方式。

（3）激励方式。它是指领导者运用物质和精神鼓励的手段激发被领导者的工作积极性，以达到工作目标。要使组织成员心情愉快地工作，就要为他们提供相应的物质、精神条件。激励包括普遍的激励和特殊的激励。普遍的激励是针对所有组织成员的，给予较好的工作条件和合理的工作报酬，这是领导者在力所能及的范围内应尽量提供的；特殊的激励是对工作成绩突出者的激励，给贡献大、成绩突出的人以更高的报酬和荣誉，就会使他们加倍努力工作，并使他人向他们看齐。

（4）示范方式。示范方式是领导者以本人"身教"或者树立榜样、典型，供组织成员仿效、学习的一种领导方式。"身教"重于"言教"，领导者的一言一行，都为组织成员所注意，领导者作风正派、遵纪守法、不徇私情、不图私利，在工作上身体力行，就会在组织中形成好的风气，使工作能够顺利开展，榜样和典型的作用也是如此。示范方式除了在道德品质、工作作风方面起到积极作用外，还能够提供好的工作方法供人学习参考，恰当运用该方式是卓有成效的。

2. 根据领导工作的不同侧重可划分为：

（1）以事为中心的领导方式。这种方式的领导者，认为工作是目的、是中心。只注重工作进程，强调工作效率，以工作的数量和质量来评价工作人员的优劣，以工作成果作为评价组织成败的指标。这种领导者一般待人较为严厉，重组织，轻个人，要求牺牲个人利益，服从组织利益，确定每人责任使其责无旁贷。重视考核监督，执行严格的纪律；尽职者奖，不尽职者罚，对部属所犯的错误或偷懒现象，给予严厉的惩罚，较少考虑部下的身心是否会受到不良的影响。

（2）以人为中心的领导方式。这种领导方式的领导者认为，只有工作人员身心愉快，才能产生最高的效率。所以，领导者尊重工作人员的人格，注意积极的鼓励和奖赏，鼓舞工作情绪；尽可能采取分层负责制，部属被授予应有的权责，领导者不能随便干预，充分发挥工作人员的积极性；给予工作人员合理的待遇，注意改善工作环境，解决工作人员的生活问题，尽可能保持工作人员的身心健康和愉快。

（3）人事并重的领导方式。这种领导方式的领导者认为，既要重视人，也要重视工作，两者不可偏废。既要改善工作条件和环境，充分发挥人的主观能动性，使部属有饱满的工作热情和主动负责的精神；又要对工作严格要求，赏罚分明，使部属保质保量地完成行政工作计划，创造出最佳成绩。这种领导方式是多数成功的领导者共同采取的，其优点较多。

3. 按行政领导者的权力控制程度可划分为：

（1）集权式领导方式。它又被称为独裁式领导方式。其主要表现为：一切权力集中在领导者手中，下属没有任何权力。因此，领导者事无大小、事必躬亲。其优点是：权力集中，行动迅速，步调一致。其缺点是：压抑下属的积极性和创造性。同时，大权独揽，主观武断，不利于决策民主化、科学化的实现。

（2）分权式领导方式。其主要表现为：按照各个部门和岗位职责，把行政权力下放给各个部门和岗位，行政领导者只关心结果，不过问细节，从而使行政领导者能集中力量去考虑和解决重大问题。其优点是：有利于调动下属人员的积极性、创造性和主动性，增强其责任感。其缺点是：容易出现下级单位及其工作人员各行其是的现象，使行政管理活动难以做到集中统一。

（3）均权式领导方式。其主要表现为：行政领导者始终掌握着一些关系全局的重大权力，把一些具体的、处理日常行政事务的行政权力分予下属，领导者与其下属都有明确的职责权限，分层管理，分工负责。这种领导行为方式，一方面，使下属能够独立负责地处理一些事务性的工作；另一方面，对于一些重大问题的处理，必须请示行政领导者或由行政领导者来直接处理。这样一来，既可以调动下属的工作积极性，又可以使一些重大问题的处理权力得到有效控制。

以上介绍了三类十种行政领导方式，需要指出的是，在实际领导过程中，往往是多种方式并用；或者是因时、因地、因人不同，具体、灵活、有针对性地选择采取某种领导方式，绝不可死板教条。

二、行政领导艺术

（一）行政领导艺术的含义及特点

1. 行政领导艺术的含义。行政领导艺术是整个领导科学的组成部分，属于领导科学的方法论范畴。具体来说，领导艺术是指行政领导者在行政领导活动中，为有效地达到行政领导目标而灵活运用的各种技巧、手段和特殊方法，它是领导者智慧、学识、才能、胆识、经验的综合反映，是领导者的素质、能力在方法上的体现。

2. 行政领导艺术的特点。①随机性。行政领导艺术是非规范性和非模式化的，在实际的领导过程和领导活动中，是因人、因事、因时、因地而异的，具有多样性和灵活性。因此，这就要求行政领导者在处理问题时，必须根据具体情况，迅速地作出判断，随机应变，以提高领导效能。②创造性。行政领导艺术能体现领导者生机勃勃的创造力。尤其是在一些特殊事件中，行政领导者敢于打破常规，运用前人没有过的思维方式、技巧方法，成功地使问题得到解决，体现行政领导者独特的风格、新颖的构思和惊人的独到之处。③多样性。由于行政领导艺术是领导者经验、智力、能力、素质的综合反映，因此，在运用领导艺术时，也就呈现出多样性。④科学性。行政领导艺术是科学理论和实践相结合的产物，是事物发展的客观规律的反映，那些认为凭胆子大、凭小聪明就能随心所欲地运用领导艺术的观点是错误的。

（二）行政领导艺术的内容

1. "弹钢琴"的艺术。对于"弹钢琴"的艺术，毛泽东曾经做过通俗的解释。他说："弹钢琴要十个指头都动作，不能有的动，有的不动。但是，十个指头同时都按下去，那就不成调了。要产生好的音乐，十个指头的动作要有节奏，要互相配合。""弹钢琴"的艺术首先要求行政领导者要善于处理中心工作和其他工作之间的关系，既要抓住主要矛盾，又要兼顾其他方面，防止工作中的片面性和绝对化。其次，"弹钢琴"的艺术要求行政领导者注意行政组织内部各要素之间的有机联系，及时地做到平衡协调，相互配合工作。行政领导者运用好

"弹钢琴"的艺术，就能正确处理好全局与局部、主要矛盾与次要矛盾的关系，做到突出重点、兼顾一般，从而使工作井然有序、忙而不乱，取得较好的行政管理效果。

2. 人际关系协调艺术。组织协调，既是行政领导者的职责之一，也是行政领导者应具备的一项能力。在组织协调过程中，人际关系协调显得尤为重要。人际关系协调艺术，是使行政领导者更好地履行行政领导职责的重要手段。人际关系协调艺术要求行政领导者必须要正确处理好三种关系：

（1）协调好与上级的关系。要执行上级指示，服从上级领导，在工作中不可采取上有政策、下有对策的做法；要正确地使用权力，凡是属于自己职权内的事，要积极主动地把工作干好，不能把矛盾上交；凡是应该由上级决定的事，绝不自作主张、越权办事。在协调好与上级关系的问题上坚决反对那种对上级逢迎拍马、阿谀奉承，为了达到讨好上级领导的目的，不惜放弃原则、牺牲人民根本利益的做法。

（2）协调好与同级的关系。要做到不争权，不推责。对属于别人职权范围内的事，绝不插手干预；而对于自己职权范围内的事，绝不推给别人，使大家都能在各自分管的工作中，各司其职，独立负责地开展活动。同时，与同级之间应平等相处、相互支持、相互配合、相互谅解，以达到团结一致、同心协力之目的。

（3）协调好与下级的关系。对于行政领导者来说协调好与下级的关系是十分重要的。这要求行政领导者一要尊重下属的职权，要给予下属人员充分的信任，放手让他们大胆地开展工作，对于下属职权范围内的工作，行政领导者不应插手干预，更不可替而代之；二要善于调动下属人员的主观能动性。行政领导者应善于掌握下级的心理特征和要求欲望。知道他们在想些什么，希望得到些什么，并根据实际情况在自己力所能及的范围内，尽可能地满足下级的各种合理需要。

人际关系协调艺术，是一项随机性很高的领导艺术，灵活而自觉地运用好这项艺术，是使行政领导者立于不败之地的重要保证。

3. 善于用人的艺术。"知人善任"是行政领导者的职责之一。行政领导者要履行好这一职责，就必须掌握和运用善于用人的艺术。善于用人的艺术主要包括：

（1）不求全责备。"金无足赤，人无完人"，每个人都有自己的长处和短处，领导者应善于用其长，而避其短，即"对有大略者不问其短"，不"以其小恶，忘其大美"，更不能"指瑕掩善"，埋没人才。只有这样，才能充分地挖掘人才，使用人才。

（2）任人唯贤。任人惟贤是我们党一贯的用人路线，毛泽东曾经明确指出："共产党的干部政策，应是以能否坚决地执行党的路线，服从党的纪律，和群众密切联系，有独立的工作能力，积极肯干，不谋私利为标准，这就是'任人唯贤'的路线。"任人惟贤就是要反对那些在用人问题上以个人好恶、亲疏为标准的庸俗恶劣的作风，选拔任用大批有真才实学的人，以切实保证国家行政人员队伍的优化与稳定。

（3）用人不疑。行政领导者必须具备充分放手让下属积极大胆工作的胆识和魄力，要保证下属在其位、谋其政、负其责，那种要下属工作，又对他的能力产生怀疑，处处插手，时时干预的做法，其结果只能令下属无所适从，缺乏工作进取心和责任感。用人不疑，就是要在放手让下属积极大胆工作，在其职权范围内充分发挥积极性和创造性的同时，给予下属适当的指导、帮助和关怀，使下属能更快地成长起来。

4. 运用时间的艺术。在现代社会里，时间的价值越来越被人们所认识，"时间就是金钱，效率就是生命"的观点已被人们普遍接受。时间是宝贵的，是一种一去就不复返的特殊资源，正所谓："一寸光阴一寸金，寸金难买寸光阴。"那么，怎样才能做到以最少的时间获取最大的效益，使时间得到最充分、最有效的利用呢？这就需要学会运用时间的艺术。

行政领导者所肩负的任务是繁重的，有的甚至是"日理万机"，时间对于行政领导者来说已经不仅仅是个人的问题，而且往往直接影响着工作的成败。"机不可失，时不再来"就是这个道理。在日常工作中，我们不难发现有的行政领导者一天忙到晚，一年忙到头，但却收效甚微，政绩不大。其重要原因之一，就是不懂得合理地利用时间，缺乏运用时间的艺术。运用时间的艺术主要表现在：

（1）在时间的安排上，科学地制定时间计划，分清事情的轻重缓急，合理地安排好时间。行政领导者应把主要时间、主要精力放在制定本单位、本部门的重大决策等大事上，其他的一些常规性的工作，可通过授权或放权的方式，由下级去完成，从而使行政领导者能从繁杂琐事中解脱出来，真正把时间用到刀刃上。

要科学地安排时间，就必须要加强对时间的管理。一个成功的行政管理者，首先必须是一个有效的时间管理者。西方一位管理学者说过，时间是最珍贵的资源，如果我们不去管理时间，那么其他任何东西都没有必要加以管理了。时间与其他事物一样，必须要加强事前的"预算"和事后的"决算"，及时寻找"盈""亏"的原因，以利于总结经验教训，不断地提高时间的利用率。

（2）在时间的控制上，善于节约和利用时间，一小时能干完的事情，绝对不拖到一个半小时完成。例如，在处理某项工作的时候，要考虑三个能不能：其一，能不能取消它？其二，能不能与其他工作合并？其三，能不能采取更简便的方法代替它？做到能不办的坚决不办，能合并的及时合并，能简便的尽量简便，以避免无效劳动、重复劳动和低效劳动，把时间用到更有价值的事情中去。

同时，一个高明的行政领导者还应注重规定自己时间的最后时限，尽可能地提高时间的利用率。这是领导者在时间上自我控制、自我约束的有效形式，有利于改善拖拉、疲沓等不良现象。那些无法在自己规定的时间内完成工作任务，而靠开夜车、加班加点来完成工作的行政领导者，其精神是可嘉的，但做法却是不可取的。高明的领导者会工作，也会休息。

行政领导者的领导艺术是极其丰富的，是多种学科的理论与实践经验的结晶。领导艺术的运用没有现成的答案，需要行政领导者在实践中去探索、去运用、去总结、去丰富。

思考题

1. 行政领导的含义是什么？
2. 行政领导在行政管理中的作用是什么？
3. 行政领导职责的含义及其内容是什么？
4. 行政领导责任有哪些？
5. 当前我国行政领导者的选拔须遵循什么原则？
6. 我国行政领导者的产生方式有哪些？
7. 行政领导者的基本类型如何划分？
8. 行政领导方式的分类如何？
9. 怎样理解行政领导者的素质及其内容？
10. 试解释行政领导者群体结构的内容及其重要性。

参考文献

1. 夏书章：《行政管理学》，中山大学出版社 2018 年版。

2. 张国庆：《公共行政学》，北京大学出版社 2017 年版。

3. 张康之、张乾友：《公共行政学》，中国人民大学出版社 2016 年版。

4. 孙荣、徐红：《行政学原理》，复旦大学出版社 2017 年版。

5. 郭小聪：《行政管理学》，中国人民大学出版社 2016 年版。

6. 娄成武、杜宝贵：《行政管理学》，高等教育出版社 2015 年版。

第七章　行政决策

行政决策贯穿行政管理的全过程，是行政管理的中心环节。行政决策科学与否，直接决定行政管理的成败。为了确保行政决策的科学性，必须以科学的决策原则、程序和方法为依据，建立科学的行政决策体制。在信息爆炸的当今社会，及时掌握全面、科学、有效的行政信息，充分发挥外脑的作用尤为重要。

第一节　行政决策概述

一、行政决策的含义与特点

决策是人们对需要解决的问题作出决定或作出选择的活动。行政决策属于管理决策的一种，它主要是指国家行政机关工作人员在处理国家行政事务时，为了达到预定的目标，根据一定的情况和条件，运用科学的理论和方法，系统地分析主客观条件，在掌握大量的有关信息的基础上，对所要处理的公共事务作出决定的过程。行政决策以行政问题为起点，以公共责任为归依，行政决策的作出实质上就是公权力的行使。同其他决策相比，行政决策属于政府公共决策范围，但又具有自身的一些显著特点：

1. 行政决策主体的特定性。行政决策的主体必须是有行政权的行政组织和行政工作人员。行政机关以外的机关和社会组织，除经国家行政机关或法律授权外，都不是行政决策主体，只能在其自身业务范围内作出决定。

2. 行政决策以国家权力为后盾，具有强制力。各级国家行政机关及其人员，是社会公共权力的行使者和社会公共事务的管理者，他们作出的决策对每个社会成员都具有约束力。决策的客体是整个国家和社会的公共事务。

3. 行政决策内容的广泛性。国家行政机关作为公共事务的管理者，肩负着政治、经济、文化、社会事务的管理任务，其决策内容也涉及社会生活的方方面面。因此，行政决策具有涉及面广、参与机构数量众多、动用资源量大的特点。而其他决策，一般只涉及各自的内部事务，一般不涉及整个国家和社会范围的事务。

4. 行政决策目标的非营利性。行政决策本身不以营利为目的，谋求公共利益和社会效益应是行政决策的宗旨。倘若行政决策偏离了公共性，而以营利为目标，那么不仅违背了行政机关的性质和宗旨，而且还会导致经济和社会的混乱与失序。

二、行政决策的类型与原则

（一）行政决策的类型

行政现象的多变性和行政对象的复杂性，使得行政决策的种类呈现出多样性。如：从行政决策的层次来划分，可分为国家决策、地方决策和基层决策；从行政决策所涉及的问题是否重复出现来划分，可分为常规决策和非常规决策；从行政决策的人数来划分，可分为集体决策和个人决策；从行政决策的内容来划分，可分为政治决策、经济决策、文化决策、社会决策等等。下面主要介绍以下几种类型：

1. 从行政决策的地位和作用来划分，可分为战略性决策、策略性决策和战术性决策。战略性决策是指具有全局性、方向性的重大决策，涉及范围广、影响较为深远，这种决策一般由高层领导人作出。主要体现在确定路线、方针和重大规划方面。如我国国务院制定的"十二五"规划等属于战略决策。策略性决策也称中观决策，是为保证战略性决策的实现，解决局部性问题所作出的决策，如：西部各省区结合辖区实际出台相应政策，落实国家西部大开发的战略决策。战术性决策也称微观决策，是指为执行战略性决策和策略性决策，针对一些需要解决的技术性和细节性问题所进行的决策，是战略性决策和策略性决策的配套措施。

上述三个方面的决策是密切联系、相互补充的。一般来说战略性决策为策略性决策和战术性决策规划了远景，并提供了依据；而策略性决策和战术性决策是战略性决策的具体化和实现保证。

2. 从行政决策的决策方式来划分，可分为经验决策和科学决策。经验决策是指决策者对决策对象的认识及决策目标的判断和选定，主要依据自己的工作经历、直觉判断等个人认知而进行的决策。决策的成功与否，主要取决于行政领导者的经验是否丰富、知识是否渊博、智慧是否过人等因素。历史上绝大部分决策都是经验决策，但是，随着时代发展，在社会问题日益复杂化和多样化的今天，有些决策问题单凭个人的经验阅历是远远不够的。

科学决策是指以科学理论、科学预测和科学计算为依据的现代决策方法，是建立在坚实的科学基础之上的，适用于解决多变量、大系统的需要统筹安排的问题。科学决策具有准确、可靠、客观的特点，这往往是经验决策所达不到的。但是，在实际生活中，并不是所有公共事务都可进行量化分析。因此，经验决策仍是不可或缺的重要决策方式。在实际行政决策过程中，科学决策和经验决策通常是相互配合使用的。

3. 从行政决策所具有的条件和可靠程度来划分，可分为确定性决策、风险性决策和不确定性决策。确定性决策是指在决策目标明确、决策所面临的客观条件确定的情况下，决策者从多个相对确定的备选方案中，选出最佳方案的决策。风险性决策是指备选方案在不可控的因素作用下，可能出现不同的结果，但各种方案的后果可进行概率预测的决策。不确定性决策是指从不同的角度考虑，可以作出不同的选择，但每种选择的条件和结果都不确定并难以预测，是难度最大的一种决策。[1]

（二）行政决策的原则

行政决策是一项高度综合的复杂活动，要使行政决策准确无误，必须遵循一定的原则。这些决策的基本原则决定着决策的基本方式、方法，使行政决策沿着正确的方向进行。

1. 目标原则。任何一项决策都是为了实现一定的目标，行政决策的正确与否，与决策目标的明确和适度与否有密切的关系。因此，行政机关和行政人员在进行行政决策时，首先要确定与实际相符合的目标，这样才能使决策更加接近现实，使整个决策过程更加有效率。[2]

2. 信息原则。信息是决策者进行决策的基础和依据。行政决策过程实质上就是一个行政信息的收集、加工、变换的过程。信息原则要求行政决策不仅要掌握大量的信息，而且这些信息必须要全面、准确、及时、经济、适用。

3. 预测原则。决策是对未来所做的一种设想，是在事情未发生之前的一种预先分析和抉择，它有明显的预测性。预测原则是指在正确的理论指导下，运

〔1〕 娄成武等：《行政管理学》，高等教育出版社 2010 年版，第 176 页。
〔2〕 张建新等：《行政管理学》，中国农业大学出版社 2009 年版，第 145 页。

用科学的技术和方法，通过对信息资料的分析处理，对事物的发展趋势作出预先的推测和估计，从而掌握这一决策可能带来的影响和问题的发展趋势。现代社会科技和经济的高速发展以及社会生活各个方面的急剧变化、各种竞争的日益激烈，更要求决策者在决策时要从定量、定性、定时、概率等各方面作综合预测，以减少和防止决策失误。[1]

4. 可行原则。行政决策是对主客观条件进行可行性分析，作出决定并加以实施的过程，必须保证人力、物力、财力及科学技术各方面到位。行政决策方案是否可行，主要取决于两个现实标准：一是生产力标准，即只有适应并能促进生产力发展的决策才是根本可行的决策；二是利益标准，即这一决策必须同时满足大多数人的利益需求，必须对长期与近期利益以及国家、集体与个人利益等作出适当的协调和规范，以充分调动每一利益群体的积极性。

5. 动态原则。由于社会系统是发展变化的，这使得任何一项行政决策的制定、执行、修改都呈现出一个动态的过程。因此，一项决策在开始时，就应该富有远见地使其能够适应未来的发展，并保持可调节的弹性。同时，在行政决策实施中还应注意信息反馈。要随时检查、调节、验证，一旦发现决策与客观情况不相适应，就应及时调整和修正决策。

6. 民主原则。行政决策的民主原则是指决策者要充分发扬民主作风，调动决策参与者甚至决策执行者的积极性和创造性，共同参与决策活动，并善于集中和依靠集体的智慧与力量进行决策。民主原则包括两层含义：一是行政决策体制要保证政府及其首长在行政决策过程中严格执行人民的意志即制度上的民主；一是要求行政决策主体在决策过程中广泛征求各方面意见，即方法上的民主。[2]

三、行政决策的方法与作用

（一）行政决策的方法

行政决策方法是决策者在行政决策过程中，为了实现行政决策目标，选择最佳决策方案所运用的各种具体方法、手段和技巧的总称。根据行政决策的性质，可以把行政决策的方法分为定性决策方法和定量决策方法两大类。在社会活动中，应当将这两种方法结合在一起，使之相互补充，才能取得更好的效果。

---

[1] 娄成武等：《行政管理学》，高等教育出版社2010年版，第179页。
[2] 张建新等：《行政管理学》，中国农业大学出版社2009年版，第145~146页。

1. 定性决策方法。定性决策法又称主观决策法，是指在决策中主要依靠决策者或有关专家的智慧来进行决策的方法。具体地说，决策者运用社会科学的原理，并依据个人的经验和判断能力，采取一些有效的组织形式，充分发挥各自丰富的经验、知识和能力，从对决策对象的本质特征的研究入手，掌握事物的内在联系及其运行规律，对管理决策目标、决策方案的拟订以及方案的选择和实施作出判断。较为常用的有头脑风暴法和德尔菲法等。

（1）头脑风暴法。又称智力激励法，由美国创造学家 A. F. 奥斯本于 1939 年首次提出，1953 年正式发表的一种创造能力的集体训练法。该方法是将一定数量的专家召集在一起开会，让每个与会者都敞开思想，毫无顾忌地畅所欲言，提出创造性设想，并进行集体判断。与个人判断法相比，头脑风暴法专家团体所拥有及提供的知识和信息量远远多于单个专家所拥有及提供的知识和信息量；专家团体所提供的备选方案比单个成员单独思考所提供的备选方案更多、更全面；它使专家团体交流信息，相互启发，产生思维共振，进而激发创造性思想。头脑风暴法的明显优势在于当缺少足够的统计数据，也没有相关经验可以借鉴的情况下，能够在短期内获得创造性成果。

（2）德尔菲法。德尔菲法又称专家调查法，是一种采用通讯方式分别将所需解决的问题单独发送到各个专家手中，背靠背征询意见，然后回收汇总全部专家的意见，并整理出综合意见。随后将该综合意见和预测的问题再分别反馈给专家，再次征询意见，各专家依据综合意见修改自己原有的意见，然后再汇总。这样多次反复，逐步取得比较一致的预测结果的一种决策方法。

2. 定量决策方法。定量决策方法主要用于数量化决策，应用数学模型和计算机技术解决决策问题，即运用数学工具，建立反映各种因素及其关系的数学模型，并通过对这种数学模型的计算和求解，选择出最佳的决策方案。对决策问题进行定量分析，可以提高常规决策的时效性和决策的准确性。运用定量决策方法进行决策也是决策方法科学化的重要标志。其优点有：一是可以提高决策的准确性、最优性、可靠性；二是可以使决策者从常规决策中解脱出来，把注意力集中在关键性、全局性的重大战略决策方面，如线性规划法。

线性规划是运筹学的一个最重要的分支，主要用于研究有限资源的最佳分配问题，即如何对有限的资源作出最佳方式的调配和最有利的使用，以便最充分地发挥资源的效能去获取最佳的经济效益。其步骤是根据决策问题的变量、约束条件和目标函数等，建立数学模型，再通过求数学模型的解找出决策方案的最优质值。该方法为合理利用有限的人力、物力、财力等资源进行最优决策提供了科学依据。

（二）行政决策的作用

1. 行政决策是行政管理活动的基础。从行政管理的进程来看，行政管理包括计划、组织、协调、控制等基本活动，而行政决策贯穿于这些活动的始终。计划是对决策目标和任务做出的安排；组织是为决策目标的实现进行物质和人力资源的准备；协调是调动和调整各方面的力量，使之形成合力，加快决策目标的实现；控制是对行政决策执行过程中的各种因素进行控制，保证行政管理活动不偏离行政决策的目标。因此，从某种意义上说，没有行政决策，一切行政管理活动都无法进行。

2. 行政决策是行政领导的基本职能。在行政管理过程中，行政领导处于管理的核心地位，承担着行政管理的多项职能，而这些职能中的主要职能又是行政决策职能。因为，行政领导的素质在很大程度上是以其行政决策水平来衡量的，行政领导的层次越高，其所担负的决策任务就越重，所作出的行政决策的影响也越大，因而对行政决策的技能要求也就越高。

3. 行政决策的正确与否关系到行政管理的成败。行政决策决定行政管理活动的目标与方向。只有在遵循行政管理活动规律的基础上作出科学合理的决策，才能保证行政管理的良好效果；反之，则会产生错误的管理行为并导致严重的后果。尤其是国家最高领导层的决策正确与否，直接关系到社会经济能否健康发展。科学技术飞速发展加快了社会的发展节奏，在把全球连为一体又加剧了竞争的条件下，政府行政管理的影响明显增大，行政决策的重要性也越发明显。

第二节　行政决策的程序与模式

一、行政决策的程序

为了提高行政决策的质量，实现行政决策的规范化，就必须遵循反映决策内在规律的基本程序。行政决策程序也称行政决策过程，是指进行行政决策所采取的逻辑顺序和基本步骤。行政决策过程具体包括哪些环节或步骤，不同的学者有不同的看法。但大体说来，主要包括以下四个阶段：

（一）发现问题，确定目标

任何决策都是为了解决一定问题而准备采取的行动和作出的决定。因此，要解决问题，首先必须发现问题。而要发现问题，就必须深入实际，调查了解行政管理工作各个方面的情况，并进行认真的分析研究，透过现象看本质，及时发现隐藏在各种情况背后的问题。发现问题之后，需要对问题进行界定，其主要内容包括：界定问题的性质，明确问题出现的时间、地点，掌握问题的范围和程度等。同时，还要全面地研究所要解决问题的需要和可能。

明确了行政决策所要解决的问题后，就要为决策确定目标。在整个行政决策过程中，确定目标是十分关键的一步。决策目标关系到行政决策的方向和行政决策的效果。确定行政决策目标应符合下列基本要求：①目标的针对性。行政决策目标的针对性要求在制定行政决策目标时必须把握问题的本质，突出问题的主要矛盾，有的放矢地提出行政决策目标，从而保证行政决策的有效性。②目标的明确性。决策者确定行政决策目标时，表达要明确，避免歧义和多义；要有明确的时间要求，标明目标实现的期限等。③目标的可行性。行政决策目标能否实现，在很大程度上取决于其可行性。行政决策目标的可行性，主要体现在是否具备了实现目标所需的政治条件、经济条件、组织条件、信息条件和技术条件。④目标的规范性。行政决策目标顺利实施，不仅要符合客观实际情况，符合人民的根本利益，遵循客观规律，而且要符合政策和法律的规定，使决策目标的确定做到合理合法。[1]

（二）总体设计，拟订方案

确定决策目标后，就要设计具体的决策方案，以实现这些目标。行政决策方案是基于对错综复杂的各种决策制约因素、政府的能力范围，以及各种社会关系的综合调查分析而获得的实现决策目标的途径和方法。拟订备选方案的一般步骤如下[2]：

1. 方案酝酿。设想大概可以提出多少个能解决问题的方案，并将各个方面的轮廓初步勾画出来。设想必须以事实和科学论证为依据，发扬勇于创新的精神和丰富的想象力。从不同角度设想各种方案的轮廓，保证方案的齐全、多样、丰富。

2. 方案构思。充分研究信息资料，搞好科学预测，精心设计方案的具体内容。这一阶段必须发扬求实的精神，通过科学预测，反复计算，确定备选方案的有用、可行、合理、科学。

3. 方案形成。该阶段是将构思出的若干方案雏形转变为正式的备选方案的

〔1〕　张建新等：《行政管理学》，中国农业大学出版社 2009 年版，第 158 页。

〔2〕　张建新等：《行政管理学》，中国农业大学出版社 2009 年版，第 158～159 页。

活动过程。一方面，注意备选方案数量要适当，应把精力集中在最有希望的方案雏形上。另一方面，要保证备选方案详细、具体，从过程和结果两方面使之具体化，如工作条件、内容和方式等，以便方案切实可行。

（三）评估选优，抉择方案

抉择决策方案是指行政决策主体对各种备选方案进行综合评价，确定最优方案的阶段。从行政决策研究的角度看，真值性评价和价值性评价值得关注。真值性评价是以方案是否符合客观事物规律作为标准，来判断决策方案是否正确可靠，是否具有真理性的结论。价值性评价是以决策者的需要作为评价尺度，对决策方案所规定的过程及活动结果进行的评价，得出方案是否优越、合意等结论。一般而言，只有通过这两种评价的备选方案才有被采用的可能性。围绕着真值性评价和价值性评价，对备选方案的择优，一般根据以下具体标准进行评判：[1]

1. 决策方案是否有利于决策目标的实现。评选方案的优劣，必须从决策目标出发，要审查决策方案与决策目标两者之间的一致性程度。能使决策目标实现的方案是优化方案或满意方案，反之则是无效方案。由此可见，确立目标的实现程度属真值性评价。

2. 决策方案是否体现出尽可能大的效益。在保证目标实现的前提下，能够实现尽可能大的效益的方案就是优化方案。效益包括经济效益和社会效益，行政决策应把社会效益放在首位。确定决策方案的效益性属真值性评价。

3. 实现决策目标要承担的风险尽可能小。在评选方案时，要从风险这个角度考虑问题，选择风险系数尽可能小的可行方案。

4. 实现决策目标所带来的负效应尽可能小。任何行政方案在实施过程中或者实施之后都可能产生一定的负效应。在选择方案前，首先对消极作用进行分析、预测和评估，再选择负效应尽可能小的方案。

（四）决策实施，追踪反馈

认识世界的目的在于改造世界，制定决策的目的在于实施决策。因此，行政决策方案一旦确定，就要抓住有利时机积极地组织实施。在实施决策的过程中还必须抓好以下环节：一是进行试点，先让决策在小范围内实施，决策方案经过初步的检验后，才能进入全面实施阶段，避免行政决策在大范围内出现失误，造成恶劣影响。二是做好宣传和组织工作，安排实施方案的具体细节，明

---

〔1〕 张建新等：《行政管理学》，中国农业大学出版社 2009 年版，第 159～160 页。

确各个部门的工作职权。三是落实责任，检查监督，确保严格按照实施方案付诸执行，实现决策目标。

追踪反馈是指在决策实施过程中，随着环境的变化和决策制定过程中没有考虑到的因素的影响，行政决策很可能会出现一些问题。为了使决策方案更加完善，就需要及时发现政策执行中的问题和偏差，并将信息迅速反馈给决策中心，进行决策修正与完善。[1]追踪反馈一般有以下三种情况：一是决策方案实施后，效果同既定目标基本一致，只有某些方面或局部存在偏差，只需对方案作局部的调整与修改即可。二是当决策方案实施后发现，该方案与目标偏离很大，如不对方案进行重大修正，决策目标就无法实现。在这种情况下，必须对原方案进行重大修改，即重大修改型追踪决策。三是重新决策型追踪决策。由于出现了不可控的因素，导致整个事情的发展变化超出了人们的预料，改变了事情的方向和进程，原方案必须被放弃，这种情况就需要重新制定决策方案。

决策中的追踪反馈有以下几个特征：一是回溯分析。实施追踪决策，必须对原方案的产生机制、内容、主客观环境进行剖析，从其起点开始，按顺序逐个环节找出失误的原因、问题的性质、失误的程度等。二是非零起点。以新情况下主客体条件为起点，在新的环境里，按照科学决策程序重新进行最优化决策。三是双重优化。在追踪反馈、修正的过程中，不仅是在原来供选择的几种方案中选优，而且还应在提供的新备选方案中进一步选优。四是心理效应。由于追踪决策要改变原决策，直接或间接地引起与原决策有关的人员的心理反应，如有些原有决策者因害怕承担责任，于是竭力为原决策辩护，或掩盖真相、消极抵抗，给追踪决策的实施带来种种不利的因素。对此，应注意做好解释、宣传工作，采取各种有效措施，帮助人们尽快地理解和认识经修正后的决策，使新的决策得到顺利实施。

二、行政决策的模式

行政决策模式是指在决策实践中形成的具有规律性、稳定性的，可以使决策者照着做的标准样式。行政管理的复杂性决定了行政决策模式的多样性，常见的有以下几种：

（一）完全理性决策模式

理性决策模式起源于传统经济学的理论，思想渊源可以追溯到古典经济学

---

[1] 郭小聪：《行政管理学》，中国人民大学出版社2011年，第117页。

理论时期。它是以"经济人"的假设为前提，在此假设的基础上，产生了完全理性的理论假设：人的本性是自私的，一切经济现象都根源于人的利己主义本性，人是通过深思熟虑的权衡和计算来追求最大利益的人。在该模式中，人被假定为全知全能的理性人，他们能够始终坚持理性化活动，在决策时能够遵循最大化原则，选择最优方案，谋求自身最大的社会利益。

运用理性决策模式，必须满足以下条件：①决策者必须掌握客观、全面的决策信息；②决策者能够了解所有人的社会价值取向及其所占的比重；③决策者能够设计出全部的决策方案，并对每一个方案做出准确的预测和正确的评估。[1]由于完全理性决策需要有明确的解决问题的目标，穷尽目标的策略和方案，预测每种方案的结果及其概率，选择成本最低的解决问题的方案，因此，在批评者看来，没有任何一个体系能够全面满足这些条件，并且由于择优的标准不一、信息不可能完全、事物的不断变化，一旦时过境迁，原先"最优"的政策就不可能再有效。因此，理性决策模式只可能是一种理想化的决策模式，但它对传统决策方式向现代决策方式的转变仍具有重要意义。

（二）有限理性决策模式

有限理性决策模式也称为满意决策模式，它是由美国诺贝尔经济学奖获得者赫伯特·A. 西蒙提出的一种决策模式。西蒙认为，纯粹理性是不可能的，在现实中，所有决策都是有限理性基础上的决策。这是因为受到人的知识的不完备性、预见的困难性、选择范围的有限性等因素的局限，决策者不可能达到如理性决策模式所要求的那么完善。

与完全理性决策模式相比较，有限理性决策模式用"管理人"假设代替"经济人"假设。"管理人"的价值取向和目标往往是多元的，不仅受到多方面的因素的制约，而且处于变动之中乃至彼此相互矛盾的状态；"管理人"的知识、信息、经验和能力都是有限的。同时，用"满意原则"取代"最优原则"。有限理性决策模式认识到完全理性决策模式的不足之处，在有限理性的基础上提出了"满意准则"，强调决策模式理论的实用性，在现实决策中只要找到符合或超过目标值的方案即可。"满意原则"可能并不是最优化的，但从实践角度看，却是最有效的。

（三）渐进决策模式

渐进模式是美国政治学家和政策科学家查尔斯·E. 林德布洛姆针对理性

---

〔1〕 郑志龙：《行政管理学》，高等教育出版社 2011 年版，第 203 页。

决策模式的缺陷，根据实际决策制定过程的特点，从决策实际上是如何运行的角度出发提出来的。该理论的精神实质是主张采用按部就班、稳中求变、一步一回头这种循序渐进的、探索性的方式进行决策。渐进决策模式有如下特点：

1. 一项行政决策应该达到或者能够达到怎样的目标，很难在决策活动刚开始时就十分清楚明白地制定出来，而只能确定一个大概的目标或方向。其原因在于，制定一个明确无误的目标要受到多种因素的影响和多种联系的作用，而这些因素和这些作用又是在不断地变化着的。

2. 行政决策只能在前一决策的基础之上进行新的决策，或是改进决策方案。政策制定者没有必要考虑几乎所有的政策备选方案，而只需要考虑那些与现行政策有着密切联系的方案。

3. 与政策方案的有限性、政策结果的有限性相联系，政策修正也是有限的，但政策修正过程是持续进行的。

渐进式决策模式强调在改变现状时必须维持社会和组织的稳定。在一个稳定水平的社会里，这个模型的效度相当高；但是如果社会环境发生急剧变化，要求对政策进行彻底改变时，其作用就非常有限。

（四）集团决策模式

1951 年，戴维·杜鲁门出版了《政治过程》一书，系统地论述了集团理论。后来厄尔·莱瑟姆从集团理论视角分析了组织在决策过程中的作用，形成了集团决策模式。

集团决策模式认为，公共决策是社会中不同集团相互斗争的结果。公共决策的内容反映了公共决策制定时相互竞争着的集团之间所出现的某种均势或这些集团在某一特定时刻所达成的某种妥协。该模式认为，政府以及整个政治系统的使命在于保持国家利益的根本一致，并在这个基础上使用决策手段解决集团冲突，为各利益集团之间的斗争制定范畴、规则，调和或平衡利益矛盾，以公共决策的形式达成妥协方案，并用行政手段实施达成的决策方案。因此，公共决策本质上是在某一特定时间内集团间争斗所达到的平衡。[1]

（五）精英决策模式

精英决策模式是将公共政策看成是反映占统治地位的精英们的价值偏好的一种决策理论。其假设前提是：社会上存在两大集团，一个是有权力的少数人，

---

[1] 郑志龙：《行政管理学》，高等教育出版社 2011 年版，第 207 页。

另一个是没有权力的多数人。前者是有组织、自觉的团体，因而能对社会价值加以分配，享受权力带来的好处；后者则是分散的、不自觉的团体，只能服从分配。

行政决策的制定过程是少数精英的活动过程。这些精英是社会统治集团的代表，而并非是作为被统治者的多数人的代表。精英人物主要来自经济地位较高的社会阶层，他们占据社会支配地位，把握政策制定的主动权。在非精英阶层中，只有那些能够接受精英阶层共同观念的人才可能被允许进入统治精英的行列。一切行政决策都是精英们制定、颁布并强制民众实施的。所以，公共政策所反映的不是大众的要求，而是政治精英的主要价值观，公共政策的变化将是渐进性的而非革命性的。

精英决策模式反映了行政决策过程与阶级统治、阶级关系的政治联系，这也是一些国家公共决策的实际状况。但其最大的缺陷为：忽略了在实行民主政治的国家中公众的参与能力，及公众参与对公共政策的影响和作用。

第三节　行政决策体制

一、行政决策体制的内涵

体制是一种通过制度加以固定事物各方面相互关系的规范体系。行政决策体制"是专指用制度加以固定的承担行政决策任务的机构和人员的职权、结构和相互关系的总称。"[1]其有广义和狭义两种理解。广义的行政决策体制是指从决策制定到决策执行中的一系列权责划分、机构运行及其相互关系等方面的规定。狭义的行政决策体制指的是行政决策制定中决策职责、决策权限、组织结构及其相互关系的制度化的组织体系。本节主要从狭义角度讨论行政决策体制。一个完整的行政决策体制主要包括以下方面的内容[2]：

（一）划分行政决策的职责

科学的行政决策需要通过情报活动、设计活动、选择活动和审查活动才能够完成。这绝非一个人或一个机构能全部胜任的，尤其是在现代社会条件下，决策制定中的横向职能分化不可避免。究竟采取什么样的方式将这些决策职责

---

〔1〕 许文惠等：《行政决策学》，中国人民大学出版社1997年版，第77页。

〔2〕 薛冰等：《行政学原理》，清华大学出版社2005年版，第134页。

划分开来，无疑是行政决策体制所包含的首要内容。

（二）行政决策权限的分配

行政决策权是行政活动过程中的动力和决策行为的核心，如不辅之以决策权的分配，行政决策职责将得不到保证。行政决策权限包括提案权、讨论权、审议权、批准权、否决权等，究竟采取什么方式分配决策权限，是决策体制中的另一项重要内容。

（三）决策机构的设置

行政决策体制是以一定机构为依托的组织模式，行政决策机构如何设置及采取何种组织形式，是决策体制中的两个重要问题。前者决定行政决策体制的总构成，比如行政组织若按照信息—参谋—决断的职能分别设立决策机构时，其决策体制的构成具有明显的职能制特点；若按照上层、中层、下层分别设立决策机构时，则其构成有明显的直线制的特点。

（四）隶属关系的规定

这是对行政决策各机构间相互关系的规定，它表明各机构相互间的独立程度。只有对各机构间的隶属关系作出明确规定后，决策机构才能有条不紊地协调运转。如果隶属关系不当，就难以保证决策体制的有效性。比如，审议批准机构若对方案设计机构有指挥命令权，方案设计就难以有创造性。

二、现代行政决策体制的构成

行政决策体制就是行政决策的机构和人员所形成的组织体系及其制度。现代行政决策体制宏观上由三大系统组成：行政决策中枢系统、行政决策咨询系统、行政决策信息系统。

（一）行政决策中枢系统

行政决策中枢系统是现代行政决策体制的核心，其主体是行政组织中拥有行政决策权的行政领导以及少数其他核心人员。其权力运行方式可以是单一的首长制、也可以是集体的委员会制，或者是两者兼有的混合制。行政决策中枢系统在决策体制中具有权威性和主导性。权威性体现在：行政决策的中枢系统享有法定的权力，对决策方案拍板定夺并对决策结果的正确与否负有法定的责任；主导性体现在：行政决策的中枢系统对行政决策的运行过程和其他系统进行有目的的组织、指挥、协调和监督，控制着行政决策的方向和发展进程。行政决策中枢系统的主要任务是统筹考虑决策目标和抉择决策方案、控制行政决策的运行过程。[1]

决策目标是关于决策的较为宏观的原则性设想，抉择决策方案则是对备选方案所进行的取舍。行政决策中枢系统的决策水平和工作质量高低，不仅取决于行政领导者的知识、智慧、能力、经验以及作风和性格等个人素质，也依赖于决策中心人员的群体知识能力结构、人际关系结构和气质结构等群体结构的优劣。

（二）行政决策咨询系统

行政决策咨询系统是行政决策的辅助机构，是行政决策的外脑。其主体由掌握各门类知识的专家、学者组成。其基本职责是"谋"，而不是"断"。现代咨询系统在行政决策中的主要任务是：进行科学预测，为行政决策中枢提供战略性、综合性和政策性建议；拟定多种可供决策者选择的方案，辅助决策者选定优化可行的决策方案，并参与决策方案的评估；根据反馈信息，协助决策中枢系统调整原有决策方案，或在原有方案无法继续执行的情况下，提出可行的替代方案。

决策系统的组织形式种类多样，既有国家或政府专设的正式决策咨询机构，如美国的兰德公司、英国的伦敦战略研究所、日本的综合研究开发机构、俄罗斯的战略研究所等。也有非正式的咨询机构，通常由各类兼职人员临时组成，如由各种专家学者、离退休的政府官员和社会贤达等组成，如美国的企业研究所和胡佛研究所、日本的野村综合研究所等。还有一类是独立经营核算的社会咨询机构，行政决策者向其提供项目，政府付费购买其就某一个项目研究提出的方案。[2]

（三）行政决策信息系统

行政信息系统是由决策信息专职人员、信息机械设备、信息技术程序等构成的一个相对独立的系统，其主要任务是收集、传递和加工处理各类行政信息，为决策中枢系统和咨询系统服务的组织体系。

现代社会是一个信息社会，信息量大且变化快。信息的获得有助于减少或消除不确定性，信息掌握得越快越准越多越全，决策成功的概率就越大。如果没有了信息，行政决策就失去了前提与依据。但是，在现代社会，信息浩如烟海，难以甄别与遴选，因此需要设置信息收集系统，由它专门负责信息的整理、

---

[1] 娄成武等：《行政管理学》，高等教育出版社2010年版，第181页。
[2] 刘峰等：《中外行政决策体制比较》，国家行政学院出版社2008年版，第9～10页。

加工、传输和存储，为行政决策中枢提供信息服务。掌握全面、准确和及时的信息是现代行政决策的基础，行政决策信息系统成为决策机构和决策者的重要辅助机构，在整个决策过程中起着基础作用。

三、行政决策的科学化与民主化

行政决策科学化是相对传统经验决策而言，以科学先进的理论为指导，凭借科学的技术方法与程序进行的决策活动，其目的在于降低决策的风险和成本。而行政决策的民主化则为实现行政决策的科学化提供最可靠和最有效的体制保证，使其上升到一个新的和更高的层次。

行政决策的科学化和民主化是现代行政管理的两个基本价值取向，是提高政府行政决策质量与水平的关键。一方面，没有决策的民主化，就不能广开言路、广开才路，就谈不上尊重科学、尊重知识、尊重人才、尊重实践经验、尊重广大人民群众的创造精神，也就不能提高广大人民群众参与决策和实施民主管理的积极性、主动性和自觉性，最终也就不会有决策的科学化。因此，行政决策不应该只是决策者的个人行为，在有关国家和人民利益的重大问题上，决策者在作出决定之前，一定要开辟各种渠道，广泛征求各界人士的意见，使上情下达，下情上通，要欢迎对决策问题的讨论，集思才能广益，才能充分发挥专家群众的作用，这样的决策才能充分反映人民群众的愿望，符合人民的利益，才能最终形成科学的决策。

另一方面，行政决策的科学化是行政决策民主化的本质和归宿，实行行政决策的民主化是为了实现行政决策科学化的目标，决策的民主化必须有科学的意义，体现和达到科学的要求；同时，在行政决策过程中，必须建立科学的行政决策体制，建立和健全一套严密的决策科学程序和方法，否则，决策民主化将成为空话而流于形式。

行政决策科学化与行政决策民主化是相辅相成、缺一不可的有机整体。政府职能范围和规模的扩张意味着决策者所要作出的决策工作量的加大，社会事务的多样性、多变性要求行政决策的高效性和科学性，参与意识日益增强的公众要求行政决策要更多地吸收来自社会的信息和诉求。单纯强调民主参与或单纯强调科学管理的公共政策都是有害的，应在两者之间寻找出一个恰当的平衡点。

四、中国的行政决策

我国的行政决策始于革命建设时期，历经计划经济时期，成于改革发展时期。在此过程中逐渐形成了以"一核四维"为基本特征的主体结构，体现出"一元主导、多元参与"的结构关系。[1] 即中国共产党居于决策中枢的地位，总揽全局；政府制定具体政策，将执政党的政治意图和人大决议具体化；人大履行法定程序，把执政党的意志转化成国家意志；政协发挥政策咨询和协商功能，直接参与政府决策过程；民众参政议政和提供决策支持。"一核四维"的决策结构具有"集中力量办大事"的优势，使得我国经济社会发展走出了"中国速度"，形成了"中国奇迹"。

党的十九大报告提及行政决策的内容有：一是强调民主决策，要扩大人民有序的政治参与，保证人民依法实行民主选举、民主协商、民主决策等，保证人民依法享有的广泛权利和自由；二是健全依法决策机制，构建决策科学、执行坚决、监督有力的权力运行机制。这是基于行政决策是重要的行政实践的理念，尤其强调从行政过程、行政管理的实践来认识，认为需要将行政决策置于构建决策科学、执行坚决、监督有力的权力运行体系之中，要完善决策权、执行权、监督权相互制约和协调的行政运行机制。而早期对行政决策主要关注的是完善民主集中制，认为行政决策是推进民主政治建设的一项重要任务。基于此视角，行政决策既要深入群众、听取民意，又要健全人大讨论、决定重大事项制度，还要坚持协商于决策之前和决策实施之中，保证人民依法实行民主决策。之后，随着依法行政的推进，开始注重从法治视角认识行政决策，认为要把改革和发展的重大决策同立法结合起来，逐步形成民意决策机制，把公众参与、专家论证、风险评估、合法性审查、集体讨论决定确定为重大行政决策的法定程序。[2] 可见，学界对行政决策的视角不断更新，认识得到不断的丰富与深化。

在中国特色社会主义进入新时代的关键时期，伴随社会主要矛盾的转化，发展环境的纷繁复杂，对行政决策能力的要求自然更高。然而，在行政决策的

---

[1] "一核"是指党在我国重大决策体制中居于唯一核心地位；"四维"是指重大决策体制中党与政府、党与人大、执政党与参政党、党与民众之间存在的四种关系维度。参见卢爱国、吴家庆："新时代完善我国重大决策体制的三个关键环节"，载《宁夏社会科学》2018年1月。

[2] 戢浩飞、肖登辉："行政决策的规范梳理与内涵变迁"，载《湖北警官学院学报》2018年第1期。

主体结构、方法形式和运行机制方面仍然存在一些与新时代的新挑战不相适应的问题，需要在实践中不断加以完善。

思考题

1. 简述行政决策的含义及其主要特征。
2. 行政决策的主要特征有哪些?
3. 简述行政决策的基本原则。
4. 简述头脑风暴法。
5. 简述德尔菲法。
6. 简述线性规划法。
7. 简述行政决策的基本程序。
8. 行政决策的常见模式有哪些?
9. 现代行政决策体制是由哪些系统组成的? 各系统的主要任务是什么?
10. 简述我国行政决策的结构及认识过程。

参考文献

1. 娄成武等:《行政管理学》，高等教育出版社 2010 年版。
2. 张建新等:《行政管理学》，中国农业大学出版社 2009 年版。
3. 郭小聪:《行政管理学》，中国人民大学出版社 2011 年版。
4. 郑志龙:《行政管理学》，高等教育出版社 2011 年版。
5. 许文惠等:《行政决策学》，中国人民大学出版社 1997 年版。
6. 刘峰等:《中外行政决策体制比较》，国家行政学院出版社 2008 年版。

第
八
章

人事行政

行政组织由一定数量与质量的人员构成，对行政组织人员的管理是行政管理的重要内容之一。1993 年《国家公务员暂行条例》颁布后，人事行政工作开始步入法制轨道。2005 年通过的《公务员法》对我国公务员管理的理念、原则、具体内容进行了规定，提高了人事行政的规范化、科学化水平。2018 年修订后的《公务员法》又针对公务员队伍建设中存在的突出问题，作出了针对性的规定，人事行政的法治化进入了一个新的阶段。

第一节　人事行政概述

一、人事行政的概念

人事行政是指国家人事行政机关依据法律、法规、规章等规范，对行政管理活动中的公务员与行政事务之间的关系以及公务员相互之间的关系所实施的一整套管理活动或管理行为。理解这一概念有以下几个要点：

1. 人事行政的范围主要局限于政府系统内部，人事行政基本上是一种政府行为，其主体是国家行政组织中的人事管理机关。

2. 人事行政表现为一定的制度体系，具体由录用、考核、奖惩、晋升、工资福利等环节构成。

3. 人事行政的目的是实现行政机关公务员与行政事务的最优结合，保证公务员队伍的优化、稳定、廉洁、高效，以便更好地行使国家行政权力，提高行政管理的质量和效率，实现政府职能和目标。

4. 人事行政的核心是人、事的恰当结合和动态适应，从而使政府的人力资源得以充分开发，达到人尽其才、才尽其用的良性状态。

5. 人事行政的手段有组织、协调、控制、监督等，组织即因事择人、人事结合，协调指及时调整，以达到人事相宜，控制是运用措施，防止人事对抗，监督则意味着对组织、协调、控制过程的监查和督导。

二、人事行政的地位

人事行政自古以来就被认为是国家行政管理的重要组成部分，其水平直接影响政府职能与目标的实现，进而关系到一个民族的兴衰。在行政管理中，"公务员是行政权力的实际运用者，是行政相对人感知政府活动的媒介，其管理能力和专业品质及思想道德水准决定政府的治理水平，影响经济、社会的发展，并与个人的福祉息息相关。"[1]现代国家都十分重视人在政府管理中的重要作用，特别重视人事行政的制度建设。

（一）人事行政是提高行政管理质量和效率的关键因素

行政管理的各个领域以及诸多环节，都需要人去掌控和推动。正如古人所指出："致安之本，惟在得人""能安天下者，惟在用得贤才"。在西方，"公共服务的质量被视为政府合法性的重要体现，而这在很大程度上是由公务员的素质及其行为方式所决定的。"[2]公务人员的素质与行为直接影响到政府管理的质量与效率，甚至决定着政府管理的成败，这一点在公共行政领域已经形成共识。科学的人事行政管理，能在全社会范围内选拔人才、培育人才、合理使用人才，造就一支高素质的公务员队伍，并能充分调动和发挥他们的积极性、主动性与创造性，从而能最有效地提高行政效率，实现政府的管理目标。

（二）人事行政是实现政治稳定、巩固国家政权的重要保证

人事行政作为国家政治制度的重要方面，对整个国家的政治发展和政权建设也起着十分重要的作用。人事行政的一个重要目标是实现政治稳定，保持国家政治生活的正常、有序进行。而科学的人事行政制度，能保证政府工作的连续性和正常化，不因领导人的更替或发生突发事件而影响"行政机器"的正常运转。这是政治稳定的一个重要标志，也是影响政治稳定的一个重要因素。事实上，生成于西方发达国家且日益健全的现代公务员制度，在某种程度上就是对于封建恩赐制和政党分肥制所引起的行政工作间断性的一种应对。而一些发展中国家，经常发生政治动乱，政权极不稳定，虽与许多复杂的社会历史原因

〔1〕　薛刚凌主编：《公务员法》，中国人民大学出版社 2017 年版，第 1 页。
〔2〕　谭功荣：《公务员制度概论》，北京大学出版社 2007 年版，第 27 页。

有关，但与这些国家人事管理制度上的落后和混乱状况也有着很大关系。

（三）人事行政的发展与完善能够有力地推进国家治理体系与治理能力现代化

人事行政制度既是国家治理体系的重要组成部分，也是提升国家治理能力的组织依托，同时也是推进国家治理能力现代化的关键步骤。人事行政制度在考录环节实行公开考试、竞争择优，每个公民都有权利报考公务员，一部分优秀人才进入公务员队伍，有序参与国家治理工作。另外，民主考核、申诉控告和批评建议、公务员自下而上的监督形式和人民群众监督等，都把公民（包括公务员）的一些政治权利进一步明确化、具体化，并有相应的制度和法律来保障这些权利得以实现。这些人事行政制度的有效贯彻，能够有力地推进国家治理体系与治理能力现代化。

（四）科学的人事行政管理，能充分开发利用人力资源，极大地推动和促进生产力发展与社会的全面进步

人是生产力中最基本、最活跃的因素，生产力的发展，一方面要依靠人们对自然规律认识的深化和科学技术水平的提高，另一方面要依靠人们对社会生产活动进行科学的组织和管理。我国当前社会主要矛盾已经转化为人民日益增长的美好生活需要和不平衡不充分的发展之间的矛盾，解决这一矛盾的核心方法之一是高度重视人、关怀人，尤其是代表国家机关行使公共权力的公务员。因此，必须进行科学的人事行政管理，有效地组织政府活动，充分发挥生产力中人的作用，全面开发和利用人力资源，从而有力推动经济与社会的发展。而且，当今世界国与国之间的经济竞争，主要是科学技术和管理水平的竞争。科技和管理的竞争归根到底表现为人才的竞争，实质上也是人事管理水平的竞争。我国现在最需要的是人才，最缺乏的也是人才。因此，必须进一步加快人事行政制度改革的步伐，建立和完善能上能下、充满活力、促进优秀人才脱颖而出的选人用人机制，这是实现经济社会全面发展的必要举措。

三、人事行政制度的产生

人事行政是一个几乎和国家、政府同样古老的问题，从中国和西方两个脉络展开，可以比较清晰地看到人事行政的产生图景。

（一）我国人事行政制度的产生

作为四大文明古国之一，我国在人事行政领域有着丰富的思想和大量的实践，这不仅是我们现代化建设的宝贵遗产，也曾经极大地启发了西方国家文官

制度的建立。

在传说中的"五帝"时代，部落首领按照"天下为公""选贤与能"的原则进行职位的和平交替，这已带有人事行政的萌芽色彩，而且史料表明，当时的联盟议事会已经出现设官分职、各司其职的现象。从夏开始，中国社会进入奴隶制时代，其中西周所奉行的"世卿世禄制"最引人注目，担任官员的人基本由周王按宗法制层层分封，诸侯、卿大夫、士等世代相传，永不变更，有着明显的封闭性、狭隘性。秦以后，中国社会开始了漫长的封建社会，在人事行政制度上，随着时间的推移也多有变化，秦朝废除了分封制，破除了世卿世禄，实行官员选任与俸禄制，从两汉到南北朝，先后出现了察举制、征辟制、九品中正制。察举制即皇帝每年下诏征求人才，诏书规定人才的规格、质量，由下向上推荐人才，荐举不力的官员要受到惩罚，这种方法一不定期二缺乏明确的标准；征辟制则由中央高级官吏和地方官直接征聘人才，作为自己官府的属吏或向皇帝推荐，这种方法只是个别的提拔，而且也未形成稳定的制度；九品中正制指在各州郡设置大小中正负责选拔官吏，中正由本地人担任，负责将本地人评为九等，作为选拔官吏的依据，以备随时任用，由于士族势力强大，中正一职多由其把持，以致出现"上品无寒门、下品无世族"的不合理现象。

隋唐以后，封建人事行政制度趋于成熟，科举制横空出世，这也是中国古代人事行政领域的最大亮点。科举即分科取士，选拔官吏，所有人只要读好书取得功名就有机会进入官吏队伍，扩大了选才的社会基础，大批优秀人才在这种机制下涌现，其特点有：

1. 分级考试，择优录取。宋代分礼部初试和内殿复试，两试不通过者即被淘汰，明代更为复杂，分为四级或五级。这样做不但能避免舞弊而且能真实观测应考者的水平。

2. 考试与考核相结合。在唐朝，只要登科，还需经吏部考核，考核通过者，再送尚书省、门下省审核，才能任官，从而保证了官吏的素质。

3. 制度、方法完善。不仅有明确的报考程序，还有防止作弊的制度，例如糊名（将考生的姓名贴封）、誊正（考卷由别人用朱笔誊写）等。

这种制度在一定程度上改善了由少数贵族垄断官位的不公平现象，也通过"学而优则仕"，营造了积极进取的社会风气，而且诸如"四善""二十七最"等考核官员的标准，也使得个人注重修养和道德。但是明以后，科举制的缺陷开始暴露，逐步接近其生命周期的终端，作弊成风、八股盛行、弊端百出，清朝末年，科举制寿终正寝。

古代中国的文官管理在考核制度、监察制度、管理机构、退休机制、培养方法上也都颇有特点、引人关注，我们也就不难理解马可波罗、伏尔泰、孟德斯鸠等圣贤对中国古代人事行政制度的钟爱。

（二）西方的人事行政制度的产生

西方各国的人事行政制度——文官制度，最早源于英国，封建制度之下，英王独揽立法行政大权，官员都是国王的仆人，官员的任用、升迁，取决于自身门第及对英王的忠诚，和本人的才学无关，此即所谓"恩赐官爵制"。17 世纪后期，光荣革命后，英王成为象征，议会权力大增，主要官员的任免由议会中的多数党掌握，随着两党制的形成，政党地位的更迭和行政人员的换班有了直接的因果关系，官职成为战利品，使许多无能之辈登上权力舞台，这被称为"政党分肥制"。作为对"恩赐官爵制"的反对和对"政党分肥制"的反思，经过近二百年的时间，1870 年英国文官制度正式确立。

美国是一个总统制国家，总统在官员任免上权力极大。首任总统华盛顿把具有良好品德，能够诚实、有效地工作，作为选拔人才的标准，但后来逐渐察觉，任命一位反对自己政策的行政官员可能是"政治上的自杀"行为，政治忠诚成为选拔人才的又一标准，这种做法为后世总统如杰斐逊、麦迪逊、门罗、亚当斯沿用。从杰克逊总统开始，"政党分肥制"盛行，杰克逊就认为，政府工作是最简单不过的事，任何一个理智正常的人都能当官，总统为了顺利推行自己的政策，就应该任命和自己观点一致的人，参议院马西尔说得更为赤裸，"政治上要像爱情上、战场上一样公平，胜利的一方就应当分得战利品。"的确，政党分赃对于增强党的凝聚力有积极作用，但带来的却是政治的周期动荡，1841 年，哈里森当选总统一个月，便因分配职位"过劳死"，1880 年加菲尔德总统向别人诉苦道："一些老练的谋求官职的人就像劫匪掏出手枪那样，把求职申请书掏给我。"次年，他在火车站便被一位求职未遂者开枪打死，一时间，美国朝野怨声载道，保持绝大部分官员的稳定性成为必然趋势。1883 年，《彭尔顿法案》出台，功绩制成为选择，后来虽又颁布了《文官改革法案》《职位分类法》，而且撤销了文官委员会，代之以分散的人事管理与监督机构，但功绩制的趋向始终未有明显改变。

在整个西方世界，德国的公务员制度出现较早，但发展也最慢。早在 1700 年，德国军队中就采用竞争考试的方法任用军事法官，1770 年，规定所有高级官吏都必须从成绩优秀的大学毕业生中选任，并规定必须参加口试和笔试，两试合格，才能被任用。1873 年，《帝国官员法》出台，1879 年以立法的方式规定了行政人员的考试标准，1918 年魏玛宪法规定："官吏为全国之公仆，不受一党一派之奴役"。希特勒上台后，德国公务员制度横遭践踏，公务员成为野蛮统治的工具。二战后《联邦官员法》《官员法总则》相继出台，1977 年，完善的公务员制度最终形成，实践效果良好，在西方有较好的口碑。

日本近代官僚制度始于明治维新，但仅作为天皇统治的工具存在，二战后，内外压力颇大，日本政府着手对公务员制度进行调整，1947 年，颁布施行《国家公务员法》，既借鉴了美国又不失本土特色，公共人事行政逐步迈上正轨。

四、人事行政的原则

人事行政原则，是指人事行政工作中具有普遍意义和指导功能的基本原理和准则，也是人们对人事行政活动规律的总结和概括。我们认为有以下几点：

（一）用人与治事统一原则

人事行政工作的基本功能就是用人治事。用人与治事是统一的：用人为了治事，治事必须用人。因此，在人事行政工作中，应力求用人权与治事权相结合，即治事者要有一定的人事权。如果两者相脱节，掌握人事权的人不管事，而管事的人又没有必要的人事权，那就难以达到人事相符、人事相宜的结果，因此应该保障用人单位的用人权，使得用人与治事结合起来，增强人事管理的活力和效能。

（二）任人唯贤原则

选拔国家公务人员，要唯贤，即坚持德才兼备的标准。德才兼备，就是要求行政人员既有德，又有才。"德"指行政人员的思想政治素质，主要是能坚持党的基本路线，具有坚定的政治立场和信念，具有高尚的道德情操、正派的思想作风和旺盛的革命精神等。"才"指行政人员的知识水平和业务能力，要求行政人员掌握较为丰富的现代科学文化知识，具有真才实学和开拓精神，具有胜任本职工作的业务知识和实际能力，并在实践中不断学习、不断提高。只有坚持德才兼备标准，才能切实保证行政人员素质的优化，才能有效提高行政工作质量和行政效率。

（三）激励竞争原则

将行政人员的工作成绩和贡献作为评价、奖励、晋级、晋职、降职、辞退的主要标准。把竞争机制引入人事行政，实现优胜劣汰、优升劣降、该奖则奖、应罚则罚，贯彻赏罚分明原则，就是要奖罚得当，就是对行政人员实施奖罚要一视同仁、公平合理，奖罚等级与功过大小程度相一致。提供公平的竞争机会，增强人事行政的活力，培养和促进公务员的积极性和责任心，实现公共人力资源的合理配置。

（四）智能互补原则

一个行政组织机构要发挥较好的效能，就要合理地配备各种人才，形成最佳结构，使具有不同年龄、专业、知识、能力、特长、爱好、心理、生理特征的行政人员，互相补充、互相配合、互相协作，发挥群体优势，出色地完成行政任务。行政管理实践证明，在各种行政管理活动中，行政人员队伍，特别是行政领导班子配备得好，就会产生一加一大于二的最佳效能；反之，就会产生不停的"内耗"，出现一加一小于一或等于零的后果。智能互补，决非随意凑合，而是根据每个行政机构的性质、任务、要求等方面的具体情况，进行慎重选择、科学安排、合理配备，形成最佳的行政人员群体结构，保证行政工作有效、协调进行。

（五）依法管理原则

所谓依法管理原则，就是人事行政的一切方面，包括行政人员的考试、录用、考核、晋升、奖惩、工资、福利、退休等，都必须按照有关人事法律、法规的规定严格实施，使得一切人事管理工作都依据国家的法律、法规进行，而不能因人而异、以言代法、各自为政、各行其是。建立健全人事法规，坚持依法管人，是搞好人事管理的重要保障。实践证明，只有依法管人，才能依法行政；只有依法行政，才能依法治国。

我国人事行政活动具有鲜明的政治性与中国特色，即需要坚持中国共产党领导，坚持以马克思列宁主义、毛泽东思想、邓小平理论、"三个代表"重要思想、科学发展观、习近平新时代中国特色社会主义思想为指导，贯彻社会主义初级阶段的基本路线，贯彻新时代中国共产党的组织路线，坚持党管干部原则。

第二节　西方国家的公务员制度

一、西方公务员的范围

公务员制度是人事行政的集中体现，1855 年英国颁布第一个枢密院令，标志着现代意义的公务员制度诞生，但是，在西方，由于政治经济、历史沿革、民族文化、理论认识上的差异，对公务员一词的定义缺乏统一理解，在称谓上也是千差万别，英国称文官、美国称政府雇员、波兰称公职人员、法国和日本称公务员，而且公务员的范围划分也有较大区别。

（一）小范围

这种划分把通过公开考试、择优录用，在政府机关长期任职的文职人员才称为公务员。由选举产生的总理、大臣、政务次官和国有企事业单位的工作人员及司法、军职人员，不属于公务员。以英联邦国家为代表。

（二）中范围

这种划分把在国家行政机关工作的所有人员统称为公务员。公务员不仅包括行政部门的所有工作人员（政治任命和考试录用），也包括在政府部门工作的工勤人员。美国及受其影响的德国、菲律宾、韩国即是典型。

（三）大范围

这种划分将从地方到中央政府机关（立法、行政、司法）的公职人员及国立学校和医院、国有企业的正式人员都纳入公务员范围，这种划分包括的公务员范围最广。使用这种界定方式的国家有法国和日本等。

从上述差异来看，世界上没有一致的公务员范围，但所有能称为公务员的人员还是有一个最基本的共同点——由国家支付薪酬的公职人员。而且，称为公务员和是否完全适用《公务员法》管理是两个问题，例如教师在法国虽属于公务员，但主要由《教师章程》规范，日本也是如此。

二、西方国家公务员制度的特征

纵览西方国家公务员制度，会发现有如下特点：

（一）公开考试、择优录用

即所有文官都必须通过公开考试择优录用，政府任何一级官位都向成绩优秀者开放，每个报考者不受种族、家庭、财产状况的限制，一律享有平等的竞争机会，西方各国都用立法的形式把考试内容、方式、条件、组织等固定下来形成制度，这对建立一支精干、稳定和高水平的公务员队伍，保持行政系统的高效率和连续性起了重要的作用。例如日本法律规定，所有公务员都必须经过考试才能进入国家机关，否则就要受到严厉的惩罚。轻者罚款 10 万日元以上，重者处以一年徒刑。

（二）两官分途制

西方国家一般把政府官员分为两类，一类称为政务官，他们随政党竞选的胜败而进退，有一定的任期，主要担任各部、委的行政首长；另一类为事务官，即我们通常所称的文官，他们一般被录用后就按工作成绩逐年提升，对自己的本职工作有全面的了解，实行职位的常任制，只要没有过失，就可以终身任职，有终身的职业保障，并享受较为优厚的待遇。西方国家的实践表明，公务员的职位实行常任制有利于政局的稳定和行政管理的连续性，有利于政府工作效率的提高和行政管理专家队伍的成长。

（三）政治中立原则

即所有文官必须在政治上保持中立，不得介入党派活动，不得参加和支持政党的竞选活动，不得以党派偏见影响决策，文官的工作与党派之争完全分开，如果要参加政治竞选必须先辞去常任文官职务。另外，文官也不得参加任何经济性的营利活动，并接受各种政治捐款。实践证明，坚持政治中立原则有利于公务员以公正的态度处理行政事务和保持政府工作的稳定性，因此许多国家都以立法形式确定这一原则。

（四）纪律严明、高薪诱人

西方各国对文官普遍具有严格的纪律要求，例如要求文官必须忠于国家、忠于政府、严守国家机密、不得参与任何商业性的盈利活动等等。而且许多道德层面的要求都被上升到法律层面，如美国国会 1978 年通过了《政府道德法案》，1993 年又颁布了《美国行政部门雇员道德行为准则》。与此同时，各国都对文官的身份、地位、权利和义务作出了十分详细的规定。西方国家基本上给公务员提供不低于一般生活水准的工作条件、工作环境和相对较高的薪金收入，退休后享有来源固定的、较为丰厚的退休金，以吸引最优秀的人员进入公务员队伍，同时保证公务的廉洁。

三、西方国家公务员制度的发展趋向

西方文官制度在建立初期，确实产生了很好的效果，但经过 100 多年的发展，到今天已出现了许多难以克服的弊端：一方面，在各行政部门中，作为外行调任的行政首长（政务官）往往没有什么实权，各部门的实际权力掌握在常务次长手里，常务次长手下往往有自己的一套班子，若其调任他职时，常把自己手下人一起调去，这就在文官中形成许多拥有实权的小官僚集团，他们以实力对抗行政首长，造成文官的实际地位高于政务官的局面，加大了政策执行的难度，同时也造成了文官集团的保守性（维护既得利益）和官僚主义化（繁文缛节）；另一方面，虽然西方国家一直在标榜文官的政治中立，但目前的实际情况是，许多文官和政府要员、垄断财团的老板及议会的议员等有着密切的关系，许多大企业常常通过拉拢或收买那些握有实权的文官来为自己谋利益。文官之间串通一气，常常能直接影响政策的制定和执行。

在这种大背景下，西方公务员制度逐渐呈现出一些新的特点：

（一）下放权力，增强用人单位的自主权

在市场化取向的行政改革背景下，为消除管人与管事相脱节的现象，发挥基层部门的积极性，和"让管理者来管理"的思维相适应，政府逐步在可行的程度内，下放人事权，赋予一线管理者更大的权力，使基层的公务员有更强的监控能力、谈判能力和合同管理能力。改革的重点则在于建立权责明确的放权机制，人事部门放弃直接干预，主要通过责任监督和工作引导对人事行政工作加以调控，并提供必要的技术援助。当然，"放权不放责"，在法制架构相当健全的多数西方国家，在下放人事管理权限的同时，也不忘记通过预算控制、编制控制、绩效合同管理来加强宏观调控。

（二）简化录用程序，丰富录用方式

原有的公务员录用程序虽然较为公正、客观，但周期长、手续繁琐，旨在保证被录用者素质的制度，使政府在人力资源市场的竞争中处于劣势，无法录用到高素质的人才。越来越多的政府征募工作人员试图规避那些繁琐的规定，以使录用工作能够得以灵活开展。1994 年，克林顿总统签署文件，取消了长达一万页的联邦人事管理守则，简化了录用程序，也使录用工作更趋规范化。与此同时，打破统一的标准考试，考录形式日趋多样，重视实际效果。美国根据 1987 年沃尔克报告的建议，取消由联邦政府统一组织的标准考试。考试权限由政府各部门自己掌握，由他们自己组织考试，根据自己的需要来设计考试并加以录用。根据 1990 年美国的统计数据，进入到职业公务员队伍的只有 15% 是经过标准化考试的，85% 的公务员则是通过其他方式来录用的。

（三）实施以绩效工资为主要形式的灵活工资制度

在美国，1978 年试行绩效工资制，1984 年以绩效管理和确认体制来改善绩效工资制。最基本的做法是在固定的工资水平上加一定数量的资金，但仍没有把绩效和报酬直接联系起来。1990 年，美国联邦政府颁布了联邦雇员工资持平法，要求在全国和地域范围内对雇员的工作进行调整。地域工资调整的目标是在九年内将政府雇员的工资同私营部门持平，全国性调整旨在使政府雇员的工资达到新设立的"就业费用指数"水平。由于工资水平的提高，政府部门在劳动力市场上提高了竞争力。在此基础上，美国政府进一步对工资发放制度进行了改革。其中最为引人注目的是以绩效工资制取代传统工资发放模式。绩效工资制改变了以往不同级别的公务员工资固定化，并依年资自动增长的做法。新的工资结构中增加了绩效工资这一内容，能否得到这部分报酬及得到多少都要依据其业绩表现而定。阿肯色州是这一制度的先驱者，该州还建立了"工作表现管理评审制度"作为绩效工资制的辅助机制。到目前为止，半数以上的州政府对本州公务员实施了绩效工资制。尽管它仍处于不断调整的态势之中，但从公务员及社会的反映来看，其作用是积极的。

此外，西方国家还出现了分类管理简化、聘任制公务员增加等改革趋向。

第三节　我国的公务员制度

一、我国公务员的含义与分类管理制度

自新中国成立到 1987 年党的十三大召开前，我国实行的是干部体制，主要靠任命选拔国家机关工作人员，十三大报告首次使用了"公务员"称谓。但在此后的一段时间内，我国在公务员管理领域一直都缺乏一部真正的法律进行规范，1993 年国务院出台的《国家公务员暂行条例》及相关配套法规虽然涉及公务员的权利、义务、主管机关的职权和公务员权益的救济渠道等问题，但立法层次较低、缺乏权威，而且规定过于概括，具体运作依赖行政机关内部规则，后者没有明确的法律地位或者法律授权，实践中政出多门、各行其是的现象大量存在。2005 年 4 月 27 日第十届全国人大常务委员会第十五次会议审议通过《中华人民共和国公务员法》，2006 年 1 月 1 日正式实施，这标志着中国的公务员制度进入到一个新的发展阶段。

按照《公务员法》，公务员指依法履行公职、纳入国家行政编制、由国家财政负担工资福利的工作人员。由此，公务员必须具备三个条件：

（一）依法履行公职

公务员必须是依照宪法、法律、法规的规定从事公务活动的人员，他们承担国家和社会事务的管理职能，通过法律赋予的职责，为国家、社会和公民服务，是人民的公仆。

（二）纳入国家行政编制

根据组织机构的性质、功能及与国家经济的联系，我国现行编制有行政编制、事业编制、企业编制、军事编制等类型。其中，行政编制指经费由行政费开支的人员编制，它的使用与国家的政治生活密切相关，与国家的行政预算有直接关系。公务员作为依法履行管理和服务职能的人员，纳入国家行政编制。

（三）由国家财政负担工资福利

通俗地讲，即"吃皇粮"，由国家财政供养，公务员的一切职务行为，都是为了国家的利益，国家相应的以财政负担工资福利的形式，来保障他们的生活，包括退休以后的生活。

公务员是干部队伍的重要组成部分，是社会主义事业的中坚力量，是人民的公仆。从范围上看，包括下列人员：中国共产党机关的工作人员、人大机关的工作人员、监察机关的工作人员、行政机关的工作人员、政协机关的工作人员、审判机关的工作人员、检察机关的工作人员、民主党派的工作人员。法律、法规授权的具有公共事务管理职能的事业单位中除工勤人员以外的工作人员，经批准参照《公务员法》进行管理。这些单位虽然使用的是事业编制和事业经费，但是依法行使着公共事务的管理性权力，例如中国银行保险监督管理委员会。

二、我国公务员管理的基本制度

（一）分类管理制度

分类管理制度是公务员管理工作的起点和准则，这一点在西方发达国家已达成共识。如果我们将《公务员法》视为规范公务员行为、保障公务员权益的"宪法"，那么分类管理制度无疑应该是其基础甚至核心内容。事实上，《公务员法》在总则第 8 条对此进行了明文规定，其所处位置说明分类管理是我国《公务员法》的基本原则之一，是《公务员法》从立法到执行都须予以贯彻和遵守的。

划分职位类别是分类管理最基本的要求，划分类别的标准不仅依据职位的性质和特点，还要取决于管理的需要。《公务员法》将公务员职位分为专业技术类、行政执法类、综合管理类、法官检察官类、其他等类别。设立专业技术类职位，有利于提高决策的科学性与执行的准确性，特别是利于稳定和吸引科技人才，培育一支"少而精"的政府专家队伍，而将行政执法类职位区分出来有利于更好地激励和约束一线行政执法人员，提高一线行政执法队伍的专业化水平。

国家根据公务员职位类别设置公务员职务序列，例如领导职务和非领导职务，职务对应相应的级别，二者共同确定公务员工资和其他待遇。

（二）录用制度

《公务员法》为严把进入公务员队伍的录用"门户"，从源头上把住公务员的素质能力关，规定全面落实公开、公平、竞争、择优的管理原则，保证公务员职位的公共性，同时也合理下放公务员录用考试的组织权限。

1. 录用的适用范围。公民可以通过录用、调入、选举、聘任、公开选拔、竞争上岗等方式与国家形成行政职务关系。其中，录用是进入公务员队伍最重要的"门户"，也是提高公务员队伍素质最基本的"关节点"。录用担任一级主任科员以下及其他相当职级层次的公务员，采取公开考试、严格考察、平等竞争、择优录取的办法。

2. 录用的原则及标准。公务员录用采取公开考试、严格考察、平等竞争、择优录取的方法，凡是中华人民共和国公民，只要符合规定的条件，都有平等的权利和机会报名参加考试；报考者能否被录用，取决于本人的政治、业务等素质，机关根据报考者的考试成绩和考核结果，择优录用。德才兼备是必须坚持的录用标准，既注重政治思想、道德品质，又注重文化知识水平和业务能力。民族自治地方录用公务员时，对少数民族报考者予以适当照顾。

3. 录用公务员的方法、条件和程序。公务员录用主要通过笔试、面试，全面测验报考者适应职位要求的基本能力以及专业技术水平；通过考核全面考察考试合格者的政治思想、道德品质、工作表现及其他方面的情况。

机关必须根据法定的条件和程序来录用公务员。公务员录用的条件包括两个方面。一是报考者必须具备取得公务员身份的基本条件；二是具备省级以上公务员综合管理部门规定的拟任职位所要求的资格条件。其中，基本条件包括：①具有中华人民共和国国籍；②年满十八周岁；③拥护中华人民共和国宪法，拥护中国共产党领导和社会主义制度；④具有良好的政治素质和道德品行；⑤具有正常履行职责的身体条件和心理素质；⑥具有符合职位要求的文化程度和工作能力；⑦法律规定的其他条件。因犯罪受过刑事处罚的、被开除中国共产党党籍的、被开除公职的、被依法列为失信联合惩戒对象的、有法律规定不得录用为公务员的其他情形的，不得被录用为公务员。

录用公务员应当按照法定程序进行，包括发布招考公告（载明招考的职位、名额、报考资格条件、报考需要提交的申请材料及其他须知事项）；报名与资格审查；进行考试；考察与体检，提出拟录用人员名单，并予以公示；一定级别以上的公务员综合管理部门按照管理权限审批。

4. 录用后的试用期。新录用的公务员试用期为1年。试用期满为合格的予以任职；不合格的，取消录用。

（三）考核制度

1. 分类考核。分类考核指将领导成员和其他公务员的考核有所区别。两者在考核内容及其重点、考核工作遵循的原则、考核等次及考核结果的使用等方面，是共同的，但在考核主体、考核形式、考核方法上却有所不同。领导成员由各级党委及其组织部门管理，由组织部门按管理权限派出考察组考核，采取届中、届末考核的定期考核形式。领导成员以外其他公务员由各机关管理，并由各机关自行考核，采取年度考核等形式。

2. 考核内容。公务员的考核，是指对公务员履行职责的情况所作的考察和评价。考核按照管理权限，全面考核公务员的德、能、勤、绩、廉，重点考核政治素质和工作实绩。考核指标根据不同职位类别、不同层级机关分别设置。德是指思想政治素质及个人品德、职业道德、社会公德等方面的表现；能是指履行职责的业务素质和能力；勤是指责任心、工作态度、工作作风等方面的表现；绩是指完成工作的数量、质量、效率和所产生的效益；廉是指廉洁自律等方面的表现。

3. 考核等次。定期考核的结果分为优秀、称职、基本称职和不称职四个等次，"基本称职"这一等次，解决了以往考核实践中存在的"称职大平台"现象。

4. 考核结果的使用。兑现和使用好考核结果，是考核制度的归宿点，关系到整个考核制度的效果。定期考核的结果作为调整公务员职位、职务、职级、级别、工资以及公务员奖励、培训、辞退的依据。

（四）奖励制度

公务员的奖励，是机关对在工作中表现突出有显著成绩和贡献，或者有其他突出事迹的公务员或者公务员集体给予一定精神和物质利益以示鼓励的制度。

1. 奖励条件。公务员或集体有下列情形之一的，应当给予奖励：忠于职守，积极工作，勇于担当，工作实绩显著的；遵守纪律，廉洁奉公，作风正派，办事公道，起模范作用的；在工作中有发明、创造或者提出合理化建议，取得显著经济效益和社会效益的；在增进民族团结、维护社会稳定方面做出突出贡献的；爱护公共财产，节约国家资财，有突出成绩的；防止或者挽救事故有功，使国家和人民利益免受或者减少损失的；在抢险、救灾等特定环境中作出突出贡献的；同违法违纪行为作斗争，有功绩的；在对外交往中，为国家争得荣誉和利益的；法律、行政法规规定的其他应当给予奖励的情形。但是，如果公务员或公务员集体弄虚作假，骗取奖励、申报奖励时隐瞒严重错误或者严重违反规定程序、严重违纪违法等行为，影响称号声誉、有法律或法规规定应当撤销奖励的行为，有关机关应当撤销其奖励。

2. 奖励的种类。奖励分为：嘉奖、记三等功、记二等功、记一等功、授予荣誉称号等形式。授予荣誉称号包括"人民满意的公务员""人民满意的公务员集体""模范公务员""模范公务员集体"等。奖励坚持定期奖励与及时奖励相结合，精神奖励与物质奖励相结合、以精神奖励为主的原则。

3. 奖励的权限。给予公务员、公务员集体的奖励，经同级公务员主管部门或者市（地）级以上机关干部人事部门审核后，按照下列权限审批：嘉奖、记三等功，由县级以上党委、政府或者市（地）级以上机关批准；记二等功，由市（地）级以上党委、政府或者省级以上机关批准；记一等功，由省级以上党委、政府或者中央机关批准；授予荣誉称号，由省级以上党委、政府或者中央公务员主管部门批准。

（五）职务升降制度

职务升降是指根据行政机关的工作需要和公务员的工作实绩，依法提高或降低公务员职务的行为。晋升是对公务员最大的激励，也是公务员职业发展过程中最关心的问题，降职不是惩戒手段，而是一种人力资源的调配手段。

1. 职务升降的条件。注重个人能力、工作实绩和资历，是世界各国带有共性特点的公务员职务晋升的条件。但是国情不同，侧重各异。中国公务员晋升的条件包括：必备条件（必须具备拟任职务所要求的思想政治素质、工作能力等）、资格条件（任职经历要求与学历要求）、限定性条件（职数限额要求与逐级晋升要求）三个方面。公务员晋升领导职务，应当具备拟任职务所要求的政治素质、工作能力、文化程度和任职经历等方面的条件和资格。公务员领导职务应当逐级晋升。特别优秀的或者工作特殊需要的，可以按照规定破格或者越级晋升。

公务员在年度考核中被确定为不称职的，按照规定程序降低一个职务或者职级层次任职。

2. 职务晋升的方式。厅局级正职以下领导职务出现空缺且本机关没有合适人选的，可以通过适当方式面向社会选拔任职人选。

3. 职务升降的程序。职务晋升的程序，是指公务员职务晋升时所应遵循的方式、步骤和次序等。职务晋升的程序为：①民主推荐，确定考察对象；②组织考察，研究提出任职建议方案，并根据需要在一定范围内进行酝酿；③按照干部管理权限集体讨论决定；④按照规定办理任职手续。公务员晋升领导职务的，实行任前公示制和试用期制。对不适宜或者不胜任现任职务、职级的，应当进行调整或降职。降职的程序为：①提出降职建议；②对降职事由进行审核并听取拟降职人意见；③按照干部管理权限集体讨论决定；④按照规定办理降职手续。

（六）职务任免制度

职务任免的实质是职务管理，就是确认机关与公务员的某种职务关系，健全职务任免制度，将为公务员管理的其他环节提供良好的基础。机关必须按照法定的情形、权限和程序任免公务员的职务，保证公务员队伍的勤政和廉政。

1. 任用方式。职务任免是职务任用的外在形式。因此，职务任免制度设计首先要定位职务任用方式。公务员领导职务实行选任制、委任制和聘任制。公务员职级实行委任制和聘任制。

2. 任免情形。选任制公务员在选举结果生效时即任当选职务；任期届满不再连任，或者任期内辞职、被罢免、被免职的，其所任职即终止。选任制公务员选任职务终止，不再担任公务员职务的，不保留公务员身份。委任制公务员试用期满考核合格，职务、职级发生变化，以及其他情形需要任免职务、职级的，应当按照管理权限和规定的程序任免。机关按照规定聘任公务员的，可以按照法定的录用程序公开招聘，也可以从符合条件的人员中公开选聘。按照平等自愿、协商一致的原则签订书面聘任合同，根据聘任合同管理。聘任期满不再续聘或者聘任期内解除聘任合同的，所任职务终止，不保留公务员身份。

3. 规范兼职。对公务员的兼职情形作严格规范，是世界各国公务员制度的普遍做法。我国公务员原则上一人一职，确因工作需要，经任免机关批准，可以在国家机关外兼职，但不得领取兼职报酬。

（七）培训制度

公务员的培训是指机关适应国家发展战略和公务员职业发展需要，根据工作和提高公务员素质的需求，按照职位的要求，有计划有组织地为提高公务员政治和业务素质进行的教育、训练活动。

1. 培训原则。我国公务员培训的基本原则是：理论联系实际、以人为本、全面发展、注重能力、学以致用、改革创新、科学管理。理论联系实际，是公务员培训的方向；以人为本，是公务员培训的理念；全面发展，是公务员培训的目标；注重能力，是公务员培训的重心；学以致用，是公务员培训的要求；改革创新，是公务员培训的内容要求；科学管理，是对公务员培训的组织要求。

2. 培训种类。机关对新录用人员应当在试用期内进行初任培训；对晋升领导职务的公务员应当在任职前或者任职后一年内进行任职培训；对从事专项工作的公务员应当进行专门业务培训；对全体公务员应当进行提高政治素质和工作能力、更新知识的在职培训，其中对专业技术类公务员应当进行专业技术培训。国家应有计划地加强对优秀年轻公务员的培训。

3. 培训结果的应用。公务员的培训情况、学习成绩，应作为公务员考核的内容和任职、晋升的依据之一，这是将培训工作落实到位的一个关键因素。没有参加初任培训或培训考试、考核不合格的新录用公务员，不能任职定级。没有参加任职培训或培训考试、考核不合格的公务员，应及时进行补训。专门业务培训考试、考核不合格的公务员，不得从事专门业务工作。在职培训考试、考核不合格的公务员，年度考核不得确定为优秀等次。无正当理由不参加培训的公务员，根据情节轻重，给予批评教育或者处分。

（八）交流制度

公务员交流，是指机关根据工作需要或公务员个人的愿望，通过法定形式，变换公务员工作岗位，从而产生、变更或消灭公务员职务关系或工作关系的一种人事管理活动与过程。交流是公务员管理制度的重要环节。建立公务员交流制度，标志着公务员管理系统的灵活和开放，体现出公务员管理体制的生机和活力。公务员应当服从机关的交流决定，公务员本人申请交流的，按照管理权限审批。

1. 交流的适用范围。交流作为机关实施的组织行为，有明确的内涵和外延，这决定了交流有特定的适用范围，公务员可以在公务员和参照公务员法管理的工作人员队伍内部交流，也可以与国有企业和不参照公务员法管理的事业单位中从事公务的人员交流。

2. 交流方式。交流形式为调任、转任。①国有企业、高等院校和科研院所以及其他不参照公务员法管理的事业单位中从事公务的人员，可以调入机关担任领导职务或者四级调研员以上及其他相当层次的职级；②转任应当具备拟任职位所要求的资格条件，在规定的编制限额和职数内进行。对省部级正职以下的领导成员应当有计划、有重点地实行跨地区、跨部门转任。对担任机关内设机构领导职务和其他工作性质特殊的公务员，应当有计划地在本机关内转任。上级机关应当注重从基层机关公开遴选公务员。

（九）工资福利保险制度

工资福利保险是公务员的基本保障，对公务员具有保障、激励和调节功能。工资是劳动者根据其劳动成果以货币形式表现的收入。福利是指机关为改善和提高公务员物质文化生活水平而采取的一些措施或提供的待遇。保险是劳动保险的一种，是国家对生育、年老、疾病、伤残和死亡等原因，暂时或永久丧失劳动能力的公务员给予的物质保障。

1. 确定公务员工资的原则。公务员实行国家统一规定的工资制度。公务员工资制度贯彻按劳分配的原则，体现工作职责、工作能力、工作实绩、资历等因素，保持不同领导职务、职级、级别之间的合理工资差距。国家建立公务员工资的正常增长机制。

2. 公务员工资构成。公务员的工资包括基本工资、津贴、补贴和奖金。基本工资由职务工资与级别工资构成。公务员按照国家规定享受地区附加津贴、艰苦地区边远津贴、岗位津贴等津贴。公务员按照国家规定享受住房、医疗等补贴补助。在定期考核中被确定为优秀、称职的公务员，按照国家规定享受年终奖金。津贴补贴的目的在于弥补公务员工资的不足，进一步理顺工资关系，奖金是对劳动者超过定额劳动或作出显著贡献的物质鼓励。

3. 福利水平与项目。公务员按照国家规定享受福利待遇。国家根据经济社会发展提高公务员的福利待遇水平。公务员实行国家规定的工时制度，按照国家规定享受休假（节日休假、带薪年休假和其他休假）。机关因工作需要安排公务员在法定工作时间之外加班的，应当给予相应的补休，不能补休的按照国家规定给予补助。

4. 公务员保险种类。公务员依法参加社会保险，按照国家规定享受保险待遇。公务员因公牺牲或者病故的，其亲属享受国家规定的抚恤和优待。

（十）辞职辞退制度

辞职辞退包括公务员辞去公职、辞去领导职务。辞去公职，是指公务员根据本人意愿，依法辞去所任职务，并解除与机关的全部职务关系，丧失公务员身份。辞去领导职务，是指担任领导职务的公务员依法向任免机关申请不再担任所任的领导职务，不丧失公务员身份，可按照规定另行任职。辞去公务员公职，是公务员决定从事机关公务工作或者其他工作的职业选择；辞去领导职务，是在机关内部的职务选择。辞退公务员，是指机关依照法律规定的条件，通过一定的程序解除与公务员的全部职务关系，被辞退的公务员离开机关并丧失公务员身份。

1. 辞去公职的条件、程序与法律后果。公务员辞去公职属于公务员的权利，公务员辞职的肯定性条件，是公务员不愿意或不适宜继续在机关中工作，但都是出于自愿。明确公务员辞去公职的条件，实际上是为了保障公务员的职业选择权。

公务员辞去公职的限制性条件是对公务员辞职肯定性条件的限定和补充。公务员在下列情形之一不得辞去公职：未满国家规定的最低服务年限的；涉及国家安全、重要机密等特殊职位任职或者离开上述职位未满解密期限的；重要公务尚未处理完毕，而且须由本人继续处理的；正在接受审计、纪律审查、监察调查，或者涉嫌犯罪，司法程序尚未终结的；法律、行政法规规定的其他情形。公务员辞去公职，应当向任免机关提出书面申请，任免机关在法定期限内审批。公务员辞职后不保留公务员身份。

2. 辞去领导职务的情形。担任领导职务的公务员辞去公职可以分为因公辞职、自愿辞职、引咎辞职、责令辞职四种情况。因公辞职与自愿辞职适用于所有担任领导职务的公务员。引咎辞职与责令辞职仅适用于公务员中的领导成员。

因公辞职，是指担任领导职务的公务员，因工作变动依照法律规定需要辞去现任职务的，应当履行辞职手续。作出这样的规定，可以更好地维护宪法、组织法中相关规定的严肃性。

自愿辞职，是指担任领导职务的公务员，因个人或者其他原因，可以自愿提出辞去领导职务。作出这样的规定，可以维护领导干部的择业权利。

引咎辞职，是指公务员中的领导成员因工作严重失误、失职造成重大损失或者恶劣影响，或者对重大事故负有重要领导责任，不宜再担任现职，由本人主动提出辞去现任领导职务。

责令辞职，是指领导成员应当引咎辞职或者其他原因不再适合担任现任领导职务，本人不提出辞职，通过一定程序责令其辞去现任领导职务。

3. 辞退的条件。出现以下情形之一的，机关可以对公务员作出辞退决定：①在考核中，连续两年被确定为不称职的；②不胜任现任工作，又不接受其他安排的；③因所在机关调整、撤销、合并或者缩减编制员额需要调整工作，本人拒绝合理安排的；④不履行公务员义务，不遵守法律与公务员纪律，经教育仍无转变，不适合继续在机关工作，又不宜给予开除处分的；⑤旷工或者因公外出，请假期满无正当理由逾期不归连续超出十五天，或者一年内累计超过三十天的。

但出现下列情形的，不得辞退：①因公致残，被确认丧失或者部分丧失工作能力的；②患病或者负伤，在规定的医疗期内的；③女性公务员在孕期、产假、哺育期内的；④法律、行政法规规定的其他情形。

4. 对公务员辞职、辞退的要求。辞退公务员，由所在机关提出建议，按照管理权限审批。辞退决定应当以书面形式通知被辞退的公务员，并应当告知辞退依据和理由。被辞退的公务员，丧失公务员身份，解除与机关的全部职务关系。被辞退的公务员，可以领取辞退费或者根据国家有关规定享受失业保险。公务员辞职或者被辞退，离职前应当办理公务交接手续，必要时按照规定接受审计。

（十一）退休制度

公务员退休，是指公务员达到法定退休年龄，为国家服务达到一定工作年限，或者丧失工作能力，依法办理退休手续，由国家给予生活保障，并给予妥善安置与管理。

1. 退休方式。公务员退休方式分为强制退休与自愿退休两种方式。强制退休指公务员达到国家规定的退休年龄或者丧失了工作能力，应当退休；自愿退休指达到法定的最低退休年龄之后，可以自愿申请退休，《公务员法》第93条规定：工作年满30年的、距国家规定的退休年龄不足5年，且工作年满20年的公务员，本人自愿提出申请，经任免机关批准，可以提前退休。

2. 退休待遇。公务员退休后，享受国家规定的养老金和其它待遇。国家和社会为其生活和健康提供必要的服务和帮助，鼓励发挥个人专长，参与社会发展。

（十二）监督制度

公务员的监督机制渗透在人事行政的各个管理环节，通过对公务员行为的法律监督，旨在实现公务员权利与义务的平衡。《公务员法》中的公务员监督机制，主要体现在义务、纪律处分、回避等环节中。

1. 义务。公务员的义务，就是国家法律对公务员必须做出一定行为或不得做出一定行为的约束和强制，即公务员的义务包括作为义务和不作为的义务。例如，忠于宪法，模范遵守、自觉维护宪法和法律，自觉接受中国共产党领导；忠于国家，维护国家的安全、荣誉和利益；忠于人民，全心全意为人民服务，接受人民监督；忠于职守，勤勉尽责，服从和执行上级依法作出的决定和命令，按照规定的权限和程序履行职责，努力提高工作质量和效率，等等。

2. 纪律处分。公务员因违纪违法应当承担纪律责任的，依照《公务员法》给予处分或者由监察机关依法给予政务处分；对同一违纪违法行为，监察机关已经作出政务处分决定的，公务员所在机关不再给予处分。违纪违法行为情节轻微，经批评教育后改正的，可以免予处分。处分有警告、记过、记大过、降级、撤职、开除六种。公务员在受处分期间不得晋升职务、职级和级别，其中受记过、记大过、降级、撤职处分的，不得晋升工资档次。受处分的期间为：警告，六个月；记过，十二个月；记大过，十八个月；降级、撤职，二十四个月。受撤职处分的，按照规定降低级别。

3. 回避。公务员回避，是指通过对公务员所任职务、执行公务和任职地区等方面作出限制性规定，减少人为因素对工作的干扰，保证公务员公正廉洁地执行公务的法律制度。回避有三种情形：①任职回避。公务员之间有夫妻关系、直系血亲关系、三代以内旁系血亲关系以及近姻亲关系的，不得在同一机关双方直接隶属于同一领导人员的职位或者有直接上下级领导关系的职位工作，也不得在其中一方担任领导职务的机关从事组织、人事、纪检、监察、审计和财务工作。公务员不得在其配偶、子女及其配偶经营的企业、营利性组织的行业监管或者主管部门担任领导成员。因地域或者工作性质特殊，需要变通执行任职回避的，由省级以上公务员主管部门规定；②公务回避，公务员执行公务时，有下列情形之一的，应当回避：涉及本人利害关系的、涉及与本人有上述所列亲属关系人员的利害关系的、其他可能影响公正执行公务的情形；③地区回避，公务员担任乡级机关、县级机关、设区的市级机关及其有关部门主要领导职务的，应当按照有关规定实行地域回避。

（十三）申诉控告制度

相对于机关来说，公务员处于弱势地位，机关可能在管理公务员的过程中行为不适当，机关及其领导人员也可能滥用管理权力，侵犯公务员合法权益，因此，需要建立监督纠错保障机制，确立对公务员的救济渠道。申诉控告属于一种内部监督纠错保障机制。

1. 公务员申诉控告的范围和程序。公务员对涉及本人权益的下列人事处理决定不服的：处分、辞退或者取消录用、降职、定期考核被定为不称职、免职、申请辞职或者提前退休未予批准、未按照规定确定或者扣减工资福利保险待遇、法律法规规定可以提出申诉的其他情形的，可以自知道该具体人事处理行为之日起30日内向原处理机关申请复核，对复核结果不服的可以自接到复核决定之日起15日内向同级公务员综合管理部门或者作出该人事处理的机关的上一级机关提出申诉；也可以不经复核自知道该人事处理决定之日起30日内直接提出申诉。对省级以下机关作出的申诉处理决定不服的，可以向作出处理决定的上一级机关提出再申诉。受理公务员申诉的机关应当组成公务员申诉公正委员会，负责受理和审理公务员的申诉案件。公务员对监察机关作出的涉及本人的处理决定不服向监察机关申请复审、复核的，按照有关规定办理。

2. 复核与申诉的期限与要求。原处理机关应当在接到公务员递交的复核申请书后30日内作出复核决定，并以书面形式告知申请人；受理公诉员申诉的机关应当自受理之日起 60 日内作出处理；案情复杂的，可以适当延长，但是延长期限不得超过 30 日。复核、申诉期间不停止人事处理的执行。公务员不因申请复核、提出申诉而被加重处理。公务员申诉的受理机关审查认定人事处理有错误的，原处理机关应当及时予以纠正。公务员提出申诉、控告，应当尊重事实，不得捏造事实，诬告、陷害他人。对捏造事实，诬告、陷害他人的，依法追究法律责任。

思考题

1. 人事行政的基本原则有哪些？
2. 如何认识人事行政在推进国家治理体系和治理能力现代化中的重要性？
3. 我国与西方公务员制度的区别是什么？
4. 如何认识我国《公务员法》上的公务员概念？
5. 如何认识《公务员法》上的分类管理原则？
6. 如何认识《公务员法》上的考核制度？
7. 如何认识《公务员法》上的奖惩制度？
8. 如何认识《公务员法》上的职务晋升制度？
9. 如何认识《公务员法》上的申诉控告制度？
10. 如何认识《公务员法》上的回避制度？

参考文献

1. 宋世明：《中国公务员法立法之路》，国家行政学院出版社，2004 年版。
2. 孔昌生编：《外国公务员法汇编》，中国政法大学出版社，2003 年版。
3. ［美］罗森布鲁姆：《公共行政学：管理、政治和法律的途径》，张成福译，中国人民大学出版社 2002 年版。
4. 姜海如：《中外公务员制度比较》，商务印书馆 2003 年版。
5. 杨宇立、薛冰：《市场、公共权力与行政管理》，陕西人民出版社 1998 年版。
6. 应松年主编：《公务员法》，法律出版社 2010 年版。
7. 关保英主编：《公务员法学》，法律出版社 2007 年版。
8. 王红、傅斯明主编：《公务员法新论》，中国商务出版社 2005 年版。

9. 薛刚凌主编：《公务员法教程》，中国人民大学出版社 2017 年版。

10. 李红雷：《行政法释义学》，中国人民大学出版社 2014 年版。

11. 郑功成主编：《〈中华人民共和国公务员法〉释义》，人民出版社 2019 年版。

行政心理与行政沟通

　　人是行政组织构成要素中的第一要素，是所有积极性和创造性的根本来源，然而"人事之最难在于知人"，通过对人心理规律的了解是发挥人的积极性、获得有效管理的前提。同时，行政沟通则是"政府活动的神经"。良好的沟通才能保持目标的一致，才能形成良好的协作关系，从一定意义上说，行政活动就是连续的沟通过程。因而，本章介绍了行政组织中的个体与群体心理规律，以及行政沟通的类型、模式、过程与效果等基本问题。

第一节　行政心理概述

　　行政心理是研究行政主体的各种心理活动、行为表现及其规律的一门科学。行政主体指实施行政管理活动的行政组织群体及行政个体。行政心理是应用心理的一个分支，同时，又是行政管理理论体系中的一个重要组成部分。它是把心理学基本原理及其研究成果运用于行政管理领域的一门新学科。准确把握行政组织群体与行政个体的心理活动，是调动人们的积极性和主动性、提高行政效率、实施有效管理的一个重要前提条件。

一、行政心理涵义

　　心理是人脑对客观现实的反映，是人在一定客观现实中形成的认知、情感、意志等心理活动及其所表现出的心理活动的倾向性和功能、形式等特征（即个性心理）的总称。因此，行政心理是在一定的行政体系的内外环境以及行政管理活动中，行政主体所形成的主观反映，包括认知、情感、意志、活动倾向性、组织需要、组织气氛、士气、内聚力等许多方面。

　　主观心理是对客观存在的反映。首先表现在行政个体及行政组织群体对行政环境的认知，在这里，行政组织群体的心理功能实质上由行政个体承担。这种对客观环境的认知构成了心理学家 K. 勒温所讲的心理"生活空间"。它主要包括四个方面：①对整个政治体系的主观认知。政治体系是行政人员的身份地位和行政行为所处的大系统、大环境，它的结构、特性和变迁直接或间接地影响着行政人员的心理及行为取向。②对行政系统的了解。行政系统基本是指马克思·韦伯所讲的科层结构、领导体制以及正式和非正式沟通渠道等。③对所在单位的了解。所在单位是行政人员工作与生活的主要场所，人员的物质利益、精神需求、人际交往、职位的变动等需求都在这一环境中获得满足。因此，所在单位的状况，如单位的社会声誉、领导构成、人事安排、福利、工资制度等方面构成了行政人员心理空间的重要方面。④对整个社会经济、文化、人文、生态环境的认识。若以上前三方面为行政主体对行政系统内部环境的认识，那么，对社会经济的发展、人文环境、生态环境的认识则是对行政系统外部环境的认识，它也是构成行政人员心理生活空间的一个不可缺少的方面。具体到每个行政人员身上，由于其知识经验、个人抱负、所处的社会地位等因素不同，同样的环境因素在其心理环境中则有着不同的位置和影响力。

情绪、情感也是行政主体心理的一个重要方面。情绪、情感是人对客观事物的态度体验，是人的需要是否获得满足的反映。一般来说，需要获得满足就会引起积极的情绪、情感，需要得不到满足就会引起消极的情绪、情感。行政主体的情绪、情感主要指行政人员对其生活空间持续而相对稳定的态度体验。行政个体的情绪、情感主要表现在对组织的认同感、归属感、荣誉感以及对组织肯定性的情感或否定性的情感。行政组织群体的情绪、情感主要表现在内聚力、士气、组织气氛等方面。行政主体的情绪、情感状态对行政效率有着重要的影响。

意志是指自觉地确定目的，并根据目的有计划地调节和支配自身的行动，克服困难，去实现预定目的的心理过程。意志行动始终是由意识调节和支配的，它包括产生动机到采取行动整个过程。在行政心理中它主要表现在行政人员对行政系统及社会其他系统的评价、行政决策心理等方面。

行政心理还包括行政个体的需要、行政组织的内部需要和外部需要以及行政组织的功能所表现出的行政风格、特点等多方面。

以上是对行政心理静态涵义方面的分析，从行政管理动态运行方面分析，其涵义还应包括激励心理、竞争心理、行政交往心理、监控心理、行政人员选拔心理、行政组织变革心理等多方面。

二、行政心理的研究内容

行政心理学作为应用、交叉型学科，主要包括以下几个方面的内容：①行政个体心理。个体心理需要、心理素质、工作动机、认同心理以及人的本质等内容；②行政组织心理。组织的内外心理需求、士气、内聚力、组织心理气氛；③竞争、激励、监控心理。寻求最优化的手段来改变人们的心理与行为反应，以提高行政效率；④行政交往心理。通过对人与人之间相容与相斥心理的研究，设法消除人际障碍，形成良好的社会心理环境；⑤个体在群体中的心理。群体对个体的心理、行为等方面的形成产生直接的作用，而个体会对群体发展或多或少产生影响，甚至左右着群体的行为和功能的发挥；⑥决策心理、领导心理、组织变革心理、选拔心理等。

第二节 行政心理理论的发展

行政心理是一门应用，交叉型的新兴学科，其内容纷繁、丰富，下面以行政心理的主要理论的发展、演变为线索对行政心理的主要内容作以介绍。

一、组织理论中关于人性假说的演变发展

行政组织理论学说流派众多，不同的学说、流派以不同的人性假说作为其理论基石，演绎出不同的理论学说。美国心理学家沙因把流行于西方的几种人性理论概括为"经济人"假说、"社会人""自我实现人"假说、"复杂人"假说与"新经济人"假说，这几种人性假说都反映在不同时期的行政组织理论之中。

（一）"经济人"假说

"经济人"又称"惟利人"。它源于享乐主义哲学和英国经济学家亚当·斯密的古典自由主义理论。"经济人"假说在19世纪末20世纪初较为流行，其基本理论假设是：人的本性是懒惰的，人的行为动机是为了最大限度地满足自我的经济利益，工作是为了获得经济报酬。美国学者道格拉斯·麦格雷戈在其《企业中的人性》一书中，对这种人性假设的观点总结如下：①大多数人天生懒惰，有可能的话总是逃避工作。②大多数人没有雄心大志，规避风险，不愿承担责任，倾向于依赖别人，甘愿受他人支配。③大多数人安于现状，习惯对改革采取抵制态度。易受人暗示，常有盲从举动。④大多数人生来以自我为中心，

忽视组织目标。因此，常发生个人与组织之间的目标冲突。⑤人大致可分为两类，多数人符合上述假设，只有少数人能够自我克制、自我约束、自我激励。因而，应由后者来承担管理责任。

"经济人"假说用于指导管理实践，管理者一般会采用以下措施实施管理：①管理工作的重点是通过计划、组织、经营、指导和监督等手段提高劳动生产率和完成生产任务，管理者不承担任何情感和道德方面的义务。②管理工作只是少数管理者的事，与广大被管理者无关，后者的任务只是服从指挥、执行任务。③在奖励制度方面，主要用金钱刺激被管理者的积极性，对于消极怠工者、抗令不遵者，采取严厉的制裁措施。

行政组织理论中，泰罗的科学管理即持这种人性假说。

（二）"社会人""自我实现人"假说

"社会人"假说由梅奥提出。梅奥通过霍桑实验对组织中人的行为的实证性研究，提出对传统理论中"经济人"假说的批判。他提出，人作为"社会关系的总和"，不是机器、动物，而是具有思想、情感、人格的活生生的"社会人"。只有满足了其社会需求，才能最大限度地调动人的积极性，他所谓的社会需求指对人格的尊重、管理的参与、良好的人际关系、和谐的群体气氛等。后来这种观点被人本主义心理学派所支持和发展，对 20 世纪 30 年代到 60 年代流行的行为学派行政组织理论产生了重要影响。

道格拉斯·麦格雷戈对这种理论的基本观点总结如下：①人一般来说都是勤奋的，并不是天生地厌恶工作。如果具备良好的工作条件和人际环境，人们工作起来会如同游戏和休息一样愉快。②控制和惩罚不是使人实现组织目标的唯一办法，因为人们在执行任务中能自我控制和自我指挥，对"自我实现的人"，不宜控制过严，应给他们留有较大的自由活动空间，让他们独立完成任务，满足其成就感和自尊的需要。③多数人愿意承担工作责任，逃避责任、缺乏抱负并不是人的天性。大多数人在解决困难问题时，都能充分地发挥出潜能。④工作激励应以鼓励、参与为主。在现代工业条件下，人的智慧和潜力只发挥了很小一部分。领导者和管理者应鼓励职工并创造适当的条件，给职工发挥潜能的机会，让职工参与管理，充分调动其积极性。

（三）"复杂人"假说

"社会人"假说超越了"经济人"假说，但这一理论对人性的估计过于乐观。于是，20 世纪 60 年代末 70 年代初由美国心理学家沙因提出了更为全面的"复杂人"假说，与此同时，美国心理学家摩尔斯和洛斯奇提出的"超 Y 理论"

后经日本学者完善，命名为"Z理论"。这些理论，基本观点类似，其主要观点如下：①人的需要是多种多样的，而且，这种需要随着人类社会的发展和社会生活条件的变化而改变。每个人的需要各不相同，需要的层次也因人而异。②由于人们需要不同，其各自动机结构也不相同，动机与动机交互作用形成复杂的动机模式。③一个人是否感到满足并献身于组织事业，取决于他本身的动机结构以及他与组织间的交互关系。在不同情境下，可能有不同的动机。④由于需要、动机、兴趣、理想和能力等个体差异和情景性差异，因此，不存在适合于任何时代、任何人、任何情况下的万能管理模式。

相对于"复杂人"的人性假说，权变行政组织理论的具体思想基本如下：人们进行工作是有着不同的动机与需要的，而且，其动机与需要随时间而变迁，因而针对不同的人不同的时期，应采用不同的管理方法，激励职工的成就愿望，并提供机会，鼓励其向更高的目标努力。

（四）"新经济人"假说

"经济人"假说是社会科学中最为重要的人性假说，这一假说对于人的行为有着较强的解释力，然而由于这一理论难以协调"自私人"与"道德人"或"利他人"的内在冲突，使这一理论陷入了"经济—道德"二元悖论之中。[1] 这一理论主要面临着来自五方面的挑战：一是马斯洛的需要层次说，二是西蒙的有限理性说，三是威廉姆森的机会主义说，四是莱宾斯坦的X低效率说，五是诺斯的意识形态说。[2] 正是这些人对"经济人假设"这一理论进行修正而提出了"新经济人"假说。

"新经济人"假说有以下特点：其一，认为人们的心理动机从最根本上讲在于追求对于自身的最大效用。这一最大效用体系的形成，受生理因素、社会因素，特别是道德和伦理的信仰体系的影响。这种愿望和行动，体现在追求效用最大化的经济人身上，具体表现为，普通老百姓可能追求官能之欲和金钱财宝利益的最大化，士人名流追求名誉地位的最大化，官员政客追求权力选票的最大化，宗教人士则漠视这些而追求精神自由与超越利益的最大化。物质之欲、权力之欲、名位之欲、道义之欲等都能给人带来具体的效用，对于具体的人来讲他所追求的利益目标，是一个多元的效用函数，在这一追求过程中可能表现

〔1〕 程恩富："新'经济人'论：海派经济学的一个基本假设"，载《上海市经济学会学术年刊》2004年。
〔2〕 贺卫、王浣尘："从经济人到效用人——经济学中人性假设的飞跃"，载《山西财经大学学报》2000年第3期。

出利己，也可能表现出利他。利己能够带来最大的效用那么就会出现利己的行为，利他能够带来最大的效用那么就会出现利他的行为，甚至于杀生取义等各种在外人看来稀奇古怪的行为。其二，意识形态、道德法律制度、成本等是约束经济人追求效用最大化行为的约束条件。在交易费用为正的世界上，经济人的基本行为准则，就是行为的预期收益大于预期成本（R≥C），这是效用人决定是否采取行动的必要条件。经济人置身于交易成本为正的现实世界中，在他追求效用最大化过程中，行为要受习俗、道德、法律、制度以及自身成本等各因素多方面的约束，换句话说，经济人只能在特定制度环境约束下最大化自己的效用。那么作为经济人可能有机会主义的行为倾向、不择手段地追求个人利益的行为。由于意识形态、习俗、道德、法律、制度而造成谴责、惩罚或奖励的存在，往往会改变个人行为的收益与成本，这样能够塑造和约束个人的行为。

"新经济人"假说修正了原有"经济人"假说中的"经济—道德"二元悖论，并将人的心理行为置于具体的社会历史环境之中，大大提高了理论的解释力。

二、行政个体的心理需求理论

个体的需要是个体行为积极性的源泉。需要和人的活动紧密联系，它是人活动的动力，正是个体的这种或那种需要，推动着人们在某个方面进行积极的活动。因此，需要理论在整个心理学领域都占有重要的地位。人本主义心理学的创始人马斯洛的需要层次理论以及默里的需要理论对行政管理有着较大的影响。

马斯洛认为人类有五种基本需要：生理需要、安全需要、归属与爱的需要、尊重的需要、自我实现需要。这五种需要是在不同社会文化条件下人们所共有的需要。

生理需要。包括食物、空气、水分、性交、睡眠等。如果生理需要中的一种不能满足，它就会完全支配这个人的行为。当生理需要满足后，人就会被高一层的需要所支配。

安全需要。生理需要相对满足后，安全需要就会成为支配个体行为的主要动机。安全需要指避免危险和生活有保障，也包括工作岗位稳定、有一定数量的储蓄、社会安定、国际和平等。

归属与爱的需要。生理需要和安全需要满足后，爱与归属的需要会成为支配个体行为的主要动机。归属需要就是依附于一定的群体；爱的需要包括接受他人的爱和给予他人的爱，如果爱的需要得不到满足，个人就会感到孤独和空虚。

尊重需要。生理需要、安全需要、归属与爱的需要基本满足后，尊重需要就成为支配个体行为的主要动机。尊重包括两方面：一方面要求受到别人尊重；另一方面是自尊，它导致胜任、自足、自立等情感。

自我实现需要。自我实现是创造的需要，是实现自我理想的需要。它是马斯洛个性发展理论中最高理想的目标。

马斯洛认为在所有这些需要中，最占优势的需要将支配一个人的意识，并组织有机体的各种能量。马斯洛的需要层次理论把人的基本需要纳入到一个连续的统一体中，把人的基本需要看作是一个按层次组织起来的系统。它反映了人的基本需要由低级向高级发展的趋向，反映了需要和行为之间的关系，为研究对人的行为管理提供了有意义的线索。

默里认为需要是一个假设性的结构，它表明大脑区域内的一种力量，这种力量把知觉、智力、动作组织起来，在一个不满意的情境中，改变一定的方向。默里将人的需要分为：基本（身体能量）需要和次级（心理能量）需要。前者涉及生理的满足，后者涉及精神或情绪上的满足。身体能量的需要有：空气、水、食物、性等需要。心理能量的需要有：获得需要、生存需要、成就需要、交往需要等。基本需要最为重要，因为它直接与生存有关。各种需要将根据它对个体的重要性依次地得到满足。如果出现两个矛盾的需要，则首先满足在需要层次上较高位置和较强的需要。

三、组织群体的心理研究发展

西方管理学家对群体心理的研究有一个发展过程。20 世纪 30 年代以前，群体特征及其心理很少受人注意，传统管理理论把企业组织奠基于个人基础之上，管理中有意识地遏制群体活动。例如，泰勒的管理思想就是以"工人个别化"为准则。他认为工人在集体劳动时，会降低生产率。他在伯利罕钢铁厂曾经规定，不经批准不得有四名以上工人在一起劳动。霍桑实验之后，行为——人际关系学派兴起，才开始对群体心理有了大量的研究，逐渐使群体心理成为行政管理心理的重要组成部分。

（一）组织群体的心理需要研究

传统的组织群体心理理论着重于组织群体对组织成员的心理满足供给研究。

现代人们对组织群体的心理需要展开了全面的研究，将其分为组织群体心理需求和组织群体对其成员心理供给两个方面：①组织群体的心理需求，指组织成员对组织的忠诚心以及社会各界对行政组织存在的认同和支持。组织成员对其组织的忠诚也称为同组织一体化。它表现在三个方面：首先是组织身份认同。组织成员有一种强烈的归属感，有与组织荣辱与共的思想意识。其次是组织目标认同。组织成员对组织目标的意义与价值有着一致、共同的认识。最后是组织角色行为。组织成员按照组织所赋予自己的角色严格履行自己的权利和义务。组织的心理需求还有指向社会、希望社会各界认同支持的方面，即希望社会各界对其事业支持，对其权威认可，对其组织行为予以理解、配合。②组织群体对其成员的心理供给。组织成员有着各种各样的需要，他所在的组织或者说单位是其满足需要的主要场所。如果说组织成员在单位中，其个人生活保障、薪水、社会地位、自尊等方面得不到满足，那么，组织成员就会产生不满情绪，就会消极怠工，不服从组织安排，从而影响组织目标的实现。组织群体对组织成员的心理供给经常是一种激励成员、调动成员积极性的手段。

（二）群体行为研究

群体行为是指群体中个人统一于组织目标所产生并组织起来的行为。其行为效率的高低直接影响着行政组织目标的实现，因而，对群体行为的研究也是行政心理的重要内容之一。

心理学家霍曼斯对群体行为进行剖析，以寻求所有群体普遍存在的要素。他认为，任何一个群体的社会行为，都包括三个方面的因素：①任务活动。即为完成组织目标所从事的工作活动。②相互作用。人们在完成任务活动中，群体成员间的行为相互影响。如彼此的交往、接触、沟通等。③情感活动。个人之间、个人与群体、个人与工作之间所产生的情感反应。一个群体一般来说，都离不开这三方面的因素。这三者之间互相影响、互相作用。霍曼斯对群体行为的这种分析，虽是一种常识性的描述，但为人们后来系统地分析群体行为的内外变量提供了理论基础。

现代最新研究成果表明，影响群体行为的因素是多种多样的，如群体成员的个性特征、成员间的人际关系、群体的年龄、专业构成、气质、性格、智能组合状况等。群体行为与各个因素呈现出复杂的函数关系，其关系可用函数公式表示如下：

群体行为 = f（M、T、Q、L、E）

其中：

M：表示群体中各个成员的知识、技术、能力等专业组合。

T：表示群体所担负的主要任务和各种特征。

Q：表示群体的层次结构和内部控制。

L：表示群体领导人的能力和特征。

E：表示群体与外界社会的关系。

上述的函数公式表明，群体行为是复杂的，它不仅受各种变量的影响，而且，各种变量所存在的程度差异也影响着群体行为。在所有这些因素中，管理心理学家认为，群体内人与人之间的关系和人们对工作、群体、他人的情感是影响群体行为的主要因素。因而现代行政管理中特别重视群体的情感因素在管理中的作用。

（三）群体的内聚力、士气的研究

1. 群体的内聚力。内聚力是在 20 世纪 40 年代提出的"群体动力"理论中出现的。内聚力是指群体成员留存在群体之内的吸引力。它包括群体对其成员的吸引力、成员对群体的向心力、成员与成员之间的相互作用、相互影响，它是群体之中个体与群体、个体与个体之间相互关系的反映。内聚力是维持群体存在的必要条件，一个失去了内聚力的群体，会成为一盘散沙，很难维持下去，更不可能完成组织目标。

群体内聚力的大小受许多因素影响，其主要因素有以下几方面：①群体的领导方式。不同领导方式对群体的内聚力有不同的影响。其中民主型领导使成员之间友爱、思想活跃、态度积极，比专制型和放任型领导方式有着更强的内聚力。②外部压力。群体遭到外界压力时，会使成员更倾向于团结起来，抵抗外力，从而提高群体内聚力。③群体内部的一致性。即成员的共同性或相似性。一般而言，成员之间一致性越大，内聚力越强。④群体内部的奖励方式和目标结构。经研究表明：个人与群体相结合的奖励方式有利于增强内聚力。群体成员的目标任务相互关联，有利于增强内聚力。⑤群体地位、群体信息沟通、群体规模等都影响着内聚力的大小。

高内聚力并不一定导致高工作效率，内聚力与工作效率的关系比较复杂。美国学者斯蒂劳·P. 罗宾斯用四种不同情况来说明内聚力与生产率的关系：如果群体目标与组织目标保持高度一致，那么，内聚力愈高，生产效率就愈高。如果群体目标与组织目标不一致，那么，内聚力越高，则生产率越低。如果群体目标与组织目标不一致，那么低内聚力与生产率关系不明显。如果群体目标与组织目标一致，那么，即使内聚力低，生产率也能提高。从上述四种情形可知，只有群体目标与组织目标一致时，增强内聚力才有利于提高工作效率。

2. 群体的士气。"士气"这一概念源于军事术语。管理心理学家认为，士气是指群体的工作精神和群体成员为实现组织目标而奋斗的精神状态。士气不仅代表了组织成员个人的需要满足状态，而且，还认为这种满足得之于群体，因而愿意为实现群体目标而努力。一般认为，一个士气高昂的群体，本身应具有七个特征：①群体的团结来自群体的内聚力，而非来自外部的压力。②群体成员没有分裂为敌对小团体倾向。③群体本身具有适应外部环境变化的能力以及处理内部冲突的能力。④群体成员间具有强烈的认同感和归属感。⑤群体成员对群体目标及领导者持肯定和支持的态度。⑥群体中每个成员都明确地意识到群体目标。⑦群体成员承认本群体的存在价值，并且有维护本群体继续存在的意向。

实践表明：群体的士气对管理活动的效率和质量有着明显的影响，因而激发组织成员的士气、调动其积极性，是提高管理效率的一个重要手段。一般来说，影响士气的因素有以下几个方面：①对行政组织目标的赞同。只有对组织目标的赞同，个体才会有一种对组织的认同感，才愿意为实现组织目标而努力。②合理的经济报酬。同工同酬、公平合理，能提高人们的工作性，而不合理的分配状况，会引起不满情绪，从而降低士气。③对工作的满足感。对工作满足感的增长，有利于提高群体成员士气。④人际关系和谐。人际关系和谐，成员间认同感强，这样必然士气较高。⑤良好的工作环境。良好的工作、心理环境，会使人心情舒畅，提高组织成员的士气。⑥良好的双向沟通以及恰当的奖励制度等。

四、激励理论的演变发展

激励，是指借助能够满足个体需要的外在事物作为目标来激发动机，使人产生一种积极向上的心理状态，从而引导和推动人们产生积极行为的心理过程。

心理学研究认为，人们的行为由动机支配，而动机则是由需要引起的。当人们的某种需要产生后，心理就会有一种不安与紧张状态，从而为寻找目标以满足需要的驱动力，由此激发了动机，导致指向目标的行为反应。目标达成后，需要获得满足。随后又产生新的需要，导致新的动机与行为……这样循环不已。以上激励的心理过程图示如下

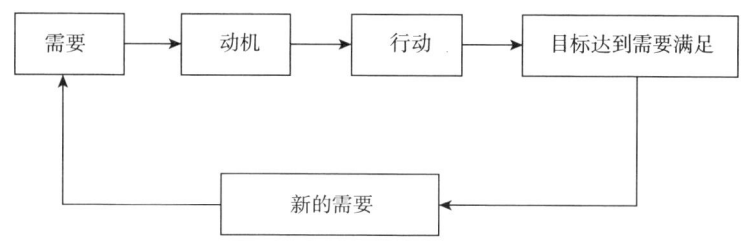

图 9 - 1　激励心理过程

这一描述客观地反映了个体由需要到行为产生的心理过程。

由于学科发展的整体水平，以及人们对激励心理过程及某些心理因素认识的差异，20 世纪 20 年代以来，管理学家、心理学家、社会学家从不同角度对激励进行研究，并提出了许多不同的激励理论。

（一）行为主义激励理论

20 世纪初，泰勒等人提出了工资激励模式。"霍桑试验"后，梅奥等人提出了工作条件、安全、民主等激励因素。后来华生的行为主义心理学理论风行于美国，形成了行为主义的激励理论。

行为主义的基本原则为：刺激→反应，用符号表示为 S→R。行为主义研究的对象是人的行为，而不是人的心理、意识等主观内部世界。因而，在管理措施上，就是通过刺激手段来诱发人的行为反应。

行为主义激励理论后来发展为新行为主义，不再否认个体的主观心理意识。其基本原则由 S→R 变为 S→O→R。S 为刺激，R 为行为反应，O 为中间变量，指个体的主观因素，即意图、愿望、目的、计划等。

根据这一理论，激励的手段不能仅靠外在刺激变量，还应考虑中间变量因素，即职工的主观愿望、意图、需求等。因此，激励手段比较复杂。

（二）强化理论

强化理论是美国行为主义心理学家斯金纳提出来的。强化指能加强动物或人行为的一种刺激。能使行为得到加强或重复出现的刺激叫正强化，如对好的行为加以肯定、奖励等；能使行为得到削弱或消失的刺激为负强化，如对不好行为的反对、惩罚等。强化的实质就是激励。

强化的基本理论观点如下：①人的行为受到正强化趋向于重复发生，受到负强化会趋于减少发生。②激励人们按一定要求和方式去工作，以达到预定的目标，奖励往往比惩罚更有效。③反馈是强化的一种重要形式，应该让人们通过某种形式或途径及时了解自己行为的结果。④为了使某种行为得到加强，奖赏应在行为发生后尽快提供，延缓奖赏会降低强化作用。⑤对所希望发生的行为应该明确规定和表达。只有行为的目标明确而具体，才能对行为效果进行衡量和及时奖励。⑥按照对象的不同需要，采用不同的强化物和强化手段。

如果说引起行为靠对动机的诱发，那么，强化就是巩固或取消这一行为的最有效手段。斯金纳的强化对于管理实践有着一定的借鉴意义。

（三）双因素理论

这一理论是美国著名心理学家赫茨伯格于20世纪50年代后期提出来的。他从人的满意角度出发，研究人的行为动力。他认为，激发动机的因素有两类，一是保健因素，二是激励因素。

保健因素又称维持因素。是指和工作环境或条件相关的因素，如管理制度、工资水平、工作环境、劳保、福利、安全等外界条件。这类因素往往是造成人们"不满意"的原因。改善这些外界环境因素可以消除人们的不满情绪，使人们感到："没有不满意"。保健因素在一般情况下，只对人们的积极性起一种维持作用。

激励因素指与工作内容紧密联系在一起的内在因素。如个人成就、社会荣誉、业务发展、责任大小等因素。这些因素的满足能真正使人们心里感到"满意"，能激励和改善组织成员工作的积极性，激发人的行为动机，促进人们的进取心。这种因素处理不好，也能引起不满，但影响不很大。

在赫茨伯格看来，不是所有的满足都能激励起人们的积极性，只有那些被称为激励因素的需要得到满足时，对人们的积极性才能起到调动作用。而保健因素是人们努力完成工作感到满足的必要条件，不具备保健因素将引起人许多不满，但具备时并不一定会调动人们的积极性。

（四）期望理论

期望理论是美国心理学家佛隆在1964年出版的《工作与激励》一书中提出的。期望理论认为：人们只有在预期其行动有助于达到某种目标的情况下，才会被充分激励起来，从而采取行动以达到这一预期目标。期望理论可概括为下列公式：

$$激励力量 = 效价 \times 期望值$$

符号表示为：$M = V \cdot E$

激励力量指调动个体积极性、激发人的内部潜力的程度；它表明了个体为达到所设置目标而努力的程度。效价是指实现这一目标对于满足个体需要的价值。期望值是指采取某种行动可能导致的绩效或满足需要的概率，即个体根据以往经验对目标实现的可能性大小的估计。

从公式可见，个体若对某一目标最为迫切，而且，他判断自己获得成功的可能性很大时，那么这一目标对他就具有很大的激励力量。若个体对某一目标根本不感兴趣，或者个体估计根本没有获得成功的可能，那么这一目标就不会对个体产生很大的激励作用。

（五）公平理论

公平理论是美国心理学家亚当斯于 1969 年提出的。这一理论是在社会比较中探讨个人所作的贡献与其所得的报酬之间的平衡的理论，侧重于研究工资报酬分配的合理性、公平性及其对个人积极性的影响。公平理论指出，人的工作积极性不仅受其所得的绝对报酬的影响，而且受到相对报酬的影响。相对报酬的含义可用数学模型表示为：

$$Q_A / I_A = Q_B / I_B$$

Q_A 表示自己的收益，Q_B 表示别人或过去自己的收益，I_A 表示自己的投入，I_B 表示别人或过去自己的投入。收益不仅包括工资、奖金多少，还包括权力、地位、福利待遇等。投入不仅指干活多少、好坏，还包括能力大小、经验多少、资历、学历等因素。

亚当斯认为，人们不仅注意报酬的绝对值，而且往往更注意报酬的相对值，并常依据相对报酬来对公平与否的程度做出判断。若发现自己所得与付出的比值小于他人所得与付出的比值，就会产生不公平感。此时，个体会感到紧张不安，并会采取行动来消除内心的这种不平衡状态。一般个体以下列行为来消除不公平感：①采取一定行为，改变自己的收支状况，如要求增加工资，或消极怠工、降低自己的贡献。②采取一定行为，改变他人收支状况，如设法降低他人报酬，或增加他人的贡献。③发牢骚、泄怨气，制造人际矛盾，甚至放弃工作。④通过自我解释，达到自我安慰，如曲解自己、他人的收支，达到一种公平的假象。⑤选择另一比较对象，获得心理安慰。前三种谋求公平的方式，其实质是向有关方面施加压力，而后两种属于一种自我心理安慰。

（六）综合激励模式

综合激励模式力图克服以前各种激励理论的片面性，综合了多种激励理论，比较全面地反映人们在激励中的心理过程。影响比较广泛的是波特和劳勒于 1968 年提出的综合激励模式。这一模式将外在激励和内在激励等因素综合起来形成新的激励模式，它含有努力、绩效、能力、环境、认识、奖惩、满足等变量。这些变量之间的关系图示如下：

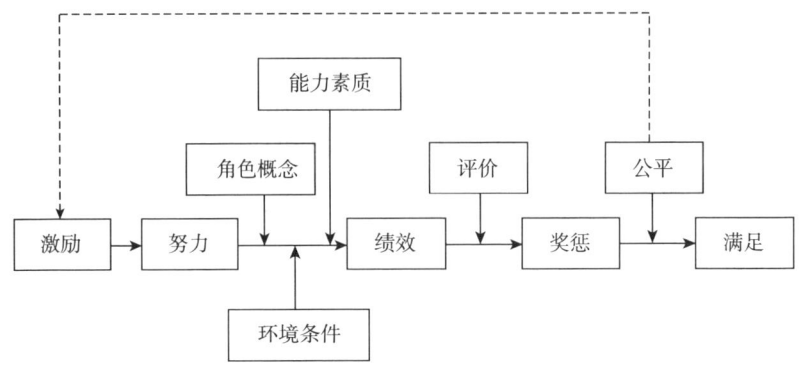

图 9 - 2 综合激励模型

其中，努力指个人所受的激励强度和发挥出来的能力。绩效指工作表现和取得的成果。如图所示，绩效最终取决于个体的努力以及能力与素质、对自己所承担角色的理解、环境等因素的综合。奖励与惩罚指工作结果受到客观评价后所受的奖惩。满足指个体对所达到预期目标的满足感，个体每次行为最终得到满足，会以反馈的形式影响个体，使其行为得到强化。

波特和劳勒的综合激励模式将激励过程看作是外部刺激、个体内部条件行为表现、行为结果等因素相互作用的统一过程。因而可以帮助管理者明确提高工作绩效应从何入手，应加强哪一环节，对实践有着很强的指导意义。

第三节 行政沟通的类型与模式

一、行政沟通的涵义及其基本功能

沟通一词从字义分析具有"相通""共享"之意，在现代传播学中，人们从沟通的实用性方面强调沟通具有"影响"之意，如传播学家奥斯古德认为："从最普遍的意义上说，沟通是一个系统（信源）通过操纵可选择的符号去影响另一个系统，这些符号能够通过连接它们的信道得到传播"[1]总之，沟通是指通过传递某些信息而使他人在思想和行为方面发生变化的过程。

行政沟通，亦称行政信息沟通或行政意见沟通，是行政信息传递者和接受

---

[1] ［英］丹尼斯·麦奎尔等：《大众传播模式论》，祝建华、武伟译，上海译文出版社 1997 年版，第 5 页。

者之间通过一定的媒介传递推行政务所需的观念、情感、消息、情报、资料等信息，并借以增进相互了解、协调行动的过程和方法。它的最大特点是在沟通的各方中必有一方是行政机关或行政人员，且这种沟通有极明显的目的性、规范性、层次性和广泛性。

行政组织系统不仅是一个权力分配体系、技术体系、目标与价值体系，而且，更重要的是它是一个信息交流的网络体系。从一定意义上讲，行政管理的过程就是一个信息接收、处理和传递的过程，所有的行政活动都伴随着连续的信息沟通，行政沟通贯穿于行政管理一切活动的全部过程中，只有通过沟通，行政活动才能顺利进行，行政目标才能顺利实现。有些学者称行政沟通为"政府活动的神经"，的确是个确切的比喻。

行政沟通的作用主要表现在以下三个方面：

1. 行政沟通是民主行政建设的一个重要方面，也是政府民主、开放程度的一个重要标志。政府与社会公众的沟通，就是充分开放的行政过程，是增加行政管理透明度的过程。行政具有公共性的本质，为公众谋利是其根本宗旨。因而，让公众了解政府工作并予以理解和支持，这是政府行政管理的题中应有之义，也是政治稳定的基础。通过沟通，让群众了解政府决策的内容、意图和面临的困难，同时也让政府了解大众的要求、呼声、委屈和不满，这样有利于纠正政府的某些偏差，缩小政府与群众距离，从而促进行政过程的民主与公开。

2. 行政沟通是提高行政效率的根本保证。政府活动包含两种性质的运动：一是人、财、物的输入和输出，即物质的流动和转化；二是各种信息的传递、接受和处理，即信息的流动和转化。在这一管理过程中，正是信息的沟通流动决定、反映、并引导物质流的运动。同时，行政的各个环节，规划决策、组织领导、控制监督，都离不开信息和信息沟通。因而，没有信息的有效沟通，行政部门就会混乱不堪，更不要说高效地完成行政任务。

3. 有助于实现行政决策的科学化、民主化。政府的基本职能是决策，行政决策的科学性和可行性，在很大程度上决定着政府活动的成败。而决定行政决策科学性的基本前提是所获信息真实性、丰富性与有效性。有效沟通能加深决策者对客观事物的了解，增大把握性，减少对客观事物运动变化的疑义度，这样能大大减少行政决策的盲目性。同时，有效沟通可以改变原来以行政领导决断为主的决策模式，取而代之的是通过广泛讨论和听取各方意见，由信息咨询机构提供方案，由领导机构抉择的民主决策模式。

二、行政沟通的类型

行政沟通的类型大致有三种划分方法。根据沟通线路的结构可划分为正式沟通和非正式沟通；根据沟通的方向可划分为下行沟通、上行沟通、平行沟通；根据沟通传递和接受的方式可划分为口头沟通、书面沟通和其他沟通方式。

1. 正式沟通和非正式沟通。任何行政组织结构均有正式组织与非正式组织之分，因而行政沟通有正式沟通与非正式沟通之分。

（1）正式沟通是指通过正式组织程序，按组织规定的线路和渠道所进行的信息传递与交流。在此线路中，每位职员都有其固定的职位与确定的工作关系，上级命令经由此路线下行，下级报告亦经由此线路上达。不可越级下达命令或越级报告，否则会造成冲突，破坏政令统一原则。例如：会议制度、汇报制度、文件下达、文件呈送等都是这种沟通方式。正式沟通是行政沟通的主要方式。正式沟通的优点是沟通效果较好且正式、严肃、有较强的约束力。所以，重要信息通常都采用这种沟通方式，其最明显的缺点便是沟通速度较慢。

（2）非正式沟通是指正式规定的渠道以外的信息交流和传递，它不受组织监控，自由选择沟通渠道。非正式沟通通常建立在行政组织中工作人员的社会关系上，由工作人员彼此间的社会交互行为而产生。其表现方式灵活多变、不固定，与正式沟通相比，非正式沟通简便、迅速、灵活，可以传递正式沟通无法或不愿传递的信息，常常可反映出人们的真实思想和态度。其缺点是不能控制，信息易被歪曲，造成失真现象，另外流言蜚语、小道消息易于传播。

2. 下行沟通、上行沟通、平行沟通。这是按沟通方向进行的划分。

（1）下行沟通指行政组织的管理层通过层级体系将信息向下级传递的过程。其主要目的在于对下级传达政策；下达工作任务、目标；提供有关组织行动的信息；提醒有关部门或人员对有关任务和其他关系的了解等。即一般所谓的"上情下达"。它是开展行政工作的一个重要手段。其缺点是在传递过程中可能发生信息搁置、误解，这种沟通通常机械死板，居高临下，易影响士气。

（2）上行沟通是指在行政组织中，下级人员向上级人员反映意见和情况、表达态度的程序。即一般所谓的"下情上达"或反馈。下级对于上级的指示、意见和建议，要能及时上达，上级便可据此修正决策，以便顺利完成任务。这种沟通使上级了解下情，同时又使下级获取心理满足，增强参与感。上行沟通存在的问题：渠道不畅，下级意见不能及时反映，下级因不良动机可能会投上级所好，报喜不报忧。

（3）平行沟通即横向沟通是指组织内不相隶属的同级部门和人员之间进行的信息传递和交流。这种沟通大多发生于不同命令系统之间及地位相当的人员中。通过有效的横向沟通可以减少层级辗转，节省时间，提高工作效率，同时，还有利于加强职能部门之间的相互联系与了解，促进相互协作。最早提出平行沟通的是法国管理学家亨利·法约尔的"跳板原则"。

3. 口头沟通、书面沟通和其他沟通。口头沟通和书面沟通属于语言文字沟通，另外还有非语言、非文字等其他沟通。

（1）口头沟通即以口语方式进行的沟通。例如：面谈、会议、演讲、广播、电话等。口头沟通直接、快速，可以当面获知对方的反应，可以用语调、手势、表情等增加沟通效果，并有助于提高人们的参与感。但口头沟通不够正式规范，易夹杂个人情感因素，且易误传，滋生谣言，不能记录保存，难以确定法律责任。

（2）书面沟通即以书面文字为形式的沟通。例如：通知、公告、公报、训令、备忘录等。书面沟通可以对文字斟酌使用，以求最佳表达效果，其形式正式、严肃、规范，可以长期保存，并可查考，其沟通面广，沟通对象可广泛分布于各个领域。其缺点是沟通速度慢，对于文字接受程度差的人员会形成沟通障碍。

（3）其他沟通，指非语言、非文字形式的沟通方式。包括动作、表情、借助工具进行的沟通。它在信息沟通中也起着重要的作用。这种沟通有时作为单独的沟通方式而存在，更多的时候附属于口头沟通或书面沟通。

三、行政沟通的模式

行政沟通在实际过程中，情况相当复杂，往往是单向沟通、双向沟通、直接沟通、间接沟通等多种沟通方式的综合体，无论多么复杂，我们都可分解为几种单一的沟通模式。一般来讲，行政沟通的模式，主要有五种，三种最基本的沟通模式和二种基本的复合沟通模式。三种最基本的沟通模式分别是：①连串式沟通模式。即组织中各个员工的沟通排成单线条状，每个人仅与上下或左右两边的员工发生沟通。如在一个受指挥部监督系统限制的组织中，员工只能与直接主管和直接属员沟通意见，生产线上的员工只能与左右两旁的员工直接沟通。②树形或放射形沟通模式。即每个人只与一个人发生意见沟通，而其他人员相互之间无沟通的模式。在采用独断领导方式的单位主管与其属员之间的意见沟通，即属此种沟通方式。③循环式的沟通模式。即组织内每一成员均有同等的机会与其他成员间发生意见的沟通。在采用民主或放任领导方式的组织内，其沟通方式基本属于此种沟通模式。

两种基本的复合沟通模式包括：①放射连串式沟通模式。即放射与连串沟通相结合的复合沟通模式。组织内某位成员与其他成员进行放射式沟通，而其他成员间为连串式沟通。②放射循环式沟通模式，即放射与循环沟通模式相结合的复合沟通模式。组织内某位成员与其他成员形成放射式沟通，而其余成员形成循环式沟通。

第四节　行政沟通的过程与效果

一、行政沟通的过程

沟通是沟通双方之间彼此传递信息和了解的过程，是信息的发出者与接受者之间的交流，一般来讲它不仅是一种理性内容的交流，而且也是混合着个体情绪、态度、认知等心理因素的交流。一般来讲一个完整信息交流过程包括八个阶段：

1. 信息源。信息发送一方，即：行政个体、行政群体或行政组织。根据发送信息的目的等因素，决定发送何种内容的信息。一般来讲，信息愈简单明了，沟通效果越大。

2. 编码。把需要传递的信息转换为语言、文字、图片等一连串的符号，以便接受信息者了解。

3. 信息。编码后形成的所要传递的情报、指令、数据等。

4. 发送媒介的选择。即传递信息的通道和载体的选择，如文件、报纸、告示、广播、电视、网络等。媒介的选择对沟通的效果影响很大，必须慎重选择。

5. 接受者收受信息。信息的发送必须是针对与信息源相关联的机构或个人，否则便失去信息发送的意义。接受者必须先对信息注意，而后收受信息。

6. 译码。收受信息者对信息进行翻译、理解，化为自己了解的东西。一般来讲有三种情形：完全理解信息、部分理解信息、完全不理解信息。

7. 接受者的反应。收受信息者对信息的反应行为或态度，如完全接受赞同，部分接受、赞同，完全反对。

8. 反馈。即信息发送者根据接受者的反应，对沟通进行调整和适应。

以上沟通过程如图 9－3 所示：

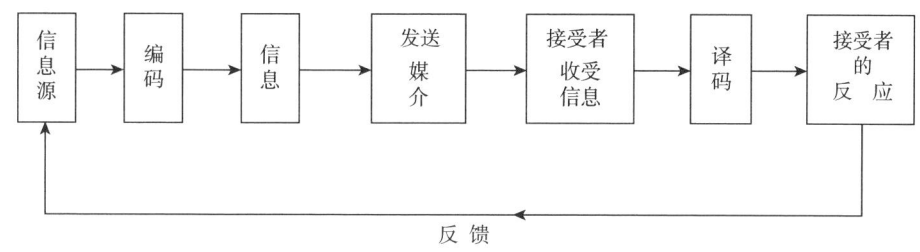

图 9 - 3　沟通过程

二、行政沟通的效果

1. 影响沟通效果的主要障碍。无论哪种沟通类型和沟通模式，在沟通过程中都追求准确无误、快速迅捷和满意率高的最佳效果。但在实际行政沟通中往往出现沟通效果不佳，不能达到预期沟通效果的现象，这主要是由于沟通的中断和失真。

沟通中断是沟通信息的停滞或残缺，失真是信息的扭曲、错误或虚假。沟通中断主要是由于沟通网络不健全或是由于机构庞大、层次过多运转不灵而导致的结果，克服的办法是从组织体系上解决问题。信息失真的原因则很复杂，一般来讲主要有以下几方面的原因：①语言上的讹误。沟通通常要借助于语言文字，而语言文字，只是一种真实事物或过程的符号表征，由于机构人员所受教育程度的差异以及所从事专业的差异，会对文字产生误解。同时书面文字表达晦涩或字义不明，也常引起误解。②理解上的偏差。每个人由于动机、信仰、价值观、世界观以及知识、经验各不相同，因而会对客观事物产生不同的倾向性。不同的人即使对同一事物也会产生不同的理解。同时，每个人在组织中身份、地位不同，对相同问题也会产生相异的想法与看法。这些都会导致理解上的偏差。③因个人利害而有意无意地夸大或缩小某些信息。在一个组织内，每个人的背景、教育程度、需求意愿各不相同，每个人各有自己不同的价值判断和利害关系，因而会在信息的传递及理解上有意无意地夸大或缩小某些信息。④组织规模过大、层级过多。现代行政组织一般规模较大，因而信息沟通过程必然会比较迟缓。意见层层过滤也常会改变其原意。有些单位出于对自身利益的考虑，有时会搁置或修正某些对单位不利的意见。⑤信息审查制度的妨碍。信息审查制度，会使某些信息沟通中断或缺失。

2. 行政沟通效果的改善。为增强行政沟通效果，改进人们之间的信息沟通，必须要从发讯者、收讯者、沟通网络媒介等多方面入手解决问题。1937 年，新泽西贝尔电话公司总经理巴纳德先生在哈佛大学演讲时，提出以沟通概念为中心的行政管理理论，观察组织中、人际关系中的各种问题。他认为沟通是决定一位行政首长应该行使多少权力的重要因素。为了权力的行使，沟通必须有效。为了改善沟通效果，他提出七项原则：①沟通的渠道应为全体人员知晓。②正式沟通渠道必须四通八达，及于组织内每一位工作人员。③沟通渠道必须尽可能简短而直接。④沟通程序也应该经过既定渠道。⑤主管人员（即沟通中心）必须是有能力之辈。⑥沟通渠道必须经常畅通无阻。⑦每一条沟通渠道都必须被鉴定为确实可靠。

台湾学者张金鉴教授认为，良好、有效的行政沟通必须遵循以下原则：①沟通的文字、语言应具准确性，叙述理由、目的、方法及时，不可含糊不清。②沟通的文字、语言等应适合信息接受者的教育程度，使其有充分的了解。③沟通的文字、语言、内容应是充分的，是可以说明事理的，不可过于简略。④沟通的文字命令或语言的发出要及时，不可过早或过迟，应使信息接受者有足够的时间采取行动。⑤沟通的语言、文字应诚信、公正，态度应和蔼可亲。⑥沟通行动应适可而止，以促成所期望达到的反应为度，不宜过多频繁，以免因加重工作人员负担而招致反感。⑦对同性质人员希望获得相同反应的人，应采用相同的沟通方法，以免引起误会和猜疑。⑧沟通的内容不可过于琐碎，同时应具备一定的弹性。⑨良好的沟通应具备鼓励性、启发性、刺激性，以此引起信息接受者的兴趣，使之乐于接受。

为增强行政沟通效果，美国管理学会提出"良好沟通十诫"，也十分值得借鉴。具体内容如下：①沟通前应把所要传递的思想搞清楚，对所需沟通的问题或观念作系统分析，有助于沟通的运作。②认真考虑沟通的真正目的，沟通前须先确定最主要的目标，每次沟通不能期望完成多个目标，信息越集中，成功的机会越大。③当进行沟通时，要全面考虑自然和人的环境，沟通环境十分重要，它常对沟通的成败有很大的影响，信息发送者应当时刻注意沟通的整体环境，沟通必须适应环境。④在筹划沟通的内容时，要尽可能地同别人商量，筹划沟通时若能与其他人充分协商，可以获得别人的支持。⑤信息沟通过程中，既要注意信息的基本内容方面，同时又要注意语气、语调等方面。⑥要善于利用机会来传递对听者有益或有价值的东西。善于用对方的立场、观点来看待问题，考虑对方的利益与需要，注意传递对方所需要的东西，这样可以取得对方的支持与积极配合。⑦跟踪检查沟通效果。可以主动询问，鼓励信息接受者表达自己的意见与反应，以检查是否已达到预想的沟通效果。⑧沟通不仅应着眼于现在，也应着眼于未来，沟通要适应当前需要，但也应顾及长远利益和目的。⑨一定要用实际行动维护所沟通的信息，最有说服力的不是怎么说而是怎么做，若一个部门或一个人的实际行为与其所说的不一致，那么，沟通会被看成一钱不值。⑩在沟通中，每个人不仅应使别人听懂你的意思，而且也要弄清别人的意思。沟通中，听别人表达意见是沟通很重要的一个方面，倾听不仅应注意其所表达的表面意思，更应注意其内在含义。

三、网络技术条件下的行政沟通

网络的出现与扩张是当代社会系统中最具有技术影响和社会文化意义的事件，作为一种信息技术，它的影响从生产领域扩展到政治领域乃至社会生活领域，深刻地改变乃至塑造了新的社会原型。在行政领域引起行政沟通从内容到方式的革命性变革，提高了行政的效率，推动了行政管理的民主化发展。

1. 网络技术在行政管理中的应用使行政过程具有了前所未有的公开性和透明性。网络的出现急剧地降低了信息传递与沟通的成本，政府机构、社会机构及公众都可以廉价、快捷地通过网络发布与获得信息，公众与社会机构不仅可以了解政策的制定、决策和执行过程，而且还可以通过网路渠道参与影响这一过程。网络为人们提供了新的交流方式，它已成为人们传递知识、交流信息的重要中介，为行政信息共享与行政参与创造了前所未有的条件，使行政过程日益透明和民主。

2. 使信息的传递更为快捷、及时和真实。使用网络传递信息有着传统信息传递方式所无法比拟的快捷性、及时性。网络使时空压缩，可以使信息传递的时滞达到最小，一条信息可以顷刻间传播到所有领域，人们可以实时感知身外的世界。同时，政府可以大范围、多渠道搜集社会各阶层的意见、避免单通道信息体制下，因经多层过滤而造成的信息失真和歪曲。

3. 使行政沟通具有了交互性。传统的行政沟通中信息的传播以政府机构为中心向外传播，政府机构单方面决定大众及社会机构接受什么信息、什么时间接受与接受方式，是一种点对面的线性传播，以单向沟通为主。网络技术突破了传统单向性的沟通模式，实现了信息立体式的多方交互沟通。社会中的各种机构、组织、个人与政府都有了信息选择、传播、交流的自由度和主动性。各组织与大众可以用多种方式在接受信息的同时及时表达自己的意见，直接参政议政，并可能迅速得到信息反馈。正是这种多方立体交叉的信息传播模式，使行政组织结构及行政方式等方面发生了巨大的变化。

思考题

1. 什么是行政心理？行政心理主要研究哪些问题？
2. 心理学家 K·勒温所讲的心理"生活空间"的含义是什么？
3. 解释"复杂人"假说。
4. 解释新"经济人"假说。
5. 解释亚当斯的公平理论。
6. 解释激励的心理过程。
7. 什么是群体的内聚力与士气？
8. 行政沟通有什么作用？
9. 行政沟通有哪些类型？
10. 简述行政沟通的效果。

参考文献

1. 丁煌：《西方行政学说史》，武汉大学出版社 1999 年版。

2. 于秀芬、卢圣兴主编：《行政管理心理学》，辽宁人民出版社 1990 年版。

3. ［美］D. 赫尔雷格尔、J. W. 斯洛克姆、R. W. 伍德曼：《组织行为学》，华东师大出版社 2001 年版。

4. 郑杭生主编：《社会学概论新修》，中国人民大学出版社 2002 年版。

5. ［英］丹尼斯·麦奎尔等：《大众传播模式论》，祝建华、武伟译，上海译文出版社 1997 年版。

行政文化

行政管理作为行政组织进行社会公共事务管理、满足社会公共需求和提供公共供给的活动，是一种文化现象，也是体现行政组织人员的精神和意志的文化创造。行政文化是行政组织人员内在价值追求与能动创造的灵魂，也是行政组织生存、发展和变革的精神支柱。本章主要解释行政文化的基本内涵、行政文化的类型与功能以及行政文化的主要落脚点——行政道德的基本原则和规范。行政文化是一个具有多层结构的立体综合系统，从空间维度和时间维度分别划分为不同层次，根据表现形式又划分为不同类型。行政道德是行政文化结构中非常重要的一部分，其基本原则与规范是检验和约束行政人员行政活动的重要标尺。

第一节　行政文化概述

社会中每一个成员都是在一定的文化环境下成长起来的，他们之间的相互行为和相互关系都不能独立于特定的文化环境而存在。现实告诉人们，文化影响已渗透到社会的各个领域，在研究和探讨社会不同领域的问题时，必须充分重视文化这一因素所起的重要作用。行政的最主要体现是人的活动，而每个行政人员身上都具有各种文化因素，如信仰、价值观念、态度等。当一定的行政人员形成一个完整的行政体系时，行政体系中的行政人员就会自然而然地创造出一种内容更为广泛、普遍并得到公认的文化，这就是行政文化。

一、行政文化的涵义

从词源上看，文化一词的拉丁文为 Cultus，即"耕作出来的东西"，它与"自然存在的东西"相对立。因此，文化即指通过人的活动对自然进行开发及其所得结果。随着人类文明的进步和社会发展，人们逐渐把文化看作是一切科学、技术、知识的总和。现存人们比较公认的文化定义是由英国人类学家 E. B. 泰勒在他 1871 年写的那本《原始文化》中提出的："文化是一个包括知识、信仰、艺术、道德、法律、习惯以及作为社会成员而获得的种种能力、习性在内的一种复合体"。可见，文化是人在社会环境中创造出来的；文化是一种普遍的社会现象。它是在人类漫长的历史过程中，在与自然、人类、社会生活中各种各样的因素相互作用过程中逐渐形成的。社会文化一经形成，便具有相对的稳定性和独立性，它虽然受到社会物质生产发展的决定性影响，并随着社会物质生产的发展而发展，但是彼此不是同步的，社会文化的发展往往要落后于社会物质生产的发展。正如文化的形成相当漫长一样，改变一种影响社会生活的社会文化同样需要很长时间的努力，而且是一项比较艰巨的任务。此外，社会文化的形成还受其他因素的影响，如自然环境、历史传统、社会群体、社会结构和社会实践。至于哪一种因素占主导地位，在不同的社会是不一样的。

社会文化对于产生它的各种因素又具有反作用。正如恩格斯指出的那样："当一种历史因素一旦被其它的，归根到底是经济的原因造成的时候，它也影响周围的环境，甚至能够对产生它的原因发生反作用。"[1]因此，社会文化作为影响社会生活的一个重要因素，渗透到社会生活的各个领域，影响到构成这个社会的各种团体和各个社会成员，并在其中起着比较隐蔽的、潜移默化的作用。

社会文化在不同的社会领域、社会团体和社会成员身上表现出不同的文化形式，具有独特的文化特征。在公共行政领域，社会文化则表现为行政文化。行政文化是在社会文化的基础上通过行政机关及其行政工作人员的各种行政活动所形成的一种精神文化形式，是社会文化在行政管理活动中表现出来的一种文化形式。它是行政机关及其行政工作人员应共同具备和遵守的理想信念、价值观念、道德标准、行为模式、生活方式及人际关系等各种生活准则与行为规范的总称；它是关于一切公共行政活动的行政意识观、行政价值观、行政道德观和行政心理倾向等的总和。任何一个行政组织的结构、运转程序、决策过程，以及行政人员的行为、态度、价值观等，都直接或间接地受到行政文化的影响和制约。可见，行政文化是从文化的高度来认识和研究社会公共行政管理工作，是从文化深层次来探讨行政管理高效化、制度化、法制化的规律性，是从文化底蕴角度来研究如何全面提高国家公务员整体素质的一种思想道德文化体系，

---

〔1〕《马克思恩格斯选集》（第 4 卷），人民出版社 2012 年版，第 644 页。

是一种文化的复合体，包含着极其丰富的内涵。

1. 行政文化是社会文化在行政活动中表现出来的一种独特的文化形式，它与社会行政活动有着直接关系。和社会文化一样，行政文化也是一个复合的整体，其中包括人们对行政体系的态度、感情、信仰、价值观和人们所遵循的行政传统和行政习惯等。具体表现为行政理想、行政思想、行政信念、行政意识、行政道德、行政价值、行政原则、行政规范、行政纪律、行政传统、行政习惯、行政感情、行政思维、行政心理和行政气质等。

2. 行政文化是在社会文化基础上，在行政人员的具体行政活动中形成的，对行政人员及其活动产生影响和制约。行政的最主要体现是人的活动，人不仅是国家行政管理活动的中心，而且是行政管理的主体，而主体行为的管理主要依靠自我控制。任何一种行政体系的结构、运转程序、决策过程以及行政人员的行为态度的控制，都应通过人们共同拥有的价值观念进行内化控制，即人们按照共同的价值观念、道德规范、行为准则来监督和调整自己的日常行为，使个体行为与群体行为相一致，齐心协力实现行政目标。这种为全体行政人员所共同拥有的理论、道德、观念和行为作风体系，就是行政文化。行政文化虽然受到社会文化环境以及行政体系和行政活动的很大影响和制约，但行政文化也有反作用的力量，它往往在很大程度上，全方位、全过程地影响行政活动。这种反作用可能有积极的推动作用，也可能有消极的阻碍作用。

3. 行政文化把重点放在"人"这个基点上，坚持以人为中心的管理理论。行政文化的实质从过去在行政管理上只重视物、过分依赖行政体制、规章制度、管理结构和工作程序的管理，转而重视人、重视人的思想、重视人的价值、重视人的个性的发挥，将行政信念、行政思想、行政价值、行政道德等思想道德文化因素灌输给行政人员，使之形成上下一致的行政意识、行政观念、行政行为、行政作风和行政气质与习惯，促进全体行政人员为实现崇高信念与理想而拼搏，为实现其价值而积极奉献，从而产生强烈的使命感、责任感，激发出最大的想象力和创造力。因此，行政文化重视对人的教育、尊重、依赖、保护、激励，强调开发人的潜力，逐步形成行政人员的道德规范、价值观念、行为准则，全面提高行政人员的整体素质，从而形成强大的凝聚力、向心力和创造力，以推动行政管理工作的发展。

4. 良好的社会文化环境是形成良好行政文化的条件。要形成一种良好的行政文化，除了必须重视科学的行政活动原理和规则，重视和利用先进的行政活动的手段外，还要有一个良好的社会文化环境。因为社会文化环境是培养社会成员的重要因素，它对社会成员的素质起着直接的作用。而社会成员素质的好坏也直接影响到整个社会行政活动的优劣。因此，社会文化环境通过进入行政活动领域的行政人员，对行政的各方面产生制约的影响。所以说，良好的社会文化环境是形成良好行政文化的条件。而由于"人们的观念、观点和概念，一句话，人们的意识，随着人们的生活条件、人们的社会关系、人们的社会存在的改变而改变"[1]，所以，建立良好的社会文化环境，并从中培育出良好的行政文化，关键在于社会生产力的发展，在于社会的物质文明与精神文明的全面提高。

二、行政文化的层次

一个社会的行政文化是一个具有多层结构的立体综合系统。从空间上看，它是由一系列层次不同、影响范围不一的主文化、亚文化所构成的；从时间上看，它是由不同时期的行政文化混合而成的。

（一）从空间上划分

从空间上划分，我们可以把行政文化分为四个层次：

1. 社会总体性的行政文化。这是指存在于全社会的各种行政活动中的基本的、具有全社会普遍意义的价值体系、行政观念、民族气质、行政道德、行政信念等因素组成的行政文化。它往往影响到整个社会行政体系的特征和活动方式，并对全社会的各种行政组织和行政活动都具有意义，成为一个团体或一个组织的最基本的文化背景。这种文化有传统思想的影响，也有现实的、反映时代发展状况的价值观念的影响，它是传统与现实两种文化交融在一起，形成的一种能贯穿整个社会各级行政组织的最基本的文化。

2. 区域性行政文化。由于社会发展的不平衡，或者由于生活于不同地区的不同民族之间的风俗习惯的差异，往往会形成一些与社会总体性行政文化有一定差异的区域性行政文化。这种区域性行政文化都是在社会总体性行政文化所形成的文化环境中生成的。从大的趋势上看，它脱不开也不可能脱开社会总体文化对它的影响与制约，所以，与社会总体性文化在文化精神上有相似之处。但是，它又有其特殊的地方。由于区域经济发展与总体社会经济发展的不一致性，使得这些区域行政文化与社会总体的行政文化也出现不一致，这种不一致有时就会影响和阻碍全社会的行政发展，使国家的行政活动很难协调一致。落

---

[1]《马克思恩格斯选集》（第1卷），人民出版社2012年版，第420页。

后的区域逐渐就形成自我封闭，与外界减少交流和联系，或者搞地方保护，使外界文化难以走进该地区，同时，这种文化意识本身又形成一种屏障，使之与总体行政文化的差异增大。例如，中国东西部行政文化的差异就是在长期的发展过程中，因区域经济发展的不平衡性，尤其是长期以来形成的行政观念、行政心理、行政习惯以及行政信念的影响，形成了东西部地区不同的行政文化差异。然而，只要经济和文化发展存在不平衡，区域性行政文化的存在就不可避免，而缩小区域间的文化差异，促使落后地区行政文化向社会总体行政文化发展，应当是我们建设的一个重要内容。

3. 机构性行政文化。行政机构是构成行政体系的基本单位，一切行政事务是通过行政机构中人员的具体操作而运行的。在这些特殊区域里，由于工作性质、目标以及人员配置等方面的特殊要求和制度性规定，经长期的发展、变化，逐渐形成了一种独特的行政文化。而且，不同级别、不同性质的机构所形成的行政文化是不同的。机构性的行政文化尽管也是社会总体性的行政文化的反映，并且也具有区域性行政文化的特点，但是，它却直接影响着行政人员的心理、信念和价值观，所以，对行政活动产生直接的作用。要提高行政活动的质量，必须努力培养一种积极向上的机构行政文化，培养科学、民主、高效、开放的行政文化观念、思想和信念。

4. 主体性行政文化。文化是由人来创造的，文化的主体是人。一切行政活动最终都是通过人来完成的。所以，行政文化最终也由人来体现，进而形成了主体性行政文化。主体性行政文化构成了社会、区域和机构行政文化的基础。主体性行政文化受社会总体行政文化的影响，但最主要的是受主体自身知识水平、价值观念等基本素质的影响，他们的思想、信念及价值观影响着不同层次行政文化的性质和发展方向。所以，提高行政人员的文化素质一直是每一个国家行政文化建设的关键问题。

（二）从时间上划分

从时间上划分，可以把行政文化划分为现实的行政文化和传统的行政文化。任何一种文化都是在传统的基础上，依据时代的要求，并在适应时代的要求中发展和完善起来的。因此，它往往具有现实和传统的色彩。确切地讲，行政文化是现实行政文化与传统行政文化的混合物。所谓现实的行政文化，就是指反映当前时代发展的行政价值观、行政心理、行政原则等所组成的文化。例如，我们现在强调行政活动中的民主、科学、效率、开放等原则，就是反映时代的行政文化的一个组成部分。传统的行政文化，是指历史上继承下来的行政文化的一些因素。这些因素有的是有益于现代经济社会发展、与现代主流价值理念相容的，但也有一些是与现代经济社会发展理念相悖的。因此，行政文化要注意对传统行政文化的摒弃，吐故纳新，及时把新的、科学的行政文化纳入到行政文化体系中去。

第二节　行政文化的类型与功能

一、行政文化的类型

根据行政文化的表现形式，可以把行政文化分为观念性行政文化与规范性行政文化。观念性行政文化是指行政主体的信仰、价值观念、行政意识、行政思想、行政理想和行政道德的复合体。规范性行政文化，主要指来自主体之外，对主体的行为和观念产生规范性影响的行政文化。它包括行政原则、行政传统、行政习惯等因素。

观念性行政文化和规范性行政文化相互构成了一个循环的结构体系。行政人员在一定的行政环境之中从事特定的行政活动，由于对某些行政行为的经常重复，它们就会逐渐稳定下来，从而形成一定的行政行为模式，其中一些被认为是合理的、可行的、高效的行为模式，就会以行政原则的方式被规定下来，而另一些被行政人员普遍偏好的行政行为则以行政习惯或传统的形式被承认和延续下来，从而形成了我们所说的规范性行政文化。在此基础上，规范性行政文化中的某些主观性成分在行政实践中经过行政人员大脑的主观折射和反映，便上升为更具普遍意义的观念性行政文化。同时，观念性行政文化一旦得以固定，就会对新的行政主体、行政行为产生指导性作用，进而又在新时期、新环境下促使行政体系构建新的行政规范。

（一）观念性行政文化

观念性行政文化在行政活动中往往对行政人员和行政机构起指导作用。具体体现在以下几个方面：

1. 行政信念。这是指人们对行政体系中的行政组织和行政活动的信念。它包括：一是对行政规范、行政行为的信念，这种信念对确定行政行为的原则和标准起作用；二是对行政目标的信念，即对行政机构和主体将达到预期目的的期望。行政信念是一个行政组织进行有效行政、完成行政任务的巨大的内在动力。在一个行政组织中，所有的行政人员共同一致的信仰是组织管理活动高效率的保证。

2. 行政价值。这是指人们在行政活动中所抱的各种价值的观念。行政价值及其体系是决定行政行为的心理基础。行政价值不仅影响行政主体的行为，也影响整个行政组织的行为，进而影响行政活动的有效性。在相同的条件下，人们的价值评判标准不同，就会产生不同的行为。因此，选择合理的价值标准是行政组织生存、发展的重要条件。

3. 行政道德。它是指行政主体在行政管理过程中应遵循的行政道德准则和规范的总和。行政道德通常是在行政信仰和行政价值的基础上形成的，主要体现在行政人员的道德修养和道德行为上，体现在行政人员在行政活动中对职业道德的态度以及遵守上。这也正是保证行政人员之间、行政机构之间关系融洽和正常化的关键。行政道德受一定社会道德的影响，中国传统的行政最突出的特点是以德代政，从而形成了一个由伦理道德原则来维系的伦理化的行政，所以，任人唯亲、裙带之风、上尊下从自然成了行政系统中的道德规则，而这些观念就成为行政人员的基本道德观念。这种观念也影响人们的思想，在现代中国的行政机构中并不少见。所以，批判地吸收传统道德，建立现代行政体制，树立新的行政道德观念，形成新的行政道德规范，应当是适应行政改革而进行的现代行政文化建设的内容。

4. 行政理想。这主要是指行政人员对行政机构的发展和行政活动所要达到的期望状态的理想。行政理想相对于具体的行政目标而言，具有抽象性、长远性和普遍性。如我国人事行政制度改革要求实现领导干部革命化、年轻化、知识化、专业化，就是一种行政理想，在人事制度上是一种具有长远性和普遍性的追求。再如，行政工作上要努力实现民主化、科学化和高效化，这也是一种行政理想。行政理想的构思和确立不是随意的，它应该是能够反映实际发展的理想，而且，这种理想应该是能化成具体目标加以实现的。否则，行政理想就等于行政幻想。正确的、切合实际的行政理想往往会起到指明努力方向、激励人们行为的精神作用。一个行政机构的行政理想只有在充分考虑到行政人员的具体理想和要求时，才能较好地得以实现。

5. 行政思想。它主要指有关行政体系和行政活动的思想和理论体系。人类自从有了国家以及与国家相联系的行政活动，就已经有了行政思想，但这时的思想只是一些关于行政活动的观点和原则，并没有形成系统体系。自近代泰勒创立科学管理理论之后，行政思想才开始成为一种比较完整的思想体系而受到人们的重视和研究，行政思想也从此获得了飞速的发展。于是，出现了许多不同的行政思想流派。这些流派尽管都存在一定的不足，但都在一定的时期内对行政活动产生很大的影响。人们在一定的行政思想指导下建立行政机构，执行行政活动，遵循着某一行政思想体系所提出来的行政原则，并在实际活动中取得了实际效果。随着社会的发展和行政活动的日益复杂化，行政思想对行政机构和行政活动的指导作用将进一步加强，它的地位也将更加明显。

6. 行政意识。它是行政人员在行政活动过程中，对行政体系、行政活动和行政关系所产生的一种认知、情感和评估取向。认知取向是指人们对行政活动和行政关系的了解和认识，它包括人们对行政机构的功能、作用、结构、计划和目标的了解和认识；情感取向是指人们对行政活动和行政关系的参与的认同情感，以及对自身工作的认同与喜爱；评价取向与情感取向相联系，它是在个人或机构的信仰和价值观念基础上对行政活动和行政关系所作出的道德的或规范性的评价。一般来讲，行政意识的强弱取决于这三个方面的强弱。此外，行政意识的形成还受到各种主观和客观条件因素的制约和影响。在不同的行政环境下，人们的基本行政意识是不一样的，而且，即使在同样的行政环境下，由于职位和担任工作的性质与内容不同，不同人的行政意识也是不一样的。因为任何一种行政意识都是以特定的人或特定的行政机构为出发点来观察和认识行政活动后形成的。所以，处于不同地位或职位的人其行政意识必然有所不同，领导者对行政机构的认知程度一般要比普通行政人员的认知程度高。而在重要行政部门任职的人要比在一般行政部门任职的人的行政意识要强。所以，提高行政人员的行政意识，一方面要让行政人员积极参与行政机构的决策与管理活动，增强他们的责任感，另一方面还要加强工作培训，提高他们的自身修养和业务水平。

（二）规范性行政文化

规范性行政文化，主要是指对行政主体和行政机构行为产生规范性影响的行政文化。有的行政规范是在长期的行政活动中自然形成的，如行政传统、行政习惯，有的是人们在行政活动中主动提炼、总结出来的，如行政原则。行政规范为多数人所承认，在行政活动中对所有行政人员的行为都具有约束力。但是，它却不像法律那样具有完全的强制性。违反了行政规范，也不会受到法规的制裁，仅仅会因其行为不被认同而受到一些冷待而已。在行政规范中，有的内容是为整个社会普遍承认的，有的内容则只在特定的行政活动范围内适用。规范性行政文化包括三个主要方面：

1. 行政传统。它是指在行政活动中历史沿袭下来的道德、观念、习惯、规则等。行政传统是特定行政体系在行政活动中积累而成的稳定的规范。行政传统一旦形成，成为行政活动的支柱，则具有一定的权威性和独立性。在不同时代，不同的行政体系中发挥程度不同、功能不同的效应，成为影响和调节行政活动的稳定系统。例如，我们强调的行政机关必须发扬为人民服务的精神就是一种行政传统。行政传统对行政活动的影响是很大的，它往往作为无形的、精神生活的潜在趋势贯穿于整个行政活动中，通过行政人员的传统道德、价值观念、行政理想、信念等，影响他们的气质、性格，进而形成行政人员的一些传统的行为习惯，又在行政活动中得以体现。

2. 行政习惯。这是行政传统在行政行为上的具体表现，是对行政传统认同的产物。行政习惯包括习惯性的行政行为方式和行政行为作风。如独断专行、搞"一言堂"的行为方式就是对封建家长制传统的认同。办事推诿、公文旅行、不负责任的行为作风就是对不重视行政效率的传统的认同。行政习惯一旦形成，无论好坏，一般不会轻易改变。因此，要形成良好的行政习惯，除了对传统进行扬弃外，还应努力将科学的管理手段、管理方式和先进技术运用到行政活动中去，并建立健全科学合理的行政法规，以法规规范的形式将某些习惯固定下去，运用下去。

3. 行政原则。它是指人们在行政机构中和行政活动中所遵循的原则。行政原则有理论性的原则，也有实践性的原则，这些原则一般都具有一定的科学性和合理性，因此，它们对行政机构和行政活动能起到指导作用。所以，遵守行政原则也成为行政机构和行政人员的主要规范，同时也是提高行政活动质量及行政效率的主要手段。现代行政管理活动要求从整体上形成有效、合理的运行机制，实现持久稳定的统治目的。所有的行政原则都应当隶属于依法行政的总原则之下。这不仅在理论上，而且在实践中都将成为行政活动的核心。所以，依法行政原则自然也就成了现代行政文化的精髓。只有这样，才能构建起良好的现代行政文化体系，使行政活动沿着科学、民主、高效、开放的方向运行。

二、行政文化的功能

从总体上来讲，行政文化在行政组织的形式和活动过程中，发挥着以下几种功能：

（一）行政文化对内向性行政的作用

内向性行政即行政者对其机关内部事务的管理活动。行政文化对这一行政活动所起作用，主要表现在三个方面：

1. 对行政组织形式的影响。任何具体的行政组织形式都是人们选择的结果，其中不仅客观存在的管理需要、行政条件和资源状况制约着人们的选择，而且行政主体对行政方式、组织制度和管理模式的认同与否亦决定着这一选择。这种主体认同过程，就是传统行政文化与新生行政文化成分在同一意识形态下的合力过程。在客观因素大致相同的情形下，人们会因行政文化的差异而选择不同的组织形式，而在客观因素基本相异的条件下，人们亦会由于行政文化间的同一性而选择相同的组织形式。同时，行政文化在行政组织形式的改革或变化中，同样起着重要作用。

2. 对行政观念的影响。行政观念的形成与演变，离不开认识由感性至理性的内在过程，即人在实践基础上，对客观存在及其规律的感知、分析、判断、推理等一系列活动。在这些活动中，人的心理活动、道德要求和精神状况始终起着重要作用。行政文化因其自身性质的不同，会对实践作正确或错误的指导，也会对客观现实作真实或扭曲的反映，更会对行政观念的内涵作科学或荒谬的解释。这些，都是行政观念建设所不应忽视的。

3. 对行政风气的影响。一个国家、行政组织或人员，拥有什么样的行政风气，往往受到文化背景和文化环境的制约，以及历史的、现实的文化的影响。符合并能反映社会发展规律的行政文化，不仅能在观念层次上引导良好的行政风气的养成与发展，而且能在人的心理与日常行为方式上发生作用，以渐变的方式改变着人的习惯和气质。

（二）行政文化对外向性行政的作用

外向性行政即行政者对国家事务和社会公共事务的管理活动。行政文化在外向性行政活动中，其作用主要表现在：

1. 廉洁行政的保障。廉洁行政是社会利益的集中体现，也是行政组织得以有效运作和长期存在的根本所在。廉洁行政的保障，离不开法治，更离不开行政文化的"心治"。行政文化能渗透到人心，影响人的道德要求和人生价值观念，起到法治手段难以起到的作用。

2. 高效行政的条件。行政效率的有无与高低，关键在于人的思想精神和作风等主观因素，并非设备、手段和规则等客观物质条件。相等的设备，同一手段和相同的规则，由于人的主观因素不同，其效率会有天地之别。行政者的高效行政思想、为争取高效行政而艰苦奋斗的精神、从实际出发，实事求是的工作作风等，既是以往优秀的行政文化的积极成果，又是现实行政文化对高效行政的有力保障。

3. 民主行政的条件。传统行政文化中的集权主义最大的弊端是行政主体地位的缺失和行政决策的非民主性，导致了传统政治、行政体制的专制主义和权力滥用现象。现代行政文化要求的是一种参与型的行政文化，要求行政主体和客体积极参与行政活动，以自己独立的方式影响行政活动的结果，从而加强了行动活动的民主化、科学化。

第三节　行政道德的基本原则和规范

一、行政道德及其基本原则

道德是人类文化中特有的一种现象，是文化结构中不可或缺的一面，在保证社会系统的内在统一、完整和平衡方面起着巨大的作用。从本质上讲，道德是一种向善和应当的价值文化，为人类其他类型的文化提供价值论证和辩解，为人类命运和人类未来设置最具道义的价值坐标轴。它是人们文化心理结构中的内核，是人的意志、理智、情感的有机组合。现代德国人类学家阿尔诺德·格伦曾说，道德是人的生物领域和文化世界的中介，是人从天然本性过渡到第二本性的桥梁，也是人弥补不完备性达到完备性的手段。人要在复杂的文化和社会背景中决定自己的行动，就必须借助伦理来调节自己。自然，道德也就成了行政文化的核心。在行政活动中形成的行政道德就成了调节行政人员行为的一种行为规范，而对行政道德的遵守状况，就成了行政活动能否依其轨道快速运行的一项重要保证。

任何一个思想体系都有一个或几个能构成其基本框架的基本规范和原则。在行政管理活动中，也形成了行政道德的基本原则：行政人员应当以人民利益为重，依法行政。这反映了行政工作的特点，也体现了社会对行政人员的基本要求。

1. 以人民利益为重是行政道德的根本。行政管理的终极目标是实现和保护国家和人民的利益。行政管理工作是以行政权力的运行而展开的，行政权力作为一种公共权力原本属于人民。权力的拥有者应当代表公众，为人民、为社会公共利益行使其职权，这是不言而喻的。恩格斯说"公共权力是从社会中产生但又自居于社会之上，并且日益同社会脱离的力量"。而权力持有者与所有者分离，使本应有的公仆与主人关系在现实中很容易发生异化，权力的分配、使用如果缺乏有效的监督与制衡，必然会产生权力的滥用，从而损害公众的正当利益。为此，在道德上灌输、培养、强化以人民利益为重的思想，就成为保护人民利益的一种重要途径。

2. 恪尽职守，依法行政，这是对行政人员的职业要求，也是他们的道德原则。这一原则是指法律对公务员在执行公务的过程中，必须做出一定行为或不得做出一定行为的约束。行政人员对此不得随意或者擅自放弃其职权的行使，同时，也不得超越职权、滥用职权或违反法定执行程序。这一原则是现代行政管理的精髓。

行政人员的行为在以法律为主的外在规范和以道德信念、道德价值判断为主要内容的内在规范的共同约束下才能铸成行政公务人员人民公仆的形象，行政道德的基本原则也正体现了这一点，它要求行政人员在其行为过程中必须始终以此原则，自觉地严格要求自己，努力提高自己的道德修养，加强自身的道德素质，身体力行，以身作则。这样，既可以为提高全社会的道德水平起到道德表率作用，还可以加强自身的影响力和凝聚力。此外，行政道德水平的提高，还能加强廉政建设，加强行政效率，促进行政管理工作的科学化、民主化和现代化。

二、行政道德的基本规范

行政人员即行政公务员的道德规范一般都有具体的规定，这是在长期的行政管理工作中，经人们有意识的总结、提炼而逐渐形成的。其内容主要表现为对从事这个职业的人的品行、品格、行为方式、工作态度等方面的特殊要求，一般多以法律或工作守则、规约的形式表现出来。不同时期不同国家，有不同的行政道德规范。我国行政道德的基本规范有以下六点：

（一）政治坚定

对于我国各级国家机关，尤其是负有领导职责的工作人员而言，政治坚定既是政治要求，又是道德要求，其实质是同一的，即坚定共产主义信念，坚持社会主义道路，坚守政纪国法，执行党和国家的方针、政策。从政治坚定的具体内容概括来看，主要包括政治方向、政治立场、政治观点、政治纪律、政治鉴别力和政治敏锐性等六个方面。政治坚定的最低要求，是行政人员必须与政府在基本立场、观点和原则上保持一致。政治坚定的较高要求，是行政人员忠诚于马克思主义，自觉地为共产主义事业奋斗终身。

（二）为人民服务

凡国家行政人员，不论职位高低或功劳大小，都必须努力实践全心全意为人民服务的行政宗旨。为人民服务的精神实质是忠于人民，其内涵主要体现在四个层次上：一是关心人民疾苦，扶鳏助寡，广泛联系群众，尤其是工农群众；二是尊重人民权力，甘做人民公仆，认真倾听、搜集、分析、接受和采纳群众意见；三是注重人民利益，将人民利益摆在首位，不损害人民群众利益，并自觉、主动地尽一切努力为人民群体谋利益；四是维护人民利益，始终不渝地与人民群众站在一起，同一切危害人民利益的人与事作不调和的斗争，甚至不惜牺牲自己的生命。

（三）实事求是

实事求是不仅是广大行政人员应坚持的思想方法与工作方法，更是行政职责与操行的根本要求。实事求是在行政道德规范上的内容，主要包括几个方面：一是诚实守信，言行一致，即做老实人办老实事，讲老实话；二是坚持真理，守正不挠，即重事实，守原则，讲道德；三是解放思想，积极探索，即一切从实际出发，以实践为本；四是勇于改革，善于开拓，坚持原则又不因循误事，能者为师又不生搬硬套。

（四）清正廉洁

清正廉洁的实质是党风和政风的问题，核心是清除腐败。清正廉洁是政府公职人员的基本操行，是履行为公众服务职责的基础。清正廉洁的基本内容有：①廉洁奉公，忠于职守，禁止利用职权和职务上的便利谋取不正当利益；②严防商品交换原则进入政治生活和政务生活；③禁止在公共财物管理和使用上假公济私，化公为私；④禁止借人事任用之机谋私利；⑤禁止讲排场，比阔气、挥霍公款、铺张浪费。

（五）勤奋敬业

勤奋敬业是对行政人员职业心、事业心的基本要求。①行政人员应尊重所从事的工作及所承担的责任，必须认识到国家行政的神圣与崇高；②行政人员应不断加强知识和经验积累，刻苦学习，努力钻研，具备做好本职工作的专业知识和能力；③行政人员应在日常工作中竭尽忠诚，兢兢业业，反对并杜绝潦草塞责、无所用心的"官衙风气"；④行政人员应养成艰苦奋斗、不畏艰险和任劳任怨的官德，视所负职责如生命，鞠躬尽瘁、死而后已。

（六）公正行政

公正行政的要求既体现了权力性质和行政宗旨，也体现了官德的优劣与人格的高下。公正行政的内容包括三个层次：一是办事公道，断事公心，不徇私情，不枉国法；二是为人正派，事非分明，不虚美，不隐恶，不拉帮结派，不趋炎附势，不阿谀奉承；三是光明正大，襟怀坦荡，不歪曲人意，不隐瞒己见，不文过饰非，不搞阴谋诡计。

思考题

1. 如何理解行政文化的内涵？
2. 行政文化有哪些层次？
3. 试举例说明传统的行政文化中哪些地方与现代主流价值理念有相悖之处？
4. 什么是观念性行政文化？其主要包含哪些？
5. 什么是规范性行政文化？其主要体现在哪些方面？
6. 什么是外向性行政和内向性行政，二者如何区分？
7. 行政文化具有什么功能？
8. 行政文化在行政组织的形成和活动过程中有哪些功能？
9. 我国行政道德的基本原则是什么？
10. 我国行政道德的基本规范是什么？

参考文献

1. 姚琦：《制度与思想：行政文化的比较研究》，中国书籍出版社 2017 年版。

2. 曹振华、闫越主编：《当代中国行政文化思考·行政文化》，国家行政学院出版社 2005 年版。

3. 颜佳华、李熠煜主编：《行政文化研究》，湘潭大学出版社 2009 年版。

4. 夏书章主编：《行政管理学》，中山大学出版社 2018 年版。

5. 杜宝贵主编：《行政管理学概论》，高等教育出版社 2017 年版。

第十一章　法制行政

法制行政的关键与核心是将行政机关的行政权纳入规范化轨道，而行政权在运作过程中必然以行为的方式表现出来，这些行为中既包括对行政法律规范进行细化或补充的行政立法，以及具体的执行行为，也包括指导、协议等非正式的行政活动。当前已经围绕这些行为构建了较为系统的法律体系，需要对其中的基本制度作出深入理解。

第一节　行政立法

一、行政立法的概念

（一）行政立法的含义

行政立法，即行政机关根据法定权限，按照法定程序制定和发布行政法规和规章的活动。从这一概念可以得出以下几点：

1. 行政立法的主体是行政机关。行政立法的主体是国家行政机关，而不是国家权力机关和司法机关或其他组织，而且并非全部的行政机关都有权进行行政立法活动，根据《宪法》《立法法》，只有国务院及其主管部门，省、自治区、直辖市和设区的市人民政府是行政立法的适格主体。

2. 行政立法的客体主要是与国家行政机关在管理活动中有关的经济、社会、文化事务的问题，但是法律明确保留的除外。

3. 行政立法必须依法进行。首先是权限法定，行政机关的行政立法必须有明确具体的法律依据及授权；其次是程序法定，行政立法必须严格按照《立法法》和有关行政法规确定的程序进行。

4. 行政立法的对象是行政法规和规章。按照我国两级多层次立法体制，行政立法体制大体上也分为两级多层次，即中央一级，包括国务院依法享有的行政立法权限（制定行政法规）和国务院各部门依法享有的行政立法权限（制定部门行政规章）；地方一级，包括省、自治区、直辖市人民政府依法享有的行政立法权限以及设区的市的人民政府依法享有的行政立法权限。

（二）行政立法的性质

1. 行政立法是特殊的立法行为。其一，行政法规和行政规章具有法律的一般特征，例如普遍性、规范性、强制性等，对于一切组织和个人都具有约束力，制定行政法规和行政规章的程序相当严格和规范。从内容上看，和法律并无二致，即都旨在维护公共利益或国家利益；从形式上讲，也都以国家的强制力进行。其二，行政法规和规章的效力要低于权力机关制定的法律。同时，行政机关行使的行政立法权从属于权力机关的立法权，行政立法严格受授权法规定的立法目的、授权范围、标准、原则、程序的制约，行政机关只能在授权法规定的职权范围内依法进行行政立法，不能超越授权法而自立标准或自定程序进行行政立法，不能把行政立法排除在权力机关审查的范围之外。

2. 行政立法行为是一种抽象的行政行为。行政立法活动实质上是国家行政机关的一种行政管理活动，但和针对特定人、特定事的具体行政行为不同，这种活动是一种抽象的行政行为，它是对不特定的人和事项所规定的一般行为规范。同时，在形式上有比较严谨的条文和结构，在时效上有相对的稳定性，在程序上须经过法定的特别步骤。

二、行政立法的作用

行政立法对于我国的行政法制化建设起着十分重要的作用，这主要表现在：

（一）行政立法有利于克服法律的滞后性

近代以来人类社会每经过一个艰难困苦的过程，都需要法律制定为克服困难所需要的新规则，以此继续人类发展。对于人类社会而言，没有法律确实是不可想象的，但它本身并非无懈可击，法律特别是由代议机关制定的法律，往往是根据以往典型社会现象制定的，但它的适用对象却是制定以后所发生的社会现象，社会现象所反映的"社会的需要和社会的意见常常是或多或少的走在法律的前面，我们可能非常接近的达到它们之间缺口的接合处，但永远存在的趋向是要把这缺口重新打开来。"[1]法律的滞后性实属不可避免，解决滞后性有

---

[1] 梅因：《古代法》，沈景一译，商务印书馆1959年版，第157页。

两种方案，一是及时修改法律，但该方案旷日费时，而且要求立法者具有极高的专业素养和技能；二是法律做出原则性规定，通过行政立法具体明确，一旦发生变化，及时修改行政立法即可适应，因为行政立法程序相对简单，而且行政人员对相关领域的具体事项较为熟悉，故效率较高，有利于问题及时解决。

（二）行政立法有利于"因地制宜"

对于幅员辽阔的大国，法律秩序的统一固然必需，但法律在适用中也须顾及各地的民情风俗和发展差异，也就是说，"良好的行政权的实施，必须因地、因时、因对象，采取不同的对策。"〔1〕（这也是对备受诟病的"上有政策、下有对策的"另一解释）由行政机关在法律所确定的基本框架的导引下，制定适合各地实际情况的规章，能够直接、迅速地调适各地的差异。

（三）有利于增加行政人员的责任感，明确各个职位的职责、职权范围

行政管理活动需要有一套系统而完整的法律制度，有了法律制度，就可以有效地避免因一些人为因素改变行政活动的方向，制止随心所欲、反复无常的行为发生。但法律作为一种基本的社会规范，它不可能也不应该对有关行政管理的事项做出详尽无疑的规定，例如职位的责任和权力、行政人员的权利和义务，此类细节性事项一般由行政立法来完成更为合适，这样既减轻了法律的负担，也加大了行政人员规范行政的力度。

三、行政立法的原则

行政立法的原则是指行政立法机关在制定行政法规和规章时所应遵循的基本准则，它体现于行政立法活动中，统率和指导行政立法活动。结合相关法律，总结如下：

（一）依法立法原则

"法治行政"要求行政机关的全部权力行为都要纳入法律轨道，由法律加以规范，自然也包括行政立法行为，这与行政机关在国家政治架构中的地位是一致的，依法立法原则是行政立法的首要原则。所谓"依法"有以下几层含义：其一，遵循宪法的基本原则。宪法是"更高的法"或称"高级法"，在我国，它是法律体系之源，规定了我国政治、经济、文化领域内的基本制度，因此，行政立法所立之法不得与宪法相抵触，即必须坚持以经济建设为中心、坚持社会主义道路、坚持人民民主专政、坚持中国共产党的领导、坚持马克思列宁主义

---

〔1〕 陈新民：《中国行政法学原理》，中国政法大学出版社 2002 年版，第 115 页。

毛泽东思想邓小平理论、坚持改革开放等基本准则。其二，遵循法律确定的权限和程序。行政机关是否有行政立法权，必须依照法律的规定或特别授权法的确认，并非所有的行政机关都有权制定行政法规和规章，而且由于行政立法涉及社会公共利益，即使有权立法的行政机关在立法之时，也必须严格遵守法律所规定的程序，不得任意违背。其三，遵循法制统一原则，维护法律尊严。统一的法制关系到政局的稳定和社会的和谐，因此，宪法和法律规定，"国家维护社会主义法制的统一和尊严"。具体而言，行政立法必须与权力机关及上级行政机关的立法保持一致，不相隶属的行政立法之间应当协调一致，一个行政机关制定的多个行政规范之间、一个行政法规或规章的内部各条款之间都应保持一致。

（二）民主立法原则

民主即是人民的权力或多数人的统治，列宁指出："民主意味着形式上承认公民一律平等，承认大家都有决定国家制度和管理国家的平等权利。"[1]《立法法》第 5 条明确规定："立法应当体现人民的意志，发扬社会主义民主，坚持立法公开，保障人民通过多种途径参与立法活动。"行政立法应极具开放性，保证行政相对人的参与，确认公众对法案的讨论权、听证权，并建立对公众所提意见或者建议是否采纳的答复制度，以使行政法规和规章能最大程度体现民意，增进其合法性。

（三）权利义务平衡原则

权利和义务是法学的基本范畴和法律的核心要素，立法，包括行政立法，正是通过权利与义务的配置来实现对社会资源的调整，但这种配置必须在公民的权利义务与行政机关的权力责任之间保持平衡，既要通过行政权力的授予、公民义务的课处，保证社会秩序的和谐稳定，又要通过公民权利的确认、行政责任的维系，体现对基本人权的尊重和对行政权力的规范，保证社会的生机活力。

四、行政立法的体制

行政立法的体制是指国家行政立法机关的结构体系及其立法权限的划分。行政立法机关的结构体系是指具有行政立法权的行政机关进行立法而共同构成的联系紧密、层级分明的系统；行政立法的权限划分则是指具有行政立法权的行政机关进行行政立法时各自的立法范围及相互的立法界限。

---

〔1〕《列宁选集》（第三卷），人民出版社 2012 年版，第 257 页。

（一）行政立法体系

1. 我国行政立法体系的地位。我国现行的国家立法体系，可以分为权力机关立法系统、行政机关立法系统和军事机关立法系统。其中，全国人大及其常委会的立法处于最高、最核心的地位，行政机关立法系统和军事机关立法系统都是在权力机关立法系统之下，行政机关立法权和军事机关立法权都处在从属于国家权力机关立法权的地位，我国《立法法》第 65 条第 1 款规定："国务院根据宪法和法律，制定行政法规"，第 103 条第 1 款规定："中央军事委员会根据宪法和法律，制定军事法规"，可见，行政立法和军事立法都是依据"国家立法"进行的。并且，行政立法所制定的规范性文件在国家行政管理领域实施，军事立法所制定的规范性文件"军事法规、军事规章在武装力量内部实施。"这二者的地位是平行的，在各自的管理领域里实施。

根据宪法的规定，我国的立法体制是统一的，又是分层的。现行的国家立法体系从有立法权的机关层级上看，各立法系统的立法都是多级立法。具体包括：全国人大及其常委会行使国家立法权（制定法律），权力机关立法中省、自治区、直辖市和设区的市的人大及其常委会的立法（制定地方性法规），民族自治地方的人大的立法（制定自治条例和单行条例）；行政机关立法有国务院的立法（制定行政法规），国务院组成部门和具有行政管理职能的直属机构的立法（制定部门规章），省、自治区、直辖市和设区的市的人民政府的立法（制定地方政府规章）；军事机关立法有中央军事委员会的立法（制定军事法规），中央军事委员会各总部、军兵种、军区的立法（制定军事规章）。

2. 我国的行政立法体系。我国的行政立法体系可以分为中央行政立法和地方行政立法。中央行政立法包括国务院制定行政法规；国务院各部、委员会、中国人民银行、审计署和具有行政管理职能的直属机构制定部门规章。地方行政立法包括省、自治区、直辖市人民政府以及设区的市的人民政府制定地方政府规章。

在这个行政立法体系中，不同行政立法机关制定的不同的法律规范，其相互关系是：

在内容上，每一低层级行政立法机关制定的法律规范都要根据上级行政立法机关和本级以上的权力机关制定的法律规范，并不得与之抵触，法律效力也较之低。即按照《立法法》的有关规定，行政法规的制定根据是宪法和法律，部门规章的制定根据是法律和行政法规，地方政府规章的制定根据是法律、行政法规和本级权力机关制定的地方性法规，并且，每一层级的行政法律规范都不得与其制定根据相抵触，所以，法律的效力高于行政法规、地方性法规、规章，行政法规的效力高于地方性法规、规章，地方性法规的效力高于本级和下级地方政府规章，省、自治区人民政府制定的规章的效力高于本行政区域内设区的市的人民政府制定的规章。

在程序上，行政立法制定的法律规范要报上一级行政机关和权力机关备案，接受备案的机关对之有审查权。即按照《立法法》的有关规定，行政法规要报全国人大常委会备案，规章要报国务院备案，并且地方政府规章要同时报本级人大常委会备案，设区的市的人民政府制定的规章要同时报省、自治区的人大常委会和人民政府备案。

在适用上，上级行政机关和本级或上级权力机关有权改变或者撤销符合法定情形的行政法律规范。即按照《立法法》的有关规定，行政法规的撤销权由全国人大常委会行使，规章的撤销权由国务院行使，并且地方人大常委会有权撤销本级人民政府制定的规章，上级政府有权撤销下级政府制定的规章。

（二）行政立法权限

行政立法权限主要解决两个问题：一是行政机关立法系统内各立法主体立法权的界限及范围；二是行政机关立法权与权力机关立法权的界限及范围，这主要是全国人大及其常委会与国务院的立法权限。对此我国《立法法》明确规定了行政立法权限法定的立法基本原则，各行政立法机关的立法权限范围必须遵守《立法法》的规定。

1. 行政法规的立法权限。《立法法》对行政法规立法权限范围的规定，符合宪法精神，体现了行政法规在我国立法体制中的地位和作用。根据《立法法》第 65 条的规定，行政法规的立法权限包括：

（1）为执行法律的规定需要制定行政法规的事项。国务院是我国的最高行政机关，是国家最高权力机关的执行机关，为了执行法律的规定，国务院可以根据法律制定如下三类行政法规：①综合性的实施条例、实施细则、实施办法。这是在法律颁布之后，对法律实施中的各种问题作出的比较全面、具体的规定。主要内容包括专有名词术语的解释、处罚奖励幅度的具体化、行政执法机关职责的具体化、行政执法程序的具体化、实施法律的具体措施和办法等。在许多法律的附则中都明确规定了国务院可以根据法律制定实施细则。②为实施法律中的某一项规定和制度而制定的专门规定。有些法律在某一制度上或是因较复杂，或是因缺少经验，法律就只作原则规定，由实施机关作进一步具体规定。如《行政处罚法》规定，作出处罚决定的行政机关与收缴罚款的机关分离，具体办法由国务院规定。据此，国务院于 1997 年制定了《罚款决定与罚款收缴分离实施办法》。③对法律实施的过渡与衔接及其相关问题作出规定。一部新法律的颁布实施，往往会产生与现存制度的过渡和衔接问题，对此作出规定是保持社会秩序稳定与连续的需要。如《公司法》规定，其实施前依法登记成立的公司，继续保留，其中不完全具备《公司法》规定条件的，应当在规定限期内达到规定条件，具体实施办法由国务院另行规定。

（2）《宪法》第 89 条规定的国务院行政管理职权的事项，但是对法律保留的事项除外。《宪法》第 89 条规定的国务院行政管理职权有四个方面：一是全国性行政工作的领导权；二是部门性行政工作的领导权和管理权；三是行政机关的编制审定权和行政人员的任免、奖惩权；四是行政监督权。但是，并非国务院对这些事项都能制定行政法规，它必须以不涉及全国人大及其常委会的专有立法权——法律保留的事项为前提。《立法法》第 8 条明确规定，下列事项只能制定法律：①国家主权的事项；②各级人民代表大会、人民政府、人民法院和人民检察院的产生、组织和职权；③民族区域自治制度、特别行政区制度、基层群众自治制度；④犯罪和刑罚；⑤对公民政治权利的剥夺、限制人身自由的强制措施和处罚；⑥税种的设立、税率的确定和税收征收管理等税收基本制度；⑦对非国有财产的征收、征用；⑧民事基本制度；⑨基本经济制度以及财政、海关、金融和外贸的基本制度；⑩诉讼和仲裁制度；⑪必须由全国人民代表大会及其常务委员会制定法律的其他事项。上述事项大体上可以分为两类，一类是属于国家基本制度的事项，一类是涉及宪法所保护的公民的最基本的权利。

（3）全国人民代表大会及其常务委员会授权国务院规定法律相对保留的事项。法律相对保留的事项是指《立法法》第 8 条规定中除犯罪与刑罚、对公民政治权利的剥夺、限制人身自由的强制措施和处罚、司法制度之外的事项。这类事项的立法，就是一种授权立法，其制定的行政法规的效力高于其他行政法规的效力。根据《立法法》第 65 条第 3 款的规定，国务院根据全国人大及其常务委员会的授权制定的行政法规，经过实践检验，制定法律的条件成熟时，国务院应当及时提请全国人大及其常务委员会制定法律。

2. 部门规章的立法权限。有部门规章制定权的行政机关包括国务院各部、委员会、中国人民银行、审计署、具有行政管理职能的直属机构（包括一些直属事业单位）。其立法的事项：一是属于执行法律的事项，二是属于执行国务院的行政法规、决定、命令的事项，可见制定部门规章都属于执行性立法。

对于部门规章与行政法规的立法界限，部门规章应在"本部门权限范围内"对需要在全国范围内统一执行的事项进行规定。

3. 地方政府规章的立法权限。有地方政府规章制定权的行政机关包括省、自治区、直辖市人民政府，设区的市的人民政府，其立法权限包括：

（1）为执行法律、行政法规、地方性法规的规定需要制定规章的事项。

（2）属于本行政区域的具体行政管理事项。对于就本行政区域内的具体行政管理事项制定规章的，应当是根据地方的实际情况作分别规定的事项，它不宜也不必作全国统一规定。但是，设区的市、自治州的人民政府依法制定地方政府规章，限于城乡建设与管理、环境保护、历史文化保护等方面的事项。

第二节　行政执行

一、行政执行的概念

依法行政固然要求包括行政法规与规章在内的完善的法律体系，同时也需要高度重视执行环节，"徒法不足以自行"。行政执行指的是，行政管理法律规范在行政管理各项活动及各个环节中实际而充分地发挥其作用、功能，产生法律效力的过程。在法治国家中，行政执行关系着社会秩序的安定和公民权利的维护，任何一个抽象的行政法律规范必须依靠行政执行在具体的个案中加以实践，德国学者奥托·迈耶就曾宣称，法院判决与行政执行是法治国家中"以法律统治"的两大支柱。[1]对行政执行可从以下三方面来理解：

（一）行政执行是执法的一种

"法的执行，简称执法，是指掌管法律，手持法律做事，传布、实现法律。"[2]广义的执法除了行政执行以外，还有司法机关的法律适用，简称司法。其区别在于：行政执行具有强烈的主动性、倾向性、应变性、先定性、单向性、服从性等特征。[3]简言之，行政执行是管理权的实现，而司法则是判断权的运行，"在权力分立理论之基础上，司法与行政同负责实现法规内容之主要责任；惟前者在性质上究系病理的、消极的、被动的，后者则适当其反"。[4]

---

〔1〕 陈新民：《中国行政法学原理》，中国政法大学出版社2002年版，第133页。

〔2〕 沈宗灵主编：《法理学》，北京大学出版社1999年版，第409页。

〔3〕 孙笑侠：《法律对行政的控制》，山东人民出版社1999年版，第249～254页。

〔4〕 城仲模：《行政法之基础理论》，三民书局1980年版，第187页。

（二）行政执行是行政行为的一种

作为行政学重要范畴的行政行为，是行政机关及其行政人员实施行政管理行为的总称，包括行政执行、行政立法等类型。行政执行与行政立法的区别在于：行政立法是将权力机关制定的法律具体化，规定法律的实施、运作规则，或根据立法目的、法律的原则、精神，规定个人、组织在社会、经济、文化等各个领域的具体行为规范。行政执行则无论是直接执行法律，还是直接执行法规、规章，都是将法的规范直接作用于解决社会问题，调整现实社会关系，并最终实现法对社会的调节。

（三）行政执行属于具体行政行为范畴

受法国行政法学影响，我国学界依据对象的特定性，将行政行为分为抽象行政行为与具体行政行为。抽象行政行为的对象是不特定的，其行为效力具有普遍性，并且可以适用多次，而具体行政行为的对象是特定的，其行为效力仅限于特定人、特定事，只能适用一次。行政立法行为属于抽象行政行为，而行政执行属于典型的具体行政行为。

二、行政执行的特征

（一）主体的特定性

行政执行是行政机关针对具体事、具体人所作的行为，所谓行政机关指依照宪法和法律享有行政职权、履行行政职责，并以自己名义独立承担相应法律责任的组织，它包括行政机关和法律、法规授权的组织，[1]除此之外的其他国家机关、社会组织或者个人在没有得到授权或者委托的情况下所作的行为均不是行政执行。

（二）意思表示的单方面性

行政执行"都包含或者体现了行政机关一定的决定意思和决定意见"[2]，这些意思和意见是行政机关根据法律和行政法律文件自行决定和直接实施的，无须取得相对人的同意。

（三）效力的强制性

行政执行是行政机关代表国家，以国家名义实施的行为，故以国家强制力

---

[1] 有学者将法律、法规授权的组织总结为：行政机构、社会组织、人民团体、行政性公司、事业单位等。详见张正钊、胡锦光主编：《行政法与行政诉讼法》，中国人民大学出版社2015年版，第50页。

[2] 王周户：《行政法原理论》，陕西人民出版社1998年版，第163页。

作为后盾和实施的保障，在行政执行过程中如果遇见障碍，且再无其他方法克服的情况下可运用其权力或手段加以排除，或者借助其他国家机关的手段，实现要达到的目的。

（四）形式的多样性和方法的灵活性

行政管理的多样性，决定了行政执行行为的多样性，其内容涉及政治、经济、文化以及社会生活的各个领域与层次。而且，由于有权进行行政执行活动的部门范围很广，行政执行行为有很大的灵活性，但是，由哪一层级采取的行政措施，其效力只限于那一级范围，不能越权。

（五）从属法律性

行政执行是行政权力具体和微观的运行，对于行政权力而言，"法无规定即禁止"，即使有了明确的规定也要受到法律全面、全程的监控，所以行政执行必须要有法律依据，不能凌驾于法律之上或者游离于法律之外，否则要承担相应的法律责任。

三、行政执行的原则

（一）合法性原则

合法性原则要求行政机关的执行行为应符合法律的规定，这是法治、民主、人权原则在行政领域的体现。具体可从以下层面展开：其一，行政执行的主体必须适格，实施行政执行的组织必须是行政机关（通过行政公务人员做出），能够以自己名义独立承担法律责任。其二，行政机关应在法定的职权范围内展开行政执行，法定的职权范围表现为事项管辖权、地域管辖权、级别管辖权等，超越法定限度的行为，不具有合法性。其三，行政执行应该符合法律法规的规定，不得超出法定的幅度和范围。其四，行政执行应符合法定的程序，遵守一定的步骤、顺序、时限、方法。需要指出的是，对合法行政之"法"应作广义理解，即它既包括宪法、法律，又包括行政法规、地方法规、单行条例和自治条例以及规章。[1]

（二）合理性原则

合理性原则要求行政机关的执行行为不仅要合法，更要合理、适当。即其一，行政执行应该符合立法的目的和意图。其二，行政执行应该选择正当的程序，在法律、法规未对行政自由裁量行为的程序做出规定或规定相当粗疏的情

---

〔1〕 当然，作为执行依据的规章应该符合法律、法规。

况下，行政机关应尽可能选择对相对人有利的程序做出，不得恣意妄为。其三，行政执行应该符合法的公正适用原理。公正是社会的普遍要求和法律的永恒追求，公正并不是虚无缥缈，它存在一定的客观标准。例如，同等对待、按比例行为、遵循惯例、前后一致、公开等。其四，行政执行应该体现法的平衡精神。"行政机关认同的合理性是在行政机关与相对人权益关系平衡以后的合理性，是突出行政相对人地位的合理性。"[1]行政自由裁量权的行使，即使确为达到公共目的之必需，但因此使公民所受的损害或做出的牺牲，比起由此获得的公共利益来要小得多，对此民众感到平衡，就会欣然接受。

四、行政执行的内容和类型

（一）行政执行的内容

行政执行的内容指行政执行对相对人的权利、义务所产生的具体影响，正是通过不同内容的行政执行，行政机关实现了其行政职能。

1. 设定义务。行政机关要求相对人为或不为一定的行为，即命令或者禁令。这种义务包括单纯的行为义务，也包括财产义务，还包括人身义务。

2. 许可和免除。许可是对禁止的解除，而免除则表现为对相对人原来所附义务的解除。

3. 赋予和剥夺。赋予是设定法律上的能力、权利、法律地位，使行为对象享有以前没有的能力、权利、法律地位，剥夺指使行为对象丧失其能力或权利的全部或一部分，或消灭已经存在的法律地位。

4. 确认。行政机关对某一特定法律事实或法律关系的存在与否，以及当该法律事实、法律关系发生争议时，依据有关法律、法规做出宣告的行为。

5. 证明。行政机关对于某种法律事实或某种法律关系的存在所作的证明，在违背反证推翻以前，其所证明的事实或关系被视为真实可靠。

（二）行政执行的类型

结合我国行政执行立法的进展以及行政执行的实践，主要的行政执行行为有：

1. 行政许可。行政许可是指行政机关根据公民、法人或者其他组织的申请，经依法审查，准予其从事特定活动的行为。行政许可是有限设禁之后对相对人解禁的行政执法行为。作为一项重要的行政权和管理方式，行政许可制度在维护

---

[1]　关保英："论行政合理性原则的合理解释"，载《中国法学》2000年第6期。

公民人身财产安全和公共利益、加强经济宏观管理、保护并合理分配有限资源等方面，都有重要作用。但是，行政许可制度首先意味着有在基于风险控制、资源配置、公信力提供等原因对公民权利与自由暂且设定的禁止。没有禁止，也就谈不上许可的问题。

2. 行政处罚。行政处罚是指行政机关依法对公民、法人或者其它组织违反行政法律规范的行为所给予的法律制裁或者惩戒。我国台湾地区和日本的学者习惯称作行政罚。根据《行政处罚法》规定，行政处罚的适用条件有四：①有相对人行政违法行为的客观存在；②必须由法定拥有处罚权的行政机关实施处罚；③应受行政处罚的违法主体应是实施违法行为的公民、法人或其他社会组织，其中公民还须具有一定的责任能力；④超过法定期限，一律不得再对相对人追究责任，已追究的应撤销行政处罚，这是行政处罚的时效条件。根据《行政处罚法》第29条第1款规定："违法行为在二年内未被发现的，不再给予行政处罚，法律另有规定的除外。"这可以被理解为行政处罚的一般时效。

3. 行政强制。行政强制，是指行政机关在行政管理过程中，为制止违法行为、防止证据损毁、避免危害发生、控制危险扩大等情形，依法对公民的人身自由实施暂时性限制，或者对公民、法人或者其他组织的财物实施暂时性控制的行为；或者行政机关申请人民法院，对不履行行政决定的公民、法人或者其他组织，依法强制履行义务的行为，是对行政强制措施和行政强制执行的总称。行政强制，因其明显的物理性，应当依照法定的权限、范围、条件和程序，并应当遵循适当原则，采用非强制手段可以达到行政管理目的的，不得实施行政强制。

4. 行政检查。行政检查即行政机关为了保障相应的法律、法规、规章在其所管辖的地区、部门、领域的执行，实现其行政管理的目标和任务，依法对行政相对人守法和履行法定义务的情况进行检查的行政执法行为。其主要形式包括行政审查、调查、行政统计、发布信息、情报以及财政、财务审计等。

5. 行政确认。行政机关依法对公民、法人或者其他组织的法律地位、法律关系或者有关法律事实进行甄别，给予确定、认定、证明，并予以宣告的行为。主要的形式有：确定、认定、认证、证明、登记、批准、鉴定、鉴证等。

五、行政执行的程序

行政执行的程序指的是行政执行主体依法行使行政职权，实施行政管理的步骤、顺序、方式和时限等，是行政执行在时间和空间范围内的表现。行政执行程序的主要制度有：

（一）信息公开制度

在行政执行的过程中，凡涉及相对人权利义务的资料、情报（包括法律、法规、规章和其他规范性文件，甚至内部的工作制度），除法律规定予以保密的以外，均应向社会公开，不能保密，任何公民或组织都有权查阅和复制。通过公开，能够增强行政的透明性，促进公民对行政的参与和监督，并且在很大程度上会清除腐败。

（二）表明身份制度

行政公务人员在执行之前应通过一定形式使行政相对人足以知晓他是在代表所属机关进而代表国家履行公务，否则相对人有权拒绝行政行为。法治国家中只有承载公权力的国家组织才有限制乃至剥夺公民权利的合法资格。只有表明身份，相对人才能确信行政公务人员是以行政机关的代表行事，这是行政行为有效的基本要件。对于如何表明身份，学者们提出过不同标准，例如制服、岗位、执勤标志、工作证等，哪种标准最为合适，要具体问题具体分析。一般情况下仅仅身穿制服、位处岗位是不够的，这并不能充分证明其执法身份，还应当出示工作证、执法证等书面材料。

（三）告知制度

行政机关行政执行的时候，应将有关事项告诉给相对人。这些事项包括两个方面：

1. 行政执行据以做出的事实依据、法律依据及相应理由和行为内容。事实依据即行政机关已经认定的和相对人有关的事实，而且是作为行政执行决定存在基础的那些认定事实；法律根据即行政机关做出行政执行行为所依据的法律、法规、规章及其他规范性文件的具体条文；相应理由即在认定事实以后根据法律规定做出的认定结论；行为内容指行政行为所承载的实体权利和义务。

2. 行政机关应告知相对人享有的程序权利和寻求救济的办法，对行政机关所提出的事实依据、法律依据及相应理由，行政相对人有陈述、申辩、表明主张的权利。从性质上讲，这些权利属于程序性权利，但它对案件的客观、真实和全面起着重要的作用，所谓"兼听则明，偏听则暗"。然而，因为公民法律素质之参差，行政法规之繁杂，普通公民对其权利往往难以判断，行政机关有义务将此告诉他们以协助其实现权利，维护尊严。此外，行政相对人在什么时间内，以什么方式，向什么机关提出救济也是行政机关告知的内容。

（四）听证制度

听证最初指在诉讼中应当听取当事人意见，给双方以"辩白的机会"，它源于英国普通法上的自然正义原则，后来这一制度逐渐扩展至行政领域，行政机关在做出一项影响相对人权利义务的行政决定之前，应当给予相对人参与并发表意见的机会。行政机关就有关事实和法律问题应广泛听取利害关系人意见以保证行政决定之合法、合理。《行政处罚法》第42条第1款规定："行政机关作出责令停产停业、吊销许可证或执照、较大数额罚款等行政处罚决定之前，应告知当事人有要求举行听证的权利，当事人要求听证的，行政机关应当组织听证……"该法对听证的具体步骤也作了详尽的规定。

（五）调查制度

调查指行政机关行政执行的时候必须对相关的信息资料进行收集、整理与查明。"以事实为依据，以法律为准绳"是执行工作的基本准则，这必然要求合法的行政执行行为应建立在充分的事实基础之上，而调查制度即是确保行政执行行为所依据事实充分、清楚的必要环节。

（六）回避制度

行政执行中的回避制度是指行政机关在行使职权过程中，相应事项与本人有利害关系或者其他关系可能影响公正处理的，为保证实体处理结果和程序进展的公平性，依法终止其职务的行使并由他人代理的一种程序法律制度。回避制度的法律价值正在于确保行政执行过程的公正性，保证行政程序公正性原则得到具体落实。行政公正性可以树立利益冲突的双方当事人寻求行政程序来解决行政争议的信心，客观上也有助于保障行政管理活动的顺利进行，有助于产生社会稳定发展的积极力量。因此，建立回避这一法律制度是人们对法律公正的期待结果。

（七）时效制度

时效制度是指行政执行的全过程或其各个阶段受到法定时间限制的程序制度，是行政程序效率原则的具体体现。这一制度对于保障行政执行及时作出，避免因行政执行的拖延耽搁造成对相对人权益的损害、稳定行政管理秩序和社会秩序具有重要意义。时效制度的主要内容包括时效制度的期限。行政机关进行行政执行，特别是涉及相对人权益的行为，法律、法规要对之确定明确的限制。如行政机关实施行政许可行为，法律、法规要规定其申请的时限、审查的期限、决定送达的期限等。如《行政处罚法》第29条规定行政机关追究行政相对人违法的时效为2年、第37条规定对调查检查中登记保存的证据作出处理决定的期限为 7 日，等等。对于相对人行政许可的申请，行政机关逾期不作决定，相对人可以行政机关违反法定程序或不履行法定职责为由申请行政复议或提起行政诉讼。

（八）案卷制度

行政案卷制度是指行政机关实施行政活动的过程要制作案卷，作出决定应以案卷作为根据，而不能在案卷以外，如以当事人所未知悉的和未论证的事实作为根据。这个原则又称之为"案卷排他性原则"。行政机关作出任何决定必须以事实为根据，而事实的存在要有证据证明，这就要求行政机关询问必须要有笔录，听证要有记录，以书面方式形成案卷。行政机关不能在听证以外接纳证据。行政案卷制度能够防止行政机关恣意行使行政职权，有助于说服行政相对人接受行政行为，提高相对人对行政执行行为的可接受程度，便利司法审查和法制监督。

第三节 行政协调

一、行政协调的概念

行政协调又称"行政相关行为"[1]，是行政机关为行使行政职能、实现行政管理的目标，采用疏导、协议、指导等方式解决公共问题的一种非正式的行政活动方式。行政协调具有以下特点：

1. 行政协调的一方当事人必定是行政机关。行政协调以行政权力的运行为背景，以解决社会问题为目的，是政府履行行政职能的一种特殊的方式。没有行政机关参与或者行政机关以机关法人身份参与的协调活动在性质上属于民事协调，它和行政协调有不同的价值追求，而且二者在受法律规范的密度上也存在明显差异。

2. 行政协调的适用范围极其广泛，其方法多种多样。在法定的职责任务和管辖事务的范围之内，凡是正式的行政行为不能达到公益目的或者即使能够达到目的但是代价过大、效果不佳之时，行政机关皆可使用行政协调谋求问题的解决。就其使用的方式而言，有指导、疏通、调处、鼓励、协议等非强制的和柔性的手段，以对社会经济生活做出及时灵活的反应。

---

〔1〕 胡建淼：《行政法学》，法律出版社 2003 年版，第 356 页。

3. 行政协调一般不直接产生行政法律后果。行政协调大都不是依据具体法律规范作出的，也不直接导致行政相对人权利和义务的增减，没有确定力、约束力和公定力，故它不属于严格意义上的行政活动。行政协调行为的成立必须设法取得行政相对人的自愿合作，强制性较弱，当事人在事后也可以加以推翻。[1]

二、行政协调的内容

（一）行政协议

行政协议指行政机关以实施行政管理为目的，与相对人就有关事项经协商一致达成的协议。尽管有人否认行政协议的存在，但它确实已经成为提供公共服务、实现管制目标的重要工具，在我国，就实务层面而言，经济体制推进过程中出现的大量所谓"承包合同"基本上就是行政协议，它广泛存在于农业、工业、环境保护、治安综合治理等领域，可以说不是一个陌生的现象。

然而，在理论层面，长期以来，对行政协议的协议却存在争议，这一点在《合同法》立法过程中以及民法学界与行政法学界的论战中都被多次提及，即使在行政法学界内部也存在不同的声音。我们认为，行政协议是一种特殊的行政活动。

1. 行政协议具有明显的行政性。从主体看，行政协议的双方主体至少有一方是行政机关，即行政机关或法律、法规授权的组织。从内容看，行政协议的内容是行政管理的公共事务，具有公益性。从过程看，行政协议履行期间，行政机关在行政协议的变更和解除上享有行政优益权。

2. 行政协议仍然具有合意性。和行政行为具有的单方性不同，行政协议的订立必须以与相对人共同协商一致为前提，仍然要经过一个"要约—承诺"的过程。行政相对人对是否订立合同、合同的内容有一定的选择权，行政机关在不违反法律和公共利益的情况下，可以根据实际做出适当的让步。

（二）行政指导

行政指导是行政机关为适应复杂多变的经济和社会生活的需要，基于法律、政策的规定而作出的，旨在引导相对人自愿采取一定的行为，以实现行政管理目的的行为。它是现代行政法中合作、协商等民主精神发展的产物，也是针对市场失灵和政府失灵提出的一种补救办法。二战后，行政指导得到越来越广泛

---

[1] 值得注意的是，基于信赖保护原则，行政协调过程中，行政机关不得随意"反悔"。

的应用，其中以日本和德国最为成功。我国在宪法、法律、法规、规章等层次都有不少关于行政指导的规定，而且行政指导在行政管理实践中，也频频出现，例如发布官方信息、公布货币供应量指标等，取得了良好的效果。行政指导有下列特征：

1. 行政指导具有非强制性。作为行政相对人的公民、法人和其他组织，对行政指导没有服从的义务，也就是说，相对人是否服从行政指导是任意的、可以选择的，认为行政指导合乎情理就服从，认为行政指导有悖情理也可以不服从，不会或者不应因其不服从而遭受行政机关的不利处置。

2. 行政指导具有形式的多样性。行政指导行为在具体方法上没有明确的法律羁束性规定，而是由行政机关根据实际情况采取具体的指导方法，例如，引导、协商、建议、示范、制定导向性政策等，这反映了行政指导在具体实施中的复杂性，也说明了行政机关对于行政指导的使用具有极大的裁量权，为避免其滥用权力，有必要设计一种合理机制规范其行为。

3. 行政指导具有行为的引导性。行政指导行为不具有强制性，但具有某种利益的诱导作用，当然这种利益的诱导作用，既包括对物质利益（经济利益）的引导，又包括对精神利益（得到公众积极评价和受人尊重）的示范。[1]

（三）行政调解

行政调解是行政机关依据法律，在其职责权限范围内，对于行政管理事项密切相关的特定的民事争议，在尊重双方当事人意见一致的基础上所进行的调处活动。常见的如公安机关调解交通事故赔偿、卫生行政部门调解医疗事故的赔偿。对行政调解的性质，理论界有两种看法，一种观点认为，行政调解不是行政行为，也不是公权力作用的结果，[2]另一种观点认为，行政调解行为是一种包含行政机关职权和意志，具有一定效力的法律行为。笔者赞同这样一种看法，即行政调解是一种特殊的行政活动，其特殊性在于，它的成立和生效不完全取决于行政机关的意志，换句话说，行政调解既要行政机关作出决定，也要纠纷当事人同意或者协商一致，行政机关不得强迫当事人接受自己的意志或接受对方的意志，即便行政机关调解作出以后，双方当事人如有反悔仍然有权利推翻调解。[3]

---

〔1〕　莫于川：《行政指导要论——以行政指导法治化为中心》，人民法院出版社 2002 年版，第 29 页。

〔2〕　甘文：《行政诉讼法司法解释之评论——理由、观点与问题》，中国法制出版社 2000 年版，第 24 页。

〔3〕　杨小君：《我国行政复议制度研究》，法律出版社 2002 年版，第 36 页。

三、行政协调的司法救济

（一）对行政协议的司法救济

1989 年《行政诉讼法》规定的行政诉讼受案范围为具体行政行为，对行政协议是否可以提出救济并未有明确的规定，但 1991 年《最高人民法院关于贯彻执行〈中华人民共和国行政诉讼法〉若干问题的意见（试行）》（已废止）中将具体行政行为界定为单方行为，这样以双方行为为特征的行政协议，自然不属于行政诉讼的受案范围。1999 年《最高人民法院关于执行〈中华人民共和国行政诉讼法〉若干问题的解释》（已废止）取消了对"具体行政行为"的解释，由此表明：具体行政行为不应当仅限于"单方行政行为"，行政协议也属于行政行为，行政协议开始进入行政诉讼的受案范围。

2014 年《行政诉讼法》明确规定：公民、法人或者其他组织认为行政机关不依法履行、未按照约定履行或者违法变更、解除政府特许经营协议、土地房屋征收补偿协议等协议，侵犯其合法权益的，公民、法人或者其他组织有权提起行政诉讼。最高人民法院《关于审理行政协议若干问题的规定》对行政协议案件的审查范围，当事人资格、管辖、举证责任等问题进行了明确。

（二）对行政指导的司法救济

行政指导不具有强制性，相对人可以遵守也可以不遵守，对相对人的权利义务没有直接影响，因此，1999 年《若干解释》明确规定，对不具有强制力的行政指导行为不能提起行政诉讼。2018 年《最高人民法院关于适用〈中华人民共和国行政诉讼法〉若干问题的解释》重申，行政指导行为不属于人民法院行政诉讼的受案范围。

当然，在条件成熟的时候，随着行政法治原则适用范围的不断扩展，将部分对相对人权益有重大影响的行政指导纳入司法审查范围也未必不可。

如果行政机关以指导的形式作出了事实上具有强制后果的行为，这种行为就不是行政指导，相对人可以通过行政诉讼寻求救济。

（三）对行政调解的司法救济

2018 年《若干解释》规定，当事人对行政调解不服，人民法院不予受理。达不成协议或者达成协议后反悔的，一方当事人应该以对方当事人为被告提出民事诉讼，寻求争议的解决。

第四节　行政监督

一、行政监督的概念

行政监督又称"行政法制监督"或"监督行政"，指拥有监督权的机关、组织和个人对行政机关及其公务人员的行政活动实施的监控，作为我国行政法律制度的一个重要组成部分，它有以下特征：

1. 行政监督主体的广泛性。按照宪法和法律规定，国家权力机关、监察机关、人民法院、人民检察院、行政机关以及政党、社会团体、新闻媒体，甚至普通公民，都有权实施这种监督。因此，行政监督是一种由多种监督渠道和不同监督方式组成的综合监督制度。

2. 行政监督对象的特定性。行政监督的对象是行政机关及其公务人员的行政活动，无论是行政立法，还是行政执行、行政协调都属于监督的对象。

3. 行政监督方式的多样化。不同的监督主体有不同的监督方式，也正是这些不同的监督方式的综合作用，使行政监督具有全面性的功能。

二、行政监督的种类

根据不同的标准，可以将行政监督分成不同的种类：

1. 以监督主体为标准，可以将行政监督分为国家权力机关的监督、国家司法机关的监督、国家监察机关的监督、社会组织的监督和普通公民的监督等几种。

2. 以监督的时间为标准，可以将行政监督分为事先监督、事中监督、事后监督等。事先监督的目的在于防患于未然，多针对行政立法行为；事中监督旨在发现行政行为执行过程中的违法和不公正现象，以便及时制止；事后监督是在行政行为终结后，对行为过程和结果的监督，有补救性质。

3. 以监督的侧重点为标准，可以将行政监督分为对行政机关（主要是行政机关）的监督和对行政公务人员的监督。

4. 以监督的内容为标准，可以将行政监督分为对行政的合法性监督、对行政的合理性监督以及对行政公务人员遵守法纪的监督三类。

此外，依据监督的方向不同，分为纵向监督、横向监督和双向监督，不同种类的行政监督构建起一个完整的行政监督体系。

三、行政监督的体系

行政监督体系通常是指具有法定监督权的不同监督主体在监督方面的任务和权限划分，以及相应的机构设置和法律制度的体系。

（一）内部监督体系

内部监督又称行政自我监督，是指行政系统内部具有监督权限的行政机关按照法定的程序和方式，对行政机关及其工作人员的行为所进行的行政性监察与督导。内部监督是行政组织的一种自我调节机制，有利于加强行政组织的自律自治行为，有利于更好地行使国家权力，管理国家事务。我国行政内部监督系统主要有两种方式：即一般监督和专门监督。

1. 一般监督，即由一般权限机关实施的一种行政机关内部监督。主要有以下三种形式。

（1）上下监督。即按照直接隶属关系所进行的自上而下的层级监督。由于行政机关内部有着明确的隶属关系，上级对下级可以用直接的组织手段、行政手段和经济手段来实现领导意图和实施监督活动. 因而这是一种最直接、最经常、最迅速和最有效的内部监督形式。

（2）主管监督。即主管部门对所属部门和有直接领导关系部门的监督。这主要指国务院各部委和各直属机构对地方各级人民政府相应的工作部门、上级地方人民政府的各工作部门对下级地方人民政府相应的工作部门的监督。

（3）职能监督。即政府各职能部门就其主管业务对下级政府对应职能部门的监督。各级政府的职能部门对下级政府的职能部门，不论是否有领导关系，一律有权监督，如财政部就国家财政收支问题，有权对各部门、各地区实施监督。

2. 专门监督。是指政府专设的监督机构因特殊授权而对其他行政机关实行的监督。随着行政管理活动日趋复杂化、专业化，政府专门设立业务性强的监督机构来实施监督. 逐渐被世界各国视为保障监督有效性的重要手段。在我国，这种专门监督主要指的是由国家审计部门实施的审计监督。审计监督是指审计机关依法对本级政府各部门和下级政府的财政收支和财务收支是否真实、有效和合法所进行的审查与监督。审计是一种重要的监督形式，是实现政府管理经济、维护行政领域的财经法制秩序的重要手段。

（二）外部监督体系

外部监督是指来自行政机关以外的监督主体，为保证行政工作的合法性、合理性和社会效益而对行政机关及其工作人员实施的监督。外部监督有多种形式，主要有以下几种类型：

1. 立法监督。立法监督又称国家权力机关的监督，即国家立法机关对行政机关实施的监督。它既是行政监督外部体系的重要组成部分，又是具有法律效力的最高层次的监督。我国的权力机关是各级人民代表大会及县以上人大常委会。宪法规定，我国各级行政机关是各同级国家权力机关的执行机关，必须对它负责，向它报告工作并接受它的监督。

国家权力机关对行政机关及其工作人员的监督，内容比较广泛，一般包括法律监督、财政监督、人事监督、行政决策和行为监督等。

2. 司法监督。司法机关的监督是一种外部的、直接产生法律后果的行政监督形式，是行政监督体系中强制性程度最高的一种监督机制。在我国，司法监督主要是指人民检察院和人民法院对国家行政机关及其工作人员的行政活动实施的监督。其特点是解决行政机关具体行政行为的违法问题，直接产生法律后果。

我国《行政诉讼法》的颁布实施为司法监督提供了有力的法律保障。另外，审判机关可以通过提出司法建议的形式进行积极的行政监督，司法建议往往比检察建议有更大的效力。

3. 监察监督。监察机关是政治机关，其根据《监察法》行使国家监察职能，监察范围包括：对公职人员开展廉政教育，对其依法履职、秉公用权、廉洁从政从业以及道德操守情况进行监督检查；对涉嫌贪污贿赂、滥用职权、玩忽职守、权力寻租、利益输送、徇私舞弊以及浪费国家资财等职务违法和职务犯罪进行调查；对违法的公职人员依法作出政务处分决定；对履行职责不力、失职失责的领导人员进行问责；对涉嫌职务犯罪的，将调查结果移送人民检察院依法审查、提起公诉；向监察对象所在单位提出监察建议。此处的公职人员包括人民政府公务员以及参照《公务员法》管理的人员。

4. 政党监督。政党对政府活动的监督是普遍的，但监督方式不尽相同。具体到我国，政党监督应包括各个政党对政府的监督。中国共产党在我国处于执政地位，是社会主义建设事业的领导核心，因而，我国的政党监督主要是指中国共产党的各级组织对政府机关及其工作人员的监督，当然，民主党派对行政机关的监督也不能忽视。

5. 社会监督。社会监督是指社会各界和公民个人对行政机关及其工作人员的监督。社会监督主要有三种形式：①社会团体的监督。社会团体的监督大多是由各种利益集团、群众团体、行业工会及一些特殊组织，通过请愿、集会、示威游行、罢工甚至暴力行为来实现的。在我国，各种社会组织和团体的监督都是有组织的、经常性的监督，而且由于其监督面广、持续力强，对国家行政机关的活动有较强的约束力。在我国，社会团体不仅包括人民政协、工会、共青团、妇联、学联等正式组织形式，还包括众多的利益团体等。②社会舆论监督。舆论监督是一种影响广泛、威力强大的社会监督形式，在监督政府的活动中具有特殊的作用。通过新闻媒介的宣传、"曝光"等形式，揭露违法渎职行为和腐败现象，对国家行政机关及其工作人员是一种强大的威慑力量，能防止行政权力的滥用或误用。在我国，舆论既是政府与群众相互沟通的主要渠道，又是对政府机关及其工作人员的有效监督形式。③公民个人监督。我国《宪法》规定，公民对任何国家机关和国家工作人员有提出批评和建议的权利，有就任何违法失职行为向有关国家机关提出申诉、控告和检举的权利，有在受到侵害时要求恢复合法权益、追究行政责任的权利。公民可以采取上书、走访、行政诉讼、借助新闻媒体等方式，对行政机关和行政人员进行监督。这是公民维护自身权益的需要，也是人民当家作主的体现。

思考题

1. 试述规章的制定主体与制定权限。
2. 行政执行应坚持哪些基本原则？
3. 行政执行的内容与基本类型有哪些？
4. 行政执行的基本程序是什么？
5. 你认为行政协议与传统行政活动有哪些区别？
6. 行政协议如何进行司法救济？
7. 思考如何对行政指导进行法律控制。
8. 是否需要赋予行政调解法律上的强制力，为什么？
9. 如何认识行政监督的意义？
10. 试述我国的行政监督体系。

参考文献

1. 应松年主编：《行政法学新论》，中国方正出版社 2004 年版。

2. 叶必丰：《行政法学》，武汉大学出版社 2003 年版。

3. 余凌云：《行政契约论》，中国人民大学出版社 2000 年版。

4. 马怀德：《行政诉讼原理》，法律出版社 2003 年版。

5. 姜明安主编：《行政法与行政诉讼法》，北京大学出版社、高等教育出版社 2011 年版。

6. 胡建淼、江利红：《行政法学》，中国人民大学出版 2015 年版。

第十二章 行政责任

行政责任是人类社会政治法律思想和制度发展历史上间接民主阶段的产物，是"主权在民"及"权力分立"原则的必然要求。确立和确保行政责任的精义在于：宪法以及与宪法相一致的法律是政府及其官员施政的准绳；公民的权利与义务受法律保障，政府的行政行为需以完备之方式以昭信守、并负违法失职之责任；一切行政行为均须依详细权限之规定；受到政府及官员公务行为损害的公民，有权提出诉讼并获得相应的赔偿。在当代世界上，行政责任已经成为民主政治体制国家的重要标志。行政责任又是近代国家责任政治的产物，是国家行政管理制度的重要组成部分。对规范行政行为，减少工作失误，克服官僚主义，提高行政效率而言具有重要的功能。因此，它是行政管理学研究的对象之一。

第一节 行政责任概述

一、行政责任的含义与特征

（一）行政责任的含义

行政责任也称政府责任或公共责任。它是指政府及其公职人员发挥行政管理者的岗位职能，达到行政目标、完成行政任务的责任。行政责任有广义和狭义之分。广义的行政责任是指政府能够对社会公众或成员的需求做出积极回应，并采取有效措施，努力实现公众的需求和维护公众的利益。具体来说，包括国家全部行政机构及其工作人员作为一个整体对国民负责；国家行政机关内部及其工作人员对自己的职能或岗位负责。狭义的行政责任是指政府机关及其工作人员违反法律规定的义务、违法行使职权时所要承担的法律责任。这种责任与违法相联系，意味着国家对政府机关及其工作人员违法行为的否定反映和谴责，是一种消极责任，是一种惩罚。广义行政责任是狭义行政责任的前提，狭义行政责任是广义行政责任实现的途径，两者相互制约，相辅相成。主权者要想有效控制权力，则对任何一个机构进行任何授权时，必须同时规定其相应责任。这就是现代意义上行政责任的真正含义。

（二）行政责任的特征

相对于民事责任、刑事责任而言，行政责任有其明显的特征，前二者只限于追究违法当事者本人的行为责任，而行政责任却有着更广阔的社会内容和意义。其特征有：①义务性。政府系统及其工作人员依法行使权力的过程，实际上也是承担义务的过程，即承担为社会公众谋取利益、尽责效力、完成岗位职能、履行与行政权力相对应的义务的过程。②任务性。行政责任不仅是一种义务，更是一种具有客观规定性的任务。事实上行政人员执行国家权力主体的意志、方针、政策的过程，就是具体完成权力主体交付的任务的过程，行政责任表现为必须完成的任务性。③控制性。在现代社会中，行政责任作为一种制度安排，包含着保证责任实现的责任控制机制。通过这种责任机制，防止行政机关及工作人员偏离社会大众利益而只顾其私利。

二、行政责任的类型

根据行政责任的性质，可将行政责任分为法律责任、政治责任、管理责任、道德责任及社会责任。[1]

（一）法律责任

行政责任中的法律责任，指行政机关及其工作人员必须遵守法律和行政法规的规定，如果违反相关规定，为了保障公民合法权益，应当由司法机关对政府行政行为进行审查和追究，并使其承担法律上的后果。具体包括以下几种：①行政机关的行政法律责任，包括行政立法责任、行政执法责任、行政司法责任、行政合同责任等。行政机关作为公共事务管理者，有管理相对人活动的权力，也有保障相对人合法权益的义务，滥用权力和懈怠义务的行为将在法律上招致否定性后果。②行政机关工作人员的行政法律责任。让行政机关工作人员承担必要的法律责任，不仅有助于加强其工作责任心，也有利于广大人民群众对其实施法律监督。③行政受托人的行政法律责任。公民和组织在受行政机关

---

〔1〕　郭小聪主编：《行政管理学》，中国人民大学出版社 2016 年版，第 217～219 页。

委托进行行政活动时，必须在规定的授权范围内行使职权，一旦违反法律规定，也应依法承担一定的行政法律责任。

（二）政治责任

行政责任中的政治责任，是指行政机关及其工作人员必须对人民、国家权力机关、政党负责，若违反特定的政治义务，将要承担政治上的后果。在西方宪政国家，政府政治责任主要是通过责任政治制度或国会对政府的监督来实现的。议会保证政府政治责任实现的主要手段有：①询问和质询。议员可以书面或口头向政府总理（首相）、政府部长提出问题，要求答复。②国政调查。国会对政府的一些重大行为，如立法权的行使、选举、违法行为、侵犯公民权等，行使调查权，并以此来监督政府的行为。③倒阁权。议会如果不同意政府的政策和施政方针，有权对政府提出不信任案。若议会通过不信任案，政府就必须总辞职。④弹劾。议会对政府的高级官员犯罪或严重失职进行控告或制裁。

我国实行人民代表大会制度，全国人民代表大会是国家最高权力机关，政府由人民代表大会产生，对人民代表大会负责。我国政治责任的主要形式包括：①国家行为责任。对于不受司法审查的外交、国防等国家行为，国家权力机关是靠政治责任加以限制的。其确认和追究通常是通过权力机关行使职权来实现，如行使质询权、行使审查权、行使改变和撤销权等。②违宪责任。这是指行政机关的重大行政行为违反宪法所应承担的责任，如国务院发布的行政法规以及具有普遍约束力的决定和命令等，若与宪法规定发生冲突，国家权力机关可通过撤销、罢免等方式追究行政机关及其首长的责任。③政党责任。我国政务类国家行政工作人员一般由执政党推荐，再由权力机关选举认可；重要的业务类国家行政工作人员的人事管理由国家人事行政部门与执政党的组织部门共同掌握。因而，执政党的党内纪律责任也是约束国家行政机关及其工作人员行为的重要规范。

（三）管理责任

行政机关及其工作人员的行为应当符合法定的目的，不滥用职权，不以权谋私，合理行使自由裁量权，避免行政失当。具体来说，管理责任有两方面的内容：一是行政体系内部的常规责任，是相对行政机关和人员的职位而言的，包括领导责任和岗位责任；二是专项责任，指推行特定政策，执行专项任务所承担的责任。

（四）道德责任

道德责任是从事公共行政职业的人所应遵循的、与职业活动紧密联系的、具有公共行政职业特征并反映对公务员的特殊要求的道德准则和规范。在我国，公务员承担的行政道德责任主要有：其一，必须为人民服务；其二，必须遵守公务员职业道德规范；其三，必须有工作责任心和勤政的思想意识。通过公务员的道德规范将公务员的行为约束在自省及合理的范围内。[1]

（五）社会责任

社会责任，或者说社会问责，是一种依靠公民参与来加强行政问责的问责途径。主要包括三方面内容：一是公民参与，即通过公民的听证、质询、监督，政府直接面对公众的疑问并做出解释，承担责任。二是媒体的监督，即通过媒体的曝光和传播所造成的舆论压力督促公共行政部门改进工作。三是社会利益团体以组织成员的利益诉求作为政治参与优先考虑的内容，从而成为问责的直接参与者和推动者。社会问责机制使得政府监督部门可以依靠社会公众进行监督，有利于及时发现问题，尽快做出反应，使监督更具针对性。

三、行政责任的意义

法约尔在研究了权力和责任关系之后，指出，"责任是权力的孪生物，是权力的当然结果和必要补充。凡行使权力的地方，就有责任"。[2]行政权力是行政机关及其工作人员依靠国家强制力，对社会公共事务进行管理的权力。因此，在行政管理过程中明确行政责任自然是一个无法回避的重要问题。在现代社会里，为了使依法行政、依法管理能顺利进行，既要保障国家公权力在运行中能够符合其内在要求，也要使公民合法权利不受侵害，就是通过行政责任来实现的。确定行政责任成为现代国家制度的一个重要组成部分，其主要意义在于：

1. 确立行政责任是现代法治精神的重要体现。现代法治社会要求，一切权力运行都应当符合现代法律精神的要求。因为政府及其官员施政的准绳是宪法以及与宪法相一致的法律、法规；公民的权利与义务须受法律的规定与保障；一切行政行为均须依据详细的权限规定，政府的行政行为须公开、公正、不得侵害公众利益，违法失职须承担相应的责任。受到政府行为损害的公民有权依法提起诉讼，并获得赔偿。这种理念已成为确定现代法治国家的重要标志。

2. 行政责任是民主政治的内在要求。民主政治意味着政府必须以人民的同意和支持为合法性依据，意味着政府的一切行为必须符合公民的利益和意愿。

---

〔1〕　顾爱华："中国公共行政责任与追究制度探讨"，载《中国行政管理》2002 年第 8 期。

〔2〕　［法］法约尔：《工业管理与一般管理》，周安华等译，中国社会科学出版社 1982 年版，第 24 页。

政府不仅要充分地反映和实现各阶层公民的利益要求，也要充分调动各级政府和部门以及广大行政人员的积极性和创造性。这无疑构成了强化行政责任的强大动力。所以，在行政管理实践中，在处理政府与公民以及政府内部的关系时，只有把民主政治和行政责任有机结合起来，才能更好地履行政府职能，实现民主政治。例如，在中央向地方下放权力的过程中，地方政府获得更多权力的同时，如果没有相应的责任作为保障，中央政府放松了合理的监控，很可能造成行政效率下降、腐败丛生，最终制约民主政治的发展。

3. 行政责任能够规范行政行为，提高政府的工作效率。二战以来，随着科学技术的迅猛发展，生产规模和能力不断扩大，社会生活呈现出丰富化与多样化，人们的需求也日益增多，越来越复杂化。社会发展的深刻变化对国家行政管理的方式、内容和范围提出了新的要求，使得政府权力和职能明显扩张，政府组织结构更为复杂，政府公务人员的数量和种类大为增加。由于现代政府组织职能复杂、规模庞大、分工细致、人员众多，为了行政运行顺畅，就要求在行政组织内部建立起职权与职责相一致的工作责任制度，使行政组织内部各个层级、各个部门以及各个公务人员都必须责任明确，从而达到克服官僚主义，减少行政失误，提高行政工作效率的目的。

第二节　行政责任的确定

一、行政责任的构成要件

行政责任的构成要件是使行政责任得以成立的基本条件，是正确理解和把握行政责任的重要理论依据。行政责任的构成要件主要有[1]：

（一）行政责任主体通常为国家行政机关及其公务人员

由于行政行为的实质是一种国家行为或政府行为，因此，通常只有代表国家或政府实施行政行为的主体才有可能成为行政责任的主体，而公民、法人和其他组织则不会成为行政责任的主体。因此，在一般情况下，只有国家行政机关及其公务人员才有可能成为行政责任主体。

另外，得到国家法律、法规授权的非国家行政机关的社会组织以及接受国家行政机关委托的组织或个人，在执行公务时也可产生行政责任，从而成为行

〔1〕　薛冰等：《行政学原理》，清华大学出版社 2005 年版，第 269 - 270 页。

政责任的主体。因此，行政责任主体不以国家行政机关及其公务人员为限，任何行为主体，只要获得合法从事国家行政行为的资格并实际实施行政行为，便可成为行政责任主体。

（二）行政行为违法

行政责任必须是由国家行政机关或其公务人员的违法行政行为所产生。这一要件实际上包括两个内容：其一，承担行政责任的行政行为必须是执行公务的行为。行政机关作为一种组织，除了在行使职权中与社会发生行政管理关系外，还有可能以普通民事主体的身份与社会发生一般的民事关系。由于行政责任是一种国家责任，所以，只有行政机关及其公务人员以国家的名义实施行政管理、执行公务的行为才有可能产生行政责任，而行政机关及其公务人员以私法意义上的法人名义所从事的普通民事行为，则不产生行政责任。后一种行为造成的损害由行政机关或个人负民事责任，国家并不对此负责。其二，承担行政责任的行政行为必须是违法执行公务的行为。

（三）有法律、法规的规定

行政责任是一种法定的责任，因而必须有国家法律、法规的明确规定，必须经由国家法律、法规的确认才有可能产生。没有法律、法规的规定，行政机关及其公务人员的行政行为即使发生损害性后果，也不能产生行政责任。这种情况在实践中通常表现为无法追究行政责任。通常情况下，不承担行政责任的行政行为的范围多局限于特定的领域，如军事、外交活动等领域。对这些方面的国家责任，各个国家一般按照"国家免责"的原则进行处理。

（四）存在损害事实

行政责任必须有特定的行为后果存在。只有当行政机关及其公务人员的行政行为造成特定的损害后果时，才产生实际承担行政责任的问题。由于第三者的行为或自然力的原因所产生的损害不产生行政责任，例如战争、自然灾害等原因引起的损害不产生行政责任。

二、行政责任的归责原则

行政责任的归责原则是指在法律上确定行政责任所依据的某种标准。对于行政机关的归责原则，世界各国采用的原则很不相同，其中具有代表性的有三种，即过错责任原则、无过错责任原则和违法责任原则。[1]

---

〔1〕 薛冰等：《行政学原理》，清华大学出版社 2005 年版，第 267～269 页。

（一）过错责任原则

过错责任原则通常指行政机关的行政行为存在故意或过失的过错，从而成为承担行政责任的根据。行政行为的过错存在主观过错与公务过错的区别。主观过错指致害行为人具有的一种应受责难的心理状态，包括故意和过失。该过错奠定了行政机关及其公务人员必须对自己的行为负责的基础，也方便分清行政机关及其公务人员的责任。但在实践中，由于致害行为发生在国家行政管理实践中，行政管理活动往往涉及众多人员和诸多环节，加上程序公开程度不够，使得判断何方犯有主观过错十分困难，不易把握。

公务过错指行政机关的公务行为未达到正常的标准，意味着公务的不当履行。公务过错是以公务活动是否达到中等公务活动水准为客观标准来衡量公务活动是否存在过错，以判断实施公务的机关的责任。在此，公务员个人的过错是次要的、第二位的。公务过错理论避免了主观过错理论在主观方面的判断困难，适应了国家行政责任的特点，给受害人提供了较多的救济机会。

（二）无过错责任原则

无过错责任原则亦称危险责任原则，指在国家行政机关的公务活动中，只要有损害结果发生，国家行政机关就要承担行政责任，而无须考虑行政机关及其公务人员主观上是否有过错。19 世纪下半叶，科学技术开始迅猛发展，政府权力不断扩张，使得公务人员即使不存在过错或违法，也会导致公民合法权益受到损害的情况时有发生。过错责任原则对此种情况的救济明显力不从心，无过错责任原则便应运而生。它不评判侵权行为发生的原因、性质与内容，不问其是否违法或有无过错，而是从侵权行为的结果着眼，从结果责任出发，实行客观归责。这无疑起到了责任的社会化的作用。各国在适用该原则时通常都予以一定限制，避免将其一般化，仅将其作为过错责任原则的补充。

（三）违法责任原则

违法责任原则指以国家行政机关及其公务人员职务行为违法作为归责标准，而不问侵权的机关或公务人员过错的有无。"违法"在行政责任理论中有两种不同的解释，一种为狭义说，指致害行为违反了法律、法规的明文规定；另一种为广义说，指除违反严格意义上的法律规范外，还包括违反法律的诚信原则、公序良俗原则、尊重人权原则、权力不得滥用原则等。

我国《国家赔偿法》采用违法责任原则。该法第 2 条规定："国家机关和国家机关工作人员行使职权，有本法规定的侵犯公民、法人和其他组织合法权益的情形，造成损害的，受害人有依照本法取得国家赔偿的权利。"选择违法原则的原因在于：其一，违法原则与宪法、行政诉讼法的规定相协调，与法治原则、依法行政原则相一致。其二，违法原则简单、明了，易于接受，可操作性强。其三，违法原则可以弥补过错责任、无过错责任原则的不足，有利于保护相对人的合法权益。

第三节　行政责任制度

一、行政责任的历史发展

行政责任最早出现于 19 世纪 70 年代，是随着近代资产阶级政治思想的提出和民主政治制度的建立而逐步产生的。西方国家行政责任的产生和发展，大体经历了资本主义以前行政无责任、资本主义行政有限责任、资本主义行政完全责任三个阶段。[1]

（一）行政无责任阶段

在实行资本主义制度以前，人类社会在经济形态上占主导地位的是自给自足的自然经济。以国王为代表的统治者在经济上垄断了生产资料，在政治上集所有国家权力于一身。人们的社会地位和社会关系是不平等的，统治者处于支配地位，被统治者处于受支配的地位；统治者与被统治者的关系是人身依附关系，而非平等的契约关系。依据传统的"国王不能为非"、"朕即国家"等原则，以国王为代表的统治者在统治国家的过程中是不承担任何法律上的责任的。

由于封建社会中行政官吏的权力和行为只不过是国王的权力和行为的延伸，因此在国家政治关系上，国王既然永远不可能为非，不承担任何行政责任，那么行政官吏自然也就不承担任何行政责任，不能被控告。这样，在封建社会中，国王及其官吏对于自己的行政行为的后果是不承担任何行政责任的。但这并不意味行政官吏没有责任，不会受到制裁。实际上，由于国王与行政官吏之间存在包括人身依附关系在内的绝对服从关系，当行政官吏违背国王的旨意时，受到责难和惩戒的情况并非鲜见。

（二）行政有限责任阶段

行政责任最早发端于英国政府对议会所负的政治责任。早在 16 世纪，英国议会中就出现了弹劾程序：一个大臣如果滥用权力或行为不端，将受到众议院

---

[1] 薛冰等：《行政学原理》，清华大学出版社 2005 年版，第 261～265 页。

的控告以及贵族院的审判。以后议会权力有了进一步的扩大，1742 年内阁首相渥尔波因得不到议会多数信任而辞职，从而开创了政府向议会承担政治责任的先例。此后的政治实践表明，政府在重大政策问题上以及重要国际条约的签订上都必须得到议会的批准，否则就有可能导致政府承担政治责任。

1789 年法国大革命以后，资产阶级启蒙思想家的启蒙思想以及民主主义思想深入人心，这为资本主义国家建立行政责任制度奠定了理论基础。19 世纪中叶以后，"主权无责论"的观念越来越受到社会的非议，西方国家出现了"国家应负有限责任"的学说，国家无责任原则发生了动摇。

1. 行政责任制度的正式形成是以"勃朗哥事件"为标志的。[1] 法国行政法院通过对该案件的审理，以判例的形式确立了三项原则：其一，国家官员因过错造成对公民权益的侵害，国家应对官员的过错承担责任；其二，行政责任与民事责任不同，对行政责任应当适用不同于民法的特别规则；其三，行政赔偿责任的诉讼属于行政法院管辖。之后，行政责任制度得到了长足发展。如德国于 1896 年在其民法典中确立了国家的赔偿责任，1910 年制定的《帝国责任法》确立了现代意义上的行政赔偿制度。[2]

2. 国家赔偿责任得到了宪法的肯定。如德国 1919 年《魏玛宪法》第 131 条规定："官吏行使受委托之权时，对于第三者违反职务上的义务，其责任应由该官吏服役之国家及政治机关负责，不得起诉官吏。"

3. 国家赔偿责任在这一时期得到了完善。这一时期，各国把国家权力分为公权力和私权力。对于公权力致使损害，因其具有统治性而不承担赔偿责任。同时，承担赔偿责任的前提是行政机关公务员的违法行为致使公民的权利受到损害。这种只在一定范围内、并有条件地承担的赔偿责任，被认为是一种国家负有的相对赔偿责任。[3]

（三）行政完全责任阶段

二战后世界形势发生了巨大变化，使政府行政责任制度得到全面确立。首先，人权运动发展迅速，极大地增强了公民对合法权益的自我保护意识。其次，

---

[1] 勃朗哥事件：1873 年，法国一个国营烟草公司的工人开着翻斗车在作业时将勃朗哥的女儿撞伤了。勃朗哥向法院起诉，认为国营公司工人的过失应由国家来承担赔偿责任。此案由行政法院做出判决，明确承认了国家的赔偿责任，从而成为有条件地承认国家承担有限责任的典型案例，开创了国家行政责任的先河。

[2] 陈素慧："论中西方行政赔偿制度的建立"，载《理论导刊》2006 年第 12 期。

[3] 王景斌："西方国家赔偿制度历史发展简介"，载《外国问题研究》1997 年第 4 期。

随着政府职能不断地扩大，政府行政机关侵权行为逐渐增多。为了控制政府权力的扩张和行政权力的滥用，让政府承担行政责任是有效手段之一。再次，民法中无过失责任理论的发展以及各国社会保障制度的建立，也促成政府行政责任制度在越来越多的国家获得认可。突出表现在以下方面：①行政责任在西方各国普遍得到宪法和法律的肯定，政府责任和官员责任并存。各国公务责任法相继问世，并以行政裁决和司法判决为基础实行国家赔偿。美国于 1946 年颁布了《联邦侵权赔偿法》；英国废弃了"国王不能为非"的信条，于 1947 年制定了《王权诉讼法》，确立了国家是行政责任主体的原则；瑞士于 1958 年颁布了《联邦与雇员赔偿责任法》等。②国家无过错责任开始广泛适用于政府及其官员的行政行为。③行政责任发展成为一种完善的政治法律体系，并与整体国家责任相联系，成为现代民主政治体制国家制度的重要组成部分。

二、我国行政责任制度的建立与完善

在我国较为漫长的封建社会里，由于皇帝拥有的权力是至高无上的，这样只会使其享有权力而不必负任何责任。我国最早关于国家赔偿的规定见之于 1934 年的宪法草案。该草案第 26 条规定："凡公务员违法侵害人民之自由或权利者，除依法律受惩戒外，应负刑事及民事责任；被害人，就其所受损害，并得依法律，向国家请求赔偿。"[1]此宪法草案于 1946 年 12 月由制宪国民代表大会通过，标志着当时的中华民国正式承认国家赔偿制度。除宪法以外，当时还有一些法律规定了部分国家行政责任。例如，1930 年公布的《土地法》第 39 条规定，因登记错误、遗漏或虚伪致受损害者，由该地政府机关负损害赔偿责任。1933 年公布的《警械使用条例》、1934 年公布的《戒严法》和 1944 年公布的《国家总动员法》分别规定了因警察人员违法使用警械造成他人伤亡，因国家实行戒严、总动员造成他人损失的，政府负责赔偿或补偿的责任。但民国时期的国家赔偿制度是由国民党政府通过宪法和特别法确立的，而这些法律在当时不可能起到太大的作用，仅仅起到装点门面的作用而已。

新中国成立以后，我国开始了国家行政责任制度的建设。在 1954 年颁布的第一部《宪法》中就有关于国家赔偿的原则性规定："由于国家机关工作人员侵犯公民权利而受到损失的，有取得赔偿的权利。"此外，一些法律、法规中也有部分内容规定了国家侵权的行政责任。例如 1954 公布的《中华人民共和国海港

---

〔1〕 金鸣盛：《国民政府宣布中华民国宪法草案释义》，世界书局行 1936 年版，第 46 页。

管理暂行条例》中规定："港务局如无任何法令根据，擅自下令禁止船舶离港，船舶得向港务局要求赔偿由于禁止离港所受之直接损失，并得保留对港务局之起诉权。""文革"时期，我国国家行政责任制度的建设一度中断。

1976 年以后，我国民主法制建设事业逐渐得到恢复和发展。1982 年《宪法》第 41 条第 3 款规定："由于国家机关和国家工作人员侵犯公民权利而受到损失的人，有依照法律规定取得赔偿的权利。"继宪法之后，我国 1986 年颁布的《民法通则》也规定了国家侵权的法律责任："国家机关或者国家机关工作人员在执行职务中，侵犯公民、法人的合法权益造成损害的，应当承担民事责任。"以后又先后有《治安管理处罚条例》、《海关法》等法律、法规出台，内容均涉及了国家侵权的行政责任。

1989 年我国颁布了《中华人民共和国行政诉讼法》，对行政赔偿责任的主体、承担赔偿责任的条件、赔偿义务机关、赔偿程序、赔偿经费等问题都作了规定，标志着我国行政责任制度的初步建立。1994 年我国通过了《国家赔偿法》，1995 年正式施行。《国家赔偿法》的通过和实施，标志着我国国家赔偿的行政责任制度的正式建立。

2005 年 4 月 27 日，十届全国人大常委会第十五次会议审议通过了《中华人民共和国公务员法》。该法第 82 条明确规定："……担任领导职务的公务员，因个人或者其他原因，可以自愿提出辞去领导职务。领导成员因工作严重失误、失职造成重大损失或者恶劣社会影响的，或者对重大事故负有领导责任的，应当引咎辞去领导职务。领导成员应当引咎辞职或者因其他原因不再适合担任现任领导职务，本人不提出辞职的，应当责令其辞去领导职务。"该规定明确了官员在施政过程中权责统一的原则，体现了有权必有责、用权受监督、侵权必受罚的原则与要求。

随着社会主义民主与法制制度的不断自我完善，我国的行政责任制度已经基本确立，对有效防止权力滥用，保证政府的公正与廉洁发挥了十分重要的作用。当前，我国正处于社会转型加速的非常时期，进一步完善行政责任制度显得极为重要，可以从以下几方面着手：

1. 进一步健全法制，夯实政府行政责任的实施保障。政府的行政责任制度要根据国内外形势的发展不断予以补充和完善，对过于原则的法规，要制定必要的实施细则，使其更具操作性，保证其执行的效果；对管理实践中有些行之有效的规章制度要认真总结，必要时应以法律的形式固定下来；同时，出台一些具有针对性、可操作性的廉政责任监督条例，使不论行政职位高低的每个公务人员都受到规范和约束，起到遏制违纪违法现象的作用。

2. 进一步完善政府的行政监督与制约机制。一方面，要从权力结构的内部制约入手。纵向上，在地方政府各行政层次之间实行合理的分权，使上级和基层行政单位在拥有相应自主权的同时，承担必要的行政责任。横向上，要在各部门之间建立科学合理的职责分工与合作，使权力在部门中合理配置，从而实现权力的平衡。另一方面，着眼于行政责任的外部监督。其一，要加强国家权力机关对行政机关和公务人员的立法监督、执法监督；其二，要着力解决专门监督机构权限过小、独立性不足的问题，赋予监督主体与其职能相应的监督权限；第三，不断拓宽和畅通社会监督渠道，使地方政府行政权力和责任的外部监督机制不断健全，减少监督上的"盲点"与"空当"，不给腐败堕落分子以可乘之机。

3. 不断提高政府工作人员的职业道德修养。就具体措施而言，一要强化对公务人员的责任观念教育，提高其自身道德修养和防腐拒变能力，只有"官风"正，才能民风淳。二要充分发挥行政道德的约束作用，督促政府工作人员依法行政，牢固树立为人民服务、实事求是、清正廉洁等行政理念。三要借助一定的法制手段，促使公务人员的行政行为合乎法律规范的要求。

 思考题

1. 行政责任的内涵是什么？

2. 行政责任具有哪些特点？

3. 确定行政责任有何意义？

4. 行政责任包括哪些内容？

5. 简述行政责任的构成要件。

6. 简述行政责任的主要归责原则及其内容。

7. 简述行政责任的发展历史。

8. 如何完善行政责任的法律基础。

9. 如何认定行政领导人的行政责任。

10. 社会转型时期，应如何进一步改革与完善我国行政责任制度。

 参考文献

1. 夏书章：《行政管理学》，高等教育出版社 2013 年版。

2. 张国庆主编：《公共行政学》，北京大学出版社 2017 年版。

3. 李思林、曾伟：《地方政府管理学》，北京大学出版社 2012 年版。

4. 丁煌：《西方行政学说史》，武汉大学出版社 2017 年版。

5. 李明强、贺艳芳：《地方政府治理新论》，武汉大学出版社 2010 年版。

6. 彭珊：《中国行政管理学理论研究》，中国社会科学出版社 2014 年版。

第十三章　财务行政

财务行政即财务行政管理，是政府高效管理社会公共事务的保障，在行政管理中占有特别重要的地位。本章主要讨论财务行政的特点与职能、国家预算的编制与执行、国家决算的编制与审核、国家税收制度的构成与分类、国家财政支出的分类与管理、政府采购的基本原则与方式、政府会计的职能与特点、政府审计的特征、职能和方式等内容。

第一节　财务行政概述

一、财务行政的含义与特点

（一）财务行政的含义

财务行政是指国家行政机关为了有效地履行其管理社会公共事务的功能，依法通过社会产品价值分配的各种形式和宏观调控手段，对国家财政收支、预算、分配进行组织、实施、监督等管理活动的总称。财务行政是行政管理的物质基础，它为政府实施其职能提供了必要的物质保证。主要包括以下几层含义：

1. 财务行政的主体是国家行政机关。国家行政机关在社会产品分配中处于主导地位，在此基础上形成国家与各种社会组织、社会团体和社会成员的错综复杂的分配关系。财务行政涉及的是国家或社会范围内的社会产品集中分配问题，它和行政机关、企事业单位内部的财务管理不同，后者主要涉及单位内部的分配问题。

2. 财务行政的目的是为了有效地履行管理社会事务的功能，提供公共服务，满足公共需要。国家行政机关作为一种最大的社会组织，担负着管理社会公共事务的重任，它的各项活动也需要财力或经费的支持，而且需要的数额很大，如国家的防御和军事费用；国家机关全体人员的薪金；由国家承担、资助或指导的重点工程；国家各机关的办公费用等。对这些行政经费的筹措、分配、使用、管理和监督等活动，就是国家行政机关财务行政所要解决的问题。

3. 财务行政是借助于货币的特殊职能，通过经济手段、法律手段和行政手段来进行的。由于社会产品的主要分配形式是以货币收支实现的，国家行政机关便借助于货币的支付手段、价值尺度等职能，采用预算、税收、信贷、价格、利润分配、补贴等多种形式，并辅以必要的、直接的或间接的宏观调控手段，在法律许可的范围内进行价值分配。

4. 财务行政的内容是对国家财政收支、预算、分配的组织、实施、监督等管理活动。国家行政机关的经费需要从社会中筹集，筹集对象主要是工业、农业、商业、服务等经济行业中的生产者和经营者及享有高薪收入的阶层。国家行政机关对筹集起来的财政资金的运用，就是社会财富的再分配，即根据社会公共事务的需要，将财富分别投向不同的社会领域及社会生活中，如国防、外交、文化、教育、卫生、体育等方面。这整个过程需要有计划地组织、实施并监督检查执行情况。

（二）财务行政的特点

财务行政具有以下特点：

1. 财务行政以国家为主体进行。国家的生存和发展需要财力，财务行政机构是提供这一财力保障的职能机构，是国家的重要组成部分。在财政收入、财政支出、财政政策和财政制度等方面，无一不体现出国家是主要决策者和组织者。

2. 财务行政具有较强的政策性。财务行政涉及国家财政的收支两方面，对国民经济影响极大，关系到人民生活的改善和国家政治经济的长治久安。因此，财务行政行为，必须严格按照国家规定的财政方针、政策去做。

3. 社会产品分配是强制进行的。国家财政依靠强制手段集中社会财富，财务行政为维持国家生存和发展，为提供国家实现其职能所需财力、物力，凭借国家的公共权力，对一部分社会产品强制占有。这主要表现在国家事先规定集中的标准，如制定税种、税率、课税对象，凡有纳税义务的个人或单位都要按照这些标准进行纳税，任何偷税、漏税、不按期纳税的行为都将被视为违法行为。这种强制主要针对政府以外的社会成员或单位。针对政府系统内部各机关的强制，就是要遵循一定的程序，严格执行财政计划，否则将追究其行政责任或刑事责任。

二、财务行政的职能

财务行政的基本职能是为国家的生存和发展提供财务保障。具体来讲，财务行政主要有以下几种职能：

（一）调节收入分配职能

调节收入分配职能，即财务行政主体按照社会公平的原则，改变和调整市场分配的结果，以协调各种利益分配关系，促进社会稳定和经济发展的职责和功能。它是对市场分配结果的调节和修正，其主要内容包括：

1. 调节收入分配关系。在市场经济条件下，市场机制对个人的分配尽管能体现效率准则的要求，但却难以兼顾社会公平。由于各经济主体或个人所拥有的财产、劳动能力、就业机会、竞争条件存在差异，其所能提供的生产要素质量也就不同，获得的收入自然存在很大的差异。这种悬殊差别不利于社会经济的稳步发展，也是市场机制本身难以克服的，需要政府财政来协调。其实现途径主要是通过税收和社会保障制度来缩小个人之间的收入差距，调节个人之间的分配关系。

2. 调节部门及产业间的收入分配关系。现代市场经济是以社会分工为基础的专业化协作经济，各部门、各产业之间客观上存在着一定的比例要求。但现实中，由于各部门、各产业的特点不同，会引起其经营成本及利润率的差异：有些产业和部门会因其所具有的投入小、产出多的客观优势而从市场分配中获取较多的收入；有些则会由于其天然存在的投资大、见效慢等特点而出现要素投入与所获报酬不对称的情况。为了促进国民经济按比例健康发展，必须调节各部门和产业的利益水平。其具体途径是通过差别税制对不同产品加征调节性税种来调节不同产品及行业的盈利水平，调节不同产品和行业间的收入分配关系。

3. 调节地区间的收入分配关系。市场经济条件下，按照要素投入与要素报酬对等的原则，经济条件不同的地区之间会形成收入分配不均等的情况，进而导致居住在不同地区的社会成员所享受的个人福利和社会福利差别较大，同时生产要素流向收入高的地区又加剧了地区间经济和社会发展的差距。因而需要借助政府的力量进行调节，主要途径是通过中央对地方实行转移支付制度，调节不同地区间的收入差距，促进区域经济均衡发展。

（二）优化资源配置职能

优化资源配置职能，即通过财政分配活动，将社会资源按照实现公共行政职能的要求，合理地配置于社会经济的各环节，使其得以充分而有效利用的职责和功能。资源配置的方式主要有两种：市场配置和政府配置，财务行政所承担的资源配置职能是为弥补市场在资源配置方面的缺陷而存在的，其内容包括：

1. 将资源配置于无法按付费原则经由市场配置的公共部门，以提供社会所需要的公共物品。公共物品是与私人物品相对应的概念，它是供社会成员共同消费的物品和为全社会成员共同提供的劳务，如国防、安全设施与服务和社会公益性设施等。

2. 将资源配置于具有自然垄断倾向而不宜由市场配置的非竞争性商品和行业。如一些产品和行业存在规模效益递增的情况，使市场竞争本身产生出自然垄断的倾向。这种自然垄断倾向虽然符合市场追求利润最大化的法则，但又反过来抑制了市场竞争，妨碍市场效率。这种缺陷要通过政府对资源进行直接配置或间接引导和干预来弥补。

3. 将资源配置于具有高风险，且预期收益不确定，但对经济发展有带动作用的高新技术产业。高新技术产业是推动经济快速发展的先导性产业，它有投资大、研究开发初期风险大、预期收益不确定等特点，企业和个人无力或不愿投资，只有政府承担起对这些行业的投资。

4. 将资源配置于投资大、建设周期长、私人部门无力投资的基础产业和部门。农业、原材料、交通运输、能源等行业是国民经济的基础性产业，这些产业具有投资大、建设周期长、投资回收相对缓慢的特点，其投资不可能完全由市场形成，必须借助政府的财政力量来实现。

（三）检查监督职能

检查监督职能，即财政分配活动过程中，财政对社会经济活动情况进行全面的信息控制，以及对社会经济各个方面进行有效制约的职责和功能。这里一方面是查找日常财政工作中反映出来的违反财经制度和财经纪律的问题；另一方面是及时审查国民经济各部门在财政经济或社会再生产各环节活动中是否按照国家财经法规办事，是否自觉地、有计划地、合理有效地使用财力资源，在发现问题的基础上，明确监督目标。同时，财政部门还必须开展有效的财政制约。这种有效的财政制约，从广义上讲，是指贯穿于整个财政分配活动，在财政管理监督下，使社会经济各部门按照财政资金有效分配原则，保证财政资金正确、及时、足额地集中、节约、合理、有效地支出；从狭义上讲，是财政分配的事前监督、事中监督和事后监督，是为消除财政分配过程中的障碍，保证财政分配达到预期目的的能动性监督活动。

（四）稳定经济发展职能

稳定经济发展职能，即政府运用税收、公债、转移性支出、投资等财政变量来调节和管制社会需求的总量和结构，使之与社会供给相适应，促使经济稳定发展的职责和功能。其主要内容包括：

1. 稳定经济增长。即在经济过热时，财务行政就要减缓经济增长速度；在经济萧条时就要调动闲置资源，推动经济增长。

2. 调节经济结构，使其具有协调性和合理性。经济结构协调本身意味着社会需求与供给之间的相互适应，协调的结构可以创造出适宜经济发展的供给品，政府对经济过程的调节和控制离不开对经济结构的调整和优化。

第二节　国家预算与决算

一、国家预算概述

（一）国家预算的涵义与特征

所谓国家预算，是指政府在每一财政年度，按法定程序编制、经立法程序审查和批准的国家全部财政收支计划。国家预算包括财政收入与支出两部分，是调整与控制国家财政的手段和政府会计与审计的基础，也是处理其他财政问题的依据，因而是财务行政管理的关键和中心内容。国家预算具有以下特征：

1. 国家预算是国家的重要立法文件。它必须由政府编制，交立法机关审查批准以后，才成为具有法律效力的国家预算。国家预算获得法律效力的机制，是国家权力机关和全体公民对政府活动的监督制约机制的体现，即是对公共行政权力的制衡机制的体现。

2. 国家预算是以一个财政年度为期限和时效的。国家预算收支的有效起讫期限，即预算年度，是预算编制和执行所应依据的法定界限。世界各国采用的预算年度有"历年制"和"跨年制"两种，我国和世界上大多数国家一样，采用"历年制"，即预算年度始于每年的 1 月 1 日，止于当年的 12 月 31 日。

3. 国家预算是国家财政的综合收支计划。它具体规定计划年度内国家财政收支指标及平衡状况，体现了政府对各种资金的筹集、分配和使用状况，综合反映了政府活动的范围、方向和政策，是政府有计划地集中和分配资金，调节社会经济生活的主要财政手段和财政机制。

（二）国家预算的构成

国家预算的构成实际上就是国家预算的体系。根据国家政权结构和行政区域的不同，国家预算的体系，是由中央预算、地方预算、各级总预算和单位预算所构成的。中央预算是由中央各部门的单位预算以及中央直属企业财政收支计划所组成的，它一方面担负着供应国家重点经济建设、文教科学卫生支出以及国防外交支出等任务，另一方面还担负着调剂地方预算以及少数民族地区和边远地区发展的任务，因而在国家预算中占主导地位；地方预算是由省（自治区、直辖市）一级各部门预算以及所属市县总预算组成，反映着发展地方经济和文化科学卫生事业等所需的资金，它是国家预算的组成部分，在国家预算体系中也具有重要的地位；各级总预算是各级政府汇总本级及下级政府的年度收支所编成的预算；单位预算则是各级政府直属机关就其本身及其所属机关的年度收支汇编的预算。

（三）国家预算的作用

国家预算的作用是由政府职能和政府预算的性质决定的，其主要表现在以下四个方面：

1. 国家预算对国家宏观经济周期起着调节作用。当经济处于高涨期时，政府通过采取扩张性的预算管理政策，推动经济的繁荣。

2. 国家预算对政府的管理活动起着监督作用。预算使财政公开，全社会由此都可以通过财政支出情况监督政府的服务，也可以限制政府机关的各种浪费现象，防止腐败行为的发生。

3. 国家预算对增进国家财政信用起着重要作用。国家财政都是按预算执行的，预算的制定以"收支平衡，略有节余"为原则，但有时会发生预算不足，支出增加，不得不发行公债或借贷以资弥补。人民相信政府有按期偿还本息的能力，则国债便容易募集，由此也提高了国家的信用度。

4. 国家预算通过财政支出还可以保障和促进教育、科技、文化、卫生和体育事业。合理安排社会经济活动，满足社会公共需要；支持军队建设，巩固国防等。

二、国家预算的编制

国家预算的编制，就是制订集中和分配预算资金的年度计划，它是财务行政的重要工作之一，关系到国家财政计划和大政方针的具体贯彻执行。

（一）国家预算编制的原则

国家预算的编制必须遵循如下原则：

1. 国家预算的编制必须以党和国家的方针政策为依据。国家预算作为国家的基本财政计划，直接关系到国家职能的实现以及国民经济发展的规模和方向。因此每一项收支都要符合党和国家的方针政策，体现国家政治经济发展的客观要求。

2. 国家预算必须以国民经济和社会发展计划为依据。国民经济和社会发展计划是国家有计划地领导和组织发展国民经济及各项社会事业的重要工具，计划中规定的主要指标的发展规模和速度，决定着国家预算收支的规模和速度。因此编制国家预算必须以国民经济和社会发展计划为基础。

3. 国家预算的编制必须坚持综合平衡，留有后备的原则。即要在财政收支上坚持量力而行和尽力而为的原则，这里包括两方面内容：首先要做到当年的收支平衡，各项支出原则上要在当年的收入内安排；其次要适当安排预算的后备力量，在编制预算时一方面要有计划地安排资金，建立国家物资储备，另一方面要有计划地建立必要的预算后备基金。

4. 正确处理积累和消费关系的原则。积累和消费的比例关系是国民经济的重大比例关系之一，是国家实行宏观调控的重要目标。积累关系到人民和社会的长远利益，消费则关系到人民直接的生活利益。财政在参与国民收入的分配和再分配过程中，必须适当安排各项积累性支出和消费性支出，以求国民经济健康协调地发展。

（二）国家预算编制的程序

国家预算编制的基本过程，包括预算编制的准备、预算的编制、预算的审核以及预算的审查与批准四个环节：

1. 国家预算编制的准备工作。编制国家预算是一项十分细致而又复杂的工作，因此在正式编制国家预算之前，必须做好一系列的准备工作：①对本年度预算执行情况进行预计和分析，找出影响预算执行的有利和不利因素，作为编制下一年度预算的可靠依据；②拟定下一年度预算收支控制指标，这种指标属于概算性质，应经过测算进行拟定；③颁布编制国家预算草案的指标和具体规定，修订预算收支科目和预算表格；④对国家预算编制工作进行具体组织部署。

2. 国家预算的编制。准备酝酿工作完成之后还需要最后确定下来，即开始编制成文的国家预算草案。中央级预算由财政部汇编，财政部反映中央各部门的单位预算草案以及由财政部直接掌管的收支等，通过核算汇总和综合平衡，编成中央预算草案。地方总预算由地方财政部门汇编，地方各级人民政府直属单位编制的预算称为单位预算，所属企业与经济单位则编制财务收支计划。地方财政部门反映本级单位预算以及财务收支计划中的预算缴款、拨款，全过程核算汇总和综合平衡，编成地方总预算。财政部对中央级预算和各省、自治区、直辖市总预算草案进行审核后可汇编成国家预算草案。

3. 国家预算的审核。财政部在汇总中央预算草案和地方总预算草案之前，必须进行认真的审核。审核的主要内容包括：预算收支安排是否贯彻了党和国家的各项方针政策以及国务院的有关指示精神；是否符合国民经济和社会发展计划指标及预算指标要求；是否符合当前财政体制和制度的有关规定；预算编制内容是否符合要求，资料是否完备，有无技术上和数字上的错误等等。如有发现不符合预算编制要求的，要及时提出意见通知编报单位进行修改。

4. 国家预算的审查和批准。财政部汇总成国家预算草案以后，将国家预算表和文字说明书报送国务院，经国务院审查通过后，提请全国人民代表大会通过以后，即成为具有法律效力的国家预算。全国人民代表大会审查批准国家预算的一般程序为：由财政部长代表国务院报告上年度国家预算执行情况和本年度预算草案内容，经代表大会进行充分讨论，由全国人民代表大会财政经济委员会具体负责审查，代表大会根据财政经济委员会的审查报告通过国家预算，并作出批准的决议。

三、国家预算的执行与平衡

(一) 国家预算的执行

国家预算的执行是国家预算收支计划实现的具体工作，预算的编制仅仅是整个预算管理工作的开始，预算收支任务的完成主要取决于正确组织预算的执行。因此，建立相应的组织管理机构，确定实施方法和调整方法，及时对执行情况进行检查分析，以便及时发现问题解决问题，不断地组织新的平衡，这样才能保证预算各项收支任务的圆满实现。

国家预算经过全国人民代表大会审议批准后，就进入了预算执行阶段，各执行机关主要有以下任务：按照国家预算确定的收入任务，积极组织预算收入，确保预算收入任务的完成；按照国家预算确定的支出任务，及时足额拨付预算支出资金，同时加强对预算支出的管理与监督，提高资金的使用效益；努力实现预算收支平衡或确保预定的预算赤字规模不被突破；加强预算执行的管理与监督。总之，在预算执行过程中，要按照有关的法律、行政法规和有关规定，对预算资金的缴纳、分配使用等过程中的各种活动进行管理与监督，纠正预算执行中出现的各种偏差，严格遵守财经纪律。

根据我国宪法规定，国家预算的执行机关是国务院和地方各级人民政府。在预算执行过程中，财政部在国务院的领导下，负责组织国家预算的具体执行工作，执行中央预算并指导地方预算执行；地方各级财政部门在地方同级人民政府领导下，具体组织本地区预算的执行，并监督和指导下级地方预算的执行。除各级财政部门具体负责组织预算执行之外，根据预算收支的不同性质和不同管理方法，国家还指定或设立了一些专门的管理机构负责参与国家预算的执行工作。预算收支执行的机关主要有税务机关、海关、中国人民银行、中国建设银行、中国投资银行、中国农业银行、中国农业发展银行等。

（二）国家预算的平衡

国家预算在年度执行过程中，经常处在一个平衡——不平衡——平衡的动态情形下，平衡是暂时的，不平衡是经常的。这是因为国民经济发展变化的情况比较复杂，预算收支实现的程度和时间也不可能同预算完全一致，加之国家各种重大财经措施和改革以及自然灾害等因素也会引起预算收支的变化。因此，必须要按政策组织收入，按计划安排支出，而且要不断地、及时地组织新的平衡。

不断组织预算新平衡有两种方法，季度收支计划和预算调整。为了保证年度预算的实现，必须根据每个季度的具体情况，编制季度收支执行计划，求得季度平衡，从而做到以月保季、以季保年，以达到全预算执行结果的收支平衡。所以季度收支计划是国家预算在各季度的具体计划，它按照国家预算收支科目编制，分收入支出两大部分，其主要内容应包括年度预算数、上季度执行数和本季度计划数以及必要的百分比。预算新平衡还可以通过预算调整，即通过改变收入任务或变更资金用途来实现。根据客观情况的变化，国家预算在执行过程中的调整，大体上有两种情况：一是在原定的年预算总规模不变的情况下，进行局部或个别调整；二是调整原定的收支总规模。多数情况下都是进行局部的调整，这种调整的主要内容有：①预算的追加追减，即在原核定预算的总额以外增减收入或支出的数字；②预算划转，由于行政区域或企业事业单位隶属关系的改变，相应地改变其预算的隶属关系，并及时将全年预算划归新的领导部门或接管单位；③科目之间的经费流用，即在预算执行过程中，各项预算支出科目之间往往发生资金有余或不足的情况，在保证完成建设事业计划及不超过原来核定的预算支出总额的前提下，可按规定在科目之间进行必要的调整，以调剂余缺；④动用预备费，各级预算的预备费是为了解决某些临时性急需或事前难以预料的开支而设置的后备资金，一般应控制在下半年使用。

四、国家决算

（一）国家决算的含义与构成

国家决算是国家预算管理的最后一个步骤，是国家预算执行的总结。它反映年度国家预算收支的最终结果，是国家经济活动在财政上的集中反映。决算收入表明国家建设资金的主要来源、构成和资金积累水平，决算支出体现了国家各项经济建设和社会发展事业的规模和速度。决算中的基本数字反映了各项事业的发展进程和已取得的成果。

国家决算由中央级决算和地方总决算组成。中央各主管部门的单位决算，汇总组成中央级决算，省（直辖市、自治区）级决算及其所属县、市、州的总决算汇总组成省（直辖市、自治区）总决算，各省、市、自治区总决算汇总组成地方总决算。它们分别由同级主管部门汇总的行政事业单位决算、企业财务决算、基本建设财务决算和金库年报、税务年报等组成。行政事业单位决算由各执行单位预算的国家机关、工交商农水利、文教科卫等事业单位编制；企业财务决算、基本建设财务决算由企业和基本建设单位编制；实行以收抵支、差额管理或实行自收自支的单位也要编制单位决算。参加组织预算执行、经办预算资金出纳和拨转的机构，如国家金库、税务部门、企业利润监缴机关、人民银行、建设银行、工商银行、农业银行等，也要编制年报或决算。

（二）国家决算编制的准备工作

国家决算的编制政策性强、涉及面广、工作量大，是一项细致复杂的工作，要编制好国家决算，必须做好一系列的准备工作：

1. 拟定编制决算。每年第四季度，由财政部拟定和颁发《国家财政决算编审工作的通知》，提出编制决算的基本要求，如数字必须准确，按时报送等；

2. 确定报告年度的范围及其相应的决算。国家决算同国家预算一样采用历年制，年度决算收入数字以1月1日至12月31日缴入基层金库的数字为准，年度决算支出数字以基层单位1月1日至12月31日向银行支取的数字为准；

3. 进行年终清理。各级财政部门和企事业单位，年终时都要对预算收支、会计账目、财产物资等进行全面的核对结算和清查；

4. 年度结余的处理。总预算结余和单位预算结余，按照现行制度规定缴回或转下年使用；

5. 决算报送的期限和份数。各省（直辖市、自治区）总决算一般要求在年度终了后 3 个月内以一式五份报送财政部；

6. 修订和下达决算表格。决算表格按其适用范围，分为各级财政机关使用的总决算表格和各级主管部门、单位预算机关使用的单位决算表格两种。其内容主要有：决算收支表和资金情况表、基本数字表和其他附表等。

（三）国家决算的编制、审核和批准

国家决算的编制是从执行预算的基层单位开始，自下而上编制、审核和汇总的，单位决算是国家决算的基础。国家决算的编制程序为：首先，各级总决算数字的编制。其次，各级总决算说明书的编写。其主要内容有：分析超收、短收的主要原因以及税收政策贯彻执行情况；重点企业部门的财务情况；说明预算调整及动用上年结余安排支出等情况。最后，国家总决算的汇编。财政部将各省（直辖市、自治区）总决算汇总编成地方总决算，再连同中央级决算一并汇编成国家决算。

为了提高决算的质量，在汇编决算的过程中，必须层层负责，逐级审核。决算审核是与决算汇编交叉进行的。其内容包括：一是对贯彻执行国家各项方针政策、财政制度、财经纪律等方面的审核；二是对决算报表的数字关系进行技术性的审核。

国家决算单位逐级审核汇总后，连同决算说明书一起，由财政部报送国务院审查，经国务院全体会议讨论通过后，提请全国人民代表大会审查批准。在通常情况下，国家决算的审批是和下一年度国家预算的审批同时进行的。

第三节　国家财政收支

一、国家财政收入

（一）财政收入及税收的含义与特征

国家财政收入，是政府为履行公共职能，满足公共支出的需要，凭借公共权力，通过国家财政筹措而来的所有货币资金的总和。国家财政收入来源于国家税收收入、依规应该上缴的国家资产收益、专项收入和其他收入。其中主要收入是税收收入，所以本节集中讨论国家税收收入。

1. 税收的含义。税收是指国家行政机关为实现国家职能、满足提供社会公共产品的需要，从家庭、企业及个人所取得的货币收入。

在市场经济条件下，政府是提供社会公共产品的主要部门，它凭借政治权力占有的税收形成了公共财政收入。

税收在历史上也曾叫做赋税、租税、捐税等，它是国家为了实现其职能，按照法定标准，无偿取得财政收入的一种手段，是国家凭借政治权力参与国民收入分配和再分配而形成的一种特定分配关系。其含义包括：

（1）国家的存在是税收产生的前提。税收是在国家产生后，为适应国家实现其职能的物质需要而产生的一种分配方式，税收产生的先决条件是国家的公共权力。税收是国家得以履行其职能的物质基础，国家通过税收方式取得财政收入，是为了实现国家职能的需要。

（2）税收是按法定标准征收的。国家凭借其政治权力，把劳动者创造的一部分产品以税收的形式，依照法定的标准集中到国家的手中。如果没有法定标准，无论是集团还是个人都无法纳税。

（3）履行纳税义务的主体是社会成员。由于政府提供的公共物品是为了满足社会成员的共同需要，让社会成员共同享有公共物品并因此受益。所以，税收应当由社会成员缴纳，包括个人和各类经济组织，作为其消费公共物品的代价。

2. 税收的特征。税收作为国家取得财政收入的一种方式，具有以下特征：

（1）强制性。税收的强制性是指国家征税必须要以法律为依据，国家颁布的税收法令就是国家法律的组成部分，任何单位和个人都必须按照国家税法的规定纳税，否则就要受到法律的制裁。同时这种法律形式本身对国家的政治权力也有一定限制，国家不可以凭借其政治权力无限占有社会产品。在纳税人自觉遵守法律的情况下，税收的强制性表现为相对而不是绝对。

（2）无偿性。税收的无偿性是指税收是国家对纳税人的一种无偿征收，税款一经征收，即转归国家所有，不再归还给纳税人，国家无须付出任何代价。所以，税收实际上就是国家不付任何报酬而向公民取得的财政收入。事实上税收的无偿性也是相对的，它仅仅指国家对具体纳税人没有直接的偿还关系，而在政府履行其行政职能和满足社会公共需要方面则体现了"取之于民，用之于民"。

（3）固定性。税收的固定性是指国家在征税之前，就以法律形式预先规定了征税对象和征收的数额及比例。纳税人只要取得了应纳税的收入或发生了纳税行为，就必须按照规定的数额或比例纳税，一般不受其他客观因素的影响。同样，税收固定性也是相对的，因为税收标准将会随着社会经济条件的变化而改动。

（二）税收制度与税收分类

1. 税收制度。税收制度，简称"税制"，它是规范国家与纳税人之间税收分配关系的各种法律、法规、条例、实施细则和征收管理制度的总称，也是国家税收政策的具体化。税务机关和纳税人都必须按照税收制度的有关规定征税和履行纳税义务。

税收制度的核心内容是税法，税法是由国家最高权力机关或其授权的行政机关制定的有关调整国家税收关系的法律规范的总称，它是国家整个法律制度的重要组成部分。广义的税收制度包括税收基本法（如《宪法》等统领各项税收法律制度的基本大法）、税收程序法（如《税收征收管理法》等规范的法律制度）和税收实体法（规定各个独立税种的征纳税规范的法律制度）。狭义的税收制度一般仅指税收实体法，即国家设置的具体税种的课征制度。

税收制度的构成要素包括：①课税对象，即课税客体，它是征税的主要依据，是一种税区别于另一种税的主要标志，如产品税的课税对象是产品的销售收入。课税对象与税目、税源有密切关系，是税法中最基本的要素；②纳税人，即课税主体，是税法上规定直接负有纳税义务的单位和个人。纳税人与负税人不同，纳税人是负有纳税义务并直接向国家交纳税款的单位和个人，而负税人是指税收的实际负担者；③税率，即税额与课税对象之间的数量关系，是计算应纳税额的尺度，它是税法的中心环节。我国现行税法中执行的税率分为三种类型：比例税率（即对同一课税对象不论数额大小，均按同一比例征税的税率，如流转额的征税）、累进税率（即按照课税对象数额的大小，规定不同等级的税率，如所得额的征税）、定额税率（即按单位课税对象直接规定一个固定的税额，如从量定额的征税）；④纳税环节，即在商品流转过程中应当交纳税款的环节，也就是对商品流转额的征税中征几道税的问题，如工业品，按照我国现行产品税税法规定，一般应在出厂环节或销售环节纳税；⑤纳税期限，即纳税单位或个人交纳税款的期限，一般按照生产经营的不同特点和不同征税对象，以及纳税人交纳税款的多少来确定；⑥减税免税，即对某些纳税人或征税对象给予鼓励和照顾的一种特殊规定；⑦违章违法处理，即针对纳税人违反税法行为采取的惩罚性措施。

2. 税收分类。按照不同的标准，税收有以下分类：

（1）按照税收的征收实体或交纳形式，可分为实物税和货币税；

（2）按照税收的计税依据，可分为从价税和从量税。前者是按课税对象的价格计算的税种，如增值税、营业税、关税等；后者是按课税对象的数量、重量、体积计算的税种，如资源税、车船税、盐税等；

（3）按照税负是否转嫁，可分为直接税和间接税。前者是指纳税人自己承担税负，不发生转嫁关系的税，如所得税、财产税；后者是指纳税人能将税负转嫁给他人负担的税种，如销售税、消费税等；

（4）按照税收归属于哪级政府支配使用，可分为中央税、地方税、中央和地方共享税；

（5）按照税收的征收方法或税额的确定方法，可分为定率税与配赋税。前者是按既定税率征收的税种；后者是对某种税规定应征税总额，然后依据一定标准，按照纳税人或征收对象进行税额分摊；

（6）按照课税对象的性质，可分为商品课税、所得课税和财产课税；

（7）按照课征对象，可分为流转税、增值税、收益税、财产税和行为税。

二、国家财政支出

（一）国家财政支出的含义与原则

国家财政支出，即政府支出，是指政府把筹集与集中起来的财政收入，有计划地进行分配和使用，转化为政府提供公共产品与公共服务，以实现其职能，满足社会公共需要的过程。财政支出是国家实现其公共行政职能的财力保障，也是政府的物质基础。财政支出反映政府的政策选择，是国家政治决策的表现，是政府引导经济发展方向的手段。

财政支出的内容相当广泛，包括：经济建设支出；教育、科学、文化、卫生、体育等事业发展支出；国家管理费用支出；国防支出；各项补贴支出和其他支出。它涉及社会和经济生活中方方面面。

在安排财政支出的过程中必然会遇到各种复杂的矛盾，如财政支出与财政收入的矛盾、财政支出中各项支出之间的矛盾以及财政支出中如何实现支出效益的问题。要正确处理这些矛盾和问题，必须遵循以下原则：

1. 经济效益原则。经济效益原则是指通过财政支出使资源得到最优化配置，从而使整个社会的效益最大化，即由于某项财政支出而获得的社会效益应当超过其社会总成本。其中，社会效益包括由于该项支出而获得的国家安全、社会稳定和所增进的社会福利；社会总成本则是指政府通过税收或其他方式取得财政收入，而使社会付出的代价。为确定某项支出是否符合经济效益原则，往往需要对其进行成本——效益分析。

2. 公平原则。公平原则是指通过财政支出提供劳务和补助所产生的利益在各个阶层居民中的分配应达到的公平状态，能恰当地符合各个阶层居民的需要。公平原则包括两个方面：一是横向公平，同等对待同一层次的居民；二是纵向公平，差别对待不同层次的居民。公平原则的具体体现是受益能力原则，居民的受益能力与其收入水平呈负相关，即收入水平越低，则补助对他产生的效用就越大，也就是其受益能力越大，从全社会角度衡量的效用也越大。因此，财政支出应对收入不超过规定水平的社会成员给予补助，收入越少，给予的补助应越多。

3. 稳定原则。稳定原则是指政府支出应有助于防止经济波动过于剧烈。财政支出之所以可以作为稳定经济的杠杆，是因为财政支出的增减会影响到社会需求总量。一般来说，为谋求经济的稳定，在安排财政支出时应有利于达到以下目标：适度的就业水平；物价稳定；满意的经济增长率；良好的国际收支状况。

（二）国家财政支出的分类

国家财政支出主要有以下两种分类方法：

1. 根据能否在经济上直接得到等价补偿，财政支出可分为购买性支出和转移性支出。

（1）购买性支出，就是指政府以购买者的身份，在商品和劳务市场上购买商品或劳务时所发生的支出。购买性支出的具体目的和用途虽有不同，但都具有一个共同点，即政府在付出资金的同时，获得了相应的商品或服务，体现了等价交换原则。而运用这些商品和服务，实现国家的职能，又体现了政府的市场性再分配活动。

（2）转移性支出，就是直接表现为财政资金无偿的、单方面的转移支出，如补贴、捐赠、转移支付等。其共同特点是政府付出了资金，却无任何直接的补偿，不存在等价交换问题，它所体现的是政府的非市场性分配活动。

2. 根据国家职能的区别，将财政支出区分为经济建设费、社会文教费、国防费、行政管理费和其他支出等五大类。

（1）经济建设费。主要包括基本建设拨款支出、地质勘探费、城市维护费、国家物资储备支出、抚恤和社会福利救助费支出等。

（2）社会文教费。主要包括用于教育、科学、卫生、文物、地震、海洋等方面的管理费、研究费和补助费等。

（3）国防费。主要包括各种武器和军事设备支出、军事人员给养支出、军事科研支出、对外军事援助支出、民兵建设事业费支出，以及用于实行兵役制的公安、边防、武警部队和消防队伍的各种经费等。

（4）行政管理费。主要包括用于国家行政机关、事业单位、司法机关、检察机关、驻外机构的业务费、培训费等各种经费。

（5）其他支出。主要包括支付由政府直接出面借入的国内外债务及利息。

（三）国家财政支出的管理

国家财政支出是国民经济发展的重要资金来源，是实现社会公平的重要途径，必须对它加强管理：

1. 控制国家财政支出总量。控制支出总量并不是不增长公共支出，而是确保合理增长，避免过度膨胀。因为支出过度膨胀有可能带来一些危害，如：①导致赤字和债务的扩张，加大财政风险，为国家财政的长期可持续发展留下隐患；②会产生"挤出效应"，影响社会民间投资，不利于社会和经济的发展；③公共支出具有明显的刚性特征，扩张容易压缩难。因此，国家财政支出管理的首要任务就是控制支出总量水平，缓解财政压力和矛盾，为国家财政运行的良性循环和长期可持续发展创造条件。

2. 调整和优化国家财政支出结构。国家财政支出结构就是政府公共支出的内部比例关系，其合理与否影响和决定着整个国家积累与消费的比例关系，也在很大程度上关系到能否充分发挥财政政策宏观调控的职能作用。从国际经验看，不同国家由于经济发展状况不同，财政支出结构也有差异，这突出表现在财政投资方面。在发达国家，由于其市场机制完善、社会筹资能力强，决定了政府投资主要定位于弥补市场缺陷、提供公共产品，具体投资范围主要在基础设施建设的完善、战略性物资储备等方面；在发展中国家，市场机制不完善、社会筹资能力弱，决定了政府必须充当基础设施建设的投资主体，所以其支出结构与发达国家自然不同。

3. 提高政府公共支出的效益。提高效益，就是要"少花钱、多办事、办好事"。在公共支出总量一定的情况下，"所得"越大，则政府支出的效益越高。这里的效益包括经济效益和社会效益，政府在进行经济决策时是以社会效益最大化为目标的，通常我们所说的政府公共财政支出的规模要适当、结构要合理，所追求的根本目标也就是要提高政府财政支出的社会效益和经济效益。所以政府的财政支出，在分析其成本效益时，不仅要考虑有形的、直接的、内部的成本和效益，还要考虑到无形的、间接的、外部的及长期的成本和效益。

三、政府采购

（一）政府采购的含义和特点

政府采购也称公共采购，是指各级政府为满足日常政务活动的需要，或者满足政府提供公共服务的需要，以公开招标的方式，从国内、国外两个市场上为财政开支单位统一购买商品和劳务的行为。作为一种采购方式，政府采购具有法定的程序和规范的方法，是目前世界各国最为重要的购买性支出管理手段。我国从 2003 年 1 月 1 日起正式生效并于 2014 年 8 月修订的《中华人民共和国政府采购法》规定，政府采购是指各级国家机关、事业单位和团体组织，使用财政性资金采购依法制定的集中采购目录以内的或者采购限额标准以上的货物、工程和服务的行为。

政府采购不同于私人部门的采购活动，它不仅是市场经济条件下政府责任的一种体现，同时也是政府实施政策、调节宏观经济运行的一种手段。其特点体现在以下六个方面：

1. 采购资金的公共性。政府采购所需资金来自财政，而财政资金大部分来自纳税人缴纳的税收，还有一部分来自政府提供公共服务收取的使用费和政府凭借信用原则发行公债取得的收入。

2. 采购目标的非营利性。政府采购活动不以营利为目标，而是为各级政府部门的日常活动提供所需产品和服务，为公众提供公共产品和服务。

3. 采购行为的规范性。政府采购具有法定程序和规范的采购方式，采购行为充分体现出公平、公正、公开。

4. 采购主体的特定性。政府采购主体是依靠财政资金运作的各级国家机关、事业单位和团体组织。

5. 采购活动的政策性。政府采购活动必须遵守相关政策的要求，体现政府的政策意图，不能按采购人员的个人偏好行事。

6. 采购范围广、规模大、影响力大。政府采购对象从总体上看只有货物、服务和工程三类，实际上它所涵盖的具体内容范围之大难以描述。同时，政府采购的规模也非常庞大，从而对整个国民经济产生巨大的影响力。

（二）政府采购的基本原则

为了保证政府采购目标的实现，必须遵循以下原则：

1. 竞争性原则。即政府通过向不同厂商的购买，邀请更多的供应商参与竞争。通过促进供应商、承包商或服务提供者之间最大程度的竞争，有助于政府采购目标的实现。通过竞争可以形成一种对买方有利的局面，即政府采购可以形成一种买方市场，消除厂商市场独占力量的形成；竞争还可以促使投标人提供价廉物美的商品和服务，实现政府采购经济有效的目标。

2. 公开性原则。即透明性原则，是指有关政府采购的法律、政策、程序、活动等作业都要公开，使每个有兴趣的或已参与的供应商都能获得同等的信息。透明度高的政府采购程序可以提高政府活动的可预测性，有助于投标商准确估算风险和收益，做出理性的选择，提出最有竞争力的价格；公开采购信息和采购过程，也有助于加强监督，防止暗箱操作，避免采购机构及其上级主管做出随意的或不正当的行为和决定，从而增强潜在的投标商参与竞标的信心，维护社会公众的利益。

3. 公平性原则。即非歧视性原则，是指对于所有符合提供产品条件的投标商或厂商一视同仁，给予他们均等机会和同等待遇，使其享有同等权利并履行相应义务，不歧视任何一方。允许所有有兴趣参加投标的供应商、承包商、服务提供者参与竞争；采购机构向所有投标人提供一致的信息，不得厚此薄彼；在资格预审和投标评价时对所有投标人应使用同一标准，不能以投标者的各种背景为条件来判断其是否中标。

（三）政府采购的方式

政府采购的方式一般有四种：竞标、比价、议价和非竞争性协商。

1. 竞标。即采购主体通过招标的方式，邀请市场上所有的或一定范围的潜在供应商参加竞标，通过事先确定并公布的标准向参与竞标的厂商提出产品需求和规格要求，然后从中评选出中标供应商，并与之签订合同的一种采购方式。竞标可以得到最低廉的价格，以节约采购成本。

2. 比价。比价是指采购主体向有关供应商（通常不少于三家）发出询价单让其报价，然后在报价的基础上进行比较并确定中标供应商的一种采购方式。这种方式不需公告，而由采购机关选择适当的投标人进行比价，它一般是在金额较小或采购机关对于提案有足够资讯的情况下所作的比较判断。

3. 议价。议价是指采购主体请供应商提出议价方案，通过采购机关和供应商对此议价提案的协商予以修正并确定中标供应商的一种采购方式。这种方式一般发生于只有少数符合条件的供应商或服务提供者中。

4. 非竞争性协商。非竞争性协商是指采购主体在适当的条件下仅向单一供应商征求建议或报价的采购。这种方式是因为市场上只有一个供应商，因此没有选择与竞争的机会，只有采取与唯一供应商谈判协商的方式决定采购金额和数量。

第四节 政府会计与审计

一、政府会计

（一）政府会计的含义

会计源于社会生产实践的需要，是一种管理活动。会计学有许多分支，每一分支形成一个学科。按会计主体分类，可分为微观会计学和宏观会计学，前者包括企业会计和非营利组织会计等；后者包括总预算会计、社会会计、国际会计等。政府会计则是由宏观会计学中的财政总预算会计与微观会计学中的国家行政机关会计以及依靠政府财政运作的事业单位会计组成的。国家行政机关会计以及依靠政府财政运作的事业单位会计，还有其他所有不以营利为目的的社会团体、组织的会计，被称为非营利组织会计。可见政府会计既有宏观会计的内容又有微观会计的内容，具有综合性的特点。

政府会计是以预算管理为中心的宏观管理信息系统和管理手段，是核算、反映和监督中央与地方预算以及依靠政府财政运作的行政事业单位收支预算执行情况的会计，是我国两大类会计体系之一。它有以下几方面含义：

1. 政府会计是以政府预算管理为中心的宏观信息系统和管理手段，以为政府预算管理服务为目的。政府预算收入反映政府支配的财力规模和来源；政府预算支出反映政府财力分配使用的方向和构成，它从根本上决定着政府活动的范围和方向；财政收支的对比反映政府财力的平衡状况。政府预算在国民经济管理中发挥着重要作用，是国家综合财政计划的中心环节。因此，对政府预算进行管理非常重要。

2. 政府会计的核算对象是政府预算的执行情况。政府会计是核算、反映和监督中央与地方预算以及依靠政府财政运作的行政事业单位收支预算执行情况的会计。由于具体的会计主体不同，核算对象也有差异。财政总预算会计的核算对象是财政总预算资金的集中、分配及其执行情况，反映为各级政府财政总预算的收入、支出、资产、负债与净资产情况；财政拨付的预算资金是行政单位最主要的资金来源，行政单位的会计核算对象以预算拨款为主，全面核算、反映和监督行政单位的业务活动；事业单位会计核算的对象，不仅仅是预算资金的领拨、使用情况，还扩展到事业单位实际发生的各项经济业务，要对事业单位预算执行过程及其结果进行记录、反映和监督。

3. 政府会计是以会计学原理为基础的一门专业会计，是会计学的重要组成部分。政府会计和其他专业会计一样，都是以货币为主要计量单位，对会计主体的经济业务进行连续、系统、完整地核算、反映和监督；政府会计也需要具备会计核算的基本前提，遵循会计核算的一般原则。

4. 政府会计与企业会计共同构成我国的两大会计体系。

（二）政府会计的职能和特点

1. 政府会计的职能。在社会主义市场经济条件下，政府会计具有核算、反映、监督、预测、调控和参与决策的职能。①核算、反映和监督是政府会计的基本职能，它通过会计记录和账务处理，核算会计主体的预算资金活动及结果，反映预算执行情况，监督财经纪律执行情况等；②政府会计主体根据政府会计核算及反映的结果，结合国民经济和社会发展状况，对未来的预算收支活动趋势和结构变化做出较为准确的预测，以利于政府及有关部门采取正确的决策措施，编制客观科学的政府预算；③政府会计配合财政政策的付诸实施，以实现社会总供给与总需求的平衡，保证国民经济的健康顺利发展；④政府会计在参与政策决策中也起着重要的作用。

2. 政府会计的特点。与企业会计比较，政府会计有四大特点：①政府会计是以预算管理为中心，以经济和社会事业发展为目的，适用于各级政府和各类行政、事业单位的会计，其业务活动目标是实现社会效益和宏观经济效益最大化，具有公益性特点；②政府会计有统一性和较强的宏观性，在全国已经形成了一个政府会计的统一体系和信息系统；③政府会计具有广泛性和政策性的特点，特别是事业单位会计，由于行业类型多、单位规模差异大、会计主体和资金渠道多元化，其会计核算形式较为复杂，而且不同时期的国家政策倾向不同，政府会计又具有较强的政策性；④政府会计核算一般采取收付实现制。

（三）政府会计的组成体系和分级

1. 政府会计的组成体系。政府会计是为预算管理服务的，预算管理体系决定政府会计体系。其组成有：①财政总预算会计。它包括中央总预算会计和地方财政总预算会计（含本级财政总预算会计和所属下级财政总预算会计）；②行政单位会计。它是指各级政府主管部门所属行政单位（包括本级及直属行政单位）的会计；③事业单位会计。它是指各级政府有关主管部门所属事业单位（包括本级及直属事业单位）的会计；④参与预算执行的国库会计、收入征解会计（包括税务会计、农业税征解会计、关税会计）和基本建设拨款会计等。

2. 政府会计的分级。政府会计的分级与政府预算的分级是一致的，其管理体系也和政府预算组成体系相一致，共有四级，即有一级政府就要建立一级总预算，每一级政府的总预算都在财政部门设立财政总预算会计，国家财政部、省级财政厅、市县级财政局、乡镇级财政所分别设立总预算会计；行政事业单位根据现行的财务收支计划编制程序，其会计组织系统分为三级，即主管会计单位、二级会计单位、三级会计单位，它们都建立独立的单位预算，实行比较完整的会计换算制度。

3. 行政事业单位会计与财政总预算会计的关系。行政事业单位会计与财政总预算会计有着直接的联系，主要表现为：①单位财务收支是同级政府预算的重要组成部分，政府预算核拨的行政经费、事业费和从财政专户核拨的预算外资金，是同级行政事业单位收入的主要来源，单位会计与财政总预算会计是相互配合的；②在缴拨款上也有直接的联系。单位应上缴财政的收入，要按规定缴入国家金库；应上缴的预算外资金，要按计划及时拨给主管部门和单位。这些缴款、拨款手续，均通过各级财政总预算会计和单位会计办理；③各单位在预算执行过程中，平时要向主管部门和同级财政部门编制月报和季报，年终要编制年报。同级财政总预算会计要对各单位或主管部门的月报、季报、年报进行审核，并据以编制预算执行月报、季报和财政决算报表；④行政事业单位作为会计主体，具有一定的自主权，但必须接受同级财政总预算会计的管理与监督，执行本级财政部门提出的检查意见。各级财政总预算会计也要加强对本单位会计的工作指导，提高单位会计的管理水平。

二、政府审计

(一) 政府审计的含义与特征

我国"审计"一词最早见于宋代的《宋史》，"审"为审查，"计"为会计账目，审计就是审查会计账目。审计发展至今，早已超越了查账的范畴，涉及对各项工作的经济性、效率性和效果性的查核。政府审计是审计的一个分支，它是指国家审计机关对政府机关的财政、财务收支及其他经济活动的真实性、合法性和效益性进行审查和评价的独立性经济监督活动。政府审计的目的，一方面是监督国家财政预算资金合理、有效地使用；另一方面是对财政决算情况做出客观与公正的鉴定，为财政管理提供改进措施，并揭露违法行为。政府审计具有以下特征：

1. 独立性。独立性是政府审计的本质特征，也是保证审计工作顺利进行的必要条件。审计机构和审计人员依法独立行使审计监督权，必须按照规定的审计目标、审计内容、审计程序，并严格地遵循审计准则、审计标准的要求，进行证明资料的收集，做出审计判断，表达审计意见，提出审计报告。审计机构和审计人员应保持职业中精神上的独立性，不受其他行政机关、社会团体或个人的干涉。

2. 权威性。政府审计的权威性是保证有效行使审计权的必要条件。审计机关有要求报送资料权、检查权、调查取证权、采取临时强制措施权等，审计人员依法行使独立审计权时受法律保护，如被审计单位拒绝、阻碍审计时，或有违反国家规定的财政财务收支行为时，审计机关有权做出处理、处罚的决定或建议。由此可见，我国政府审计机关的审计决定具有法律效力，可以强制执行，这充分体现了我国审计的权威性。

3. 公正性。政府审计的公正性反映了审计工作的基本要求。公正性与权威性密切相关，从某种意义上说，没有公正性也就不存在权威性。审计人员理应站在第三者的立场上，进行实事求是的检查，做出不带任何偏见的、符合客观实际的判断，并做出公正的评价和处理，以正确地确定或解除被审计人员的经济责任。

审计人员只有同时保持独立性、公正性，才能取信于审计授权者或委托者以及社会公众，才能真正树立审计权威的形象。

（二）政府审计的职能和作用

1. 政府审计的职能。政府审计的职能是其自身所具有的内在功能，主要表现为：①经济监督职能，它是指通过审计，监察和督促被审计单位的经济活动在规定的范围内、在正常的轨道上进行；监察和督促有关经济责任人忠实地履行经济责任，同时借以揭露违法违纪、稽查损失浪费、查明错误弊端、判断管理缺陷和追究经济责任等。②经济鉴证职能，它是指审计机构和审计人员对被审计单位的会计报表及其他经济资料进行检查和验证，确定其财务状况和经营成果是否真实、公允、合法、合规，并出具书面证明，以便为审计的授权人或委托人提供确切的信息，并取信于社会公众的一种职能。③经济评价职能，它是指审计机构和审计人员对被审计单位的经济资料及经济活动进行审查，并依据一定的标准对所查明的事实进行分析和判断，肯定成绩，指出问题，总结经验，寻求改善管理、提高效率和效益的途径。

2. 政府审计的作用。政府审计对财务行政活动的监督作用具体表现为：①制约作用。通过政府审计，制约经济活动中各种消极因素，有助于各种经济责任的正确履行和社会经济的健康发展；通过政府审计，监督各地区、部门和单位对党和国家方针政策的实施，审查财务行政活动的范围、方向是否正确，检查财政制度和财经纪律是否健全完善；通过政府审计，对财务行政的合理性与合法性进行监督审查，揭发、纠正、制止和防止财务行政活动中的各种错误和弊端，保护国家财产。②促进作用。通过政府审计，审查财务行政活动的效益大小，发现问题，改进管理，促进中央和地方各级政府及行政事业单位提高财政收支效益，促进各级政府高效率地实施行政管理职能。

（三）政府审计的主要内容

政府审计的主要内容是指以财政收支为审计对象的内容，主要包括：

1. 本级财政预算执行情况的审计。其范围包括：①预算批复和预算变化审计。审查本级财政部门向本级各部门批复预算情况，如有预算变化就应查明变化的原因、项目数额、措施及有关说明；②本级预算收入审计。主要应查明预算收入的征收部门是否按照法律、法规、规定的要求，及时、足额地征收，有无违反法律、法规、规定的减征、免征、缓征现象，有无截留、占有或挪用现象；③预算支出拨付审计。审查本级财政部门是否依照法律、行政法规和国务院财政部门的规定，及时、足额地拨付预算支出资金；④国库的审计。审查中央国库是否按照国家有关规定，及时准确地办理预算收入的收纳、划分、留解和预算支出的拨付；⑤政府预备费的审计。审查政府预备费的设置是否符合预算法的规定，审查预备费的动用是否报经本级政府决定，是否用于当年预算执行的自然灾害救济开支及其他难以预见的特殊开支，有无用于不正当投资的现象；⑥预算周转金的审计。审查预算周转金的设置是否遵循了国务院的规定，是否用本级财政的预算结余设置和补充，其额度是否正常，是否用于预算执行中的资金周转，能否保证及时用款，有无挪作他用的现象。

2. 本级各部门和下级政府预算执行情况以及决算的审计。其范围包括：①预算执行审计。对本级各部门的预算和财政、财务制度情况，以及相关的经济建设和事业发展情况进行审计；对下级政府预算执行情况的审计，重点是要查明下级政府和财税部门在组织预算执行工作中，执行税收法律法规情况，以及分配使用中央财政转移支付资产的情况。②决算审计。审计机关对下级政府决算审计包括审查批准前审计和报送备案审计。下级政府将本级财政决算草案报告本级人民代表大会审查和批准之前，审计机关应进行审计，也是对年度会计报告和预算执行结果的审查。地方各级政府将批准的决算报上一级政府备案，对报送备案的下级政府决算，审计机关应进行审计。

3. 预算外资金审计。预算外资金审计在地方可分为地方财政部门的预算外资金、有偿使用资金和行政事业单位的预算外资金。其审计的主要内容包括：预算外资金管理政策审查；预算外收入审查；预算外支出审查；预算外资金管理审查。

（四）政府审计的方式和方法

1. 政府审计的方式。主要有：①按主体要求的执行地点，可分为报送审计和就地审计；②按审计主体组织的方式，可分为授权审计、委托审计和联合审计；③按是否根据被审计单位自由意志去进行审计，可分为强制审计和随意审计；④按审计主体在进行审计前是否通知被审计单位，可分为预告审计和突击审计；⑤按审计主体要求的行为，可分为事前审计、事中审计和事后审计；⑥按审计主体所运用的审计手段，可分为手工操作审计和电脑审计；⑦按审计范围大小和内容的多少，可分为全部审计和局部审计。

2. 政府审计的方法。主要有：①审核稽查方法，即搜集审计证据时所采取的各种方法和技术。其目的是查明事情真相，证实被审计问题。②审计记录方法，即对审计记录文件的设计、填制与审阅的各种方法。其目的是全面系统地反映审计过程和结果。③审计评价方法，即根据查明的事实，对照审计标准以判定是非良莠的方法。它可以确定被审计资料是否真实、正确和可信；确定被审计经济业务和经济活动是否合理、合法和有效。④审计报告方法，即对审计报告进行设计、编写与审定的方法。其目的是对每次审计活动的过程和结果进行综合而有重点的反映。

思考题

1. 什么是财务行政？它有哪些特点？

2. 论述财务行政的职能与作用。

3. 国家预算是怎样编制和执行的？

4. 国家决算是怎样编制、审核和批准的？

5. 简述国家财政收入与国家财政支出的基本含义。

6. 简述国家的税收制度及其基本特点。

7. 简述税制改革及其意义。

8. 简述政府采购及其特点与原则。

9. 什么是政府会计？它有哪些职能？

10. 论述政府审计的职能和作用。

参考文献

1. 王晓光主编:《财政学》,清华大学出版社 2015 年版。

2. 张馨:《财政学》,科学出版社 2010 年版。

3. 郭庆旺,赵志耘:《财政学》,中国人民大学出版社 2010 年版。

4. 陈共:《财政学》,中国人民大学出版社 2015 年版。

5. 王玮:《税收学原理》,清华大学出版社 2010 年版。

6. 胡怡建编著:《税收学》,上海财经大学出版社 2012 年版。

7. 杨斌:《税收学》,科学出版社 2007 年版。

第十四章 机关管理

机关管理工作作为党政机关工作的重要组成部分，对机关部门、事业单位的正常运转起着极其重要的、又无可替代的作用。但由于人们观念上以及机关管理工作本身性质上的特殊性，使得其长期受到"偏见"，重要性被忽略了。对于机关管理工作来说，人们长期对它有认识上的偏差和偏见，把机关事务简单地等同于后勤工作，认为工作内容就是简单的"端茶倒水、吃喝拉撒睡"，不需要加以斟酌和思索。实际上，机关管理工作主要目标是为机关单位提供良好的物质和服务保障。机关事务做好了会对机关的顺利运转产生重要的影响，也会促进社会生产力的发展。

第一节　机关管理概述

一、机关和机关管理

（一）机关的含义

机关，即行政机关，从广义上来讲，是指国家为实现其职能，按照法定的程序而建立的，具有法定的权威和独立活动能力的公共组织的工作机构。从狭义上来讲，是指各级人民政府和其职能部门的内部的综合办事机构。

任何一个社会组织要实现自身的职能，在很大程度上依赖于人、财、物、信息和技术的支持，因此，失去机关的作用往往意味着组织失去秩序和活力。这一点我们可以从机关具备的三项基本功能来认识。功能是系统在与环境的相互作用中所表现出来的整体性能。功能既与系统的结构有关，又与环境有关。机关的基本功能即机关在特定的组织系统中与组织的内外部环境的相互作用中所表现出来的基本性能。具体有：

1. 发动功能。它是指机关的动力源泉功能，即机关作为组织枢纽，启动、带动、推动、促使整个组织围绕特定的目标运动起来。如正式的行政沟通方式使各职能部门了解组织的长期目标、近期目标或特定目标，以使各部门围绕这些目标行使职能。

2. 控制功能。作为组织中枢，机关可以协调组织内各子系统的步调，不断纠正脱离目标的偏向，可以以多种方式指挥、协调、监督组织的各项活动，使组织有效地开展活动。

3. 代表功能。即机关作为组织实体而存在，代表组织行使权利、履行义务。对于一个系统、一个组织，机关是其公开的代表，在处理公共关系中，它具有当然的代表资格。

（二）机关管理的含义与对象

1. 机关管理的含义。机关管理是指以为全面提高组织效能提供必要保障为目的，而对机关内部各办公室和后勤活动的构成要素及其流通过程进行的规划、组织、监督、控制、协调等活动。简言之，机关管理就是综合办事机构对机关的日常事务、规章制度和工作秩序等所进行的自身事务管理。

2. 机关管理的对象。机关管理的对象是指为职能活动提供信息服务、信息支持、制度保障、安全保障、后勤保障等的综合性很强的事务性活动。①机关管理是组织自身事务的管理，而并非以机关为对象的管理。事务与职能相对而言，职能活动也称业务工作，每一个机关都有其特定的职能以及为实现这些职能而开展的各项活动。事务指职能之外为实现职能必须履行的程序性、辅助性活动的总体。事务活动则是指那些为职能实现，为职能活动有效开展奠定基础、提供服务、创造条件的条件性、辅助性、技术性活动。②机关管理不是针对所有事务性活动，而是涉及一部分办公事务和后勤事务。事务性活动包括为职能性活动服务的人、财、物、信息等活动。随着社会分工的专业化，人事管理、财物管理等形成专门的学科，而信息、制度、安全、后勤等综合性很强的事务性活动在行政管理中经过长期的发展已相对独立并形成自身的活动规律，从而成为机关管理的研究对象。

二、机关管理的特征

作为行政管理的一个组成部分，机关管理具有行政管理的一般特征，但它又不同于一般社会事务管理，有自己的特殊性：

1. 事务性。如前所述，机关管理就是对为职能活动有效开展奠定基础、提供服务、创造条件的条件性、辅助性、技术性活动的一部分事务的管理。这些事务性活动既有规律可循，又在长期的发展中逐渐形成了科学的体系。因此，应当认真研究这些事务性活动的自身规律性，优化安排这些事务，在机关管理实践中充分发挥制度化、程序化管理方法的作用。

2. 综合性。机关管理的综合性，一是指其管理对象广泛、管理活动内容庞杂，涉及上下关系、内外部环境等问题，都会表现出头绪繁多、情况多变的特点；二是指机关工作处于中枢地位，需要综合处理多种关系，具有指导性和政策性。同时机关这种事务性活动又与职能性活动渗透交融，使得管理活动变得庞杂起来。

3. 技术性。技术性是指机关管理需要遵循特定的技术规律，需要从事各种管理工作的人掌握特定的技术知识和方法技巧，如保密工作。有些活动本身则可以构成一项独特的技术，如办公自动化。机关管理是一种微观管理，其质量控制、标准化、程序分析、图表绘制实际上是特定技术的管理。

三、机关管理的基本原则

1. 服务原则。事务、事务活动的本质即在其服务性质，因此，服务原则成为机关管理的首要原则。从机关管理过程中的服务对象看，首先，机关应为领导机构和各职能部门服务，为其提供人、财、物的支持。其次，机关应为公民服务，为公民享受便捷、高效的服务提供应有的环境。最后，为领导机构提供一定的生活服务，在机关事务管理局工作职责中，规定其应为现任的和退休的领导干部提供必要的生活服务。在机关事务活动的开展中还应尽量创造方便条件和运用各种管理方法，以热忱的态度、积极负责的精神、科学有效的方法，为服务对象提供及时、周到、便利的服务。

2. 系统原则。系统是指在一定环境下，由相互作用着的若干要素所构成的特定功能的整体。机关管理内容庞杂，管理方式各种各样，机关管理对象的各项事务活动均有相对独立性，如果管理不善容易造成人、财、物的浪费，出现局部优化或轻视配合，重复没有必要的工作。因此，管理过程中应注意掌握事务活动对象的特点、要求及外部约束条件，保持对合理需求变化的适应，从共同目标出发采取相应的管理措施，将各种要素在一定程度上进行有机结合，避免局部优化，实现资源共享，完善系统功能。

3. 质量管理原则。在机关管理活动中，事务性活动是为单位的中心工作或者业务工作提供的后勤保障等辅助或服务性工作。缺乏质量的事务性活动是无效率的工作，质量管理原则要求采用一种透明和系统的方式进行管理，针对相应的需求而保持持续改进的管理体系。因此，质量管理原则要求真正了解机关事务质量的重要性，树立正确的质量意识，促进事务活动不断优化。

4. 效率原则。效率原则的内涵即以最小的投入（人力、物力、财力、时间）产生最大的效益。树立成本意识、厉行节约、减少浪费，为机构和人员提供优质服务。

5. 规范化原则。事务活动的内容庞杂，具有分散处理、分工负责的特点，具有较强的随机性。在管理工作过程中应总结独立、分散存在的事务活动的规律性，制定和严格实施各类统一规范，实现管理制度化、程序化、标准化，如行为制度、保密制度、物品领用制度、统一的公文格式、会议召开的条件、决议形成程序等。以各类制度、程序和标准规范机关工作人员的行为。

第二节 机关管理的内容

机关管理的内容可以分为两个部分：一是办公室管理，如机关文书工作、档案工作、会议管理、保密工作管理、信访工作管理、工作程序管理、办公室自动化系统规划等；二是后勤事务管理，包括物材管理、基本建设工作管理、生活服务工作、接待服务工作管理、安全保卫工作、工作环境管理等。本节只介绍部分重要机关管理的内容。

一、机关文件管理

（一）机关文件的含义和作用

1. 文件的含义。按照英国《文献术语词典》中的定义，文件是指伴随各种具体事务而形成或收到的能作为活动凭证的各种记录，包括现行文件、半现行文件、非现行文件。现行文件是指一个机关、团体或组织机构处理现行事务时需要经常使用因而继续存放在其形成地点的文件。非现行文件是指处理现行事务不经常使用的从而应该在最终处置之前从办公室转移到储存场所或直接移送到文件中心的文件。可以看出文件是信息、载体、存放地点和功能四位一体的结合，体现了文件管理一体化的理念。

综上所述，文件是人类社会活动中为处理事务的需要，而直接形成并使用的具有规范体式和法定效用的信息记录。可以分为公务文件和私人文件。公务文件也称"公文"或"文件"，本书仅从这一意义上讨论文件。

2. 公文的特点。包括：①它的制成者依法成立并以自己的名义行使权利、承担责任。②它的文体、结构、格式由国家有关机关以法律或规章的形式予以严格规定。如发文机关标识必须使用发文机关全称或规范化简称。作为应用文种，文件常采用议论、说明或记叙文体。③在文件形成过程中，它必须履行严格的法定生效程序。如由文件工作者撰拟的公文必须由主管领导审核后方可签发。

3. 公文的种类。国务院办公厅 2000 年 8 月修订的《国家行政机关公文处理办法》中规定，机关正式公文有 13 种类型、14 项内容：命令、令；决定；公告；通告；通知；通报；议案；报告；请示；批复；意见；函；会议纪要等。此外，还有一些公文虽不在国务院办公厅正式规定的 13 类公文内，实际上应用也比较广泛，同样具有公文的性质，或者在一定条件下具有公文性质，如简报等。

公文根据传递方向不同分为三类：一是上行文，即下级机关发给上级机关、领导机关或主管部门的公文，如报告、请示等；二是下行文，包括命令、指示、决定、决议、批复等；三是平行文，适用于同级或不同隶属机关之间的公文，包括函、通报等。

（二）机关公文的办理

机关公文办理的基本任务就是及时、准确、有效地创制、加工、传递、保管、处置公文，为公务活动提供适用性、有效性、及时性的信息，保证公文方向正确、流速合理。机关公文办理包括收文办理和发文办理两个方面。

1. 发文办理。指以本机关名义制发公文的过程，包括撰拟、审核、签发、复核、缮印、用印、登记、分发等过程。

（1）公文的形成。撰拟即文书人员协助领导起草公文，是撰制公文的关键环节，体现了国家意志和制定政策、部署工作、处理问题的指导思想，因此，必须做到实事求是，观点准确、鲜明，合乎公文体例。审核指机关文件部门负责人对所拟文稿的审查。签发是指机关领导对审核过的文稿最后审定并签署印发。

（2）公文的制发。公文的制发应包括以下步骤：缮印和校对，即打印公文。缮印公文必须以签发定稿为依据，不得擅自修改，机密公文应由指定印刷单位或专人负责；用印；登记，即制文登记，包括编号、划分密级、抄录（把公文标题、印发份额、密级、编号等项目记录到制发公文的登记簿上）；装封，装封好的公文要求中途不易拆动、不易伪造且使用方便。

2. 收文办理。一般包括签收、登记、拟办、批办、承办、催办、清退和归卷等内容。签收过程应注意清点文件数量，检查收文机关、收件人是否与本机关相符、是否有开封、破损等情况。登记是收文办理的重要程序，并非所有收文都必须登记，但以下文件必须登记：上级机关的指导性、参阅性和需要办理的文件；下级机关的请示性、报告性文件；重要的带有密级的刊物、资料；机关内部使用的文件、会议文件、音像文件。拟办指对收文提出初步办理意见，以供领导参考。批办指机关负责人阅读公文后，对拟办请示提出的处理意见。

3. 机关文件的管理。机关文件的管理主要包括对机关所有现行文件、存档文件、余存文件和准备销毁的文件要分门别类地妥善保管。阅读和处理，应严格执行文件阅读范围，规定范围到哪一级，必须让哪一级机关阅读或传达到哪一级。清退和销毁，机关文件工作人员应定期、及时清理文件以免造成散失、失密和积压，文件销毁后，应在文件登记簿上注明。

（三）公文立卷

立卷就是将本机关形成或处理过的有查考利用价值的并已办理完毕的文件，按照一定的联系编立成为案卷。案卷是若干有密切关联的文件集合体，它是档案保管的基本单位。将分散形成的文件组合成案卷，有利于保管、有助于满足人们的利用需求。

1. 公文立卷的原则。

（1）立卷应遵循公文形成的自然规律，即公文形成的时间顺序和因果关系，按一定线索将公文分门别类。如在发文过程中，机关根据需要制发文件，它们之间存在着工作计划、工作指示、工作总结的关系，各机关之间也存在着请示与批示、公函相互往来等关系。立卷过程应遵循这些规律，不能破坏其间的逻辑顺序。

（2）立卷应反映机关活动的真实面貌。机关公文是机关活动的真实记录，在立卷过程中不能主观地、随意散件编制立卷的公文材料，应做到有效控制立卷范围，不能反映机关活动本质的材料不要归入卷宗，使文件存留合理并能反映机关活动的真实面貌。两个以上部门联办的材料应由主管机关立卷，以便忠实反映主管机关的工作全貌。

（3）文书立卷应方便保管、检查和利用。在案卷正式形成到归档之前，以案卷目录为检索工具，为单位做好提供利用的工作；将密级不同的公文分别立卷；对于保存价值较大的公文材料以及录音、录像等不同形式的材料也应分别立卷。

2. 立卷的基本方法。立卷的基本方法很多，但实质都相同，即分类、组合、编目。

（1）分类就是按照一定标准将公文划分为若干类别。关于分类，国务院办公厅规定"公文立卷应根据其特征、相互联系和保存价值分类整理"，并指出了立卷所应遵循的标准。一般情况下应以四个特征为标准立卷，即时间特征、文种特征、作者特征和问题特征，将相同发文单位或个人、同一类问题、同一时间或同一文种的文书立为一卷。

（2）组合就是在分类基础上，在同类文件中将有较多共同点的文件组合在一起，形成"卷"。

（3）编目就是科学地编排同一卷内文件的排列次序，以此为基础形成各种目录、标记、记录等。

二、机关档案管理

（一）机关档案的含义和作用

1. 机关档案是机关及其工作人员在社会活动中形成的保存备查的文字、图表、音像及其他各种形式信息载体的历史材料。

机关档案来源于机关及其所属机构在其社会活动中形成各种载体的文件材料，可以转化为档案的文件材料应具备下列性质：①已经办理完毕而保存备查的历史文件；②对于科学研究或工作实践具有一定参考价值的文件资料。现代机关档案的文件都是经过立卷归档而保存的文件，是文件的精华。

机关档案不同于历史记录。档案是原始的记录，直接形成于其所反映的活动中，与反映的社会事务是同步形成的，是与当时当地直接使用的原始文件的转化物同步形成的；而历史则是后人根据原始文件事后追记的。

2. 档案的作用。①凭证作用。档案是在社会中自然形成的而不是事后编造的，它保留着历史的真迹，客观真实地记录了过去的历史情况，具备令人信服的证据作用。②参考作用。可以为人们开展社会活动提供经验和指导，也就是人们可以以档案所记载的内容作为借鉴和参照，吸取前人的经验教训、指导现实工作。

（二）机关档案工作的原则

在档案工作的发展实践中逐渐形成了集中统一原则、完整与安全原则和便于利用原则等的档案管理基本原则。

1. 集中统一原则。集中统一地管理档案，是档案管理基本原则的核心。一个机构内党、政、工会、共青团等组织的档案集中于一个机构，分门别类地管理。机关档案必须按照国家规定定期向档案机关及人员移交，集中管理，不得将档案据为己有或分散管理，具有长远保存价值的应向档案馆移交。体制上，中央到地方都设立了档案行政管理部门，统一领导、分级管理档案事务。

2. 完整与安全原则。它是对档案工作的基本要求：①维护档案的完整。从数量上看，要保证档案的齐全，应该集中和实际保存的档案不能短缺；从质量上看，要维护档案材料的有机联系，不能人为地割裂或分散。②维护档案的安全。一方面要求档案本身不受损坏，尽量延长档案的寿命；另一方面，如果档案涉及国家机密或财富时，应该保证档案不能泄密。

3. 便于利用原则。它反映了档案工作的目的之一，即以一定的方式和方法向利用者提供服务。对档案实行科学管理，建立方便快捷的检索系统，提供阅览、外借或咨询服务，提供复印件、微缩件、合订本等备查文件。

（三）机关档案管理的内容

机关档案工作的具体内容，一般包括归档、档案整理、鉴定、保管、统计和档案利用六个环节。

1. 归档。它是档案工作的起点。即从文件工作机构接收编立好的案卷后，按归档制度规定的时间、范围、质量标准验收后收入到档案部门保管。归档质量的高低，直接影响其他环节。机关文件工作部门一般应在第二年上半年向档案部门移交档案，归档范围包括机关的收发文电、机关内部文件、会议记录、技术文件、出版原稿、印模、照片、影印文件等。归档应该做到文件完整齐全、文件按其内容的联系合理的整理、立卷。

2. 档案整理。它是按照规定的标准对案卷进行加工、整理，使之系统化，包括全宗、分类、案卷的便利和排列、编制案卷目录等方面的内容。全宗是一个独立的机关或著名人物在社会活动中形成的全部档案，整理档案应统一全宗、不能分散，不同全宗不能混淆；分类是对一个单位形成的档案按年度、组织机构、问题及其组合的标准分成若干层次和类别；编目可以根据时间、内容、标题、机关或检字法的分类编目，以便于查阅。

3. 鉴定。它是对档案的科学价值及实践价值的评价和预测，并以此为前提确定保管期限，剔除无价值的档案，把需要永久保存的档案妥善地保管起来。鉴定档案价值应尊重历史的本来面貌，从文件的内容、被保存度、来源、时间、有效性和可靠程度等多方面考察。

4. 保管。保管也称典藏，是档案工作的最基本任务。档案保管首先要防止档案损毁，应用科学的技术手段，防湿防水，延长档案的使用寿命，保证档案安全，同时要妥善解决保管与利用的矛盾。

5. 统计。档案的统计工作指使用定量的方法、以指定的数字揭示档案和档案工作的现状、发展及一般规律的过程。合理使用统计技术方法对档案工作中的现象、状态、趋势进行量的描述与分析，为档案工作的决策、计划、检查和总结提供依据，掌握某些重要档案的使用效果和频率，以提高档案工作的服务水平。

6. 档案利用。它是档案工作的最终目的。机关档案工作部门应根据服务对象的要求，充分利用可行的服务方式，以编制各种参考资料、开辟阅览室、制发复制品等方式充分发挥档案的利用价值。

三、会议管理

（一）会议的含义和功能

会议是一种有组织、有目的地把众多的人聚集起来会晤、议事的社会活动方式。它作为一种社会活动方式在不同的历史阶段有着不同的内容和形式，随着生产力的发展，社会生活当中需要研究和解决的问题越来越多，会议的形式也越来越多。在现代社会，会议是人们当家作主、参政议政的重要形式。因此，研究和探讨会议规律，提高会议质量，是机关管理的重要内容。

1. 会议的要素。包括：

（1）会议的基本要素。即所有会议须具备的因素，主要包括以下三个方面的内容：①议题。它是通过会议商讨的问题或传递的信息。一个明确有效的议题是召开会议的前提，缺乏议题就没有召开会议的必要。②主持人、组织者和与会者，即会议的人员因素。会议的主持人应当控制会议进程，使整个会议紧扣议题，处理偶发事件；组织者承担会前准备、会晤工作；与会者是与议题有密切关系而参加会议的人，应当严格控制与会者的类型和数量。根据角色或权利义务不同，与会者可以分为会议参加人员、列席人员、有表决权的与会者和无表决权的与会者等类型。③会议的目的、时间、会址、议程、信息、会议规则等是保证会议正常进行的物质条件和必备信息。

（2）会议的其他要素。包括会议的名称、服务机构、秘书机构、文件材料、可供选择的专用设备，这些并非为所有会议所共有的因素。

2. 会议的类型。会议的类型繁多，从不同角度可以分为不同类型。

（1）根据会议的性质可以把会议分为例行工作会议、专题性会议、联系会议、布置或总结工作会议、经验交流会议等类型。①例行工作会议是机关处理和研究日常工作而定期召开的会议。也称"例会"或"办公会议"。②专题性会议是指为了集中讨论某一方面的问题而召开的会议。这类会议由一定范围内的领导、相关工作人员和邀请的专家参加。③联系会议是为了开展某项大规模活动，需要几个部门共同协商、明确分工而临时召开的会议。一般由上级机关出面，指定某一部门牵头主持会议。④布置或总结工作会议主要用来总结工作经验、布置工作任务、通报情况、发动并组织开展工作，以提高工作效率。这类会议召开在时间上有一定规律性，参加人员具有广泛性。⑤经验交流会的目的在于树立典型，并通过典型带动一般。

（2）根据会议应达到的目的不同可以分为告知性会议、建设性会议和执行性会议。①告知性会议是宣布某一事项，接受者只能接受和讨论报告会议任务的会议。②建设性会议是一种产生新思想的会议。这种会议的与会者应具有思想解放、议事创新的特点。③执行性会议是落实具体措施，明确任务分工的会议。主要解决怎样做、谁来做的问题。

（3）按照会议采用的方式手段，可以分为常规会议、电话会议、广播会议、电视会议等。随着科学技术的发展，会议可选择的方式日趋广泛，会议组织者应采用科学合理的会议手段节约会议成本、提高会议质量。

（4）根据与会者的国籍及议题范围，会议可以分为国际会议与国内会议。

3. 会议的功能。包括：

（1）会议具有实现信息多向、即时传递、协调行动的功能。①会议可以多向、即时传递信息。文件也具有传递信息的功能，但文件所传递的信息具有单向性和非即时性的特点；而会议则可以把信息传递给每一位与会者，并将其意见及时反馈给主持人，不必逐个进行。②信息失真度低。文件可能因为个人政策水平、知识结构和生活阅历等不同而使个人对其有不同理解；会议则可以及时消除这些误解，使每一位与会者形成相对统一的认识。③会议与其他信息沟通方式相比具有可以借助感情力量和心理因素提高沟通效果的独特功能。

（2）会议可以聚集集体的智慧和力量。人们对事物认识的准确程度取决于持有信息的质和量，以及对各种信息的科学判断。会议过程中，主持人、与会者可以在较短时间内增加掌握信息的数量，并通过交流去伪存真、科学判断、形成集体智慧。

（二）会议的组织

会议的组织是指确定并完善会议要素，同时以有秩序、有成效的方式将其组合为一个有机整体的活动过程。一个会议一般经过准备、进行和结束三个阶段。

1. 准备阶段。包括：①制定会议规则。会议规则是会议组织的指导原则、行为规则，它规定了会议的召开、组成、议事程序等方面的准则，明确了会议如何组织、进行和与会者权利义务等事项。会议规则应包括召开会议的条件、会期、人员组成、组织机构的设置办法及其职责、会议议程、表决方式及有效决议的条件等内容。②会议的内容准备。主要指会议文件、材料的准备，对会议上要讨论的文件以及供会议参考的材料，应提前印发，以便与会者有时间阅读。③会议的形式准备。包括会议时间、地点的确定、与会者的确定、座次安排和食宿安排、会议通知的拟定、印发和会场布置等内容。

2. 会议进行阶段。包括：①主持人的职责。任何会议都需要主持人，主持人应把握会议议题，充分调动与会者的积极性，完善会议要素，创造条件引导会议达到既定目标。其具体职责为：宣布会议开始、结束；掌握会议的议程和程序；引导与会者有效的讨论；处理偶然事件。②会议的组织机构与其他机构的职责。检查、核对参加会议的人员；做好会议记录，会议记录是会议情况的真实反映，应具备时间、地点、人员及人数、发言内容、记录者六个要素；做好会议情况的收集与汇报，包括会议进程、与会者的思想情绪、分组讨论情况、简报编写等。

3. 会议结束阶段。会议要结束时，应做好以下工作：收回文件，汇总意见，形成会议纪要，完成会议文件的编目和存档，按计划组织与会者退场或离会，总结会议经验教训并向上级汇报会议组织工作情况，制定监督检查会议决议执行情况的措施，财务结算。

（三）会议效率

会议是机关工作的重要方式之一，有着特定的功能，应与其他方式结合使用。会议效率使会议保持科学合理的会议数量、提高会议质量、加强会议决议执行。要提高会议效率，应做好以下工作：

1. 端正会议指导思想，树立成本观念。如前所述，会议是机关工作方式之一，应与其他方式结合使用处理问题。如果不具备使用会议开展工作的需要或可能，仍然召开会议甚至只依靠会议处理所有工作，会造成人力、物力、财力和时间上的浪费。现实中会议泛滥反映出官僚主义作风等不合理的指导思想。同时应树立成本观念，强化会议预算核算、减少会议的有形和无形支出，提高会议效率。

2. 建立并严格会议审批标准和审批制度。严格审批标准，无明确议题的会议不开；可开可不开的会议不开；公费旅游性质的会议不开；能够合并的会议不单独开；条件不成熟的会议不开；会议不经审批一律不得召开。

3. 提高会议质量。会议质量及会议的优劣程度，可以从以下几个方面衡量：会议是否具有召开的客观必要性；会议召开的时机是否成熟；会议规格和规模是否适度；会议各项准备工作是否充分；会议是否遵守会议规则、议程、程序并有序进行；会议是否能充分沟通。

4. 提高会议组织者、主持人的组织水平和与会者的参会能力。主持人要善于启发与会者拓展思维、各抒己见，把建设性意见集中起来使之条理化，当讨论意见发表到一定程度时，应及时抓住机会总结正确的意见，形成决议。

与会者应遵循以下原则：开自己应该开的会，不参加无关的会议；遵守会议规则与其他纪律要求；会前充分阅读文件材料，做认真准备；发言应紧扣议题，不重复他人发言；学会使用现代化会议手段，掌握各种设备的使用方法。

5. 善于形成科学决议，建立会议执行监督机构。会而有议，议而有行，会、议、行三者的统一是会议高效的标志。

四、机关后勤管理

（一）机关后勤事务活动的含义和特点

1. 机关后勤及事务又称机关总务活动。其基本任务是合理组织安排财力、物力资源，为机关工作提供必要和充分的物质保障和生活服务。这项活动主要包括：物材管理、基本建设、接待服务、交通服务、绿化美化和一部分生活服务。

2. 机关后勤活动的特点。①服务性。机关后勤活动从属于一定机关，这种从属性决定了它的服务性。后勤活动的工作目的是为了不断改变机关的工作条件、提供部分生活服务，更好地为机关提供各项服务。②广泛性。机关后勤事务活动涉及范围广泛，包括物材、基本建设、交通、机关办公环境、生活等各方面工作。③社会性。由于机关后勤事务活动主要为机关工作提供广泛的服务，因此它与社会各个方面均有密切联系，具有广泛的社会性。

（二）机关后勤事务的内容

1. 物材工作。就是对机关工作所需的各种物品、设备、材料的购置、修建、储存、配发、领用、保管、日常维修养护、更新改造、注销报废等。物材通常被分为三类：固定资产、低值易耗品、消耗性材料。

2. 基本建设工作。即利用人力、物力、财力，将一定的物资转化为固定资产，从而增加基本固定资产的过程。基本建设活动大致包括：编制基本建设预算和计划、接受有关部门审批、勘察、设计、组织施工、验收等。

3. 财务工作。指在机关工作中对本单位资金的领拨、运用、管理、监督活动。

4. 生活服务工作。指直接为机关各级各类工作人员的生活提供服务的活动。如为其提供餐饮、医疗等服务。

5. 交通服务工作。指为机关各级各类工作人员直接提供交通工具，或者为解决其交通问题提供便利的服务性活动。

6. 接待服务工作。在这里指为参加机关组织的各种会议和来机关办理公务的外单位工作人员直接提供食宿、交通服务，或为其在这方面提供便利的工作活动。

7. 绿化美化工作。指为使机关环境更加有利于工作人员、方便群众，使机关环境优美宜人而进行的办公环境设计和绿化美化工作。

（三）机关后勤服务的社会化

1. 机关后勤管理和机关后勤服务。机关后勤管理和机关后勤服务是两个不同的概念。机关后勤管理是对机关后勤事务行使管理权，是一种管理性活动，即领导、组织、计划、协调等活动，如建立相应组织机构、招募人员，建立、健全规章制度，进行系统分析等；而后勤服务则是直接向机关后勤事务提供所需之商品服务，如提供饮食、卫生及其他服务，是一种经营性活动。

2. 机关后勤服务的社会化。机关后勤服务的社会化，是指将机关后勤事务的管理权和经营权分离，使后勤服务从后勤管理中独立出来，使之成为自主经营、独立核算的经济实体。

我国原有的机关后勤事务机构庞大，人力、物力和其他资源浪费严重的原因之一就是因为管理权和经营权不分，后勤部门既是管理者又是后勤服务的提供者，缺乏竞争、不讲核算、不计成本。逐步实现机关后勤商品化、市场化，即使机关对后勤的需求主要通过市场获得，自主选择服务单位和服务产品。后勤服务单位将服务推向市场，利用自身资源为社会提供经营服务，将为本机关提供的服务由无偿变为有偿服务，改变小而全或大而全的自我封闭的后勤服务系统格局。

第三节　机关管理现代化

一、机关管理现代化的含义

现代行政有别于传统行政的特征是行政业务的大量增多和行政活动的专业

化，机关组织自身的行政事务随之大量增多，机关管理因此需要具有更高的技术性和熟练性，以满足专业化、现代化的要求。随着我国部分地区"率先基本实现现代化"目标的提出，机关管理现代化更成为题中应有之意。

机关管理现代化是指运用先进的科学管理理论和方法，并采用现代的管理工具、设施和手段，对行政机关进行科学而有效的管理，从而最大限度地提高行政效率。当代社会的不断发展和科学技术的不断进步，既创造了实现机关管理现代化的客观条件，又对机关管理提出了必须实现现代化的客观要求。据有关资料统计，世界主要工业发达国家70%以上的人口在办公室工作。可见，实现机关管理现代化是大势所趋。

机关管理本身并不是目的而是实现目的的手段。机关管理是为机关业务工作服务的，机关管理的中心任务，是对大量繁杂的内部行政事务进行处理。机关管理的目的主要是协助行政领导制定和执行政策，当好行政领导的助手，处理各种例行的机关内部事务，完成各种临时性、突发性事务，为机关各项职能活动提供最佳的工作条件，有效地提高机关的运行效能，协助创造廉价政府、廉洁政府。只有实现机关管理的现代化，才能对繁杂的行政事务进行高效处理，做好应急处理各种突发性事件的准备。

二、机关管理现代化的内容

1. 思想观念的科学化。机关管理现代化的首要标志是思想观念的科学化。它是实现机关管理现代化的前提和基础，机关管理工作涉及整个机关的每个职能部门和每个行政人员，它关系到全局的管理问题，并起信息集散、参谋咨询、协调沟通、督促检查、后勤保障等多方面的作用。科学技术和社会经济越发展，对行政机关管理的要求就越高，思想观念就更应科学化。在当今社会，机关管理的思想应与现代化建设的性质、规模和方法相适应，应当充分反映高科技时代机关管理的客观规律。

2. 机构设置的合理化。机关管理现代化从组织上说就是要使机构设置合理，达到机构精干、职责明确、分工科学、效率较高，并能密切联系群众的目标，这是机关管理现代化的重要内容。过去由于机关管理事务繁杂，行业面宽，很多工作都需建立专门机构或由专职人员来承担，出现机构重叠交叉，工作人员众多，办事效率低下的现象，虽然几次进行机构调整和精简，但收效不是很大。要使机构设置合理化，要注意转变职能，符合精干、效率的原则，其次合理分工，密切配合，贯彻统一的原则。总之，要着眼于全局和整体，形成一个功能齐全、结构合理、运转协调、灵活高效的行政管理组织体系。

3. 人员素质的专业化。人是机关管理的主体，机关人员素质的专业化，是促进机关管理现代化的根本保证。首先是对个体素质的要求，不仅要提高工作人员的政治素质、文化素质、业务技术素质，还要提高他们的管理素质、能力素质和身体素质。也就是说，机关管理人员不仅要任劳任怨、廉洁奉公，还要有开拓精神，公仆意识；不仅要有扎实、精湛的专业知识，还要有广博、深厚的社会知识；不仅要有熟练的工作技能，还要掌握现代化的办公手段；不仅具备各种能力，还要提高管理水平；不仅是专才，还要是通才。只有这样才能适应机关管理现代化的需要，并起到中枢作用。其次是对整体结构的要求，要根据机构的任务和职权范围定编定员，改变过去那种人员过多时人浮于事、效率不高或人员过少时乱应付、效率也不高的现象。要确定比例，科学组合。使工作人员的年龄结构、学历结构、智能结构、性格结构等整体结构安排合理，以求整体功能大于各个成员个体功能的总和。

4. 管理程序的系统化。管理程序的系统化是根据系统的原则，综合规定处理行政事务活动的例行步骤和方法，也就是运用科学的方法分析和规定完成某种常规工作的一整套准确方式，以实现行政管理工作的和谐、稳定、高效、标准，这是机关管理现代化的要求之一。管理程序系统化，主要包括计划程序、组织程序、决策程序、执行程序、控制程序、公文程序、会议程序、反馈程序等方面的系统化。

5. 规章制度的完善化。机关管理工作形成了很多规章制度，它们是开展机关工作的依据。要实现机关管理现代化，就必须注重规章制度的完善化，这是现代化机关管理的制度保证。机关的规章制度主要包括办公会制度、公文制度、报告制度、请示制度、审批制度、岗位资任制度以及日常工作制度等。要建立一套能适应改革开放和现代化建设需要的机关工作规章制度，使工作人员做到有法可依，有章可循，依法行政，照章办事，并且各司其职，共同遵守，相互促进，彼此监督，从而提高工作的效率和质量。

6. 信息传输的网络化。信息传输网络化，就是把各办公室终端设备与主机联网，再通过主机与其他主机联网，实现地区、全国乃至世界范围内的电子计算机网络化。机关的全部工作，从本质上说就是信息的收集、整理、制造和传输。调查研究就是收集和分析信息，决策就是整理和制造信息，布置工作就是把信息传输给别人。加强信息资源的利用、开发和管理，已成为机关管理现代化的重要组成部分。在办公室、在职能部门设终端，形成信息网络，以便随时得到自己所需要的有关信息或资料，组成一个庞大的信息网，适应大数据时代信息传播的需要。

7. 机关环境的优美化。机关环境的优美化，就是创造一个舒适、清静、整洁，符合人的心理和生理特点的办公环境，为机关管理工作人员提供理想的办公条件。首先注意办公地点的选择，办公地点对机关工作效率有直接的影响。据测定，工作环境安静可使效率提高25%。办公地点的选择要有长远规划，要有合理的布局，要有便利的交通条件，要有足够的用地面积。其次是办公场所的设计，办公的环境应优美宁静，绿树成荫，芳草盖地。办公场所内的路面、路灯、路标、楼号、门牌等设施的配置，都应精心设计制作，力求美观大方。最后是办公室条件的改善，要改善办公室的物理条件，应该做到温度宜人、湿度正常、通风适当、空气新鲜、光线柔和、色彩协调、设施齐备、合理布置、空间适度等，以保证工作人员的身体健康，情绪愉快，工作高效。

8. 后勤服务的社会化。我国行政机关后勤总务管理体制沿袭供给制，形成了一套小而全的服务机构和庞大的服务队伍。后勤人员占机关人员三分之一左右，出现"机关办社会"的自我封闭、自我服务的不正常现象。这是实现机关管理现代化不能忽略的重要问题，所以要实行企业化管理，即后勤总务部门引进市场机制，实行企业化经营，其所属经营单位要实行独立核算，自负盈亏，提高服务质量，提高经济效益。这样才能减轻机关负担，更好地提供服务。实行社会化服务，这是把后勤服务职能从机关工作中分离出来，确定其第三产业的企业性质。机关不再管理与本职工作无直接联系的事务，如幼儿园、食堂等，将其交由公共事业部门统一管理。鼓励、扶持社区等组织建立与承办公益事业，以保证政府机关轻便、灵活、高效率地运转。

第四节　电子政府与电子政务

一、电子政府的含义

在发达国家倡导的"信息高速公路"五个应用领域中，电子政府被排在电子商务、远程教育、远程医疗和电子娱乐之前，赫然位居第一。作为全球政府改革与信息革命两大浪潮的汇流，电子政府极大地拓展了现代公共服务型政府的发展空间。电子政府概念提出的初衷是推动行政管理改革，其基础建设始于1993年美国时任副总统戈尔倡导实施的"信息高速公路计划"，实践应用发轫于同年戈尔发起的"国家绩效考察"运动。所谓电子政府,是指在信息网络化条件下,在对传统政府的行政职能、组织结构和业务流程进行重组的基础上,主要以计算机网络为技术平台,实现政府的公共管理与服务职能,从而形成一种更为有效的政府运作形态。它是指一个以信息网络化方式和手段运作的政府。

电子政府拥有一体化的、具有开放性的网络系统,在实现政府各部门间信息快速交换和资源高度共享的同时,以政府外部网站为主要窗口,面向民众提供充足优质的公共服务。需要指出的是,电子政府绝不等于传统政府的电子化,它首先是一种制度创新,即在信息网络技术的支持下,对传统政府进行改造和变革,将民众当作政府的"客户",以客户需求为中心,从根本上改善政府与政府、政府与企业、政府与个人之间的关系,使政府以新的治理模式为民众提供更好的服务。从本质上看,电子政府充分体现了建设公共服务型政府的基本理念,提供了实现现代公共服务型政府目标的主要途径[1]。

二、电子政府的功能

从传统的行政管理体制到公共行政体制,再到公共管理体制,政府改革和制度创新的一个主要方面就是扩大政府的开放程度,强化客户的概念,不断满足客户需求,使政府提供的公共服务变得更经济、更有效率、效能和效益,从而提高客户对政府的满意度。电子政府的发展为这一制度创新从理想变为现实发挥了不可替代的重要作用。

1. 促进政府职能转变,增强政府公共服务能力。在传统计划经济体制下,政府的运作主要是管理和控制,而在现代市场经济体制下,政府的运作则主要是围绕公共服务展开的。电子政府的基本特征就在于以客户需求为中心,充分利用信息网络技术,丰富政府公共服务的内容和形式,增强政府的服务能力,促使其服务绩效趋于最大化。电子政府开辟的公共服务领域是十分广泛的,如信息服务、办事服务等电子政务以及电子商务等。电子政府不仅能够以方便、快捷、多样化、个性化以及"界面友好"等的方式满足民众已有的服务需求,还能够通过对制度创新、技术创新和管理创新的整合不断创造出新的服务需求。

2. 提高政府运作效率,增加社会公共利益。电子政府实现了信息网络技术与政府行政管理的高度融合。这就产生了两个重要变化:一是促使政府调整和革新其组织结构、权力结构、业务流程和运作模式,如精简政府机构、压缩政

---

[1] 张锐昕:"电子政府概念的演进:从虚拟政府到智慧政府",载《上海行政学院学报》2016 年第 6 期。

府人员、推动组织结构扁平化以及改革和简化行政审批制度等；二是为政府提供新的技术资源、技术能力和技术环境，如计算机网络条件下强大的信息传输、储存和处理能力以及知识管理能力等。这两个重要变化使政府组织在降低包括人力成本在内的各种运作成本的同时，获得了倍增的行政效率、巨大的管理幅度和充分的管理授权，由此极大地提高了资源配置效率。

3. 增加政府透明度，创建平等和一致的规范化服务。对于民众而言，建设电子政府最可直接体验到的益处之一，就是政府的透明度大大增加，其结构和行为趋于"可视化"，如机构设置可视、管理项目可视、服务领域可视、行政流程可视等。在另一方面，电子政府不仅能以方便、快捷的方式为民众提供内容丰富、形式多样的公共服务，而且其基于同一计算机网络程序及界面的平等和一致的规范化服务，也可将人为的不公正、不公平、不廉洁降低到最低程度，使合理的制度安排在"机器"上更平稳、更可靠、更有效地运行。由于政务公开、流程规范、权力制约，民众可以很容易地知道政府究竟应该做什么，能够做什么，以及目前正在做什么等，从而最大限度地降低政府公共服务的不确定性，减少因信息不对称、信息不完备而引发的政府行为失范。

三、电子政务的含义

电子政务是在信息时代下新型的政府管理模式和理念，其含义随着信息技术的发展和在政府管理中的应用程度的提高而不断扩展和变化。

（一）电子政务的发展阶段

1. 办公自动化。20 世纪 70 年代至 80 年代，人们提出办公自动化。利用新的通讯和信息技术，处理办公室内部业务，主要偏重于文件的制作、传递和贮存。

2. 管理信息系统。20 世纪 80 年代以后，人们开始利用管理信息系统帮助管理者决策和有效履行职能，为了适应这种需要，建立了信息加工和信息处理系统，重点是支持政府决策和满足政府管理职能以及政府对适时、准确信息的需要。

3. 电子化政府。20 世纪 90 年代以后，随着国际互联网技术的发展和在政府中的应用，人们提出了电子化政府或网络政府的理念。主要是指在政府内部行政电子化与办公自动化的基础上，利用网络信息与通信技术，连接政府各单位以及各资料库，进一步对各种系统进行整合，并建立电子化、数字化和网络化的政府信息系统，通过政府网络的建立，为社会提供信息和其他服务。

（二）电子政务的概念

从目前发展看，电子政务是政府部门运用先进的电子信息技术手段，以实现政务信息数字电子化、政务公开化、办事高效化、服务网络化等目标的过程。对电子政务应从以下几个方面理解：

1. 从组成部分看，电子政务包括三个组成部分：一是政府部门内部办公职能的电子化和网络化；二是政府职能部门之间通过计算机网络实现有权限的实时互通的信息共享；三是政府部门通过网络与公众和企业间开展双向的信息交流与进行决策。

2. 从技术手段来看，电子政府是以电子化、网络化、办公自动化和信息安全为依托，以信息共享和数据开发为基础，将涉及政务工作的管理和服务职能通过精简、优化、整合后在互联网上实现的。

3. 电子政务是一种全新的政府治理模式。它是运用现代信息技术对现实政府进行改造和提升形成的，加强了政府和公务员的工具性、非人格化和程序化。它与传统的政府治理模式最大的区别在于其虚拟性，即不受时间和空间限制，是对社会和公众提供全天候在线服务的虚拟政府。

四、电子政务的应用

1. 政务公开。各级政府利用功能强大的政府网站向社会公开大量的政府信息。一个国家的政府应该是该国最大的信息收集、整理、生产、应用和扩散的机构，其拥有的信息与公众的政治、经济和社会生活息息相关，但由于种种原因，社会对政府信息的需求与政府信息的供给存在着巨大的差距。政务公开应该是对政策、政府部门办事程序、负责人员姓氏、准备材料等的公开和透明化。但一些属于国家军事与政治安全、政府决策过程中不必加以公开的信息、政务人员的隐私以及涉及国家安全或政务人员安全的信息则不应公开。因此政务公开实行的是有权有责任的公开，不应是全部信息的透明化。

2. 发展共用电子资料库，实现资源共享。各级政府提供共用信息资源，从而实现各公共信息的价值利用。为实现政府所拥有的信息资源的高度共享，各级政府应建立经济、贸易、土地、科技、环境、人口、工商管理、社会保障与福利等政府部门主导的电子资料库，规划设置有示范性的公共资料库，扩大信息资料的交换与流通范围。政府机关应在最大范围内，依合法程序提供可利用的信息资源。

3. 提供网上服务。电子政务的特点在于其实现服务型政府的理想状态是用户通过一个窗口就可以获得所需要的政府信息和服务，使公民与政府互动关系实现电子化，政府服务实现"跨机关"、"全天候"、"自助式"的服务方式。如单位和个人报税、海关保单、政府批文等，使人们足不出户就能向政府进行业务申办，并在网上直接获得有关批文。

4. 内部办公电子化。用现代信息通讯技术改造传统的政府机关办事方式和手段、公务处理和事务管理，实现政府业务电子化。实现公文制作电脑化、稽核管理自动化；政府的会议通知、信息传达、意见调查等，以电子邮寄的方式处理；在网络安全认证的基础上，实现电子采购、电子招标和投标；提供人事及法律检索、网络招聘，实现电子人事；电子公共事业服务。

5. 安全保障。政府信息是重要的国家资产，必须重视网络信息的安全性。信息安全包括信息储存、信息保密、信息完整和信息的可用性。信息储存是要保证计算机储存设备的高度可靠性；信息保密是控制存取信息的人；信息完整是指确保信息的更新与修改只能经由授权者进行；信息可用是指用户总是能够存取信息。加强信息安全保障，可以通过防火墙、身份验证、数字密码、口令核准、数据加密等措施实施，以确保国家、社会组织及人民的权益。

思考题

1. 如何理解事务及事务性活动？它与职能活动的关系如何？
2. 机关管理的对象是什么？
3. 机关管理的基本原则是什么？
4. 公文从制发到办理完毕后应经过哪些步骤？它与档案的关系如何？
5. 立卷的基本方法有哪些？
6. 会议规则应包括哪些内容？有什么重要意义？
7. 机关现代化的主要内容是什么？
8. 在现阶段应如何理解电子政府？
9. 电子政务的概念如何理解？
10. 现阶段电子政务的应用有哪些？

参考文献

1. 赵国俊等编著：《机关管理的原理与方法》，中国人民大学出版社 2012

年版。

    2. 张传禄：《机关工作实务》，浙江人民出版社 2016 年版。

    3. 赵国俊主编：《电子政务教程》，中国人民大学出版社 2015 年版。

    4. 金江军编著：《电子政务理论与方法》，中国人民大学出版社 2017 年版。

行政效率

现代行政学的创始人托马斯·伍德罗·威尔逊（Thomas Woodrow Wilson）指出，"行政学研究的目标在于……尽可能高的效率"[1]。一定程度上，行政效率是贯穿行政管理研究的核心命题。而在具体行政实践中，国家行政机关和工作人员总是力图尽可能地提高行政效率，从而为社会供给更多的公共服务。一定程度上，行政效率的提升是现代政府行政管理活动所追求的最重要的目标之一。本章首先主要介绍行政效率的基本含义及其包含的基本要素；其次探讨影响行政效率提升的主要因素，以及提高行政效率的一般方法；最后介绍行政效率测定的含义及其通常的测定方法。

第一节　行政效率概述

一、行政效率的含义和要素

（一）行政效率的由来

行政效率是从效率引申而来的。效率最初是机械学和电学中使用的概念，一是指机械或电器等工作时，有用功在总功中所占的百分比；二是指单位时间内所完成的工作量。也有人把效率看作是机械或电器在工作时所产生的功或能量与所消耗的功或能量的比值，即效率＝产出∶消耗。可见，在原初意义上，效率只是自然科学中的一个数量概念。后来，其被引入到社会活动中，逐渐扩展为一个衡量和评价人们工作成效的一般概念。

19 世纪初，被誉为科学管理之父的美国管理学家 F. W. 泰罗首先把效率概

---

〔1〕　〔美〕伍德罗·威尔逊："行政学研"，载《国外政治学》1987 年第 6 期。

念引入到企业管理研究中，讨论如何用最少的人力、最少的成本和最少的时间，生产出最多最好的产品，以便提高管理效率。其后，泰罗又把效率概念运用到行政管理研究中，探讨从人员、时间、经费等方面提高行政效率的途径。

（二）行政效率的内涵

行政效率相对于企业研究中经常涉及的管理效率、工作效率等，有其独特的含义，概指国家行政机关及其人员在从事行政管理活动中所获得的劳动结果、社会效益与所消耗的人力、财力、物力、时间等因素之间的比率关系。而更为一般性的工作效率、管理效率通常泛指各种各样的社会活动，而行政效率则专指行政活动，行政活动的主体也必须是国家行政机关及其行政人员。

一般认为行政效率包含效益、经济和时间三个要素。

1. 效益要素。效率与效益在一般情况下是成正比的，效率越高，效益就越大，但当效率不适合社会需要时，即没有社会效益时，两者就成了反比。政府工作如果不是社会的需要，如果没有社会效益，效率越大，社会危害也就越大。如当前某些地方政府实施的形象工程项目，不能提供切实的社会效益，也就谈不上行政效率。所以，行政管理活动的社会效益是评价与测定行政效率的前提和基础。

2. 经济要素。效率尤其是配置效率，基本上是经济学概念，投入与产出之比是基本的表述，所以在政府的工作中就要尽量减少投入，扩大产出，或者在相同投入的情况下得到最大的产出。在一定条件下，政府可利用的资源有限，所以在行政管理领域，提高效率的主要途径就是节约行政开支。可以看出，经济要素在很大程度上是行政投入量的问题。

3. 时间要素。时间是行政效率不可缺少的要素。在行政管理学领域，任何一项行政管理活动都必须考虑时间因素，时效性是行政活动的硬约束，任何的行政活动都必须在既定的时间之内完成。否则，不但其活动的效用会大打折扣，甚至在某些情况下其活动产出得到的将是负效用。因此，时间要素也是衡量行政管理活动的一项重要指标。

行政效率还是一个动态发展的概念，在不同时期其内涵和实质也颇有差异。要全面理解行政效率，也有必要从纵向领会其在不同阶段积淀而来的效率观。国内行政管理学者总结了三个阶段性的行政效率观，即机械效率观、社会效率观、客观效率与规范效率观。①机械效率观。所谓机械效率观是科学管理理论对效率的量化衡量方式在行政活动中的应用。这种泰罗式的效率观赋予行政效率非常浓重的技术理性色彩，其倾向于借用投入产出比或者成本成果比定义行政效率，讲求在最短的时间内，以最少的投入和消耗，产出最多的高质量产品。这种行政效率是一种管理主义的效率观，相对来说其更关注行政活动中的可量化维度和指标。②社会效率观。所谓社会效率观是移用行为主义管理理论对效率的社会关系基础的关注于行政管理的结果。社会效率观认为行政效率巨大的潜力深植于人的需要特别是人的社会需要之中，其侧重从人际关系的角度探讨行政效率，认为可以通过满足工作人员的需要特别是社会需要，优化组织氛围，增强组织凝聚力，促进团队协作以激发工作人员大力提高行政效率。这种行政效率概念更多地关注人及人际关系，与机械效率观形成两极化的对比。③客观效率与规范效率观。这种行政观是对前两个阶段行政效率内涵片面性和局部性的一次纠偏和整合，其提出也刚好是在管理理论进入丛林阶段后，学界力图调合诸种理论的背景下。这种观点承认行政效率内涵的复杂性和全面性，在其概念内涵中容纳了行政目标、行政效果及行政价值等相互冲突又整合的各个方面，认为真正的行政效率应当是其成果既达成行政目标、又满足行政效果，还顾及公共价值的，其指出这样多重性的行政效率维度的整合才是行政效率的本质。

二、行政效率的类型

行政效率可以根据不同的标准划分为不同的类型。

（一）微观效率和宏观效率

依据测定对象的差异可把行政效率划分为微观效率和宏观效率。微观效率即具体行政单位管理和服务活动的产出和投入之间的比率。宏观效率即不同国家的不同制度安排引发的总体发展速度，此处的制度安排指在政府与市场、社会三者的不同关系下，政府与二者间的互动逻辑，而由这些不同的制度安排引发的总体发展速度则主要指经济增长率，也包括更为广泛的文化、教育、社会道德水平等方面的发展速度。

（二）技术效率与配置效率

从效率测定的方法看，可以把行政效率分为技术效率与配置效率。技术效率是指在技术的稳定使用过程中，技术的效能所发挥的程度。这个程度应该是在完全生产效率的情况下，对既定产出的任何投入都是必需的，也就是说只要生产既定的产品产量时所用的投入最少，就实现了技术效率。配置效率主要是指资源在最佳机会或最有价值的用途上获得了使用。它只关注资源在社会上各产业、各企业或个人之间的合理分配，并不要求利用资源生产产出的最大化。提高技术效率（降低技术无效率）的方法是充分利用资源提高产出，而提高配置效率（降低配置无效率）主要靠调整投入要素之间的比例。

（三）静态效率和动态效率

从效率测定涉及的时间段来看，行政效率可以分为静态效率和动态效率。静态效率是指在特定时点上能否有效利用资源进行管理，即特定时点上投入和产出之间的比率。动态效率指在一段时间内，不增加投入的条件下利用资源的效率，即一定时期内投入与产出的变动值。

（四）组织效率和个人效率

从效率测定所涉及的主体上看，可以把效率分为个人效率和组织效率。个人效率是指特定行政人员在履行职责过程中投入与产出的比率，如办事的时效、办事速度等。组织效率是指特定行政机构在从事行政管理活动和提供公共服务过程中的时效、办事速度、投入产出比率等。组织效率所涵盖的内容比个人效率要广泛得多，既包括技术效率和配置效率，又包括静态效率和动态效率。因此，行政管理活动中既要注重个人效率，更应当关注整个行政机关的组织效率。

三、行政效率的地位和作用

（一）行政效率是行政管理活动的宗旨

行政效率问题是行政管理活动的出发点和归宿点，它像一根红线一样，贯穿行政活动的各个方面和各个环节。研究行政管理的最终目的就是提高行政效率。如研究行政体制、行政决策、行政组织、行政环境、依法行政、行政改革、行政艺术等，都是围绕着行政效率这个核心问题进行的。离开行政效率来谈行政管理是毫无意义的。

（二）行政效率是检验行政管理活动的重要指标

行政效率本身不是行政管理活动中的环节和手段，但它是行政管理中各种因素和手段的综合反映，是检验行政管理活动是否科学的最客观的标准。通过行政效率，不仅可以检验行政管理活动的主体，即国家行政机关及其行政人员是否人员适量、素质较好、分工合理、关系协调；而且可以检验行政体制即行政组织的设置、结构、权责划分与运行等是否科学、完善；还可以检验行政管理活动的程序，即决策、咨询、执行、信息处理、监督等各环节是否健全、功能是否正常实现等。

（三）行政效率是行政改革的准绳

任何一项行政改革，都必须以提高行政效率为前提。行政改革的具体要求是：精简机构、权责统一；竞争考核、择优录用；开源节流、收支分开；革新观念、改变作风等。归根到底，无一不是为了提高行政效率。能否提高行政效率，是检验行政改革成败的重要标准。

（四）行政效率关系到国家各项建设事业的进程和民族的命运

我们国家的经济、科技、教育、文化等各项事业都是在一定行政管理活动下进行的，如果行政管理不出效率，那么各项建设事业就会停滞不前，甚至倒退。相反，如果我们决策及时、领导科学、实施顺利彻底、协调高效、监督到位，那么各项建设事业就会大踏步前进。"效率就是生命"，在新技术革命的今天，如果我们的国家机关还是办事拖拉、信息不灵、决策不准、施政缓慢、文山会海、公文旅行，只是"划圈"，不及时解决实际问题，就必然会耽误时机，拉大我们与先进国家之间的差距。特别是在经济全球化的背景下，如果不能及时与国际行政管理接轨，我们必将付出惨重代价。

第二节　行政效率的提升

一、影响行政效率的主要因素

行政效率是综合性、全局性的问题，行政管理的每一个环节都对效率有影响。在行政管理的过程中影响行政管理的因素主要有如下几种：

（一）社会环境因素

行政管理活动是在一定的社会环境中进行的，必然要受到这些环境因素的影响。影响行政效率的环境因素包括政治因素、经济因素和文化因素等。

政治体制决定着行政体制，政治权威决定着行政权威。国家的政治稳定，政治生活民主化、法制化是行政活动正常进行的基本条件，也是行政管理的基本前提，所以行政管理活动必然要受到政治因素的影响。

经济因素是行政管理活动的物质基础，行政管理体系的结构和功能要与经济发展的类型和水平相适应，任何行政管理活动都不能超越经济发展的状况和阶段，行政管理活动只能以当前的经济条件为基础，适应促进经济发展的政策。

行政管理活动受一个国家或地区的思想道德建设和科学文化事业状况的影响，政策的出台及其实施必须考虑公民的世界观、价值观、理想、信念、伦理、道德因素，也要考虑教育、科学、文学艺术、新闻出版等因素。

（二）组织因素

1. 行政机构。行政机构是指对国家行政事务进行组织和管理的主体。设置任何一级行政机构都应有助于推动国家的方针政策的执行。设与不设要根据国民经济和社会发展的需要而定，可设可不设的坚决不设。如果设置的行政机构目的不明确或者是因人而设的，必然会出现一个机构同另一机构的职责范围相似或相互打架，而办事却互相推诿、各不负责的现象，或者出现重复管理的现象，不利于上级部门的协调和下级部门的配合，势必造成行政效率的低下。因此对多余的机构一定要果断撤销或并转。

2. 行政职位。任何一个行政机构，其行政编制应该是固定的。设定几个职位取决于这个机构的地位、任务和职责范围。行政机构内部的每个职位的设置都应是围绕着完成本机构的职能而设置的，是因为需要才设置，切忌因人而设，不然就会造成人浮于事，内耗增加，费用增加，行政人员成就感降低，升职希望渺茫。人们的工作积极性受挫，必然会妨碍整个行政机构效率的提高。所以行政机构的内部人员结构，一定要精简。每个职位的工作量要达到饱满状态，否则就要下决心精简或者分流。退一步讲，宁可让那些多余的人员拿着工资在家待着，也不能让其在工作岗位上闲着或无事生非。

3. 管理方式。行政管理一定要科学化，科学才能高效。①管理体制要规范合理，管理权限要明确。原则上讲，上级机关要信任下级，授权下级。如果下级有职无权，就只能被动地消极工作，势必造成凡事都须请示汇报的低效状态。② 要取消不必要的控制系统，用行政法规的形式明确在哪一类问题上，只有哪一个机构才有控制权。否则，行政机构中控制系统太多，就会出现多次"刹车"，成为提高行政效率的一大障碍。③行政管理科学化，要求行政管理过程中的各个环节必须健全。比如行政计划要周全，行政目标要正确，行政决策要果断准确，行政执行要迅速干练，行政咨询要可靠，信息反馈要及时，行政监督要严密，行政效率测定要认真等。④一个行政机构的管理效果如何，还应建立一整套较为完善的管理规章制度。

4. 行政人员的素质与管理。行政效率的高低归根到底是由人决定的。行政人员（包括行政管理领导者和一般行政工作人员）是行政管理活动的主体，他们自身的政治思想、业务知识、工作能力、道德修养等方面素质的高低以及他们的时间观念、效率观念的强弱，都与行政效率的高低有直接关系。从某种意义上讲，提高行政人员的综合素质，是提高行政效率的关键。然而，行政人员的素质再好，如果管理不善，使用不当，缺乏激励，也很难充分有效地发挥出他们的工作积极性，难以有较高的行政效率。

二、提高行政效率的主要途径

（一）改革行政机构，实现行政机构设置的合理化，这是提高行政效率的组织保证

针对我国目前行政机构存在的问题，首先要精简机构，减少冗员。行政机构设置不能重叠，层次不宜繁多，行政职位要少设副职和虚职。这样，机构精简了、人员精干了、机制有活力了、负担减轻了、浪费和内耗不存在了、办事速度加快了、质量提高了，行政效率自然就好转了。其次要依据组织职能和业务流程优化机构设置，明确职责权限。在分解组织基本职能和梳理主要业务流程的基础上，在相关法律和政策的范围内，对内部机构设置进行合理调整，改善各部门间的分工协作及在业务流程中的衔接贯通，以提高公共服务的供给效率。同时，明晰各个机构的职责权限，并进行严格监督，以保障在提高内部行政效率的同时，相关机构能各守其责，各安其职，减少卸责和越权现象。

（二）提升全体行政人员的素质水平，这是提高行政效率的人员保证

提高行政人员的素质水平是提高行政效率的先决条件和关键所在。首先，要提高他们的政治思想素质。培养他们的敬业、勤业精神以及服务意识和廉政意识，充分调动他们的主动性和积极性。其次，要对全体行政人员不断进行业务培训。培养他们在行政工作中的协调和管理能力，增强他们对事物的洞察力及事物发展变化的预见判断能力。再次，要真正帮助他们掌握较高的科学文化知识。在我国目前的行政人员中，知识层次不断提高，具有硕士、博士学历的人占相当比例，但其中还存在一定的虚假现象，含有不少水分。相当一部分人员的学识与学历不符、能力与文凭不配，甚至还有学历、文凭造假现象。这些现象的存在实质上不利于行政效率的真正提高。最后，行政机关除了对行政人员的个体素质提出明确要求以外，还应注意工作团队的优化搭配，把不同专业水平和素质的行政人员合理地组织起来，使之形成一个结构科学合理、工作高效的整体。此外，通过适度的人事管理制度的变革，比如人事聘任机制、监督评估机制、晋升奖惩机制的改革，激励行政人员，增强其竞争意识和进取精神，从而提高行政效率。

（三）建立优秀精干的行政领导班子，这是提高行政效率的领导保证

行政机构大都实行首长负责制，机构的重要职权集中在领导班子尤其是行政首长手中。因此，行政领导班子成员是否优秀、组合是否合理、内部是否团结一致，便成为影响行政效率的关键因素之一。行政领导的个人素质要比一般

行政人员更全面、更优秀，尤其在宏观决策和战略规划能力方面要有卓越表现。此外，行政领导要有更强的职业操守和公共道德，尤其在廉政方面能为下属作出表率。孔子曰："政者，正也，子帅以正，孰敢不正？"行政领导如果不能服众，下属对你不响应、不支持，何来行政效率？由此，领导班子成员的职业操守和工作能力都是行政效率的领导素质基础。最后，在行政领导班子的结构上，我们国家目前仍然需要进一步解放思想，大胆使用年轻干部。年轻干部精力旺盛、观念新、框框少，接受新生事物速度快，容易出高效。

（四）实现行政管理方法与手段的现代化，这是提高行政效率的物质技术保证

行政管理工作涉及面广、工作浩繁、信息量大。如果不借助现代化的手段与方法，恐怕连起码的工作任务都无法完成，更不要说提高效率了。因此，行政人员要善于使用计算机、复印机、传真机、打印机、录音录像机等现代化的技术设备，以便存储、检索信息资料、处理公文、提高办公的速度和精度。尤其要注重当前新兴信息技术在行政管理事务中的运用，努力推动电子政务的建设和发展，积极借助网络办公系统提高政府公共服务的效率。同时，还要把新的科学方法，如信息论、控制论、系统论等广泛地运用到行政管理的工作中去，减少重复劳动和浪费，从而达到提高行政效率的目的。

第三节　行政效率的测定

一、行政效率测定的含义及其必要性

所谓行政效率测定，是指根据一定的标准、运用一定的方法，判定某一行政机关或者行政人员的行政工作效率高低。其实质就是对某一行政机关或行政人员的行政管理或行政工作效果的评价和测量。它是行政管理活动中最后一个环节，也是必不可少的环节。由于行政效率测定只是在执行决策完毕之后对执行结果所做的一项检查，其本身并不在决策的执行过程之中，与执行过程有一定的脱节，所以常常不被人们所重视。行政管理工作具有连续性、周期性的特点，所以，我们通过对行政效率的评价和测量，一方面可以检查出前期工作中存在的问题，另一方面也可以为以后工作提供经验教训和决策依据，这就是对行政效率进行测定的必要性。

行政效率虽然是行政投入与行政效果比值关系的反映，但是，在测定行政

效率时不能通过简单的公式靠数学计算来求得。行政管理是涉及国家和社会方方面面的一项非常复杂的综合性活动，决定和影响行政效率高低的因素也非常多。测定行政效率往往要比测量企业的经济效率复杂和困难得多。因此，我们必须明确，测定行政效率只能是通过对各种具有可比性的内容进行比较和分析，来看某一行政机关或行政人员的工作效率是提高了还是降低了，或者是在同等条件下谁效率高、谁效率低，而不是要得出某行政机关或个人的行政工作效率究竟是多少。概括地说，行政效率测定的必要性大致有以下几个方面：

（一）测定行政效率可以确定行政管理的投入产出的比例关系

任何行政管理活动都必须投入必要的人力、物力、财力等，只有根据这些投入和消耗与所取得的成果之间的比例关系才能判断行政效率的高低。投入少、成本低、所用时间短的管理必定是高效的。反之，即使取得的成果较多，但投入多、所用时间长，也不能称之为高效。中国是一个处于转型期的国家，目前行政系统虽然经过几次改革，但仍旧机构庞大、人员冗杂，行政方面的支出巨大，在资源有限的情况下，只有尽量地减少投入，提高产出，才能有利于建设节约型社会。

（二）测定行政效率可以确定行政管理社会效益的大小

行政管理的目的是为公众提供公共产品，实现公共利益，因此，它必须把公共利益和社会效益放在首位，这是公共行政区别于私人行政的根本所在，也是行政管理的价值和功能所在。所以，社会效益大的行政管理活动，其效率就高；社会效益小的行政管理活动，其效率就低。只有牢牢树立这种观念，才能充分发挥行政组织的功能，发扬行政人员的"公仆"精神。

（三）测定行政效率可以确定行政系统中各要素组合的合理程度

行政管理是一个大系统，包括行政组织、行政人员、行政体制等诸要素。各种要素组合越科学、越合理，其行政管理功能就越大，效率也就越高。效率分技术效率和配置效率，所以不能简单地认为"强强联合"就一定"强"，只有系统各要素有机地组合才能形成整体效应。行政效率的测定，可以确定机构设置是否合理，权责体系是否完整，领导方式是否科学，规章制度是否健全，人员素质是否高，各部门和各人员之间的关系是否协调，信息是否通畅等，它也有助于行政改革的进行。

二、行政效率测定的方法

由于各级各类行政部门的性质不同、要求不一、情况各异，所以测定行政效率的方式方法自然也是多种多样、难以统一的。但是，大的原则却是基本一致的，即必须抓住质和量两个方面。因此，我们可以把行政效率测定划分为质量检测和量化分析。质量检测主要通过行政效率的社会性评价来完成，而量化分析主要是通过行政效率的技术性测量来完成。

（一）行政效率的社会性检测

对行政效率进行质检，给行政效率定性，十分重要。要做好这一步工作，重点是把握好以下几个方面的内容：

1. 行政效率的有益性。行政效率必须是有益的，一切行政活动必须符合预定的行政目标并给社会带来有益的效果，或者说是必须有利于社会生产力的发展，综合国力的增强和满足人民群众不断增长的美好生活需要，这是测定行政效率的前提。能够做到这一点，就是有效行政或者说效率为正，否则就是负效行政或者是无效行政。所谓负效行政，是指由于行政目标和行政决策本身从一开始就是错误的，即不能够代表国家的意志和人民群众的根本利益，出现决策失误甚至路线错误。还有一种情况是在行政执行中，有意或无意地偏离了正确的行政目标和决策，使行政执行出现走样，即"好经被歪嘴和尚念歪了"。这些决策性的失误、路线性的错误、方向性的偏差，都会导致行政管理活动给社会带来严重后果和影响，使国家和人民群众的利益不仅不能得到实现和满足，反而遭受极大损失。如果是这种情况，其效率越高、结果越糟，这就是负效行政，它的行政效率为负，像"大跃进"和文化大革命等。所谓无效行政，也就是效率为零的行政管理活动。这种行政效率通常是由决策缓慢、程序繁多、办事拖拉、有功无效或者是行动迟缓、拖着不办等因素造成的。其特点是虽然耗费的人、财、物等相对于负效率来说不是很大，但没有产出，并徒耗时日，等于效率为零。

以上三种情况在现实中并不罕见，正确区分正效率、零效率和负效率有十分重要的意义。在行政管理活动中，我们追求和提倡的是正效率，即有益的效率，而要防止和反对的是零效率和负效率。

2. 短期效率和长远效率的统一性。测定一个行政机关或者某一行政工作人员的真正效率，通常需要相当长的时间才能作出恰当的评价。因此，既要看眼前的短期效率，又要看未来的长远效率。坚决反对"急功近利和鼠目寸光"。由于历史、体制、观念、方法等原因，某一行政决策和行政活动，在效率上，经常会出现眼前与长远效率不相一致，甚至是相反的情况。对此，我们必须保持清醒的头脑。二者一致固然好，二者不一致也未必是坏事。有时候二者越对立，才越能体现长远效率的有益性。

对行政人员个人来说，由于每个人的管理和工作方法不同，其行政效率出现的早晚和时间长短也各不相同。比如有的人喜欢"新官上任三把火"，而有的人则注重先打基础，储蓄力量，培养后劲，许多教练员在培养运动员时就是这样。可见正确看待行政效率的短期性和长远性，是十分重要的。

3. 整体利益和局部利益的一致性。行政管理中，整体利益与局部利益应当统筹兼顾、有机结合。局部应当顾全整体，整体应当尽可能照顾局部。任何只要局部利益、不顾整体利益的行政活动都不可能有真正的行政管理高效率，为了整体，需要局部作出牺牲时，应当考虑把局部的牺牲减少到最低程度。

在整体与局部关系问题上我们要切记克服地方保护主义和本位主义思想。测定行政效率时要放眼全局，放眼未来。有些地方或单位在行政活动中，为了全局，可能会高姿态地作出一定的牺牲和让步，这对局部和暂时来说可能是效率不高，但对整体来说是高效率的，应当肯定和支持。

4. 可比性。进行行政效率测定，离不开相互比较，但和谁比、比什么、怎么比？①横向比。不同的行政机关或个人，在大体条件相当的前提下，在相同时间内完成行政任务多、质量好、费用小，或者是完成相同行政任务，耗费人力、物力、财力、时间少就是行政效率高，反之就是行政效率低。②纵向比。即将某一行政机关或个人最近的效率与他以前的行政效率进行比较，看是提高了，还是降低了。如果是提高了或者是在不断提高，或者是一直保持较高效率就是行政效率好，反之就是行政效率不好，就要及时查找原因。

（二）行政效率的技术性测量

行政效率的技术性测量，实质上就是对行政效率进行量化分析，侧重于对数量的把握。一般情况下，对行政效率的技术性测量方法有以下几种：

1. 行政经费测量法。行政活动都要有一定的经费作保障，但行政经费使用是否适当，是否发挥了最大的效益，也就是如何花最少的钱，多办事、办大事、办正事，这是测量行政效率的一个尺度。换句话说，两个不同的行政单位办同样的一件事，谁花钱少，谁的效率就高，反之则相反。

2. 行政功能测量法。行政功能是指行政机关及其行政人员实施管理活动，完成国家所赋予的任务。所以，行政机关及其行政人员如果能尽职尽责，充分发挥管理作用，出色地完成各自的任务，实现行政功能，就是行政效率高。反之，若行政机关决策失准、领导不力、管理混乱、职责不分，或是行政工作人员责任心不强、能力平庸、难胜己任，国家赋予他们的任务就难以完成，或完成得不好，其行政功能也就难以实现或不能充分实现，这就是其行政效率低的表现。这种测量方法也是比较简单易行的，重点是看行政机关及行政人员日常工作的态度和任务完成情况以及工作中有无重大失误或事故。

3. 行政要素评分法。行政效率的高低受多种行政要素的影响，抓住行政要素，分项确定记分标准，并把各项要素的得分相加，就可得出行政效率高低的指标。这种方法不仅能比较出行政效率的高低，而且还能进一步分析造成行政效率低的原因，为今后进一步改进工作提供有效指导（见下表）。

行政要素测评表（参考）

要素	测评内容及标准	得分
机构设置	1. 机构设置不多不少，科学合理（10分） 2. 职责划分明确（10分）	
职位编制	1. 行政职位编制合理，无超编、缺编现象（10分） 2. 副职少，无虚职（10分）	
管理规范	1. 上下级权限明确（10分） 2. 管理科学规范，各环节健全并尽责（10分） 3. 有完善的管理规章制度（10分）	
人员素质及使用	1. 政治思想素质（10分） 2. 文化业务素质（10分） 3. 时效观念（5分） 4. 无人才浪费现象（5分）	
备注（总分）		

4. 标准测定法。就是用公认的权威部门或专家规定的标准，逐项对行政效果进行对比和检查，看其是否达标。达标者为及格，超标者为优良，未达标者为不及格，被视为行政效率低劣。测定行政效率是一件非常难做而又不能不做的工作，在实际测定过程中，一定要认真严肃，力争客观、准确、全面、公正、可靠，测定结果应该适时公布于众或内部通报。同时，要根据测定结果进行应有的奖惩，促进行政效率的进一步提高。

（三）行政学家关于行政效率测定方法的争论

行政效率测定的方法很多，困难很大，行政学家有关测定的方法的争论非常激烈。

传统学派认为，从个人来说，所花的时间少，办成的事情质量高而且好，就算效率高。从单位来说，则是指人手少，机构层次少，办事程序合理，手续简便和所办的事情多，就算行政效率高。

行为学派主张从行政工作对群众行为影响的大小、好坏看工作效率的高低。该学派有些学者甚至主张从道德与价值观念上看问题，以人们的意见是否一致，工作是否协调，人们的要求是否得以满足为标准进行考察。

系统学派从系统的观点出发，以各个部分是否互相协调，是否组成一个完整的有机体，也就是是否符合系统方法的要求为测量的标准。

法律学派把权力行使是否恰当，亦即是否符合法律，是否使用恰当，是否尽到在法律上应负的职责这三点作为行政效率的衡量标准。

决策学派把决策的好坏作为判断效率高低的标准。

思考题

1. 什么是行政效率？
2. 行政效率在行政管理中的重要地位和作用是什么？
3. 影响行政效率的主要因素有哪些？
4. 行政效率的测定的含义及其价值？
5. 提高行政效率的途径有哪些？
6. 行政效率的类型可以作怎样的划分？
7. 行政效率观经历了哪些阶段的变化？
8. 行政效率包含哪些要素？
9. 对行政效率进行社会性检测要注意哪些方面的问题？
10. 行政效率的技术性测量方法有哪些？

参考文献

1. 张国庆：《公共行政学》，北京大学出版社 2017 年版。
2. 张康之、张乾友：《公共行政学》，中国人民大学出版社 2016 年版。
3. 丁煌：《行政学原理》，武汉大学出版社 2008 年版。
4. 金太军：《行政学原理》，中国人民大学出版社 2012 年版。
5. 郭小聪：《行政管理学》，中国人民大学出版社 2016 年版。
6. 夏书章：《行政管理学》，中山大学出版社 2018 年版。
7. 陈瑞莲、刘亚平：《行政管理学导论》，高等教育出版社 2011 年版。

绩效评估与绩效管理

自改革开放以来，随着我国经济体制的转变，我国政府也相应地开展了一系列政治体制改革，转变政府职能、改革人事制度、加强法制建设、增加政府行为的公开性等。而绩效评估和绩效管理作为一种先进的管理理念也开始被引入到我国政府的日常工作中。政治与行政改革的核心是政府职能的转变，而政府绩效评估则是对政府履行职责的考量及挑战，为政府职能转变提供依据。

第一节 绩效评估理论

一、绩效评估的含义

绩效评估，又称为绩效评价或者绩效考核，实施中要求具有一定的专业性与技术性，因此在政府绩效管理过程中着重强调绩效评估工作，对整体的绩效考核有着关键性的作用。绩效评估是一种正式的员工评估制度，它是通过系统的方法、原理来评定和测量员工在职务上的工作行为和工作成果。绩效评估是企业管理者与员工之间的一项管理沟通活动。绩效评估的结果可以直接影响到薪酬调整、奖金发放及职务升降等诸多员工的切身利益。

绩效评估可以分为个人评估和组织评估。个人评估以雇员个人为对象，一般称为个人业绩考核。组织评估以特定的组织为对象。显然，政府绩效评估属于组织绩效评估的范畴。政府绩效评估的目的就是在提高政府效率和管理能力的同时，提高公共服务的质量，建立和发展公共责任机制，增进社会公众对政府公共部门的信任。社会公众是政府社会治理工作效果的最佳监督者与检验者，相关主体对政府工作进行绩效评估是对社会公众意志的表达，代表了最广大民众的社会服务需求。政府绩效评估坚持以社会民众为导向，社会普遍的服务需求为工作目标，重视绩效评估结果，通过政府组织内部、外部行政机关、群众及专业的评估机构对绩效进行评估，审视政府的社会服务工作。

政府绩效评估可以从静态与动态两个方面来理解：从静态的结构来看，政府绩效评估是一个有机系统和综合性的范畴，即特定评估主体围绕提高政府绩效这一目标而作出的制度安排和一系列价值、指标、信息、方法系统构成的有机系统。作为有机系统，政府绩效评估是将绩效评估过程中必要的管理技术和机制有机地结合起来，为测评、改进绩效提供了评估参照、管理规范和信息支撑。从动态的程序来看，政府绩效评估是一个系统的操作流程和开放性的体系，即"绩效评估是指发展绩效指标和目标，收集资料以便描述、报告和分析绩效"。一般来说，作为一个过程，政府绩效评估包括确定绩效目标、构建绩效评估标准和指标体系、收集和处理绩效信息等一套动态的操作流程。所以政府绩效评估，是指运用科学的标准、程序和方法对行为主体的成就和工作效果作出尽可能准确的评价，并根据评估的结果进行考核和管理。

二、政府绩效的内容

首先政府绩效评估是政府为了加强自身建设而采取的一项改革创新的措施，政府管理正逐步走向市场化，它是以最终结果为根本的政府管理控制方式；其次它是作为政府努力改善与普通公众的关系、增强普通公众对政府信任的措施，体现的是服务公众的管理理念的发展。由此可见，政府绩效的内容包括以下四个方面：

1. 政治绩效，这是政府的核心职责与核心能力之一。在市场经济的大背景下，政治绩效通常表现为制度安排与制度创新，在这种情况之下，市场经济的游戏规则或社会秩序的供应都是政府的制度安排。一般而言，政府的政治绩效与政府制度的安排能力成正比。

2. 经济绩效。政府的经济绩效一般表现在持续发展的社会经济上。不单是体现在数量的增加上，更体现在质量的提升上。优良的经济绩效还应该包含较高的经济可持续发展程度、政府推进经济与社会协调发展的宏观经济政策。

3. 社会绩效。良好的社会绩效表现为以经济发展为基础的社会全面进步。社会全面进步涵盖的内容十分广泛，包括人们生活水平与生活质量的不断改善和提高；社会公共产品的及时供应与满足；良好的社会治安，低犯罪率，保障人们能够安居乐业；社会和谐稳定。

4. 文化绩效。政府的文化绩效主要体现为繁荣文化，推动精英文化与普通大众文化之间的优势互补、渗透与整合。

三、政府绩效评估的理论基础

（一）新公共管理理论

政府绩效评估主要起源于"新公共管理"运动及由此产生的新公共管理理论。新公共管理理论的核心观点是把私人单位的管理手段与市场激励结构引入到公共部门及公共服务之中，该理论致力于从根本上改变政府与社会的关系，即从转换公共部门相关机制入手，并最终取消官僚制政府管理模式，由新的公共管理模式取而代之。从这个意义上来讲，新公共管理理论有别于传统的公共部门改革，其目标不仅仅在于在公共行政内部进行专业化改革与完善。新公共管理理论在实践中引入企业管理方法，尝试用企业管理理念来重构项目预算、顾客至上、业绩评估、人力资源开发、产出控制及战略管理等。为了保障企业管理的实施，还引入竞争机制，把更多私营部门引入到公共服务体系中来，在大幅度提高服务质量和效率的同时最大限度地节省成本。因此，该理论在实践中特别重视效率追求，采取明确的绩效目标控制、重视结果和私营部门成功的管理手段等三种方法来实现目标，与之相配合，实施了绩效评估。绩效评估是在预设的公共服务绩效目标的基础之上，对公共部门提供公共服务的过程及结果进行全方位的跟踪监测并作出系统科学的绩效评估。内容包括顾客满意度、服务质量、服务效率、成本及收益等。目前公共部门的绩效评估的通用标准可以概括为"3E"，即经济（Economy）、效率（Efficiency）和效益（Effect）。

（二）新公共服务理论

美国著名学者罗伯特·登哈特基于对新公共管理理论的质疑和批判，提出了新公共服务理论。该理论主张废除基于经济自我利益的主导行政模式，提出以基于民主、公民权与为公共利益服务的新公共服务模式取而代之。其基本观点包括以下几点：其一，政府的职能是服务而不是管制；其二，实现并满足公共利益需求是政府的目标而不是它的副产品；其三，要求政府应具有思想上的战略性和行动上的民主性；其四，政府服务的对象是公民而不是顾客；其五，政府部门的责任十分重大；其六，政府部门真正应该重视的是人而不只是生产率；其七，相对于企业家精神，公民权更为重要。

与新公共管理理论相比，新公共服务理论对民主价值和公共利益的关注与重视更进了一步，因此，它也更加适合现代公共社会与公共管理实践。新公共服务理论的成就在于它既承认并吸收了传统公共行政的合理内容，又摈弃了新公共管理理论的固有缺陷。它建立了以民主和公共利益等为基础的更广泛的框架体系，并将效率与生产力置于其中，它以公共协商对话和公共利益为基础，是一种新型的公共服务行政模式。

四、政府绩效评估的模式

1. 青岛模式。青岛在政府绩效评估方面主要采取民意调查、"三民活动"、建立"特邀考官"制度、第三方评估、民众监督等方式对政府部门绩效进行评估，走出了一条以公众满意度为导向、市民广泛参与的"民考官"新路子，促进了政府目标绩效考核工作的创新，初步构建起公众评价政府工作的新机制，推动了全市经济社会平稳较快发展。

2. 贵州模式。推行"目标责任制"，把工作部署分解落实到有关部门，把党建工作与业务工作同部署、同检查、同考评，与绩效评估接轨。特别是把以交通和水利为重点的基础设施建设、服务"三农"促进农民增收、节能减排和生态环境保护、关注民生推动社会事业全面发展等方面的工作列为重点目标，通过跟踪督查、年终考评等手段，确保各项目标的实现。

3. 上海杨浦模式。人民群众、互评部门、职能部门、分管领导是杨浦区机关工作目标管理评估系统中的四类评估主体，评估主体通过网络渠道（包括"杨浦区机关绩效考核信息系统"和"杨浦区人民群众评议政府工作"等网站）、第三方中介调查、电话辅助调查、评估部门实地专项调查等四个渠道对被评估部门的实际工作和效果进行动态评估，从而形成"多元主体、内外结合"的评估格局。

第二节　绩效评估体系

政府绩效评估指标是科学评估政府绩效实际水平的工具，通过指标的评定，可以认识和把握政府活动的状态、本质，为政府更好地履行职能、转变职能提供依据。建立政府绩效评估指标体系的基本原则是通过指标简化反映与政府绩效相关的所有领域的复杂关系，尽可能用最简单的指标获取最大的评估信息。总体上，政府绩效评估的价值定位、评估主体的选择、评估方法的运用和评估体系的建立被视为政府绩效评估的四个核心问题。在评估价值、主体、方法已经达成共识并形成既定方案的情况下，政府绩效评估操作性最强的环节是建立科学的评估体系，指标体系成为评估体系的核心。

一、确定绩效评估指标体系的必要性

政府绩效评估能够激励和监督政府工作，为政策制定者、公共部门及行政人员改进绩效提供信息，提供社会公众评判政府服务的机会，协调社会公众需求和政府部门供给信息不对称的矛盾。评估指标为绩效评估提供了评价依据，构建政府绩效评估指标体系具有重要的理论和现实意义。

1. 科学的政府绩效评估指标体系可以促进公共行政管理创新和变革。一套系统科学准确的政府绩效评估指标体系，能够对政府工作绩效进行客观评价，如果能够坚持以绩效评估为导向，就可以使指标体系设定的绩效导向成为政府部门公共管理的灵魂和核心。坚持绩效导向，就可以找出政府部门公共行政管理的成效和不足，促进政府部门进行公共行政管理创新和变革，为政府管理带来持久的活力和动力。

2. 科学的政府绩效评估指标体系能够引导政府进行系统的制度安排。政府绩效评估指标的设计本身就包括一系列的政府制度安排，提供政府制度的战略方向、工作标准等信息。科学地制定绩效评估指标，可以客观准确地反映政府一系列的战略方针实施落实过程、程度和结果，而落实一系列安排需要相应配套的相关制度安排，如政务公开制度、财政预算制度、组织人事制度等，因此，科学的政府绩效评估指标体系客观上引导政府进行了一系列的制度安排。

3. 科学的政府绩效评估指标体系将有助于厘清政府职能目标，提高公共管理科学化水平。科学的政府绩效评估指标体系是建立在明晰的政府职能、明晰的价值判断标准和清晰的公共目标基础上的，科学的政府绩效评估指标体系能使政府工作标准清晰，有利于提高公共管理科学化水平。

二、绩效评估体系的设定

（一）构建完备的指标架构体系

维度反映事物的一方面特征，由同类型不同指标通过一定方法综合汇集而成，一个维度由若干指标汇集。也可以说，维度是基础指标的综合性指标。指标是评估的具体手段，而维度是指标综合的外在表现，一个维度内的指标有内在联系性，共同构成维度的外在表现。在政府绩效评估中，由于政府受地区、职能等各种因素的影响，因此对应的评估指标不同，但可以在同一个评估维度下构建具有相同性质的不同指标。政府绩效评估在充分考虑政府履行职责的方方面面因素的基础上要分出维度，清晰地反映政府职能。

政府绩效评估的指标体系通常分为若干层级架构体系，通常包含评估目标层、评估维度和具体指标。评估目标层为一级指标体系，需要明确体现评估的战略思想和理念，预期的结果等；评估维度是二级指标体系，该体系需要对综合表现和策略目标进行评估，组织内的职能结构是其重点关注的部分；具体指标为三级指标体系，重点体现每一项具体方面、职能和具体工作效果，通常这类指标是最基本的指标；再下一层的指标通常是三级指标的结构指标，如总量指标、结构指标、增速指标、具体指标，向上则构成上一级，即三级指标的状况指标。从政府绩效评估实践看，以三级指标体系为多。

（二）充分考虑各类指标性质

实际政府绩效评估应用中，运用指标评估政府的绩效是一种有效的管理手段，但对政府绩效的评估总是既有定性指标、又有定量指标，特别是就大多数部门的管理内容而言，多数是不能被量化的定性指标，需要将定性指标进行定量化处理来反映政府行使行政职能的绩效和价值。通常来说，由于不同政府职能的差异存在，可以说，政府之间可比程度越高，其量化的精确度就越差。在政府绩效评估的实践中对不同性质的指标的处理原则通常是将定性指标和定量指标分别划分在不同的维度上。一般来说，按指标本身的性质划分，又可将其分为如下三种类型：

要素指标是最基本的指标，主要以定性指标为主，是范围与内容的参照指标，其主要作用是为评估者在把握评估尺度和程度方面提供参考。评估者如果不同，即使评估对象相同，要素指标相同，也会有不同的主观感受，在绩效的评定方面，他们也会有不同的结论。因此要素指标在客观性方面不如量化指标。在政府部门的绩效评估活动中，政府部门为社会提供的具有独特性的一些公共产品和服务很难进行量化计量，因此，相当一部分政府的管理绩效只能用定性的方式加以确定。可见，定性指标在政府绩效评估中起到决定性作用，是一种重要的评估手段。需要全面考虑定性指标和定量指标，建立一个完整的绩效评估指标体系来评估政府绩效，不可能为了追求客观性、科学性而简单地使用定量化指标而回避定性指标。

证据指标是指反映工作业绩内容的指标，导向性、发展性和不确定性是这类指标的特征。证据指标的评估主体可以根据掌握的情况进行自我审核和评估，由评估对象根据评估基本指标的设计要求自行提供，这是证据指标的主要评估方式。在我国政府绩效评估中，可以对政府部门的工作进行评估，政府部门的工作资料来源于各部门自己提供的证据，包括工作记录、工作流程、工作完成情况、取得的效果，这些证据指标向评估主体提供，评估主体可以根据事先拟定的评估规则给出定性结论，并按照完成程度给出定量化分值。

量化指标是绩效评估指标体系中最重要的组成部分之一，无论何种类型的指标，最终都要进行量化处理成为量化指标。任何一个指标缺乏量化指标都不是一个真正有用的指标体系。量化指标分为两类：一是数量指标，二是转换指标。数量指标是指可以用数字来反映情况、状态的指标；转换指标是指完成情况与预定完成情况比较形成的指标，这类指标一是源自于两个数字间的比较，这种类型的指标实际仍是定量指标，另一类是两种定性指标间的比较，其实质是定性指标转化为定量指标。

三、基于职能设定的我国政府绩效评估指标体系

指标是具体化、可测量、可操作的目标，指标体系就是一系列指标分层归类，是指标系统化的集合体，指标体系的设计要服从绩效评估的总目标。我国政府绩效评估指标体系的建立要基于政府职能，以政府职能转变为突破口。

（一）绩效评估指标体系的设计模式

从评估目标分类，政府绩效评估大致分为，政府整体绩效评估、公共部门绩效评估、公共项目绩效评估、公共政策绩效评估；从评估通道上看，又分为自上而下的评估和自下而上的评估；从评估主体看，可以分为内部评估、外部评估和多元主体评估。基于政府职能而进行的政府绩效评估指标体系的设计依此可以分为三类：

1. 内部管理评估体系：基于部门的内部职能管理。内部管理评估体系是对政府内部组织绩效设计的评估体系，在美国联邦政府绩效项目中推崇从管理能力的视角设计评价指标，指标体系分为财政管理、人力资源管理、资本管理、信息技术管理、工作结果管理，对每个体系设计了一系列的评估指标。由此借鉴，我国政府绩效评估的内部管理评估体系应该围绕政府职能和管理两条线路进行设计，应该包括财务管理（投入产出管理）、人力资源管理、项目管理、信息技术管理、工作成果管理等内容。作为政府整体绩效管理而进行的内部管理，要根据政府评估价值，亦称为评估重点，有选择地或有所侧重地进行评估。

2. 目标责任评估体系：基于政府职能。目标责任评估体系是基于政府职能进行的评估体系。可分为两类，一是根据政府职能要求进行的职能履行情况的评估体系，另一类是行使某项政府职能的评估体系，前者是部门整体评估体系，后者是专项目标评估体系，也称为公共项目评估体系，后者是前者评估体系的

组成部分。建立目标责任评估体系的核心，是要围绕既定的政府职能建立评估体系。

3. 外部公众评估体系：基于公众满意度。政府绩效评估的外部公众评估体系主要是依据政府职能，对政府提供的公共产品和公共服务进行满意度评估，其设计主旨是对政府组织外部绩效进行评估。在政府绩效评估实践中，对政府绩效评估体系在设计上可能有不同的选择，既可以是其中有一种，也可以进行多项选择，甚至是多位一体的指标体系评估。

单一体系模式。该体系模式是政府组织内部运作的评估体系：从评估部门管理者的角度看，是对部门内部进行评估的体系；从评估组织的上级部门看，是对部门整体绩效内部管理评估的体系；从评估部门管理者的角度看，是对部门内部职能或工作项目评估的体系。尽管是单一体系模式，从不同评估主体出发，其指标体系的意义和功能是完全不同的。单一体系模式主要对应于政府组织的社会职能，与实际问题结合紧密。由于单一体系指标对社会价值观依赖性强，因此适用于职能相对单一的政府组织，如公安系统进行安全感评估，地税系统进行纳税人满意度评估等。

组合体系模式。该体系模式既可反映组织内部的管理能力，又可反映外部公众满意度，仅其履行职能的情况都可以建立内外部组合评估体系。该评估体系模式通常适用于某些政府整体评估、政府部门或机构的整体评估。其评估的导向意义在于促使政府部门重视外部绩效的同时重视组织内部管理，并通过解决内部管理促进外部改进，或通过外部问题促进内部管理改进。该模式通常适用于特定区域较高层级的政府绩效评估，或综合职能评估，如政风行风考核评估。

（二）政府绩效评估指标体系的设计方法

政府绩效评估指标体系设计要系统全面、可靠客观，同时保持一定的稳定性和连续性，因此，在政府绩效评估指标体系设计的实践中，指标体系设计的基本方法从价值目标、要素结构、关键指标三个角度综合考虑，逐层设计。

1. 价值目标。政府绩效评估指标体系的设计首先要明确绩效评估的目标和价值取向，根据绩效评估的目标和价值取向选择评估模式，搭建绩效指标体系框架。

2. 要素结构。政府绩效评估是评估政府职能，即评估提供公共服务、履行公共责任过程中的内、外部质量、效应、政治经济影响等，因此要根据职能、围绕影响及效应，以公共产出最大化（含政治、经济）原则考虑评估要素结构，围绕政府绩效的要素展开指标结构设计。一般来说，要素结构指标设计包括以下几个方面：一是评估过程指标、结果指标；二是评估效率指标、效益指标；三是评估外部满意度指标。

3. 关键绩效指标，通过对组织具体职能的关键参数进行设置、取样、计算、分析，衡量绩效目标量化性指标。在政府绩效评估中，可以将关键绩效指标从战略目标、策略目标、职能目标三个层面对应的不同指标进行设计。

（三）三级政府绩效评估指标体系的设计模式

政府绩效评估指标体系的设计要遵循全面、实际、客观、反映发展趋势的原则，评估指标应遵循系统性、可操作性、有效性、可比性、动态性、导向性和独立性指标设计原则。其设计流程为：首先设计评估框架。确定政府绩效评估的价值目标，在遵循评估指标设计原则的基础上，首先设计评估框架，其中至少应包括目标层、领域层和指标层三个层次。其次对指标进行分类。在初步的评估体系框架基础上，根据以往的评估数据或专业咨询形式或根据职能纳入全部可能的指标，对指标进行分类蹄选。最后再对指标进行相关性分析。对选定的指标再次进行相关分析，删除高度相关的指标和高度不相关的指标，尽可能地减少评估指标的数量，降低评估指标获取的难度和降低获得的成本。

指标体系设计是一项复杂的系统，但其内容是要依据政府职能基础来设计的。从内容上看，政府绩效评估指标体系应包含量的规定性即政府在其职能范围内做了多少和质的规定性即政府是如何提供公共服务的、提供公共服务的结果如何，两方面内容都是政府职能的具体化或具体体现。使用三级指标体系，逐层分解指标，对指标进行分类、蹄选、比较、淘汰，减少高度一致性和不相关指标，使指标体系简洁、实用是我国政府绩效指标体系设计的有效方法。

第三节　绩效管理基本理论

一、绩效管理的含义

对于政府绩效管理，不同的学者有不同的定义。有人从广义上进行定义，认为政府绩效管理是一项系统的工程，是组织围绕提高绩效这一目标而做出的制度安排和实施的一系列管理措施、机制和技术。有人从狭义上进行定义，认为政府绩效管理是一个过程。我们认为绩效管理是一个过程，或者是组织提高绩效的一套具体的操作程序。作为操作程序的绩效管理包括明确组织战略和目标、制定绩效协议和提高绩效的行动计划、绩效的持续监测和反馈、组织绩效的正式评估等步骤，各个环节相互联系，形成一个有机的链条。

关于绩效评估与绩效管理的关系，绩效评估不过是绩效管理的一个环节。但两者也有明显的区别：

1. 作用不同。绩效评估的作用主要是通过对个人工作绩效的考评，掌握每个员工的工作情况，以便于做出某些人力资源管理决策，如确定绩效工资，晋升资格等。绩效管理除了具有前述有效评估的作用外，它更是为了有效引导员工共同实现组织的整体战略目标。

2. 内容不同。绩效评估只是管理过程中的一个局部环节，并且只在特定的时间进行，强调事后评价。而绩效管理是一个完整的管理过程，强调事先沟通和事后反馈。

3. 侧重点不同。绩效评估侧重于考评过程的执行和考评结果的判断，一般以下达命令的方式进行。绩效管理则侧重于持续的沟通和反馈，尤其强调双向沟通。

4. 参与方式不同。绩效评估通常是由上级行政部门制定绩效计划和考评标准，由上级主管评定下属，员工在整个过程中只是被动地参与。而绩效管理过程中，员工可以亲自参与绩效管理，这对于提高其工作积极性有一定作用。

二、政府绩效管理的必要性

（一）有利于提高政府公务人员的素质

绩效管理"以素质论人才，重实绩用干部"，注重公务员的能力发挥与提高。其科学考评、有效激励等制度措施，不仅能够激发公务员比业绩、论贡献、长才干的主动性和积极性，也为发现人才、培养人才、使用人才提供了依据，从而有效地促进公务员队伍整体素质的提升。

（二）有利于提高政府的政治合法性

绩效管理有助于改善政府形象并最终形成政府与公民、国家与社会之间的良性互动关系。政府绩效管理通过向公众展示其工作成果，能够获得公众对政府的支持和理解。许多处于垄断地位的政府工作部门，其过程的透明和信息的公开，有利于增进公众对政府管理的了解，并根据了解的信息对政府的政策活动进行监督。政府公开性绩效管理活动也能够暴露政府的一些不足，有利于政府自身的良性发展。

（三）有利于政府形成新的管理模式

政府作为公共服务的机构，应以公共利益为价值取向，但实践中往往出现种种偏差。绩效管理的主要特点之一是服务导向的绩效观，它所追求的经济、效率、效益、服务质量、公民满意程度等，都是从政府服务对象即公民的立场和角度来看待政府绩效的。而且政府绩效管理通过一系列可操作性的程序来实行管理，从而推动了"顾客至上"的现代管理意识的确立，使政府逐渐向服务型政府转变。

三、绩效管理理论

（一）政府绩效评价"4E"标准理论

政府绩效在西方被称之为"公共生产力"、"政府业绩"等，是指政府在行使其职能、实施其意志过程的社会经济管治能力，体现为成绩、效率、效果、效益和效能。政府绩效具有层次性。宏观层次指向政治民主、经济发展、行政管理、社会公正稳定、国家安全、生活质量、生态环境、文化文明等；微观层次以特定的政府机构为对象，体现其经济性与效率性、服务质量与服务效果以及服务对象的满意度等。政府管理引入绩效的理论是价值回归，因为绩效是与效率既有联系又有区别的概念，相对而言，绩效包含了效率，但又比效率内涵更丰富，外延更广泛，绩效作为技术标准体现民主价值。

民主是政府绩效评价的逻辑起点。一般认为，政府绩效以业绩、效率、效益、成本和公众满意为标准。源自西方制度的政府绩效管理有着深刻的社会背景及内置的价值导向，它贯穿了公共责任的管理理念，强化公共服务的结果导向，在追求经济、效率、效果的基础上，全面回应公民诉求，凸显"公平性"。因此，经济性（Economy）、效率性（Efficiency）、效果性（Effectiveness）、公平性（Equality），即"4E"标准成了政府绩效"评价什么"的新范式，也是政府绩效管理及评价的核心理念。

（二）公共受托责任理论与建立政府责任机制

受托责任是受托人在委托—受托关系中就其行为、程序、产出和结果等对委托人所负有的责任。政府权力的行使因公共受托责任的要求而合法。当今社会、政府、企业等的运行都处在公共受托责任中，绩效评价是体现受托责任的基本构成部分，若是没有一个有用工具来对受托责任履行情况做出评价，公共组织就失去了权威的合法性基础，而绩效被视为"公共受托责任度量的工具"。政府绩效评价体现公众满意导向，公众作为终极委托人，通过纳税等方式将自有的部分资源转移给政府，委托政府管理公共资源，行使管理公共事务的职权，亦需要对政府部门进行有效的监管，因此，对受托责任提出要求，希望通过绩效管理和评价来测量受托责任履行程度。为此，强化政府对公众的受托责任，应在绩效管理制度化的基础上，通过绩效立法立规的途径建立持续有效的政府绩效评价常态机制，明确权利义务关系；同时，政府信息公开是政府绩效评价的前提，应加强政府信息公开程度，保障公众的知情权；创建对政府向社会报告其受托责任履行状态的监督机制，保障公众的监督权。

（三）从目标管理到绩效管理

1954 年，美国管理学家彼得·德鲁克提出了"目标管理"理论。相比较传统管理方式，目标管理理论强调：其一，厘清权责关系。目标管理通过自上而下（或自下而上）层层分解制定目标，明确权力与责任关系，在组织内部构建起层层对应的目标体系；其二，关注员工参与。在确定了通过上下级协商一致达成的目标后，上级应放权让员工自行完成个人目标；其三，追求结果导向。工作成效是衡量目标实现情况的标准，也是目标考核和绩效评价的重要根据。政府绩效管理立足于目标管理体制内自上而下的管理属性。层级体制下，完成上级政府制定的目标是本级政府的使命所然。可以说，目标管理也是政府绩效管理的内在要求，目标指向经济、效率、效果与公平。绩效管理应关注政府的目标特征，目标应清晰、具体并与战略目标一致，绩效信息应准确；政府应对下授权，包括自由裁量权、对资源的充分使用权和受益权以及对管理流程的再造权。

第四节　绩效管理方法和流程

一、绩效管理方法

（一）目标管理法

目标管理法（MBO）是把实际工作绩效与预期目标相比较进行评价。这种绩效评价法强调过程评价，促进员工为实现目标而努力，同时促进个人能力的成长。它包括四个阶段：

1. 绩效目标计划，绩效目标计划即建立绩效目标体系，即目标任务层层分解，依次确定组织层次的绩效目标、部门层次绩效目标、团队绩效目标和个人绩效目标。

2. 绩效指导，绩效指导是目标管理法的一个重要环节。它是指对关键步骤加以控制和指导，以便随时发现问题并予以纠正，从而保证绩效目标的实现。

3. 绩效检查，即管理者和下属根据确定的绩效目标实现的日期、要求达到的标准等，共同检查在多大程度上完成了预期的绩效目标。

4. 激励，绩效检查的结果直接与员工的激励措施挂钩。

目标管理法将组织和员工的目标有效地结合起来，让更多的员工参与，是民主化管理的体现。但是，目标管理法过分注重结果，以目标完成的结果为导向，使得它忽略对过程的重视。有些工作难以完全用工作结果来衡量绩效，因此，目标管理法仅用结果衡量并不全面。

（二）标准比较法

标准比较法是指与工作标准相比较的一类方法，这类方法是事先设计好工作标准、行为标准等，将工作者的表现与标准进行对比，评价出绩效分数。常用的方法有图尺度评价量表法和关键事件法。

图尺度评价量表法用示意图尺度表示评价尺度（档次或者分数）、相应的评分标准或者每个评价档次的涵义、评语等。例如，在图尺度评价量表中，列出绩效构成的考核要素，同时对工作绩效进行分级，一般分为：优秀、良好、合格、有待改进、差，分别对应的分数为：5、4、3、2、1。此方法简便，可操作性强，但是考核不成体系，只是针对要考核的项目进行评价。但是它也有可取之处，例如它评价的等级划分，为普查绩效管理指标体系中个别难以定量分析的指标提供了解决的思路。

关键事件法，在管理过程中，管理者记录员工表现好和不良的行为，据此对员工进行考核评估。这些行为必须能影响工作的成败，对工作成败不影响的行为则不予记录。关键事件法运用的前提是某项考核的事件影响工作的成败。

（三）个体比较法

个体比较法是指不同个体相互比较的评价方法，这种方法是要求评价者拿一个人的绩效去与其他人进行比较。设法将同一个工作部门的人排出一个顺序，从而进行比较。有三种方法：排序法、强制分配法、配对比较法。

排序法即将一个部门内部所有员工按绩效水平排一个顺序。强制分配法是按事物"两头小、中间大"的分布规律，确定好各等级所占比例，然后按照每个员工绩效水平，强制将其列入其中一个等级。配对比较法，又称两两比较法，是指将每个员工的绩效与其他员工进行一一比较，然后比较每个员工的得分，据此排出次序。个体间的比较法排除了评分宽松、严格等的可能性，且比较容易设计和实施。但是，其也有不容忽视的局限性。个体间的比较仅在从事相同工作的员工之间进行才有效，不同工作的人无法进行比较。且通过比较仅能得出结果，不能知道引起绩效高低的原因，并对过程进行指导。

（四）360 度绩效评价方法

360 度绩效评价方法是一种多元来源信息反馈，指被评价人的上级、同级人员、下级、内部客户、被评价人自己等从不同角度对被评价者进行全方位的评价，再将结果反馈给被评价者，帮助其改善工作行为，提高工作绩效。

使用 360 度进行绩效评价，可以使被评价者获得来自各个层面的人对自己全面、客观的评价，因此，此方法比其他评价法获取的信息更加充分，也使得考核结果更加准确，并且有利于组织间各成员的沟通。但是，360 度信息的大量性也增加了评价系统的复杂性。并且，该方法耗费的时间和费用也较其它方法更多[1]。

二、政府绩效管理的流程

1. 明确组织战略和目标。目标是组织在一定时期内所追求的理想状态或者期望获得的成果，实现目标的主要途径构成了组织的战略。绩效管理的首要环节就是明确组织的战略和目标，其他环节和程序都应在这一框架内展开。因此，组织战略和目标的明确化是绩效管理的基础和前提。它包含两层意思：组织首先要明确确定自己的使命、战略和价值，否则不可能取得良好的绩效；组织还应通过有效的沟通，使组织的使命、战略和价值成为每个成员的共同信念。

2. 制定绩效协议和提高绩效的行动计划。绩效协议也称绩效合同，是政府组织的上级和下级、管理者和雇员之间就职责、任务、目标、工作条件和行动计划等达成的具有约束性的契约或者合同。包括如下内容：

（1）政府绩效目标，即组织或个人所追求的理想状态或者履行职责所要求达到的指标。其内容取决于组织的类型和职位的工作性质。绩效目标可以在三个层次上确定：组织层次、部门层次和个人层次。

（2）工作任务和责任，即组织或个人应该做什么的简要说明。工作任务和责任是对组织目标的可行性细化，任务指的是相对稳定环境下从事的程序性的工作；责任指任职者为实现组织目标所承担的责任。责任确定的依据包括部门

---

〔1〕 臧志彭："政府绩效管理的基本流程和方法"，载《中国人力资源开发》2013 年第 15 期。

设立的有关法规、职责的说明、工作概述和工作标准等。

（3）绩效计划，即实现绩效目标的行动计划。其内容包括为实现绩效目标拥有的财政、物质、技术、权力等方面的资源，管理者和公务人员就实现目标的具体措施的行动计划，公务人员的发展计划即提高素质和能力的计划等等。

3. 组织绩效的持续监测和反馈。绩效协议签订之后，绩效管理就进入了实施阶段。组织绩效的持续监测是对组织绩效管理进行持续性的观察和监督，对发现的未达到绩效标准的事例立即采取建设性措施，修改下一步的具体行动计划，从而改进工作。

（1）绩效状况的持续性监测。对组织和个人绩效状况的持续性监测和反馈是绩效管理的主要体现。要建立正式的监测机制和反馈渠道，使组织中的每个成员成为监测者和反馈者，不仅能更好地完成工作，而且能增强组织的团结和沟通能力。

（2）绩效目标和绩效计划的调整。在绩效管理过程中，随着外部环境和组织内部环境的变化，预先确定的绩效目标和行动计划可能会出现不适应的情况，需要进行适时的调整。在这种情况下，组织者需要根据检测和反馈的信息对组织的目标和计划进行及时的调整。如果绩效差距的主要原因是环境因素，就要调整绩效目标、保证资源或减少不恰当的干预；如果绩效差距的原因是管理因素，则应改进管理者的行为方式；如果绩效差距主要成因是个人原因，则要提高任职者的素质。

（3）组织绩效的正式评估。组织绩效的正式评估也就是组织绩效目标与实际工作结果的比较过程。与持续性绩效管理阶段的评估相比，正式绩效评估不仅仅是发现和确认某一方面的绩效差距，而且是对绩效表现的全面性评价。通过组织绩效的正式评估可以鼓励和帮助雇员改进和提高工作绩效，帮助政府公务人员更好地理解各自的角色、目标和工作中面临的问题，从而使公务人员不仅适应当前工作岗位，而且可能承担更高层次的职责。

绩效管理，是一个循环往复的过程，组织绩效的正式评估起着承上启下的作用，是一个绩效管理周期的终点，同时又是下一个绩效管理周期的起点。

三、绩效管理在实施中的难点

20 世纪 80 年代，在西方国家的"重塑政府"运动中，绩效管理被引入政府管理领域。但政府毕竟不是企业，两者组织性质不同，管理目的的不同，运作方式不同，评价形式和标准也会不同。也就是说政府绩效管理在实施过程中也有其难点。

1. 目标缺乏准确性。企业目标是明确具体的，大多数项目表述很清晰，所反映的项目目标也能明确界定。相对而言，政府的目标则包含有较多的价值判断和政治因素，很难形成社会全体成员的一致看法。许多政府项目出于政治上的考虑，往往故意把目标表述得模糊不清，造成了很多目标在实施中很难准确界定。

2. 政府绩效难以量化。绩效管理的一个重要前提就是必须将所有绩效都以量化的方式呈现，再据此和绩效目标进行比较。但政府是一种特殊的公共组织，所生产出来的产品或服务是一些"非商品性"的产出，他们一般不进入市场体系，这就增加对其数量进行正确测量的技术上的难度，加之其具有垄断性的特点，没有比较性的单位，更难以量化。

在评估的价值取向上，企业可以将利润和效率放在第一位，但作为非营利组织，政府根本就没有利润可言，而一味追求效率也容易引发诸如过度集权、行政命令、工作方法简单粗暴、"一刀切"、弄虚作假等各种"负效应"。政府绩效评估在价值取向上，无法回避"效率"与"公平"这一对固有的矛盾，前者可量化评估，后者却不可以。

3. 政府组织的弊端。行政组织机构所特有的"伪适应"状态的存在、行政机构自我约束动力的缺乏、行政机构追求自身效用最大化的本能等，阻碍了在政府机构中实行绩效管理。政府绩效管理，必然牵扯到评估一项公共项目实施的好与坏，自然也就涉及对公共项目决策者和管理人员的能力高低的鉴别。这种鉴别使决策者和管理人员感到威胁而抵制评估，政府管理部门由于有利益主体意识，总是试图表明公共项目的积极效果，极力维护和提高其地位和权威，不愿接受来自外部的批评指正，绩效管理作为一种公共管理工具未能被政府管理部门有效地利用。

思考题

1. 如何理解绩效评估的含义？
2. 政府绩效评估的内容是什么？
3. 政府绩效评估的特征是什么？
4. 什么是新公共管理理论？

5. 政府绩效评估的指标体系是什么?

6. 政府绩效评估的指标如何分类?

7. 绩效评估与绩效管理的区别是什么?

8. 绩效管理的方法是什么?

9. 政府绩效管理的流程是什么?

10. 什么是 360 度绩效评价方法?

参考文献

1. 蔡立辉:《政府绩效评估》,中国人民大学出版社 2012 年版。

2. 卓越主编:《公共部门绩效评估》,中国人民大学出版社 2011 年版。

3. 付亚和、许亚林主编:《绩效管理》,复旦大学出版社 2014 年版。

4. 孙波:《绩效管理:本源与趋势》,复旦大学出版社 2018 年版。

政府公共关系

社会组织是一个开放的具有特定功能结构的有机体。它有两大基本功能，一是维持内部成员及组织的生存和发展，二是发挥组织在社会机体中的特定功能。要实现这两大功能，组织必须从环境中获得资源，并要使环境接受组织的产品，否则，组织的生存发展和特定功能的发挥都将是不可能的，因而，社会组织必须与其相关的公众、环境保持一定的协调关系状态。一个社会组织在其运行过程中也必须确立三大任务，即功能发挥、生存发展和公共关系。这三大任务之中，建立总体协调的公共关系是保证组织完成其生存发展、功能发挥两大任务的基础。政府也是社会组织中的一种，是社会公共权威的执行组织，它的基本任务或社会功能，就是通过政治统治和社会事务管理，来维持、调整社会的基本秩序，推动社会的发展。政府要有效地完成这些任务并获得社会的认可，就必须正确处理它与各类社会组织及其成员的关系。在现代社会，政府公共关系日益渗透并贯穿于行政管理的各个领域、层次和环节，在有效实现政府职能、促进政治民主、推动社会发展等方面发挥着日益重要的作用。

第一节　政府公共关系概述

一、关系与公共关系

政府公共关系是现代政府的一种特殊的行政活动，是公共关系学的原理在政府行政管理工作中的运用。因此，要深入地理解政府公共关系首先应对关系、公共关系等概念有所了解。

任何事物都不是孤立独存的，而是在与其他事物的相互联系与相互作用中存在，因而，事物与事物之间及事物内部各因素之间有着各种各样的联系，这种相互作用和相互影响的联系就是我们所谓的关系。总的来看，世界上有三种最基本的关系形态即自然关系、社会关系以及人与自然的关系。

公共关系是社会关系的一种，对于公共关系，由于人们从不同的角度来感受和观察，因而，有着多种不同的理解。但归纳起来，主要是从三个不同角度来描述公共关系的：一是从静态的角度认为公共关系是指一个社会组织与其他相关联的社会组织或群体之间的各种关系的综合表现，是一种客观状态，可称为公共关系状态。一个组织或个人无论是否从事公共关系活动，无论你认识到或是没有认识到，这种"关系状态"都是存在的，都必然在这个或好或者不好的关系状态的包围之中。二是从动态的角度看，公共关系是指社会组织为了建立和改善公共关系状态，使一般公共关系状态变为良好公共关系状态而进行的公共关系活动。三是从学科来看认为公共关系是一门新兴的管理科学即公共关系学。认为公共关系是一种软性管理手段，是现代组织经营管理中不可缺少的一项重要工作。任何组织要想在社会中生存发展、立于不败之地，最首要的问题就是要与社会环境建立有协调的关系基础。

美国公共关系学者哈洛博士在分析四百多个公共关系定义之后也认为："公共关系是一种独特的管理职能，它帮助一个组织和它的公众之间建立交流理解认可与合作关系；它参与各种问题和事件的处理；它帮助管理部门了解公众舆论，并对之做出反应；它明确并强调管理部门为公众利益服务的责任；它协助管理部门掌握情况的变化，并监视这些变化，预测变化的趋势，以使组织与社会变化同步发展；它以良好的符合职业道德的传播技术和研究方法作为基本的工具。"[1]，我们可以看到公共关系是组织的一种特殊的管理行为，是社会组织在其所处环境中，通过传播来进行有效的信息交流，树立良好的社会形象，获得公众的理解、信任与合作，建立互相协调适应的和谐关系，实现组织目标的过程。现代社会，公共关系在组织发展中的作用越来越大，公共关系的应用也从经济组织扩展到了文化组织、群众组织乃至政治组织，在行政领域也出现了政府公共关系。

二、政府公共关系的涵义

政府公共关系是公共关系的基本原理在行政这一特殊领域的应用，是政府运用各种信息传播手段，与社会组织及公众进行及时、充分的信息交流与沟通，

---

[1] 居延安、赵建华等：《公共关系学》，复旦大学出版社 1989 年版，第 5 页。

争取社会组织与公众对政府工作的理解和支持，从而在社会中树立起良好的政府形象，以便更好地管理社会公共事务的过程。对于该定义，具体地我们可以从以下三个方面来理解政府公共关系。

1. 政府公共关系包含三个基本要素，即政府、公众、传播沟通。政府是公共关系的主体，作为公共关系活动的组织者和发动者，政府处理和协调自身与社会公众的关系状态，没有政府，就谈不上政府公共关系。相关公众是政府公共关系的客体和对象。他们是影响和制约着政府组织的生存和发展以及政府职能有效实现的个人、群体和社会组织的总和。政府公共关系便是协调各种公众关系，争取公众舆论支持，创造良好公众环境的一种工作。传播是指主体与客体间的中介，是政府为了实现组织目标向公众实施公共关系活动所使用的手段、方法。政府要想吸引公众、影响公众，改变公众的态度，通常所采用的手段便是传播沟通。现代公共关系的传播一般是双向的，即主体为了达到某种目的，将信息传播给公众，同时公众又将信息反馈给主体，或者主体首先进行公众意向、态度等的调查，获得公众的有关信息，然后再将修改了的信息传给公众。传播是政府公共关系体系中的手段，是联系政府与公众间的桥梁，没有了传播，主体与客体将是分立的两个系统，也就不成为公共关系了。

2. 政府公共关系的基本任务是处理和协调政府与公众的关系、为政府公共管理职能的完成营造良好的内外环境。现代政府与人民之间有着双重的关系，政府一方面是社会公仆，要为社会与广大民众服务；另一方面又是公共权威机构，要运用行政权力依法管理国家和社会事务。其管理对象不仅是其内部的各部门及公务人员，而且涉及全社会的各个领域及全体社会公众。在整个社会现实关系网络中，政府机构处于十分核心的地位。政府要完成服务社会，造福人民，推进社会经济、政治、文化全方位发展的使命，政府与人民之间必须建立起畅通的信息交流和沟通机制，密切党群关系、政民关系，做到相互理解、相互支持，从而最终保证整个社会的良性运行与协调发展，使政府获得社会各界的理解、拥护和支持，这样"内求团结、外求发展"形成有利政府管理目标实现的良好环境。

3. 政府公共关系活动以追求良好的社会效益和良好的政府形象为目标。政府的本质特征是一个公益组织，政府机构开展公共关系工作的目的不是为了自身利益的得失，而是为了国家、社会整体利益的充分实现，为了国家政治、经济、文化的振兴及社会各领域、各部门的协调运转和良性运行。社会整体利益和根本利益的实现程度，是检验政府公共关系工作成败的根本标准。政府是一个非营利性组织，政府的主要活动是为社会公众服务，不直接参与生产经营，公共关系追求的是社会效益，政府公共关系活动正是围绕这一目的而展开的。与私人营利组织以追求公共利益为宗旨，与私人组织公共关系追逐个别团体利益的目标有着本质的不同。所以，政府公共关系活动的开展应该严格遵守这一原则。无论是在哪一个环节上，都应该为公众的利益考虑，实实在在地为社会大众谋福利，用切实的行动赢得公众的好评，拉近与民众的距离，得到他们的拥护。政府形象，主要指政府及工作人员在社会公众心目中的美誉度大小，是政府获得公众欢迎、接纳、信任的程度。社会组织开展公共关系的基本出发点都是为了塑造良好的社会形象，政府开展公共关系的目的也不例外。政府通过建立系统、合理、有效的政府公共关系体系及其运行机制，树立良好的政府形象和声誉，使政府的政策、措施得以有效实施。无论在革命战争年代，还是在社会的和平建设年代，政府都应重视塑造自身的良好形象，并把它作为关系到政府生存发展的大事来对待。

三、政府公共关系的特点

政府公共关系不同于其他社会组织的公共关系，其特征可概括为以下四个方面：

1. 政府公共关系具有鲜明的政治性。政府是国家政治系统的执行系统，必须根据实际情况采取行政管理措施，正确贯彻执行政治系统的决策与意志，政府公共关系也必然根据政府自身的职能目标来处理与执政党、立法、司法、公民、社会团体之间的公共关系。政府公共关系具体目标一般有："①宣传立国宗旨和理想，激发和培植全体公民的爱国建国精神，使之同心同德地为国家强盛而奋斗；②根据公众和国家利益的要求，参与政府管理工作，辅助制定和贯彻执行国家的方针、路线、政策和法令；③促进国家团结、民族和睦与社会安定；④调动全体公民和国家公务员的主人翁精神，共同参与治理国家；⑤提高国家的国际形象和地位，促进各国政府与政府之间、人民与人民之间的友善交往，减少、缓解或消除国家纠纷和冲突，创造一个良好的国际环境。"[1]我们可以看到，在所有政府的公共关系具体目标中都渗透着强烈的政治倾向性。

2. 主体具有唯一性和权威性。政府是从社会中独立分化出来的又居于社会之上特殊社会权威管理组织。其区别于其他社会组织的突出特征就在于它拥有

〔1〕 陈耀春：《中国政府公共关系》，中国经济出版社1998年版，第12页。

权大的权力，具有权威性。同时，政府还具有唯一性。任何一个统一的国家只能有一个合法政府。这样使其超然于其他社会组织之上，而不受竞争规则的制约。政府可以制定政策、颁布法令，所有的社会公民和组织必须服从和执行。这些从客观上造成了政府高高在上、凌驾于一切社会组织和个人之上的一种强大优势。政府作为公共关系主体，具有从地方到中央的完整体系，其规模庞大，管理事务纷繁，社会生活的各个方面几乎都可纳入政府的管辖范围。对于社会的信息资源、大众传播媒介资源的运用有着其他社会组织所无可比拟的优越性。因此，政府在公共关系管理中必须要审慎得当，否则会造成极大的负面影响。

3. 对象的广泛性和复杂性。与其他组织不同，政府公共关系的对象具有广泛性，政府机构的管理对象涉及全体社会公众，包括社会的各个阶层、各个民族、各个党派、各种团体和社会组织等各种社会力量、还包括了国外的各种机构与社会组织，而不仅是某一方面或某一领域的特殊公众。政府公共关系对象不仅广泛数量众多，而且利益要求、价值取向、文化追求非常复杂。如我国的少数民族、港澳台同胞、海外侨胞、妇幼病残、灾民遗孤等，既有公共的社会利益，又有各自不同的特殊利益。因此，对政府制定的有关政策和法规，不同的利益群体会持不同的态度，产生不同的意见，呈现出一种纷繁复杂的局面。

4. 公开性。政府部门公共关系活动是合法的、也是公开的。人民是国家的主人，他们应该有了解权和知情权，有权知道国家社会经济政治生活中一切领域所发生的事情，有权对"公仆"进行监督，对政府进行监督。政务公开是现代民主政府行政的一般原则，政府公共关系活动也要遵循这一原则。"公众必须被告知"，这是公共关系中一句至理名言，其精神也适合政府公共关系。

四、政府公共关系与相关范畴的辨析

公共关系作为一门新兴的、综合性的应用学科，它涉及多个不同的学科领域和实践范畴，这样就容易与相近的学科以及日常生活中的一些概念产生混淆，为正确理解政府公共关系，在此对一些相关或相似概念作以辨析。

（一）人际关系与政府公共关系

政府公共关系和人际关系从本质上来讲都属于社会关系，但它们分属于不同的领域具有不同的特点。首先，人际关系属社会心理学范畴，指人们在社会生活的交往实践中所形成的个人与个人之间的心理关系，如人在交往中比较愿意和某人倾谈、沟通，反之，与另外某个人在一起则没话可说，这就是在人际关系中某种心理机制，即喜、怒、哀、乐的体现。而政府公共关系则与行政管

理学、组织传播学密切相关，强调通过信息的沟通来建立良好的社会关系环境，以达到公共管理之目的。其次，人际关系是一种私人性的关系，而政府公共关系具有公共性。人际关系是以血缘、地缘、业缘为纽带所形成的人与人之间的相互作用、相互影响、相互联系的关系，是基于个体的自由意志形成的，其交往的内容和形式主要取决于交往双方的审美观、价值取向、个人兴趣爱好等。这种关系具有自由性、自主性与私人性的特点。而政府公共关系是政府机构与它的内外社会公众的一种联系状态。这种关系状态是由政府作为公共管理机构的角色和功能决定的，因此它带有不可抗拒性、职业性、公共性和社会性。人际关系的运作可以说是围绕着个体的需要而展开的，是服务于个体利益的，政府公共关系则是围绕政府的职能展开的，是服务于公共利益的。最后，从产生上来说，人际关系与人类社会同步出现，自从有了人类，可以说就有了人际关系。而政府公共关系的明确出现则是人类社会发展到工商业社会、政治开始民主化，信息通讯技术飞速发展下的产物。

（二）政府公共关系与庸俗关系学

公共关系在中国迅速发展，但现实中不少人将公共关系与诸多非正常的手段联系在一起，认为公共关系就是花言巧语、请客送礼、吃吃喝喝、吹吹拍拍、"拉关系"、"走后门"、"套私情"，将公共关系这一美好的事物变得庸俗不堪。因此，正确地理解政府公共关系，我们必须将公共关系和庸俗关系严格地区分开来，并要坚决反对庸俗关系学。

1. 两者性质不同。政府公共关系是在现代社会行政管理效率与效果提升的要求下产生的，是行政管理手段的完善与发展，对民主政治的发展，廉政建设，树立政府全心全意为公共利益服务的社会形象和声誉有重要的作用。而庸俗关系学是一种不正之风，是在封闭落后的经济条件下，生产力不发达、市场经济发育不完善、物质供应不充足的产物，往往带有浓厚的血缘、地缘、宗法的色彩。是社会生活中思想与道德处在一种无序、无规则、非理性状态的表现。这二者的性质是完全不同的。

2. 二者的目的及其活动方式是不同的。政府公共关系以公共利益为宗旨，以建立良好的组织形象、提高知名度与美誉度、维护组织与公众双方的合理利益为目标，恪守公正诚实、公开、透明、信誉至上的基本原则，按照科学、规范、严格的工作程序和道德准则来进行，从而使组织获取较好的社会效益与经济效益；而庸俗关系则建立在市侩经验的基础上，以私利为追逐的目标，奉行的是"人不为己，天诛地灭"的信条，往往是通过各种卑劣不正当的手段，内外勾结、营私舞弊、行贿受贿等庸俗手段，进行暗中拉关系，来达到个人私利的目的。这种不正当的行为只能暗地里偷偷地进行。

3. 两者产生的效果不同。公共关系通过一系列有计划的活动，使社会组织在与社会整体利益一致的前提下不断发展，其结果是组织、社会、国家和公众都受惠，为社会创造一种以诚相见、讲求信誉、提高声望的良好风气；有利于形成和谐、友善、正常、健康的人际关系；有利于提高社会文明程度，促进社会的发展。庸俗关系则将人际交往商品化，使人们变得唯利是图、目光短浅，整个社会充满市侩气，个人中饱私囊，而国家和公众的利益却遭到损害。因此，庸俗关系严重污染社会风气，毒化人们的心灵，破坏正常的人际关系，降低社会的文明程度，败坏了社会的道德与风气，对社会产生恶劣的影响，起到阻碍社会进步的作用。

（三）政府公共关系与行政管理

1. 行政管理与政府公共关系都是国家机构的一种行政活动或行政行为。行政管理是一种行政活动，政府公共关系工作中的对话、演讲、民意测验、赞助、展览、接待、信访、新闻发布会、组织会议等也是一种行政行为，只不过它们表现形式比较特殊，不同于传统的行政行为而已。它们都是以国家行政机关作为行为主体，都必须符合行政的一般原则与要求，例如，依法行政原则、效率原则、公益原则等。

2. 二者也有着重要的区别。其一，政府公共关系与行政管理活动的目的不同。行政管理是直接以完成政府担当的职能为目标展开活动的，而政府公共关系则是为政府生存发展及有效、顺利的完成其职能创造良好、和谐的环境与条件。政府公共关系与行政管理相辅相成，而且随着现代社会经济的发展与政治的民主化，政府公共关系在政府行政活动中的地位越来越重要了。其二，二者的活动范围不同。行政管理活动范围极其广阔，涉及政治、经济、文化、军事、外交等社会生活的方方面面。而政府公共关系的活动范围相对狭窄，主要从事与公众之间的信息与观点的交流与沟通活动，提高办事效率，提高政府部门决策的民主化、科学化、塑造政府的良好形象。其三，二者的手段不同。行政管理活动是政府机关以行政权力为管理工具、以暴力机关为后盾，依照既定的法律、法规开展的行政活动，这种活动一般来说是不可抗拒的一种硬性管理，效果迅速、直接、明显。而政府公共关系只是通过传播的方法达到一种内求团结、外求发展的软性管理手段，它带来的效益不是那么迅速、明显和直接，表现手法委婉含蓄，对政府目标的实现也是一种间接的促进作用。

第二节　政府公共关系的职能与原则

政府公共关系是现代经济和信息传播技术高度发展的产物，它虽然是一种委婉含蓄、迂回间接的软性管理手段，但它对于信息的传播与采集，公众的引导与协调，协助公共管理职能完成有着不可替代的作用。因而要有效地开展政府公共关系活动，达到调整政府的公共关系状态的目的，必须明确公共关系的职能，以及开展公共关系活动必须遵守的原则，这样才能有计划、有组织、有目标地开展工作，从而取得理想的效果。

一、政府公共关系的职能

政府公共关系的职能是公共关系在政府工作中应有的职责和作用。现代社会政府的管理范围与职责迅速扩大，"政府公共关系职能逐渐从依附于其它行政活动发展成为目前日益独立、相对完整的职能体系。这个职能体系，是由政府公共关系本质决定并围绕政府公共关系目标构成的"。[1]这些职能主要包括：信息的收集加工、决策咨询、协调沟通关系、引导社会舆论、树立政府形象。

（一）信息的收集加工处理

政府公共关系活动主要以信息传播的方式展开工作的，信息是其工作围绕的中心。但传播怎样的信息、怎么传播等问题都要求政府了解自身、理解公众，把握内外环境。因而政府公共关系首先要发挥收集处理加工信息、监测环境的功能。这里所指的信息包括内源信息和外源信息两种。内源信息主要指来自政府内部各方面的信息和动态，包括政府的政策、目标、计划、安排，政府内部的人、财、事、物的状况和动态以及对政府内部状态的认识与评价等，这些是形成内外沟通的基本条件。其次是外源信息，指政府所处的外部环境的公众、社会组织等的信息和动态。公共关系需要建立广泛的社会信息网络，密切注视各种信息，既要关注已经发生联系的公众对象的信息，也要预测可能发生联系的潜在公众对象的动向，分析其对组织的各种直接或潜在的影响。在这些过程中，政府部门要运用科学方法调查分析社会环境、组织形象、公众意愿、管理成效、公关活动效果方面的信息，并对信息进行科学地加工分析、及时找出公关问题，并确定其程度、性质、范围、原因和可能产生的后果，及时地反馈调

---

[1]　陈耀春：《中国政府公共关系》，中国经济出版社 1999 年版，第 43 页。

整，与环境的变化保持动态平衡，把政府机构与有关的社会公众联结起来，使政府与社会环境及公众能够相互协调适应，实现政府的公共关系目标。

（二）决策咨询

行政决策以掌握大量真实的信息为基础。政府公共关系部门在与内外环境打交道的过程中，掌握了大量的有关政府内外部环境方面的信息，可以为政府的科学决策提供信息支持。同时，现代政府面临的社会环境情况都是十分复杂的，行政决策方案的确定应符合不同社会群体的要求，行政目标、实施方案等的拟定必须有应变措施和灵活性，以适应内外部环境的不确定性、可变性和复杂性。因而，在这样的一个行政方案决策过程中必须遵循公共关系原则，方案在制定之初，就应在社会中广泛宣传、酝酿、讨论，把公众作为最有权威的评议者，如方案是否符合社会的总体利益，是否满足公众的要求，是否能使行政人员满意并深刻理解等。广泛听取公众的意见，进行决策方案的分析和评价活动，为决策部门提供科学可行的决策方案。

（三）协调沟通关系

协调沟通是指社会组织通过各种途径与其公众联系与交往，以增进理解、发展友谊、调和矛盾、促进和谐的功能。政府组织与所有社会组织一样，都是一个开放系统，要取得生存与发展，就必须要在组织内外搞好沟通协调，使政府内部各要素各部门之间以及政府系统与环境之间保持一种协调一致的关系状态。行政过程中，政府组织要通过各种交往活动，发展多种联系，通过沟通，调整自己的行为来尽可能减少摩擦，缓和冲突，与内外公众建立友好和谐的合作关系。政府公共关系协调沟通主要包括内部协调沟通和外部协调沟通两大方面。内部协调沟通包括协调政府内部领导者与一般公职人员的关系，协调政府内部一般员工相互间的关系，协调沟通政府内部各部门之间的关系。在内部营造一种上下一心、融洽相处、团结向上的氛围，使各部门能够相互支持、积极合作，使政府各部门形成一个高效、统一的整体。外部协调就是要通过有效手段处理政府与人民群众、执政党机关、权力机关、司法机关、军队机关、企事业单位、新闻媒介、社会团体以及与外国政府和人民之间的诸多公众关系，促进政府机构与外界的密切联系和广泛合作，消除误解，化解冲突，协调利益、政策法令和思想观念，为政府工作创造良好的外部环境。

（四）引导社会舆论

在政府公共关系中，公众舆论主要就是指公众对与政府部门相关的公共事务、公共政策等的意见、看法。公众对政府部门及其作为的评价和意见，既是组织在公众心目中的形象，又是组织所面临的舆论环境。政府公共关系工作既要向政府部门提供和解释公众对组织的评价和意见，又要通过有说服力的宣传来影响和引导公众看法和意见。因此，政府公共关系首先要有意识地建立有利于政府管理的社会舆论。当政府部门将要推出一项新的政策法令、行政规划时，或政府面临重大社会危机事件的考验时，政府部门要通过设计和发动舆论，创造声势，建立信誉，提高知名度和美誉度。其次，在特定环境下，社会成员形成与政府的目标、政策和行为相矛盾的非对抗性舆论时，政府公共关系应通过大众传播等手段，针对不同舆论和不同的舆论主体，给予批评性或解释性或赞同性的舆论引导，化解政府与社会民众的矛盾，取得公众对政府行为的理解和支持。最后，要合理控制对抗性舆论的形成和发展。努力强化正确而积极的舆论，揭露错误舆论，在必要时也应采取措施及时控制有害于社会秩序稳定和公众利益的不良舆论，使其消弭于萌芽状态。

（五）形象塑造

政府形象是社会公众对政府机关及其管理行为、水平、声誉的整体印象和评价，是对政府价值标准、战略目标、是否廉洁、政策是否民主科学、高效与否、领导者素质、公务员行为规范程度乃至政府建筑物等诸因素在公众心目中的反映。它的构成主要包括以下层面：其一，器物层面，国家象征物，如国歌、国旗、国徽、统一制服等公共标志，政府的办公设施等；其二，人员形象层面，包括公务人员的工作态度、精神风貌、文化水平、工作能力、道德风貌、外表仪容等；其三，组织风格层面，主要指政府区别于其它社会组织的独有的风貌特征，如政府的目标追求、管理方式、组织风气氛围、机构设置等；其四，政府的声誉评价层面，如政府的行政效果、服务水平、在社会公众中的声望、信誉和美誉度等。政府具有良好的形象就可以得到社会的理解和支持，就能增强组织的凝聚力，政府的目标也就得以顺利实现。良好的政府形象是一笔巨大的无形资产。现代政府所管理的乃是一个复杂的现代社会，要保证政府这一巨大的权力机器对社会的管理权威，仅靠简单的强制是行不通的。政府强制性的权威在很多情况下虽不可缺少，但是，如果政府对它所面对的社会，仅仅是"压服"，而不是使他们"信服"，那么政府的管理成本就会极高，效果也会很差。现代政府的理想形象应当是民主、法治、高效和廉洁，政府公共关系应当以塑造这种形象和声誉为首要任务。为确立较高的威望，政府机构必须实行民主管理，做到清正廉洁。"廉洁"是政府形象的一个重要方面，公务人员是否廉洁会关系到一个政府存在合法性。因为政府对公共事务领导及垄断都并不改变人民是国家主人的地位，如果公务人员滥用权力，就会失去人民的信任。当然，政府公共关系主要不是靠为政府"美容"来为之树立良好形象，主要是靠完善政府形象的内涵，靠实际行动，靠理性说服、思想沟通和情感交流去提升、塑造政府形象。

二、政府公共关系的原则

政府公共关系的原则是指由政府公共关系的性质和职能决定的，在政府公共关系活动中应当遵循的指导思想和基本准则。它可以促使政府的公关目标得以顺利实现，避免政府公共关系活动走入误区。归纳起来，政府公共关系中应坚持以下主要原则：

（一）公共利益本位原则

政府是一种特殊的社会组织，其存在基础与目的在于维护和促进社会的公共利益，为社会谋幸福，这也是其存在的合法性的基础和源泉。服务公众和社会是政府行为的根本出发点和落脚点，为此，政府的公共关系活动必须坚持公共利益为本位原则。社会、政府、公众三者的利益从根本上说是一致的，但在具体社会活动中则表现为各种复杂的差异、矛盾和冲突。政府公共关系不能以社会中的某一集团、某一社会局部利益为目标，甚至以政府自身的利益为目标，而要以社会的公共利益为根本目标。在保证和维护社会整体利益的前提下，正确处理社会各集团利益之间的关系，这既是政府公关活动的出发点，也是政府公共关系活动的最终归宿。在从事政府公关活动时，必须始终把公共利益摆在最高位置，以公共利益为最高准则。公共利益至上原则是任何政府组织处理国内事务与国际事务时都必须遵循的基本准则。

（二）真实原则

真实原则，是指政府在开展公共关系活动中讲真求实、实事求是地传递信息。通过同国内外公众之间的双向信息交流来建立并维护相互信任和关系，树立政府在国内外公众中的良好信誉与形象。政府公共关系工作以事实为基础，这是开展政府工作的前提条件。不能以假为真或以真为假，不能故弄玄虚，以主观好恶与主观需要去裁减事实材料；信息交流既不夸大，也不缩小。必须真实、全面、公正，力求反映事物的客观规律和发展趋势，以帮助公众更好地通过政府传递的信息，认清事物的本质和固有规律。信任公众，"向公众说真话"，依靠公众是搞好一切公关工作的前提，也是唤起公众支持政府政策的依据。公共关系活动的实质信息的传播管理，要使这种管理卓有成效，一个重要的前提是传播的信息必须准确、真实。否则，政府不可能收集到准确的社会信息，社会也不可能有效地获取有效的政府信息，从而使公关传播管理失效。政府传递的信息如果为虚假信息，不但会危害社会，而且一旦败露，不但会严重败坏政府形象，而且会使政府面临严重的信任危机与合法性危机。

（三）公开透明原则

公开透明原则是指在法律规范内、在不损害公共利益的前提下，应尽量使政府的管理活动透明公开，使公众享有了解权和知情权。民主社会，政治权利应向所有公民平等地开放。社会公众具有对政府的了解权和知情权，这是现代民主政治制度构成的重要部分。假若政府对于公众来讲是一个神秘的"黑箱"，公众了解不到政府在处理公共事务中所进行的活动，那只能意味着这个政府是非民主的政府，是代表少数人利益的专制政府。在政府与公众关系的处理中，若能很好地坚持公开透明原则，往往能使政府摆脱困境、转危为安，反之则有可能使事态更加恶化。此外，政府信息的公开透明是构建"阳光政府"的必要前提，可以有效地防止腐败的发生。腐败最见不得阳光，只要政府及时、全面、真实地向公众公开自己的一切政务活动，腐败事物自然无处遁形，而且会树立政府积极的正面形象。

（四）平等协商原则

随着民主理念的深入发展，民主行政已成为行政发展的必然趋势，民主协商是政府用来解决问题、排解纠纷，对社会进行有效治理，从而实现民主行政的重要办法与途径。随着政治体制改革的深入开展，我国社会的民主化进程大大加快。因此，在处理公众关系问题时必须坚持平等协商的原则。政府机关要积极、主动地通过一切途径和渠道将政府的政策、计划、措施告诉社会公众，将社会公众的反应、意见、要求和建议反馈给政府，从而形成畅通的信息渠道。使政府及时了解公众的意愿和要求，政府要真诚地沟通意见，摆事实讲道理，在政府与社会各个集团意见的相互碰撞、交流中，求得思想认识的一致，这样，社会公众才能更好地理解政府的政策，体谅政府的困难，支持政府的工作，使问题得到圆满解决。

（五）科学指导原则

科学指导原则是指政府在开展公关活动中，必须接受科学理论和方法的指导，力求科学地确定公关的目的，并通过科学的公关方式方法，最终取得良好的公关效果。科学的价值就在于它能够超越片面局部的直觉与经验、抓住公共关系活动中的内在本质规律，使其成为有效政府公共关系活动的指南。

随着人类社会的发展，现代政府公共关系活动仅凭简单、有限的直觉与经验是不够的，借助于现代科学的理论和方法来指导公共关系活动是时代的必然。强调科学理论和方法对政府公共关系的巨大指导作用，是现代公共关系与原始政府公共关系的重要区别。公共关系是一门实践性很强的应用科学，公关实务技巧是其中的一个重要内容。因而，人们往往会误以为公共关系就是善于辞令和巧于周旋，这些认识是极为片面有害的，离开科学的理论和方法的指导，一味强调实务技巧，公共关系行为就会带有极大的随意性和盲目性，甚至会变为一种不健康的、庸俗化的人际关系。特别是到了现代社会，随着社会经济和科学技术的迅速发展，国家和社会事务日益广泛而复杂多变，公共关系也越来越广泛而复杂，要及时准确了解社会环境的变化，全面把握社会公关的思想脉搏，正确选用大众传播媒介进行传播沟通，就必须以现代科学的理论和方法为指导。

（六）整体统一原则

整体统一原则，是指政府公共关系机构和公共关系人员在从事政府公共关系时，要从政府公共关系的整体出发，即为了政府的整体效应而彼此配合协调，也就是要从整体角度来审度政府的公共关系。整体原则是由政府组织的特点决定的，因为政府内部的任何一个部门都不是独立的，都是整个政府组织整体的一个部分，政府部门或层级面对的任何一种公共关系，都是整个政府公共关系的一部分。所以政府公共关系必须遵循整体统一原则，政府在处理与公共关系时，不能互不相干、各干一套，不能就事论事，而应该从整个社会公众的整体利益出发来考虑，把局部利益、部分利益放到全局利益的范围内考虑。政府公共关系要实现整体统一原则，应做到以下几个方面：首先，在思想观念上要充分认识到政府形象是作为一个整体出现在公众面前。在思想上树立整体统一观念，造就政府公关整体效应，是塑造好政府形象的前提条件。其次，要制定统一的公共关系政策，使下级政府和上级政府以及各个政府部门之间密切协作、统一步调，实现各个机构的有机统一，维护政府整体公共关系的总目标、总战略。

三、政府公共关系模式

政府公共关系模式是政府公共关系工作的方法系统，是由一定的政府公共关系目标和任务、数种具体方法和技巧构成的有机体系。实践中政府公共关系工作方式是复杂多样的，总结历史及现实中政府公共关系的方式，主要可以划分为四种模式，这四种模式各有特点，政府在进行公共关系活动，应依据活动的需要采取相应的模式，达到更好的公关效果。

1. 新闻宣传型。这是早期政府公共关系活动出现的一种公关模式，其传播性质具有单向性，强调单向性质的宣传和诱导，是一种单向灌输和渲染的模式，其目的在于诱导人们相信或服从政府机构的宣传。同时所传播的信息不强调在任何情况下的绝对真实性。这种模式出现在政府早期公关活动之中。

2. 公共信息型。公共信息型模式具有这样的特征：以散布和传播信息为基本目的，传播性质亦为单向，注重信息的真实性和组织形象的完整性。公关人员向公众报道政府组织的客观信息，不一定带有诱导意图，要求传播信息的绝对真实性，在发布消息时，不能肆意渲染、夸大其词。作为政府部门公关人员，他们的职责就是把政府的方针政策等信息客观、及时、准确、全面地报道给公众。

3. 双向非对称型。这种模式企图通过政府传播的信息影响公众的态度和行为，并把反馈的公众信息作为控制公众思想和行为的依据。这是以政府机构一方为主的非对称双向传播，政府公关人员通过公共关系活动，试图诱导公众接受有关政府的观点，从而理解和支持政府的有关行为。这种公共关系活动在传播性质上虽然是双向型的，但其在政府和公众之间的效果是不平衡的，从利益获得的角度来说，这种传播效果只有利于政府自身。

4. 双向对称型。在公共关系活动中，政府机构和有关公众之间采取平等对话的方式进行沟通，以建立加深相互的理解与合作，双方都可以有效地影响对方，公众能够有条件地促使政府改变其态度和行为，而不仅仅是政府改变公众的态度和行为。这种类型的传播是双向的，而且在政府和公众之间的传播效果又是平衡的、对称的，更重要的是，这种模式可以把社会整体利益、公众利益与政府机构自身的目标有机地统一起来。

在具体公共关系活动中，最理想的是第四种模式。但在现实实践中，由于政府机构面临的任务和环境的不同，政府会权变地采用不同的公共关系方式。尤其是在国内矛盾激化、国际冲突加剧、局势恶化的情况下，政府机构更多地运用第一种模式进行单向宣传，以谋求特定的政治、经济、军事等目的。政府公关活动的展开，对于有效地推行政令，协调国内、国际关系有着重要的作用，而政府在进行公共关系活动中采取哪种模式，应在遵循有关原则的前提下，在价值与现实之间做出审慎的选择。

第三节　政府形象塑造与评估

一、政府形象概述

（一）形象与政府形象

所谓形象，是指人或事物在视觉或行为上能引起人们情感判断与理性认知的那些特征。它是人们对人或事物的总体评价，不仅表现在人们的感性视听之中，也反映在人们的理性判断与情感体验之中。形象的特征包括：①感知性。它是通过具体可感的特征而呈现出来的。包括它的形状、色彩、声音、行为等，在人们心目中留下的总体印象。②评价性。形象有好有坏，所以分为正、负两面，这与人的评价有关。它的最终源泉是人类对真、善、美的追求和对假、恶、丑的鞭挞。当然其中也掺杂着人们对形式与内容、理性与感性、主观与客观的真实与复杂的理解。③稳定性。一个组织或个人、一个事物或状态，它们在人们心目中形成了某种印象和形象，尤其是第一次所形成的印象和形象，具有相对的稳定性。形象的转变需要通过艰辛的努力才能实现。

政府形象是指政府的理念、宗旨、行为等要素作用于社会公众而形成的社会公众对政府组织的一种综合认知与评价，即社会公众对政府组织与人员的综合印象。政府形象除了具有一般"形象"所具备的特征外，还有以下特征：①舆论性。政府的形象一旦形成，社会公众就会开始议论，形成意见和看法。经过相互的沟通后，产生共鸣，形成公意，即舆论。舆论经常是社会关注的焦点与热点，政府对此应给予足够的重视。②系统性。政府形象是一个综合的系统，它与政府行政的内在理念与外在表现形式有密切的关系，包括每一个管理环节、每一个行政人员的言行都会直接影响到政府的形象。③可塑性。政府形象是通过政府在管理活动中的实际行动而获得的。政府可以通过自身的不断努力，来塑造自身的形象，从而得到公众的认可。所以它与其他类型的形象一样，是稳定性与动态性的统一。

（二）政府形象的构成要素

1. 政府的理念与宗旨。主要指政府的行政文化。包括政府的行政理念、信念、理想、价值观、意识、思想等，它是政府行为的灵魂与宗旨所在。美国政府为"增进全民福利和确保我们自己及我们后代能安享自由带来的幸福"的理念，中国政府所倡导的"为人民服务"的宗旨，都是政府行政文化的精髓所在，这是政府在公众心目中的最基本的形象。问题的关键在于各级政府如何把这种理念和宗旨贯彻到政府的行为当中，融入他们的血液当中。既能知得深切、真切，又能行得明觉精察。正如有些政府所提倡的本届政府是"绿色政府""环保政府""无赤字政府""廉洁政府"等。

2. 政府的行为与服务。主要指政府及公务员的行为规范与工作作风、办事效率、服务质量与服务水平等。这是政府行政文化在政府行为中的具体体现，是公众能够真真实实地感觉到的最为直接的政府形象。

3. 政府的视觉形象系统。包括政府的宣传活动、政府的工作环境、个人形象和"公共物品"形象。①政府的宣传活动。包括口号、标语、领导人在公众场合的"亮相"（包括电视专访、公益性活动等）及政府部门代言人的形象等。②政府工作环境。包括政府的办公环境、外观形象（包括建筑物、办公室的陈设、环境美化等）以及与政府行为相关的活动场所的形象（如会议、接待、公益性活动场所的形象等）。③个人形象。包括政府领导人形象和政府工作人员形象。主要指他们的文化修养、职业道德、能力结构、心理素质以及他们的仪表礼仪、精神面貌等。④公共物品形象。包括市政规划与城市建设（包括交通、通讯、文化设施、基础设施、城市建筑、城市绿化、城市卫生、文物保护等），这些视觉上的形象从一个侧面反映政府的执政理念与行政管理水平，是政府形象的有机组成部分，也是政府形象的"物化"形式。

（三）政府形象价值与意义

1. 政府形象决定政府的声誉与威望。良好的政府形象可以使政府在公众心目中享有崇高的声誉与威望。政府能否得到社会公众的认可、信任、爱戴与支持，直接影响到政府行政管理活动能否正常、顺利、有效地进行。公民对政府的信任是政府一笔巨大的无形资产。

2. 政府形象决定政府的凝聚力与号召力。良好的政府形象，树立了政府在公众心目中的声誉与威望，从而也就使政府更具凝聚力与号召力，它可以使政府和公众紧密地团结在一起，同舟共济、肝胆相照，共同面对各种压力与挑战，这样的政府往往是最具活力的政府。

二、政府形象塑造

（一）政府形象的形成过程

所谓政府形象，是"政府这一巨型组织系统在运作中，即在自身的行为与活动中产生出来的总体表现与客观效应，以及公众对这种表现与客观效应所作的较为稳定与公认的评价"。因此，政府形象的形成过程中包含三个基本构成要素即：政府形象的本体系统、政府形象的传播系统和公众的认知系统。政府形象的本体系统包括政府的理念与宗旨、政府的行为、政府提供的公共服务产品、公务员与领导人、公信力以及视觉标识等；公众认知的过程既包括了接受政府提供公共产品的体验，以及与政府组织、基层公务员接触过程当中的直接经验，也包括了经由大众传媒而获得的间接经验。二者交错地作用于公众的心理，在公众个体心理与群体心理的影响下，形成了政府形象。这一过程图示如 17 – 1 所示[1]：

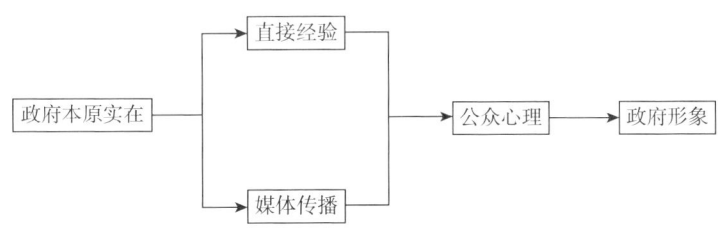

图 17 – 1　政府印象的形成过程

从图中我们可以看到政府的真实客观存在是印象形成的基础，印象是公众在直接经验与间接经验的基础上对政府客观真实的心理反映。在这一心理认识过程中，公民的心理变化过程大致可分为以下四个阶段：第一、偶然映象阶段。偶然映象是公民个人通过对政府零星的、初步的感知，再加上一定程度的主观推测和判断而产生的。尽管它是粗糙的、浮浅的和不稳定的，甚至可能是片面的或虚假的，但却是认识过程的第一步，是导向政府形象的门槛。第二、暂时映象阶段。暂时映象是公民个人通过对政府经常、较大范围的感知，并在分析和判断基础上形成的。它比偶然映象相对稳定一些，准确一些，接近于本质形象一些。第三、定型映象阶段。定型映象是公民个人通过对政府长时期的、更大范围的感知，并在深入分析和综合判断的基础上形成的。它比暂时映象更为稳定、准确，更接近于本质形象。当公民个人形成了定型映象之后，一般不会轻易改变。第四、政府形象阶段。由于受个人立场、观点等因素的影响，个人头脑里的政府定型映象可能正确地反映了政府形象的本质，也可能与政府形象有一定的距离，但就公众整体而言，定型映像的主导方面必定代表着政府形象的本质。

---

〔1〕　李兴国主编：《政府公共关系》，中国人事出版社 2014 年版，第 83 页。

（二）政府形象塑造的目标

不同的时代，不同社会，人们对政府的不同期许与政府对自身的不同定位形成了不同的政府形象塑造目标。人们对政府的期许主要表现在伦理、效能、法治三个方面，这样形成了民主、诚信、责任、节约、廉洁、高效、透明、法治等一系列的价值追求。

1. 民主法治政府。民主的政府是能够实现公民高度参与的政府。人民是国家的主人，政府只是代替人民行使国家的权力，民主则是这一理念在政治上的体现。民主从另一个层面讲是保护人类自由的一系列原则和行为方式，它是自由的体制化表现。民主政府在尊重多数人意愿的同时，极力保护个人与少数群体的基本权利。民主政府必须最大程度地对人民敞开和对他们的要求做出反应。塑造民主性政府是时代的要求，是良好政府形象不可或缺的重要构成要素。

同时民主政府与法治政府相辅相成，不可分割。法治若不以民主为实质和灵魂，若不是对人民群众的全部社会权利与责任予以落实和保障，就难免成为少数人的特权，难免沦落为人治主义的强力工具。民主政府若不以法治为根本形式，通过系统的程序和规则落实为法制，民主就只能停留在愿望中。民主与法治相分离的结果，往往要么是演变成无序化的动乱，要么是倒退回僵化的专制。早在古希腊时代，亚里士多德就主张把建立一个以法律为基础的塑造国家作为达到"美好生活"的唯一可靠可行的手段。到了当代，法治及其所代表的精神已被人们广泛认同。法治已成为政治文明的核心和判定政治发展水平的重要标准。

2. 经济、高效政府。政府作为公共产品的提供者同企业一样也存在着经济与效率问题。政府提供的任何社会服务都是以一定的人力、物力、财力和时间的耗费为代价的，因此政府必须讲求经济与效率，即以最小的投入产生最大的社会效益。经济与效率一直是公众衡量和评价政府的一个重要的标准，高效的政府可以实现社会资源的最优配置，减少资源的浪费，最大程度地实现人们的利益和愿望。

3. 阳光透明政府。阳光透明政府是与以往的神秘封闭型政府相对应的。在政务公开之前的时代，政府往往会想尽办法地对公众隐瞒一些信息，不管从机构的设置、人员的选择任用、职能的行使以及权力的运作上都是不公开的，造成很多情形之下由于信息的不对称而导致公众对政府的误解。随着政务公开时代的到来，政府必须站在公众的立场上来行使公共职权，必须把有关公共事务的所有信息在法律许可的限度内通过各种渠道传递给社会公众，让他们能够真实地了解实际情况。这就消除了传统政府的神秘色彩和暗箱操作，遏制某些官员由于信息不透明产生的寻租腐败，实现政府与公众之间更好的交流、互动与相互了解。民主社会，社会民众必须充分享有"知情权"，"知情权"是参与管理和监督政府、行使公民权的基础，因而建立阳光透明型政府已不仅是客观要求，更是时代的必然结果。

4. 廉洁政府。"廉政"一词最早出现在《晏子春秋·问下四》："廉政而长久，其行何也？"它的反义词为"腐败"。现在所说的廉洁政府主要指政府工作人员在履行其职能时不以权谋私，办事公正廉洁。希望政府官员具有高尚的道德情操，是人民普遍的愿望。政府人员的士气以及公众对政府的信赖程度等无一不与政府行为的廉洁密切相关。腐败的政府，公共权力不再服从于公众的利益，而是效命于金钱，蜕变成为掌权者谋取个人私利的得力工具。导致危害社会、分配不公，腐败是政府的掘墓人。人类政治生活史表明，无论哪种社会，哪种政府，只要听任腐败泛滥，必将导致政府合法性丧失殆尽，最终导致政府的垮台。

5. 诚信政府。诚信政府是以政府及其工作人员为主体的诚信，指政府必须履行其对公众承诺的责任，它是现代民主社会中责任政府的重要标志，是整个社会诚信体系的基础和核心，对社会诚信体系的构建具有重要的示范效应和推动作用。诚实守信，不仅是现代社会人与人相互交往的基本行为规范，同时也是政府行政道德的一种根本要求，它不仅可以衡量社会主义民主法治的建设成就，同时也揭示出我国政府在社会公众心目中的公信力。政府诚信作为政府与社会公众之间互动关系所形成的一种与诚信有关的价值体系，核心内容就是政府必须对社会公众负责，肩负起为人民服务的历史重任。

6. 责任政府。责任政府是指具有责任能力的政府在行使社会管理职能的过程中，积极主动地就自己的行为向人民负责；并采取积极的措施，公正、有效率地实现民众的需求和利益；政府违法或者不当行使职权，应当依法承担法律责任，实现权力和责任的统一。在人类历史发展中，存在着一个相当长的无责任政府时期。在专制时代，帝王既是国家主权的拥有者，又是国家最高的管理者。国家权力掌握在帝王手中，各级官吏的权力也是帝王赋予的，帝王意志支配下的权力运行即使出现失误，帝王及听命于帝王的官吏也不承担任何责任。责任政府的出现是现代民主发展的结果。民主意味着人民是权力的所有者，政府应该处于人民的控制之下，人民与政府之间应该是一种委托与被委托的关系，正是存在着这样一个基本关系，作为受托人的政府在行使权力的过程中，必须对作为委托人的人民负责，成为一个对人民负责任的政府。

（三）政府形象的塑造途径

政府形象的形成过程中包含三个基本构成要素即：政府形象的本体系统、政府形象的传播系统和公众的认知系统，因而对于政府形象的塑造应着力从这三个方面出发。

1. 提升政府形象的本体系统是根本。政府形象的本体系统包括政府的理念与宗旨、政府的行为、政府提供的公共服务产品、公务员与领导人、公信力以及视觉标识等。公众形成的政府形象是对政府这一客观真实的心理反映，因而提升政府自身是塑造良好形象的根本途径。首先要更新政府的执政理念、执政宗旨与执政作风。政府要有依法行政的意识、为人民热情服务的宗旨、诚实守信廉洁高效的作风、求真务实的工作态度。其次要注重个人形象塑造，包括一般公务员的形象和领导人的形象塑造。公务员的形象包括职业道德、知识结构、能力结构和心理素质等内在素质；还包括仪容、仪表、气度、服饰、言行举止、待人接物的礼仪与礼节等外在形象。领导人形象是政府形象的重要组成部分，领导人的根本形象是他的政绩与廉洁，除了应该具有的一般公务员的基本素质之外，由于领导人地位的特殊性，还应注重内在素质与外在形象的统一，规范化与个性化的统一。第三，"产品"形象塑造。主要指政府向社会公众提供的"公共物品"的形象，包括市政规划、城市建设即环境美化以及交通、通讯、文化设施等。这些公共物品应体现科学管理与人文关怀的相互结合、经济效益与社会效益的相互融合、行政文化与审美文化的结合等等。

2. 善于运用传播系统。美国的《公共关系季刊》曾列举过公共关系十四要点，其中第四点说："行动比空言有力，所有信誉都建立在行动而非语言文字之上，但如果让他知悉并了解，就得借助于语言文字。"它说明任何组织要塑造自己的良好形象，不仅要自己做得好，还应善于宣传，不宣传，公众不了解，良好的形象照样树立不起来。因此，在做好本职工作以外，现代政府应着力提高政府公关意识，善于运用报纸、电视、广播、网络等现代信息传播系统，建立信息公开和发布制度，增强政府行为的透明度，并对公众迫切需要了解的问题作出合理的解释和说明，增强公众对政府行为的理解和认同感。比如召开新闻发布会、进行电视讲话、开辟政府领导人热线电话、召开听证会与公众面对面交流等等，加强了政府与公众的联系，提高了政府行为的透明度，为政府获得良好的公众评价和塑造良好的形象奠定基础。

3. 提高公众认知能力、培育成熟的公民社会。由政府形象的定义可以看出，公众是除政府自身外决定政府形象的重要因素。政府形象具有主观性，政府形象的塑造依赖于民众的评价和认知及其对于政府的期许。由于公众各成员存在认知能力、个人经历、价值观念的差异，从而使其对政府形成的印象往往与政府真实状况并不完全相符。要减少这种认知误差，除了尽可能全面而准确地提供公众认知所需的信息外，还须着力提高公众的认知能力。同时，培育健康成熟的公民社会对政府形象的塑造意义重大。公民社会成熟，社会公众通过社会组织，在社会的公共空间对社会发展中存在的问题进行讨论，对政府的行为提出自己的建议，从而形成一定的政府观，进而影响政府形象的形成。对于我们国家培养公民社会的成熟，应特别注重改变传统的专制政治文化，改变公众脑中的臣民意识，树立现代公民意识，使百姓成为现代社会中权利和义务的主体，从而积极关注政府行为和活动，将会为政府形象的塑造发挥重要作用。

三、政府形象评估

评估也称评价、估价，通常是指根据一定的标准去判断某一系统或计划执行的状态或质量。政府形象的评估是指根据一定标准对政府形象的各个构成要素进行判断与评价。评估至少包括三个基本要素：标准（criteria）、证据（evidence）、判断（judgment）。标准是评估主体用以判断评价客体的事实尺度与价值尺度；证据是有关评价客体的事实、资料、数据等信息；判断就是用评价标准与评价对象的客观事实作对比而得出的结论。

（一）政府形象评估的价值与意义

通过评估发现问题，找出不足，既是对政府形象的阶段性定位、定性，又为政府形象的进一步改进与塑造提供科学依据。

1. 传递现代政府的价值观和行政文化。在现代民主社会，政府应如何定位、政府应具有什么样的形象，各级政府组织以及组织中的公务人员有时可能没有一个很清晰的了解。政府形象评估是一个非常有力的工具，可以告诉各级政府及其工作人员哪些是有价值的、需要努力追求的，哪些是无价值的，是次要的。同时，就结果（组织寻求的目标）和过程（可接受的方法）而言，政府形象评估对于明确行政文化和政府行为准则也是一个重要的方法。这种价值观的传播无论是针对政府内部，还是针对政府外部都有重要的意义。

2. 形象评估为政府了解自身提供了一面有益的"镜子"。"以铜为鉴，可以正衣冠；以人为鉴，可以明得失；以史为鉴，可以知兴替"，任何人与组织要达到自知都需要一个外在的参照物，政府形象评估正是给政府自身提供了一个使政府自知的一面镜子。政府形象评估的目的就是取得关于形象活动过程、活动效益和活动效率的信息，从而达到对自身的了解，为政府自身的改进和优化提供参考和借鉴，为组织发展提供了重要的支持。

3. 政府形象评估是推动政府形象发展的重要手段。通过政府形象评估，便于发现组织中存在的问题，将问题界定清楚，使原来隐藏在冰山之下的问题突显出来，推动管理者去寻找解决问题的方法，最终达到改善形象的目的，推动政府形象向更高层面发展。

（二）评估过程

政府形象评估无论是作为学术研究活动，还是作为一项现实实际工作，都是一个由多个环节组成的连续过程。一般来说这一过程可以分为连续的三个基本阶段：准备阶段、实施阶段、总结阶段。

1. 评估准备阶段。准备是评估的基础和起点，政府形象评估是一项复杂的系统性工作，因此，只有做好周密、充分的组织准备工作，才能明确评估的重点、抓住关键问题，确保评估工作的顺利进行。在评估的准备阶段，应做好以下几个方面的工作：

（1）了解所评估对象的背景及其基本情况。该政府的规模、人员组成、机构组成、历史人文状况以及文化背景等方面的情况。

（2）制订评估方案。这是整个评估准备工作中最重要的一环，其质量的高低决定着评估活动的成败。完整的评估方案一般包括五个因素：评估主体、评估对象、评估目的、评估标准、评估方法。评估方案必须说明以下内容：①评估主体的确定，即由谁来评估。评估可以是自我评估、利益相关者评估、独立第三方专业机构评估、也可以是多元主体的合作评估。不同评估主体的不同立场与视角会对评估的合理性、客观性和公正性产生不同的影响。②阐述评估对象，明确指出评估什么。③明确评估目的。即确定为什么要进行评估的问题。评估目的可能不止一个，但往往要确定其主要的目的。④确定评估标准。评估标准是为判断评估对象的优劣好坏而制定的客观尺度。由于具体评估目的不同，评估所依据的价值尺度不同，标准的选择也就有所差异。评价标准一般表现为"指标体系及指标体系的集合"，指标体系一般通过文献研究、专家论证、实地考察来获得。"指标体系"的质量水平直接决定了评估结果的科学性与客观性。⑤选择评估方法。不同的类型、不同的时间要求、不同目的的评估，所选择的评估方法是不同的。每种评估方法都有其一定的优缺点，适用场合各不相同，使用单一方法评估可能会产生一定的系统误差，因此要考虑各种不同评估方法的互补性。

（3）建立评估机构、挑选和培训人员、撰写评估方案。评估对人员要求较高，评估人员素质的高低、专业化程度、评估态度、敬业精神、评估立场等都会影响评估的质量。因此，要精心挑选合适的评估人员并组建合适的评估机构，同时，撰写较为具体详细的评估方案。

2. 评估实施阶段。实施评估是整个评估过程中的关键环节，其主要任务是通过一定方法采集评估信息、统计分析评估信息。①采集评估信息。政府形象评估的过程，实际上是一个信息过程，即信息收集、整理、反馈到信息的再收集、整理、反馈的过程。收集信息资料的技术与方法有很多种，常用的有：观察法、查阅资料法、开会调查法、个别访谈法、问卷调查法等，这些方法各有其特点和应用范围，最好是交叉使用、相互配合，务求所获信息具有广泛性、系统性和准确性。②分析评估信息。即对采集到的评估信息进行统计分析处理。采集所获得的信息都是原始数据，比较分散、杂乱，所以需要对其进行清洗、系统的整理、分类、统计、综合和分析。统计分析的方法很多，根据统计学原理，政府形象评估通常采用多变量统计分析等方法，对各类数据进行系统研究。③初步结论。在综合统计分析评估信息之后，运用直接比较法、综合比较法、前后对比分析法或统计抽样分析法等具体的方法，给出一个客观、公正、真实、准确地反映评估对象特点的初步评估结论。

3. 撰写评估报告、总结评估工作。撰写评估报告是评估成果的总结，在评估报告中要对评估结论做一次简明扼要、提纲挈领的分析总结，然后给出一个正式的评估结论。在评估报告中，除了要写好价值判断的评估结论部分外，还必须写好整个评估工作的说明，表明评估结论获取的内在逻辑过程，并提出相应的政策建议。在撰写好评估报告之后，应对本次评估活动进行一番全面的回顾和总结，总结经验教训，为以后的评估活动打下基础。

思考题

1. 简述政府公共关系的概念和特征。

2. 政府公共关系在行政管理中具有怎样的地位？

3. 政府公共关系的原则和职能是什么？

4. 政府公共关系有哪几种模式？

5. 政府形象的构成要素有哪些？

6. 简述政府形象的形成过程。

7. 良好政府形象具有的价值与意义是什么？

8. 现代政府形象塑造的目标是什么？政府形象如何塑造？

9. 政府形象评估的价值与意义是什么？

10. 简述政府形象评估的基本过程。

参考文献

1. 陈耀春：《中国政府公共关系》，中国经济出版社 1999 年版。

2. 居延安、赵建华等：《公共关系学》，复旦大学出版社 1989 年版。

3. 汪启明："论政府公共关系"，载《四川行政学院学报》1999 年第 2 期。

4. 陈佳："论政府公共关系的价值与模式"，载《现代商贸工业》2010 年第 3 期。

第十八章 行政改革

行政改革是政府治理现代化的基本方式，在行政发展的过程中占有重要的地位、具有重要的作用。行政改革也是经济、政治与社会改革的结合部，在我国全面深化改革的战略中，同样具有重要的战略地位和重要的战略作用。因此，正确认识和有效推进行政改革，不仅对持续、有序的行政发展有重要的现实意义，而且对经济、政治的改革和社会稳定持续的发展也有着特别重要的战略意义。

第一节 行政改革概述

行政改革的理论是行政改革的先导，科学的行政改革理论是行政改革成功的必备前提，因此，进行行政改革，必须首先正确认识行政改革，科学把握行政改革的性质、原则、动力和方式等理论问题。

一、行政改革的基本性质

对行政改革，学者们已有了许多界说：蒙哥玛利（J. D. Montgomery）认为，行政改革是调整行政机构及其与社会其他要素之间关系的政治过程。[1]凯顿（G. E. Caiden）认为，行政改革是"人为地诱导行政的转变"。[2]这两个定义过于简单，没有揭示行政改革的基本性质。张康之、李传军认为，"所谓行政改革，是指为了适应行政环境的变化和行政系统内部的要求而对公共行政的组织、人员、技术、制度和观念等进行的有意识地创新、发展和调整的过程"。[3]这个

---

〔1〕 任晓："中国行政改革的动力与进程（1992~1988）"，载《政治学研究》1989年第6期。
〔2〕 任晓："中国行政改革的动力与进程（1992~1988）"，载《政治学研究》1989年第6期。
〔3〕 张康之，李传军编：《公共行政学》，北京大学出版社2007年版，第354页。

定义贴近实际，富启迪意义。基于这种启示，我们可以断定，从基本性质上说，行政改革就是国家行政机关基于行政系统内、外部发展的客观要求而对自身所进行的调整、革新。具体说来，就是国家行政机关依据行政权责的内在联系，对行政系统的组织、职能、人员、制度、运行机制和观念、文化进行调整、更新，使之优化提高，能够高效公平处理国家和社会公共事务，以适应社会环境和行政系统持续发展要求的过程。在行政改革的基本性质即本性中，蕴含着如下四个本质属性。

（一）政治性：行政改革是个政治过程

行政改革之所以具有政治性，是一个政治过程，主要在于：其一，作为行政改革主体的政府处于政治上层建筑领域，是国家这个政治核心的重要组成部分；其二，进行行政改革的决策，是国家在执政党的领导下，依据公意、民益，利用政权工具作出的，本质上是政治性决策；其三，行政改革是在政治体制改革的框架中进行的，本身是政治改革的一部分；其四，行政改革中追求的价值目标和公共性同政治改革追求的价值目标与公共性是同质的；其五，行政改革的成败，往往是由政治改革的成败决定的，没有成功的政治体制改革，就不会有成功的行政改革。行政改革的过程原本就是一个政治过程，所以，必须把行政改革当作复杂的政治过程来对待，政府只有整合并有效利用政治资源，努力化解政治保守势力，才能有成功的行政改革。

（二）依从性：行政改革决定于、服务于社会的持续发展

政府的行政改革，之所以决定于、依从于、服务于社会的发展要求，是因为：其一，所有国家政府机构的产生，都是社会基于其客观要求，以不同的方式或程序选择的，没有一定社会的选择，就没有一定的政府。其二，社会充当政府的基础，向政府输入支持性资源，是以政府为社会的存在与发展，输出所需的公共产品与服务为前提的，政府不能满足社会的这种要求，削弱或失去了社会支持的前提，就会受到社会的杯葛，甚至被社会所淘汰。其三，环境的变化、社会的发展是绝对的、不停息的，而行政格局则是相对稳定的，这就决定了行政对社会发展的不适应注定会发生的，而由不适应转变为新的适应的途径只能是行政改革。其四，行政改革的目标也是依从和决定于社会的。行政当然要追求行政效率，但这种效率必须是促进社会公平和社会稳定与发展效率。失去了行政改革的这一社会归依的性质，行政效率也就失去了它本来的意义。

（三）系统性：行政改革是一个系统工程

行政改革是一个完整的、有机统一的系统工程。它的系统性在于：其一，

行政改革是由政府更新行政观念、转变政府职能、精简政府机构、提高人员素质、理顺权责关系、进行制度创新，优化行政运行机制等要素改革组成的行政改革整体。其二，这些要素改革之间、要素改革与整体改革之间都是有机统一的，它们的联系是不可割裂的。割裂了这种有机联系，无论是要素的改革还是整体的改革，都不可能获得成功，而难逃改革失败的命运。其三，整体的改革功效是非加和的。整体的改革功效以要素的改革功效为基础，没有要素改革的功效就没有整体改革功效，但整体改革的功效绝不是各要素改革功效的简单加和，整体功效一定大于要素功效之加和。行政改革是一个完整、有机的系统工程，所以进行行政改革，一定要有整体系统的思维，有了科学的、系统整体设计和论证的改革方案，再将其付诸实施；碎片思维下走一步看一步的行政改革，没看清楚就盲目进行的行政改革是没有不失败的。

（四）艰巨性：行政改革是一种复杂和困难的长期改革

行政改革艰巨的原因主要有三：其一，行政改革涉及的关系复杂。其中有政府内部纵横结构与职能的关系、行政系统与社会环境的关系、公共利益与个人利益的关系、公共权力与权利的关系、行政观念与行为的关系等，在行政改革中理顺如此复杂的关系，的确很困难、很艰巨。其二，行政改革遭遇的阻力大。其中有来自政府机构内部保守势力的阻力，也有来自机构外部某些利益相关方的阻力；有来自传统守旧行政文化的阻力，也有来自实践行动中的阻力；有反对进行改革的阻力，也有把改革引入歧途而阻止正确改革的阻力。行政改革中冲破、克服如此复杂的阻力，当然也很困难、很艰巨。其三，行政改革的复杂性、困难性、艰巨性是需要长期面对的。政府对社会的关系是按"适应——不适应——改革——新的适应"的周期循环曲折地向前运行的，政府与社会的这种周期性关系存续多久，改革的艰巨性也就有多久。行政改革的艰巨性是长期的，所以行政改革的应对之策，就要有长期的战略性。

二、行政改革的原则

行政改革内在的本质和规律性，反映在观念中，经过逻辑思维的加工论证，就形成为行政改革的基本原则，也就是实施行政改革必须遵循的行为准则。

（一）改革取向上的适应性原则

行政改革不是孤立存在的，它与社会政治、经济和主流文化都有着内在的必然联系：行政主体是社会或人民群众选择的结果，因而它的行为内容必然决定于社会及人民的根本要求；行政改革寓于政治改革，是政治整体改革的一部分，而部分又是由整体决定的；行政改革处于政治上层建筑，而政治上层建筑是由经济基础决定的；社会主流文化的核心是价值观，这些价值观左右各种社会行为，当然也左右行政改革。行政改革也反作用于社会的政治、经济和文化，但从根本上说，它的这种反作用是由政治、经济决定的，由价值文化左右的。行政改革遵循这些规律，就必须坚持反映这些规律的适应性原则，就是以自己积极的回应性，去适应和满足社会政治、经济及其发展的要求，去适应以人为本的主流文化的价值取向。在行政改革的原则中，适应性原则是反映和主导行政改革的总体取向或方向的。

（二）改革工程设计上的科学性原则

行政改革是一个十分复杂的系统工程，因此，进行行政改革必须有科学的系统思维。要依据系统理论提供的理论工具，其一，对现行行政的功能与结构及其同社会环境关系的现状，进行深入的调查、细致的分析、系统的梳理，全面的诊断，切实找到行政系统问题之所在。其二，针对存在的问题，进行完整、系统和可行的改革方案设计。设计的改革方案，要有正确的方向、明确的目的、可度的目标、有效的措施、可行的方法、准确的突破点，以及针对改革可能产生的负面作用提出的相应救济和应对措施。其三，实施改革方案，要基于方案的系统性和整体性，制定实施计划，整合实施力量，统一实施步调，依序落实措施，及时纠正出现的偏差。只有切实做好这些工作，才能获得丰硕的行政改革成果。

（三）改革过程中的稳定性原则

稳定包括行政系统内部的平衡性、外部社会体系的平衡性以及社会与政府之间的平衡关系。政府是社会秩序的维护者和管理者，也是稳定社会及其与自身平衡关系的调节器。当政府行政系统内旧有的平衡稳定不适应社会发展要求的时候，这种不适应性集中表现为政府与社会之间的不平衡性，会引发社会的不稳定，于是就需要进行行政改革，打破行政系统内部的旧有平衡，以建立行政系统内部和外部社会发展之间的平衡、稳定关系。所以，追求新的平衡、稳定就成为行政改革所必然追求的重要目标和必须坚持的原则。行政系统和社会的稳定是行政改革的前提，如果没有这种前提，行政改革就无法顺利进行。行政改革中的稳定决定于保持自身内部与社会公共秩序的控制力，而要保持这种控制力，政府就要在行政改革中把握好稳定性原则，即综合考虑社会各方面的需求和各种因素，把改革的力度、发展的速度与各方面的可承受程度统一起来，使改革积极稳妥、循序渐进地有序进行。

（四）改革方略上的法治化原则

进行改革，在方略上坚持法治化原则，是行政改革决定于社会发展要求的必然的逻辑结论。按照历史唯物主义的观点，社会历史是人民创造的和决定的，所以一切权力归人民所有。而人民集合体不可能人人直接运用公共权力，决定和管理社会公共事务，所以只能委托某些人组成政府，代表人民行使公共权力决定和管理公共事务。社会历史是人民创造的，公共权力是人民所有的，政府是受人民委托而行使行政权、而处理公共事务的，那就必须依据人民的公共意志来处理公共事务，然而，人民的公共意志只有转化为法律、制度，才能获得明确性和可操性，所以依据公共意志处理公共事务，必然通过法治表现出来。这就是所谓法治的逻辑。行政改革是特别重大的公共事务，所以必须依据体现人民公意的法律和制度规范来进行行政改革。依法进行行政改革，就是把行政改革所有事项，都纳入体现人民公意的法律和制度规范中，严格按照法律和制度规范来进行，这就是行政改革所要坚持的法治原则。行政改革的法治原则不仅是关于如何改革的依据的原则，同时也是关于如何保障行政改革顺利进行的原则，因为行政改革中的违法行为都要依法受到惩处和矫正。

三、行政改革的基本内容

行政改革主要有六个方面的内容，这就是行政观念的更新、行政职能的转变、行政权力的重配、行政组织机构的改革、行政干部队伍素质的优化和行政运行机制的完善。

（一）更新行政观念

当即有的行政不适应社会发展的要求，阻滞社会发展的时候，就必须进行行政改革，而进行行政改革的先导，则是更新行政观念。因为，行政观念是行政行为的精神动力和内在引擎，行政观念往哪引，行政行为就朝那动；旧有的行政观念不改变，就会义无反顾地把行政往老路上引而成为行政改革与发展的思想障碍；只有更新了行政观念，才会有新行政观念指引下的新的行政发展。更新行政观念的思维机理，概括起来，就是"立足现实，顾后、瞻前"的思维机理。所谓"立足现实"是指从现实出发，实事求是；"顾后"是指扬弃过去，总结经验教训，汲取精华，抛弃糟粕；"瞻前"则是指开拓创新，凝结合乎客观逻辑的行政新思维。行政观念的更新内容，主要是强化政府服务人民、社会的观念，依法行政的观念，平等、民主的观念，负责、诚信的观念，透明、廉洁的观念，求实、创新的观念和高效行政等观念。

（二）转变行政职能

行政职能，是政府与社会、人民群众联系和沟通的桥梁，是二者得以良性互动、彼此同性兼容的枢纽，因此转变行政职能，优化行政职能体系就成为行政改革的关键和核心。政府决定于社会，因此政府行政职能的设定、转变和职能体系的优化的方向与内容，必须视社会的性状、变化和发展的客观趋势而定。当代行政职能的转变的主要方向有四个方面：其一，政府减少不该担负的职能，把不该由政府管理的事项转移出去，把大量社会性事务移交给第三部门，由非政府公共组织和城市社区去管理，集中履行核心职能。其二，根据市场经济规律，提供服务和宏观调控市场的规制，释放市场能量，维护市场秩序，弥补市场失灵的弊病，促进经济稳健有序的持续发展。其三，增强构建和谐社会和实现社会公平、正义的职能，调节收入分配、全面协调发展，化解社会矛盾、实现社会公正、保持社会稳健发展。其三，强化提供优质公共服务和改善民生的职能，以劳动群众为主体的人民群众，是构成社会的主体部分、稳定社会的基本力量、推动社会发展的根本动力，所以政府在向社会提供公共服务和改善民生的职能中，特别要强化为社会基本群体提供公共教育、公共卫生、就业和社会保障等方面的公共产品和公共服务。

（三）重新配置行政权力

行政机构中的各个层级的部门，要履行其所承担的行政职能，必须有相应的行政职权或行政权力工具。所以，随着行政职能的转变，必须为各个层级的行政职能部门，重新配置行政权力。配置行政权力的根本原则，是行政职能与权力彼此对称、相互平衡的内在统一的原则，也就是事权统一的原则。配置行政权力，使行政职能和权力达到对称、平衡的致思逻辑是：其一，在规模与强度上，职能与权力的大小应相符，有多少（多大）职能，享有多少（多大）权力。如果职能多权力少（小），势必力所不及，导致职能束之高阁、难以有效实现；反之，权力多（大）职能少，则会造成权力过剩，容易滥用权力，导致权力腐败。其二，在性质上，同一部门的职能与权力应有内在的同质性。承担行政决策职能，享有行政决策权力；承担行政执行职能，享有行政执行权力；承担行政监管职能，享有行政监管权力。一个机构享有的权力与其承担的职能如果在性质上相悖不一，它就会在履行职能的过程中陷入混乱。其三，在不同层级的行政机构间，从中央到地方，不同层级的行政机构，一方面，都要依据其职能分别享有相当的行政权力，另一方面，又要在不同的层级间，形成顺畅的领导、合作和服从的关系机制。这样，在整个行政机构系统中，就能在中央的统一领导下，全面调动和发挥各层级行政组织的积极性、能动性和创造性，就能顺畅系统地全面实现政府行政职能，保持政府行政对于社会环境的适应性。

（四）调整行政结构

政府的行政职能是行政机构设置的前提和根据，行政机构是行政职能存在的载体和实现的基础，因此，行政职能与行政机构具有内在的统一性。正在于此，转变行政职能、优化行政职能体系，就必须调整行政机构、优化行政机构体系，使二者真正达到"合二而一"、"二位一体"。行政机构的改革，要坚持精简的原则，但绝不是减得越多、留得越少就越好，而是达到行政机构与行政职能内在统一。达到这种统一，致思的理路是：其一，明晰职能，合理分工，行政机构体系中的部门，同行政职能体系中的具体职能一一对应，什么样的部门履行什么样的职能，使部门与它所承载的功能内在地统一起来。只有这样，才能防止不合理的政府机构设置。其二，行政职能体系中的各种职能，是互不相同的，不可相互替代的，所以，同一行政部门，不能承担不同的职能，同一职能不能由不同的部门来承担。只有这样，才能有效地防止部门职责交叉，避免降低行政效率。其三，行政职能体系是一个完整的有机体系，体系中的不同职能是彼此衔接的和互补的。按照机构满足职能要求的原理，行政机构的设置和调整优化，就应当使各个部门之间有特定的衔接秩序和互补机制。只有这样，才能保持政府职能的整体性和对外部社会环境的适应性。

（五）优化行政干部素质

"政治路线确定之后，干部就是决定的因素"。[1]因为路线确定之后，推行路线的关键是大量精干优秀的干部。同样，明确了新的职能、搭建了新的机构，重配了权力之后，关键是要建设高素质的行政干部队伍，因为行政干部队伍是行政机构的组成者、行政权力的行使者、政府职能的履行者。行政干部队伍建设的总体目标是形成一支结构合理、充满活力、专业配套、精干高效的高素质队伍。其中高素质是指这支队伍具有敏锐的政治鉴别能力，高尚的职业操守，勤奋的敬业精神，务实的工作作风；具有尊重客观规律的哲学思维，系统掌握公共行政管理的知识和相关政策法规，熟练掌握本行业专门技能，有极强的工作能力；一句话就是德才兼备。建设高素质行政队伍，是一项艰巨的系统工程，没有捷径可走。建设的路径主要有三：一是干部自身的修养和实践锻炼，以自己自觉的努力自我提升；二是制定、实施并适时优化公共部门人力资源开发和

---

〔1〕《毛泽东选集》（第二卷），人民出版社1991年版，第515页。

管理制度，以制度的功能提高干部队伍素质；三是公共人力资源管理部门和专业培训机构的教育和培训，以教育和培训为干部队伍适时充电，补充新观念、新知识、新技能，聚集不断适应发展着的公共行政的正能量。

（六）完善行政运行机制

恩格斯在《反杜林论》中为了说明质与量的辩证关系，曾经引用拿破仑在一则日记中描述的马木留克骑兵与法国骑兵之间的战斗情形："两个马木留克骑兵绝对能打赢 3 个法国兵；100 个法国兵与 100 个马木留克兵势均力敌；300 个法国兵大都能战胜 300 个马木留克兵，而 1000 个法国兵总能打败 1500 个马木留克兵。"[1] 这种情形表明，完善系统运行机制尤为重要。在行政系统中，行政职能、权力、机构、队伍等要素及其同社会的互动方式，在运行过程中结合的优劣，体现着运行机制的优劣。在其运行过程中，要素有机结合起来，行政运行机制优，行政运行功效优，反之则功效差。正是因为行政运行机制决定着行政功效，行政改革应当包括行政运行机制的完善。行政系统要素及其同环境有机结合的运行机制，是通过行政决策、执行、协调、监督等具体的运行机制体现出来的，所以，完善行政运行体制，就要积极探索和优化行政决策、执行、协调、监督等机制。

四、行政改革的动力

行政改革涉及权力与利益的分配，因此会有各种矛盾、碰撞，生成重重阻力。但改革是不可逆转的社会历史潮流，因此行政改革的推动力，一定会打垮各种阻力，推动行政改革向深广两个层面发展。行政改革的动力是一体多元的，是多股动力凝聚而成的整体推动力。

（一）改革思想的认知力、解释力和外化力

行政改革思想成为行政改革的动力，是有其形成的必然逻辑的。人们知道，社会的新陈代谢、丰富和发展，都会对政府的职能提出改革要求，但相对稳定的政府通常不可能做出相应的及时反应，于是政府与社会的矛盾就显现出来，引起思想界或理论界的关注和研究。研究者们基于不同的立场和视角，采用不同的观察和研究方法，形成了不同的改革认识，并加以整理而形成不同的改革理论和改革主张。这些不同的认知经过相互的碰撞、传播、解释和民众的筛选，就会形成行政改革的主流思想，形成主张某种改革的主流舆论，遵循规律、顺

---

〔1〕《马克思恩格斯全集》，人民出版社 1971 年版，第 141 页。

应民意的政党及其权力机关在此基础上做出行政改革的决定，制定改革的原则、政策和方案并付诸实施，于是行政改革思想的认知力、解释力就成为外化力而发挥推动行政改革的作用了。

（二）人民群众的推动力

人民群众是社会发展的动力，也是推动行政改革的动力。人民群众推动行政改革的机理主要是这样表现出来的：其一，人民群众基于自己生产、生活和发展的需要，形成要求政府增减某些职能，提供所需产品和服务的舆论呼声，为行政改革理论的形成提供素材；为代表他们的政党和权力机关作出行政改革的决策提供第一手信息，为行政改革政策与方案的出台发挥推动作用。其二，内容科学，符合民意取向的行政改革政策与方案出台后，人民群众广泛认同、拥护，全力支持行政改革政策与方案的推行、实施，从而推动行政改革深入发展。其三，人民群众还会以社会舆论的方式，对反对行政改革或企图把改革引向歧途的人的各种势力形成压力，为清除行政改革阻力，扫清道路，从而为改革的顺利进行发挥积极的保证作用。

（三）执政党的领导力

在现代政治社会，国家是由执政党来组织的和领导的，政权由执政党执掌，政治由执政党领导，行政改革寓于政治改革的框架之中，因此也是由执政党来领导的。执政党代表处于社会主导地位的集团和群体，其执政地位通常是社会选择的结果，因此其领导行为只要合民意，就具现实的领导力。执政党对行政改革的领导力主要表现在三个方面：一是基于社会和民意的要求，影响权力机关制定和出台行政改革的政策；二是从思想上和组织上领导政府实施行政改革政策，完成行政改革任务；三是引导它代表的所有社会力量支持行政改革，努力为改革创造良好的社会氛围和社会环境。

（四）行政公务人员队伍的执行力

行政公务人员既是政府机构的构成者，也是政府职能的践履者；既是行政改革的对象，也是行政改革的执行者。行政公务人员也有自利性，他们在行政改革之中，有人素质不高、不能自律，会因为岗位与权力的调整、满足自身利益的要求而不赞成改革，甚至反对改革而成为改革的阻力；但这只是少数人，他们不仅阻挡不了改革，还会被改革所淘汰而收到净化队伍的效果。被录用为行政公务人员的人们，绝大多数人是德才兼备、能够自律的高素质人才，因此，他们不仅能够在改革中服从原有职位、从事的工作与权力上的调整变动，而且会在新的部门和岗位上恪尽职守，爱岗敬业，发挥出改革所预期的作用，从而把行政干部队伍的行政改革执行力落到实处。

行政改革的动力体系中的这四种力量，不是孤立作用、各行其是，而是有机联结、彼此互补，正是这种有机的联结互补机制，使四种力量统合为一，从而有力地推动着行政改革前进，并达到预期的目标。

第二节　西方国家的行政改革

现代意义上的行政改革发生于西方发达国家。这些国家是现代行政改革的先行者，梳理它们行政改革的社会背景、理论依据、基本模式，吸取其经验，记取其教训，对于我国的行政改革具有一定的借鉴意义。

一、西方国家行政改革的背景

西方发达资本主义国家的大规模行政改革，发生在两个大的历史时期：一是第二次世界大战后的冷战时期；二是冷战结束之后的后现代时期。

（一）冷战时期的行政改革背景

人们知道，二次大战后，世界进入冷战时期，遏止共产主义的冷战，给西方资本主义国家造成了三个大的方面的问题：其一，国家陷入财政困境。基于冷战的经济支撑需求，西方发达资本主义国家加强对社会经济的干预，而干预又导致了国家政府职能范围的不断扩大；职能扩大和工业现代化过程中承袭下来的科层官僚行政体系，又导致了政府机构的扩张膨胀、公职人员不断增加；这种扩张和膨胀，加大了预算开支，降低了效率，使政府财政面对着极大的压力，陷入了财政困境。其二，社会民生问题突显出来。冷战期间，发达资本主义国家由于干预他国内政的战争需要，政府畸形使用社会资源，削减解决民生问题的投入，其结果是诸如安全、污染、住房、卫生、社会保障、公共交通等民生问题，变得越来越趋严重。其三，出现了明显的社会动荡。主要发达资本主义国家，政府把主要精力用于冷战及其出于冷战需要的对外斗争，而疏于弥补国内失灵的市场，导致了不平等的加剧和严重的种族歧视等社会问题，其结果是引发了社会民众的不满情绪，产生了反战争、反种族歧视和反对不平等等社会思潮，出现了明显的社会动荡。这些问题与政府行政有内在的相关性，因而引起了学界的高度关注，产生了公共政策理论和新公共行政学，提出了把社会公平注入行政目标、政府必须提供公平的服务、对公民高度负责等行政价值主张，并引起了以此为主要导向的行政改革实践。

（二）后现代的行政改革背景

冷战结束后，西方各国进入后现代，产生了引发新的行政改革的新情况，主要是：其一，20世纪70～80年代以来，西方主要发达国家相继由现代而进入到后现代。后现代时期，西方资本主义社会出现了多元利益诉求和新的价值观念，这对基于工业化时代的社会结构和经济技术基础上的政府理念、组织结构、运行机制和绩效标准，产生了深刻的冲击，成为引发西方各国行政改革研究与实践的主要因素。其二，20世纪70年代石油危机之后的经济衰退，导致西方各国严重的财政赤字，这使用以支撑高福利的财政支出变得力不从心。在这种情况下，如果提高税收、压缩福利、限制公共服务，就会加剧社会矛盾，引发社会动荡。于是引起了探寻行政改革出路的研究，形成了以厉行节约、改善财政支出、少花钱多办事为目标的行政改革主张与改革实践。其三，当代世界越来越市场化、信息化和全球化，西方国家业已形成的政府行政模式和运作能力，既不能适应国内发展的需要，又难以应对来自不同国家和地区的激烈竞争和发展挑战。这便是引发旨在如何转变政府理念、改善管理模式、提高政府能力的行政改革研究和行政改革实践的基本原因。其四，当代民主意识普遍提高，民众要求决策管理过程透明、开放的呼声越发高涨。民众不仅提出了要控制政府规模、降低政府成本的要求，而且在控制官僚权力和参与民主行政方面也有了新认识、新要求。民众在行政民主化和法治化方面要求逐渐增加的背景，也引发了当代民主行政改革研究，产生了公共选择理论、新公共管理理论和政府治理等理论，发生了以重新调整政府与社会、市场的关系和减少政府职能、实行社会自治、鼓励社会自身的公共管理、利用市场和社会力量来提供公共服务、在政府内部引进竞争机制，以提高行政效率与服务质量为主要内容的行政改革。

二、西方国家行政改革的主要理论

正如革命要有革命的理论一样，行政改革也要有改革的理论，没有改革的理论，就无法开启改革的工程。中国的行政改革是这样的，西方国家的行政改革也是这样的。西方国家开启行政改革的主要理论，先后有新公共行政理论、新公共管理理论、政府治理理论和后现代公共行政等理论。

（一）新公共行政学的理论

新公共行政学的理论，以弗里德里克森（H. George Frederickson）等人为代表，它基于当时的社会政治和政府行政背景，摈弃传统行政学中的权威主义和以效率为中心的取向，重视人性和行政伦理研究，主张建立以公平为中心、对公众需要负责的民主行政。

新公共行政学的理论观点主要是：其一，认为社会公平和社会正义是公共行政的核心价值，主张把社会公平注入公共行政的目标和过程之中。其二，强调政治与行政的连续性，主张民主行政。它认为公众的权利和利益高于政府自身的利益，主张把尊重人民的主权、公众的权利和需要作为行政系统运转的轴心。其三，认为行政组织结构与功能状况关系到公共服务的质量，主张建构新型的政府组织形态，以利组织发展、民主行政和实现顾客至上。其四，它强调公民参与政策制定和相关控制，以利反对滥用权力和防止行政无能。

新公共行政的这些理论观点，特别是它所倡导的社会公平、民主行政和社会责任的价值观，不仅为当时的行政改革提供了理论基础，推动了公共行政的发展，而且在某些方面为新公共管理的产生做了理论准备。

（二）新公共管理理论

新公共管理理论也被称为"企业化公共管理理论"或"市场化公共行政理论"，它产生于上世纪 80 年代，思想代表主要有胡德、奥斯本和巴泽雷等人，它以现代经济学和私营企业的管理理论与方法作为自己的理论基础，主张以企业家精神和顾客驱动来再造政府流程，以克服政府管理的弊端，提高行政效率和公共服务质量的理论是西方国家行政改革的一个重要理论基础。

新公共管理理论的基本观点是：其一，在政府和社会的关系上，新公共管理理论坚持"顾客导向"的价值理念，认为政府是负责任的"企业家"，而公民是其尊贵的"顾客"。作为"企业家"政府，不仅应倾听顾客的意见，按照"顾客"的导向建立明确的服务标准，提供多样化和高质量的公共服务，而且应通过"顾客"介入对政府公共服务的评价来保证公共服务的提供机制，符合顾客的需要偏好。其二，在政府职能定位上，新公共管理理论认为政府应是掌舵者而不是划桨（执行）者，主张政府是公共政策的制定者而不是政策执行者。它以政府掌舵而非划船的原则进行行政改革，使政府管理从众多具体公共事务中解脱出来而更多地关注决策工作。用公共政策指导公共产品生产的竞争，不仅可以缩小行政编制，降低行政成本，而且可以提高公共产品生产的效率和质量，以最大的限度满足社会公众的需要。其三，在管理权能上，新公共管理理论认为分权是高绩效行政组织天然具有的特征，所以主张权力下放，实行分散化管理，以便灵活迅速地调整自身结构，及时适应新的形势，保持良好的行政绩效。其四，在管理机制上，新公共管理理论主张把竞争机制引入公共管理之中，用市场的力量推进变革，改造政府。它认为在公共部门中引入市场机制，在公共部门和私人部门之间、公共部门机构之间展开竞争，不仅可以提高公共物品及服务供给的效率，而且可以使公共部门向更具竞争性的方向发展。其五，在管理技术和方法上，新公共管理理论倡导企业家式的政府。它认为，在管理上，公私之间没有本质的差别，政府部门完全可以引进私营部门成功的管理技术方法来提高效率。其六，在公共部门人力资源管理上，新公共管理理论认为管理是一项需要技能的职能，因此，主张在政府机构中管理型人员应越来越多地担任部门领导，也就是主张管理者来管理而不是专家来管理。另外，在绩效管理及监控上，新公共管理理论主张用绩效和计划预算取代原有的预算制度，运用经济、效率和效益"3E"标准，对照公共服务绩效目标，对公共部门提供公共服务的全过程进行跟踪监测，做出系统的绩效评估，以此保证公共部门提供公共服务的数量和质量。

新公共管理理论，在西方国家行政改革的浪潮中产生了普遍的影响，并在相当程度上改善了西方国家的公共管理水平，促进了经济与社会的发展，满足了更多的公共服务需求，同时也增强了其在国际社会中的竞争能力。这也充分说明新公共管理理论确实是名副其实的当代西方行政改革的重要理论依据。

（三）公共治理理论

治理理论原本是企业界通行的理论，90年代以来，西方政治学家和经济学家赋予了治理新的含义，引入公共领域，作出了许多新的界定，形成了公共治理理论，并成为影响当代西方国家行政改革的一个重要的理论。

按照公共治理理论，相对于公司治理说来，公共治理是政府及其他组织组成自组织网络，共同参与公共事务的管理和公共产品、服务的提供，谋求公共利益最大化的治理形式。公共治理的基本特征在于：它不是一整套规则，也不是一种活动，而是一个过程；它的基础不是控制，而是协调；它既涉及公共部门，也包括私人部门；治理不是一种正式的制度，而是持续的互动。

公共治理理论观点主要有：其一，关于放松规制的观点。它认为，任何福利国家，履行公共服务职能和管理公共事务的中心从来就不止一个，大量出现在公共领域，因此需要政府放松规制，凡是公民和非政府组织能够独立自主解决的事情，政府就不要插手；凡是市场可以解决的问题，政府就不要介入，政府掌舵而不划桨。其二，关于合作与协商的观点。公共治理理论认为，公共服务的供给过去几乎全然属于政府的责任，而现在已有多种组织与机构来承担，私营和志愿性机构愈来愈多地参与到了服务供给和战略性决策之中。因此在公治管理中，主张政府、非政府组织与公民之间的平等协商与合作，把各种管理主体变成一种合作伙伴关系。其三，关于合同出租的观点。出于降成本增效益的考虑，公共治理理论主张，凡是政府必须要管的公共事务，政府尽可能采用招标、承包、委托等市场化手段，把一部分公共事务通过签订行政合同的方式，交给企业、非政府组织、公民等来经营，即"官办民营"，而不是"官办官营"。必须要"官办官营"的事情，也要像企业管理那样，精心计算成本与收益，最大限度地降低成本，最大努力地增加收益。其四，关于竞争与分权的观点。公共治理理论基于多元治理的需要。主张在公共服务的提供者之间展开竞争；主张下放权力，实行分权，把管理权尽量从政府转移到社区，从而授权给公民，以利采用参与式管理。

在西方国家政府失灵的条件下，公共治理理论的主张，为医治西方政府失灵病开出了一剂有益的处方。它的许多观点和主张影响着当代西方行政改革的内容和走向，是西方行政改革的重要理论依据。

（四）新公共服务理论

新公共服务理论，是在反思和扬弃传统公共行政理论与新公共行政理论的基础上提出的，是一种更加关注公民权利、民主价值、公共利益和政府服务的新理论，也是当代行政改革的重要的理论基础之一。

新公共服务理论的基本内容是七大观点：其一，关于公共行政及领导职能是服务而不是掌舵的观点。它认为，公共行政及其领导的职能和作用，不是在于驾驭社会，而是为公民的公共利益服务，也就是帮助公民明确表达和实现他们的公共利益，为公民维护、增进和分配好公共利益。其二，关于公共利益是政府行政的目标而非副产品的观点。新公共服务理论反对新公共管理理论关于公共利益是所谓副产品的看法，认为公共利益是政府的根本目标，所以政府公共行政的根本任务只能是超越自身利益，通过公民的广泛对话协商发现公共利益；确保公共利益居于支配地位，确保公共问题的解决方案本身及其产生的过程符合正义、公正和公平的民主规范。其三，关于战略地思考、民主地行动的观点。新公共服务理论认为，形成能符合公共利益要求的政策和计划，需要公民的广泛参与、对话协商，同样实现符合公共利益政策和计划的过程，也需要公民的积极参与，只有通过公民集体的努力和彼此协作，实现符合公共利益政策和计划的行为，才能最有效地迈向预期的理想目标。其四，关于服务于公民而不是服务于顾客的观点。新公共服务理论认为，公共利益源于对共同价值准则的对话协商，而不是个人自我利益的简单相加，因此不能把政府与公民的关系与企业与顾客的关系混为一谈，在政府行政中，公务员不仅仅要回应"顾客"

的需求，更要建设政府与公民之间、公民与公民之间的合作伙伴关系。其五，关于政府责任并不单一的观点。新公共服务理论认为，在政府行政中，公务员关注的不仅仅是市场，还有法令和宪法、社会价值、政治规范、职业标准以及公民利益。因此对政府公务人员来说，所负的责任就不是单一的，而是多样的，既包括社会政治责任，还包括法律责任和道德责任。其六，关于重视人而不只是生产效率的观点。新公共服务理论认为，在公共行政中，人处于核心地位。所以公共行政组织还应当重视人、尊重人，应当在尊重人的基础上，以协作方式共同制定公共政策，这往往是可以获得成功的。其七，关于超越企业家精神，高扬公民权利和公共服务的观点。新公共服务理论认为，政府不同于企业，企业归企业家所有，而政府不是政府官员所有，而是公民所有。所以政府官员一方面绝不能有企业家旨在谋求私人利益最大化的思维和行为方式，而另一方面要高扬公民权利，扮演好公仆角色，只有这样定位自己，才能真切地为公民提供好公共服务。

公共服务理论和如前所述的诸种理论，有各自不同的理论重点；新公共行政学的理论重在为公共行政注入社会公平、民主行政和社会责任的价值观；新公共管理理论重在以企业家精神和顾客驱动来再造政府流程，提高行政效率和改进公共服务的质量；公共治理理论重在通过政府与民间、公共部门与私人部门之间的合作和互动来最大限度地增进公共利益；而公共服务理论则重在主张政府以民主行政的方式和标准，为公民谋求追求公共利益，提供公共服务，并敢于承担责任。这些理论重点不同，但都从不同的角度和层面为西方行政改革提供了有力的支撑，对各国尤其是西方各国的行政改革具有重大影响。

三、西方国家行政改革的模式

西方各发达资本主义国家的行政改革，是根据自己的价值选择、社会发展的要求和公共行政运作的现状而展开的。由于国情不同，采取的行政改革模式也不相同。按照彼德斯《政府未来的治理模式》一书中的归纳，西方主要有四种不同的行政改革模式，这就是市场模式、解制模式、参与模式和灵活模式。

（一）市场模式

市场模式在西方国家得到的肯定最多，是西方的行政改革实践的主导模式。市场模式着眼于建立公众对公共机构的直接控制机制，通过给公众提供充分的自由选择机会，建立公共物品和服务的买方市场。市场模式的主要内容有三：其一，引入市场机制，下放决策、执行权力，以此减少政府干预，优化政府职能。主要做法是：把庞大的政府公共部门分解为若干可以相互竞争的运作部门，把大量的服务职能下放给低层机构；淡化传统公私之间的界限，将政府的某些公共服务项目向社会出售，交由私人部门管理；建立内部市场，将某些政府公共事务在政府机构内部出售，积极鼓励政府和各部门之间以及政府和社会之间展开竞争。其二，引进私营企业管理人员的理论、原则和方法、技术等。主要是引入目标管理、绩效评估等管理方法，建立以功绩制为原则的个性化绩效工资制度，依据公务员在市场上可能赢得的收入来确定应然报酬；根据服务的质量、收益大小及其他表现获得实然工资奖金，或者受到相应惩罚。其三，按照市场规则制定公共政策。如同市场模式下把官僚机构的职能下放给许多具有企业理念的公共部门来履行一样，其公共决策也要以市场信息为基准，允许私人部门和社会组织对公共管理或公共服务提出决策方案，政府组织论证，一旦符合要求，政府付给提供者费用，然后由具有企业家素质的公共部门的领导根据自己的分析判断来制定具体决策。以此提高公共决策的科学性，也可以调动民间决策力量的参与，推动民主化进程。

（二）解制模式

解制模式也叫非管制政府模式。解除管制就是取消公共部门众多的规章制度，取消过程取向的控制机制，让政府最大限度地释放潜在的能量和创造力，提高工作效率，改进社会的整体利益。与市场模式相同，解制模式下，虽然也减少对社会和市场的干预，放松政府对外管制，但它的侧重点在于把放松管制的观念应用于政府机构的内部管理。其主要内容是：其一，简化内部规章制度，取消过程控制机制，基于对公务员个人的责任心和能力的信任，强化公务员的决策作用，弱化政治家决策作用。其二，分权与权力下放，给下层组织和公务员个人以自主权，以调控和发挥基层组织和公务员的积极性和创造力。其三，坚持道德驱动原则，强化对公务人员的个人道德和职业道德教育，通过实现公务人员公共责任感的内在化，靠个人的道德自觉和职业操守协调好各种社会利益关系，保证增进社会公共利益，促进社会整体福利水平的提高。

（三）参与模式

参与模式也叫授权模式，是放权于基层、放权于服务对象、吸纳基层公务员和社会公众与团体参与行政管理，政策目标群体参与商定行政决策的行政改革模式。这种模式的主要内容有三：其一，在决策上，授权模式不赞成依据传统的自上而下的集权方式进行决策，通过自下而上的分权方式进行决策，充分发挥低层机构和人员在政府中的积极性和创造性。其二，在组织结构上，压平层级制组织发展，减少中间管理层次，缩小上层与低层的沟通距离，让信息准确快捷地流动起来；实现分权制度化，保证下层自主权，使低层组织能够根据自己的具体环境和特殊情况因地制宜、灵活自主地作出符合低层实际的行政决策。其三，在组织内部，推行参与管理新的技术，特别是强调全面质量管理，强调小组化、集体化，以小组和集体为单位，进行评估和奖惩等。

（四）灵活模式

灵活模式也叫弹性化模式。这种模式的灵活性，表现在行政管理诸方面都随客观的要求和环境的变化而具有权变特征。这种模式主要有四个方面的内容：其一，组织结构上，多用临时机构如特别委员会、项目小组等解决非经常性问题；常设机构的规模也随需求变化而及时扩张收缩。其二，在决策上，对不同的政策问题采用不同的决策方式，跨部门决策时建立临时协调组织等。其三，在人事上消除永固的公务员制度，主张搞短期或临时雇佣，使临时机构的雇员不再由享受终身雇佣权的公务员来组成，任务完成后就解雇。

西方资本主义国家的行政改革与我国的行政改革，在"行政改革"的意义上，有相通的共性，所以我国的行政改革可以选择借鉴其成功的经验。但必须明确，西方资本主义国家行政改革无论是产生的背景和社会文化氛围，还是改革的根本性质、基本内容及方式，均与我国截然不同，因此在我国的行政改革中，绝不能随手拿来，照搬照抄。

第三节　当代中国的行政改革

自 1949 年新中国成立以来，伴随着政治、经济和社会的变化、发展，我国一直进行着政府行政的改革与建设。从新中国成立到现在，我国行政改革可以划分为三个大的时期：一是传统体制时期的行政改革（从 1949 年至 1978 年）。这一时期的行政改革，本质上是适应传统计划经济的需要来建构政府体制，是对传统行政体制进行修补式的改造。二是重塑政府体制时期的行政改革（从 1978 年到十八大前）。这一时期的行政改革，本质上是为适应发展社会主义新经济体制，尤其是适应社会主义市场经济体制的需要，而进行的重塑政府体制的改革。三是中国特色社会主义新时代的行政改革（十八大以来）。

一、传统体制时期的行政改革

从 1949 年到 1978 年，是我国的传统行政体制时期。行政体制的特点是，建立在计划经济的基础之上，权力高度集中，党政、政企不分，一切行政改革都是基于计划经济的要求来展开的。这一时期有三次大的改革。

（一）1954 年的行政改革

新中国成立的中央人民政府委员会，下设国家政务院、人民革命军事委员会、最高人民法院、最高人民检察署。具有过渡性质的政务院执行国家行政职能，是国家最高行政机关。建国初期，政府高层的行政机构设置层次较多，政务院下设了政治法律、财政经济、文化教育、人民监察四个专门委员会，省政府之上设置了六大区域局行政机构，工作部门增至 1953 年的 42 个，还不包括尚未设在中央政府机构之中的国防部。1954 年 9 月制定和颁布了第一部《中华人民共和国宪法》和《中华人民共和国国务院组织法》，对政务院进行了较大调整：政务院更名为国务院，设置了 35 个部委、20 个直属机构、8 个办公机构、一个秘书厅，共 64 个工作机构。各级地方政府也依照中央政府的机构，设置了厅、局等部门，初步形成了上下机构对口，并与计划经济体制相合一致的行政体系。经过调整，国务院由职能机构、直属机构、办公机构三大块组成的组织结构基本稳定下来。

（二）1958～1959 年的行政改革

随着经济建设的发展，公共事务的增多、行政管理规模不断扩大、行政部门数量增加、机构膨胀臃肿、人浮于事等，妨碍了行政效率的提高。基于解决这些问题、提高行政效率、发挥中央和地方积极性的需要，1958～1959 年进行了政府行政改革，这次改革是我国行政改革史上第二次大的改革。此次行政改革的主要内容有二：其一，精简调整机构，到 1959 年底，国务院机构减至部委 39 个、直属机构 14 个、办公室 6 个、办公厅 1 个，机构总数减到了 60 个。其二，中央向地方政府下放权力，把部分计划、基建项目审批、财政、税务、金融、教育管理等行政管理权力和原中央直属的 8100 多个企业、事业单位一并下放到了地方政府，由地方政府来行使和管理。这次行政改革的最鲜明的特点是中央向地方下放权力，是纵向划分行政权力的首次尝试。

（三）1965～1981 年的行政改革

1961 年，我国开始按照"调整、巩固、充实、提高"八字方针，推行集中统一的经济管理体制，以此恢复国民经济。于是回收了先前下放给地方的企业和事业单位，使中央直属的企业和事业单位到 1965 年达到了 10500 个。由于管理任务的增加，中央政府又恢复和增设了一些工作部门，到 1965 年 12 月，国务院机构总数增加到了 97 个，其中部委机构 67 个，直属机构 22 个，办公室 7 个，办公厅 1 个。1966 年开始的十年"文革"期间，经过调整、精简与合并，国务院工作部门减至 32 个，基本能正常运行。其中部委 24 个，办公室 2 个，直属机构 5 个，办事机构 1 个。1977 年开始，国务院恢复部门管理体制，按行业设置管理部门，直接控制管理国民经济各部门，使国务院机构总数达到 100 多个，其中部委机构 52 个，直属机构 43 个，办公机构 5 个。这是新中国成立以来国务院机构设置的最高峰。

二、重塑政府体制时期的行政改革

所有上述这些改革，都建立在计划经济的基础之上。随着改革开放的深入，计划经济转向市场经济，原有行政就与这种转变不相适应，这就预示着重塑政府体制的行政改革即将来临。重塑政府体制时期的行政改革有六次，分别是 1982 年、1988 年、1993 年、1998 年、2003 年和 2008 年的行政改革。

（一）1982 年的行政改革

1981 年，国务院工作部门增加到 100 个，达到了新中国成立以来机构设置的最高峰。机构臃肿、层次繁多、互相扯皮、人浮于事等问题日益突出。与此同时，过去遗留下的领导职务终身制、干部队伍老龄化等问题也日益严重。从 1982 年开始，中央开始了改革开放以来的第一次规模较大的行政改革。这次改革的主要目标是解决经济建设中的领导体制问题，提高政府工作效率，实行干部年轻化。改革的主要内容是：其一，裁并政府工作部门，国务院各部委、直属机构从 100 个减至 61 个，省级政府的工作部门从 55 个左右减至 35 个左右，县级政府工作部门由 40 个左右减至 25 个左右。其二，按干部"四化"方针选拔干部，领导班子减少副职，实行行政首长负责制，废除实际存在的领导干部终身制，开始建立正常的干部离退休制度。其三，地、市、州政府试行地、市合并，实行市领导县的体制。其四，农村基层政府改变农村人民公社、政社合一体制，建立乡人民政府。这次机构改革没有触动高度集中的计划经济管理体制，政府职能没有转变，未能从根本上解决机构林立、职能重叠、人浮于事、效率低下的弊端。

（二）1988 年的行政改革

1988 年国务院机构改革前，机构数量继续膨胀，到 1987 年国务院工作部门已达到 72 个，政府人员编制未减反增，造成人浮于事、效率低下，到了非改不可的地步。这次行政改革的思路是重在转变政府职能，通过转变职能，实现裁并机构，精简人员，下放权力，理顺关系，增强机构活力的目的。这次改革的结果，一是将国务院部委一级机构由 45 个调整为 41 个；直属机构由 22 个调整为 19 个；办事机构由 4 个调整为 5 个；二是人员编制在原有 5 万余人的基础上，裁减了 7900 余人。这次改革与以往历次精简整编和机构改革相比，是较大的转变与进步，但没达到改革的预期目标。

（三）1993 年的行政改革

1992 年 10 月党的第 14 次代表大会提出，我国经济体制改革的目标是建立社会主义市场经济体制。经济体制的这种转变，要求建立办事高效、运转协调、行为规范的行政管理体系，于是就有了 1993 年的行政改革。这次行政改革，是第一次探索适应市场经济、面向市场经济的政府行政改革。改革的原则是，转变职能，理顺关系，精兵简政，提高效率。改革的重心，即国家计委、财政部、中国人民银行、国家经贸委等综合经济部门。这次改革的主要结果一是国务院机构有所调整减少；二是开始推行公务员制度。但因历史条件的制约和宏观环境的限制，这次改革的进行仍在传统计划经济的客观背景之中，改革思路仍未摆脱计划经济的框架，改革的结果仍没有解决好政府机构及职能中存在的诸种弊端。

（四）1998 年的行政改革

1998 年的行政改革，是按照社会主义市场经济的要求所进行的一次真正意义上的行政改革。改革的原则是：转变政府职能，实现政企分开；按照精简、统一、效能的原则，调整政府组织结构，实行精兵简政；按照权责一致的原则，调整政府部门的职责权限，明确划分部门之间的职能分工，完善行政运行机制；按照依法治国、依法行政的要求，加强行政体系的法制建设。这次改革的主要内容是：其一，调整和精简政府机构。首先调整国务院的组成部门，把综合经济部门改组为宏观调控部门，改革和精简专业经济部门，改革和调整社会管理服务部门；其次大幅度地精简国务院组成部门和部门内设机构，除国务院办公厅外，将原有 40 个组成部门精简为 29 个；最后精简人员，国务院的机关人员编制由原来的 3.2 万人减少为 1.67 万人，人员编制总数精简了 50%。其二，转变政府职能。首先，把市场能够做的事情交给市场，政府责任的重点放在宏观调控、社会管理和公共服务方面；其次，按照权责一致的原则，调整各部门的职能分工。其三，调整中央和地方关系。将中央政府各部门管理的部分审批权和具体事务性工作共一百多项职能下放给地方政府。其四，进一步完善国家公务员制度。明确把完善国家公务员制度、建设高素质的专业化行政管理干部队伍作为机构改革目标的重要组成部分。其五，进行地方行政改革。地方政府改革的目标和主要内容与国务院改革基本一致，主要包括转变政府职能、调整机构设置、调整地区建制、精简机构和人员编制等。

（五）2003 年的行政改革

2003 年的政府行政改革，基本目标是深化行政管理体制改革，进一步转变政府职能。改革的主要内容有：其一，优化组织结构，整合组织功能。本次改革明确界定和规范政府各部门的职能分工，着重调整归并业务相近的机构、联系密切的机构和因分工过细导致职责交叉、关系不顺的机构。其二，进一步转变政府职能。建立国资委，深化国有资产管理体制改革；建立银监会，改革监管体制；组建商务部，推进流通体制改革；组建国家食品药品监督管理局，调整国家安全生产监督管理局为国家直属机构，加强食品药品安全与安全生产监管。其三，调整和改善机关人员结构，着力充实和加强市场监管部门和基层一线的执法力量。2003 年改革的思路具有重要意义，政府部门越来越精简，职能越来越明晰，距行为规范、运转协调、公正透明、廉洁高效的行政管理体制更近了一步。

（六）2008 年的行政改革

按照党的十七届二中全会通过的《关于深化行政管理体制改革的意见》，我国开启了 2008 年的行政改革。这次改革的思路是按照建设服务政府、责任政府、法治政府和廉洁政府的要求，着力转变职能、理顺关系、优化结构、提高效能，做到权责一致、分工合理、决策科学、执行顺畅、监督有力，为全面建设小康社会提供体制保障。重点是推行大部门体制，目标是完善政府的公共服务职能。主要任务是，围绕转变政府职能和理顺部门职责关系，探索实行职能有机统一的大部门体制，合理配置宏观调控部门职能，加强能源环境管理机构，整合完善工业和信息化、交通运输行业管理体制，以改善民生为重点，整合社会管理和公共服务部门。这次行政体制改革与以往的最大不同，是不再把裁减人员和精简机构作为主要目标，而是把政府的管理能力和其应有的责任联系起来，强调政府公共行政主体的服务职能。国务院新组建了工业和信息化部、交通运输部、人力资源和社会保障部、环境保护部、住房和城乡建设部。改革后，除国务院办公厅外，国务院组成部门设置 27 个。

三、中国特色社会主义新时代的行政改革

十八大以来，特别是经过十九大，我国行政改革在以习近平为核心的党中央领导下，被纳入全面深化改革的大战略，进入了快车道，显现出了新的时代特点：

其一，改革理路更科学：把行政改革同党和国家机构的改革挂起钩来，把行政改革放在党和国家机构改革方案中，协同进行，整体推动，显现了鲜明的系统性和整体性特点。其二，改革目标更高远：实现政府治理现代化，推进国家治理体系和治理能力现代化，全面提高国家治理能力和治理水平。其三，改革任务更明确：转变政府职能，深化简政放权，创新监管方式，增强政府公信力和执行力，建设人民满意的服务型政府。其四，改革原则更明确、有力：坚持党的全面领导的原则，保证改革的中国特色社会主义方向；坚持以人民为中心的原则，把实现、维护、发展好人民根本利益作为改革的出发点和落脚点；坚持优化协同高效的原则，使政府机构设置更加科学、职能更加优化、权责更加协同、监督监管更加有力、运行更加高效；坚持全面依法治国的原则，在法治下推进改革，做到重大改革于法有据，又通过改革加强法治工作，做到在改革中完善和强化法治。

十八大以来，特别是经过十九大，我国行政改革也有其新的内容，主要是：

（一）以"放管服"为重心，实现政府职能的根本转变

基于中国特色社会主义发展时代要求，坚持问题导向，十八大以来，政府职能的转变，是以"放管服"为中心的。其中"放"，就是推行政企分开、政社分开、政事分开，向市场、向社会组织、事业单位放权，激发市场、社会和事业单位的活力。"管"就是通过有效的制度、政策供给，把"该管的"真正管好。"服"就是强化政府的公共服务职能，这是政府职能转变的最为重要的根本任务。强化政府的公共服务职能，在具体的改革步骤上，可以先以推进基本公共服务均等化为突破口，缩小不同地区之间的基本公共服务差距，缩小不同群体之间的基本公共服务差距，提高农村基本公共服务水平，进而加大力度全面提高公共服务的质量和水平。

（二）加大调整力度，进一步优化政府组织结构

从 2008 年的行政改革开始，我国开始探索实行职能有机统一的大部门体制。但这一改革还远未到位，主要表现是已经实行大部门体制的部门整合不到位；大部制本应减少领导职数，但有的已经实施大部制改革的部门领导职数，不减反增；应实行大部门体制的，至今尚未实行；在推行大部门体制改革中，还有上下不对接、运行机制不顺畅的情况。这与政府组织结构的优化还有相当大的差距。鉴于这些问题，十九大后便按照精简、统一、效能的原则，采取机构合并重组、适当增减部门、同党和其他国家机构中的相关部门交叉重组等方式，先对中央层面的行政机构进行了调整，经过调整，国务院减少了 8 个正部级机构、7 个副部级机构。

（三）以事权财权合理匹配的原则，调整中央和地方关系

地方自主决定权太小，难以释放活力。处理好中央与地方关系一直是党和国家机构改革的重要内容。以往历次机构改革，不同程度地涉及这个问题，但问题依然存在，相当突出，尚未有效解决。所以《中共中央关于深化党和国家机构改革的决定》强调要科学设置中央和地方事权，理顺中央和地方职责关系，赋予省级及以下机构更多自主权，增强地方治理能力，把直接面向基层、量大面广、由地方实施更为便捷有效的经济社会管理事项下放给地方。除中央有明确规定外，允许地方因地制宜设置机构和配置职能，允许把因地制宜设置的机构并入同上级机关对口的机构，在规定限额内确定机构数量、名称、排序等，这对充分调动地方积极性将产生重要影响。

（四）加快政府办事管理制度的改革与建设

这些年来，一些政府部门及其公职人员的行为未得到有效控制，导致权力滥用，腐败蔓延。腐败为什么会蔓延？这与大量行政审批事项，包括市场门槛过高、权力行使不规范、不透明都有很大关系，因此建设人民满意的政府，一个很重要的方面，就是加快政府办事管理制度的改革。选择办事管理制度改革的切入点的依据，是社会和民众关注程度很高的问题。据此突破点就应该是：其一，尽快完善内容和程序，切实推进有效、真实的政府信息公开制度，让政府在阳光下运行，公职人员在阳光下办事，从而使人民群众能够真切地了解、监督和促进政府的工作。其二，坚定信心、勇于改革，着力推行官员财产公开申报制度。官员财产申报制度可以断绝官员腐败后路，真正增强政府的透明度和公信力，可以真正实现社会对政府的有效监督，可以争取民众信任，提升政府形象，可以强化政府官员的自我约束。因此应当以壮士断腕的决心和气魄，创制官员财产申报制度，并以法固定，强力推行。

（五）以科学分类为基础，积极稳妥推进事业单位改革

当前推进的事业单位改革的最大特点是分类推进。所谓分类，大体上就是行政类、公益类和生产经营类。在这三大类中，各自又有更具体、更细致的分类。其基本原则就是承担行政职能的事业单位将行政职能回归行政机关；从事生产经营活动事业单位改制转企；公益类的事业单位或转为民间组织或转为"公立事业法人"。事业单位改革的关键问题在于如何分类，它直接关系到事业单位的去留和未来发展，也关系到事业单位中每个人的命运。所以在事业单位的改革过程中，一定要科学分类、严格分类、稳步推进。既要关注每个事业单位的去向，通过改革让事业单位健康持续发展，同时也要重点关注事业单位中

每个人的未来发展，不能因为改革而牺牲个人的正当利益。

十八大以来的行政改革，成绩显著，但还不到位，改革的任务，仍然还很繁重。但可以相信，有以习近平为核心的党的正确领导，有人民群众的广泛支持，有中央绘制的改革决定和方案，我国行政改革必将稳健推进，改革的成果必将不断惠及各界民众。

思考题

1. 简析行政改革的性质。

2. 简述行政改革的原则。

3. 简述行政改革的内容。

4. 简析行政改革的动力。

5. 西方行政改革是在怎样的背景下进行的？

6. 简述西方行政改革的理论。

7. 西方国家的行政改革有哪些基本模式？

8. 简述我国传统体制时期的行政改革。

9. 简述我国重塑政府时期的行政改革。

10. 论述中国特色社会主义新时期的行政改革。

参考文献

1. 金太军：《行政改革与行政发展》，南京师范大学出版社 2002 年版。

2. 周志忍：《当代国外行政改革比较研究》，国家行政学院出版社 1999 年版。

3. 陈振明：《政府再造——西方"新公共管理运动"述评》，中国人民大学出版社 2005 年版。

4. 薛刚凌：《行政体制改革研究》，北京大学出版社 2007 年版。

5. 汪玉凯：《中国行政体制改革 30 年回顾与展望》，人民出版社 2008 年版。

参考文献

1. 夏书章：《行政管理学》，中山大学出版社 2018 年版。

2. 张国庆：《公共行政学》，北京大学出版社 2017 年版。

3. 李思林、曾伟：《地方政府管理学》，北京大学出版社 2012 年版。

4. 丁煌：《西方行政学说史》，武汉大学出版社 2017 年版。

5. 李明强、贺艳芳：《地方政府治理新论》，武汉大学出版社 2010 年版。

6. 彭珊：《中国行政管理学理论研究》，中国社会科学出版社 2014 年版。

7. 郑志龙：《行政管理学》，高等教育出版社 2011 年版。

8. 陈瑞莲：《行政案例分析》，中山大学出版社 2001 年版。

9. 薛冰等：《行政学原理》，清华大学出版社 2005 年版。

10. ［美］萨缪尔森、诺德豪斯：《经济学》，胡代光等译，首都经济贸易大学出版社 1996 年版。

11. 张建新等：《行政管理学》，中国农业大学出版社 2010 年版。

12. ［德］尤尔根·哈贝马斯：《交往与社会进化》，张博树译，重庆出版社 1989 年版。

13. ［美］F. J. 古德诺：《政治与行政》，王元译，华夏出版社 1987 年版。

14. 吴江：《行政管理学》，中国农业出版社 2007 年版。

15. 王珉：《现代行政管理学教程》，中国传媒大学出版社 2005 年版。

16. 娄成武等：《行政管理学》，高等教育出版社 2010 年版。

17. 郭小聪：《行政管理学》，中国人民大学出版社 2016 年版。

18. 许文惠等：《行政决策学》，中国人民大学出版社 1997 年版。

19. 刘峰等：《中外行政决策体制比较》，国家行政学院出版社 2008 年版。

20. 宋世明：《中国公务员法立法之路》，国家行政学院出版社 2004 年版。

21. 孔昌生：《外国公务员法汇编》，中国政法大学出版社 2003 年版。

22. ［美］罗森布鲁姆等：《公共行政学：管理、政治和法律的途径》，张成福译，中国人民大学出版社 2002 年版。

23. 姜海如：《中外公务员制度比较》，商务印书馆 2003 年版。

24. 杨宇立、薛冰：《市场、公共权力与行政管理》，陕西人民出版社 1998 年版。

25. 应松年主编：《公务员法》，法律出版社 2010 年版。

26. 关保英主编：《公务员法学》，法律出版社 2007 年版。

27. 王红、傅斯明主编：《公务员法新论》，中国商务出版社 2005 年版。

28. 薛刚凌主编：《公务员法教程》，中国人民大学出版社 2017 年版。

29. 李红雷：《行政法释义学》，中国人民大学出版社 2014 年版。

30. 于秀芬、卢圣兴主编：《行政管理心理学》，辽宁人民出版社 1990 年版。

31. ［美］D. 赫尔雷格尔、J. W. 斯洛克姆、R. W. 伍德曼：《组织行为学》，华东师大出版社 2001 年版。

32. 郑杭生主编：《社会学概论新修》，中国人民大学出版社 2002 年版。

33. 麦奎尔等：《大众传播模式论》，上海译文出版社 1997 年版。

34. 应松年主编：《行政法学新论》，中国方正出版社 2004 年版。

35. 叶必丰：《行政法学》，武汉大学出版社 2003 年版。

36. 余凌云：《行政契约论》，中国人民大学出版社 2000 年版。

37. 马怀德：《行政诉讼原理》，法律出版社 2003 年版。

38. 姜明安主编：《行政法与行政诉讼法》，北京大学出版社、高等教育出版社 2011 年版。

39. 胡建淼、江利红：《行政法学》，中国人民大学出版 2015 年版。

40. 张康之、张乾友：《公共行政学》，中国人民大学出版社 2016 年版。

41. 张康之、李传军：《公共行政学》，北京大学出版社 2008 年版。

42. 丁煌：《行政学原理》，武汉大学出版社 2008 年版。

43. 金太军：《行政学原理》，中国人民大学出版社 2012 年版。

44. 陈瑞莲、刘亚平：《行政管理学导论》，高等教育出版社 2011 年版。

45. 陈耀春：《中国政府公共关系》，中国经济出版社 1999 年版。

46. 居延安、赵建华等：《公共关系学》，复旦大学出版社 1989 年版。

47. 赵国俊：《机关管理的原理与方法》，中国人民大学出版社 2012 年版。

48. 张传禄：《机关工作实务》，浙江人民出版社 2016 年版。

49. 赵国俊：《电子政务教程》，中国人民大学出版社 2015 年版。

50. 徐晓林、杨锐：《电子政务》，华中科技大学出版社 2014 年版。

51. 蔡立辉：《政府绩效评估》，中国人民大学出版社 2012 年版。

52. 卓越：《公共部门绩效评估》，中国人民大学出版社 2011 年版。

53. 付亚和、许亚林：《绩效管理》，复旦大学出版社 2014 年版。

54. 孙波：《绩效管理：本源与趋势》，复旦大学出版社 2018 年版。

55. 汪启明："论政府公共关系"，载《四川行政学院学报》1999 年第 2 期。

56. 陈佳："论政府公共关系的价值与模式"，载《现代商贸工业》2010 年第 3 期。